今天，我们怎么做

高中生涯导师

主　编　何美龙
副主编　林　唯　白　茹

上海交通大学出版社
SHANGHAI JIAO TONG UNIVERSITY PRESS

内容提要

在高中育人方式改革的背景下，导师制成为因应政策要求、学生需要、教师专业发展方向的一项重要举措。本书以上海市闵行中学多年来在生涯教育、生涯导师制领域的研究和工作实践为背景，集结了学校校长、教师对高中生涯导师制的理解，以及高中生涯导师在思想引导、心理疏导、学业辅导、生活指导和生涯向导等五大方面的实践智慧，论述今天的高中生在生涯发展中的特点、发展需求，以及导师辅导策略，可为高中学校开展生涯导师制、高中导师辅导学生的实践探索与理论学习提供重要参考。

图书在版编目(CIP)数据

今天，我们怎么做高中生涯导师/何美龙主编；林唯，白茹副主编. —上海：上海交通大学出版社，2022.7
ISBN 978-7-313-26996-6

Ⅰ.①今…　Ⅱ.①何…②林…③白…　Ⅲ.①高中生—学生生活—辅导工作　Ⅳ.①G635.5

中国版本图书馆 CIP 数据核字(2022)第 108869 号

今天，我们怎么做高中生涯导师
JINTIAN, WOMEN ZENME ZUO GAOZHONG SHENGYA DAOSHI

主　　编：何美龙		副 主 编：林　唯　白　茹	
出版发行：上海交通大学出版社		地　　址：上海市番禺路 951 号	
邮政编码：200030		电　　话：021-64071208	
印　　制：常熟市文化印刷有限公司		经　　销：全国新华书店	
开　　本：787mm×1092mm　1/16		印　　张：27.25	
字　　数：544 千字			
版　　次：2022 年 7 月第 1 版		印　　次：2022 年 7 月第 1 次印刷	
书　　号：ISBN 978-7-313-26996-6			
定　　价：108.00 元			

序

自 2012 年起，闵行中学开始探索生涯教育。生涯教育，简单地说就是让学生把今天的学习状况与未来的发展方向统一起来。

2014 年 3 月，《教育部关于全面深化课程改革　落实立德树人根本任务的意见》指出，要建立学生发展指导制度，指导学生学会选择课程，做好生涯规划①。立德树人，让每一个学生努力成长为最好的自己，是每一个校长必须认真思考并付诸实践的课题，这其中教师的作用至关重要。

2019 年，闵行中学推进生涯导师制，并承担教育部重点课题"普通高中生涯导师队伍建设机制的研究"，期待通过生涯导师制，探索育人方式变革的有效路径。由此，开启了在全校和课题组成员学校对于"今天，我们怎么做高中生涯导师"这一问题的探索与实践。

我们期待，人人都是生涯导师

在前期的探索实践中，我们发现，现阶段高中学生在课程选择、学习状态调整、学习、人际交往、心理健康等方面都有比较强烈的指导需求，越来越期待得到老师的关注与帮助，具备生涯辅导、心理疏导能力的学科教师，在这方面具有优势。对学生的学科学习、学科拓展、应用、创新创作，以及学业发展方向探索与选择方面的辅导、支持与帮助，能够让学生越来越坚定今天的勤奋和努力，坚信明天的无限可能，越来越走向如其所是的成长方向。与此同时，教师也实现了自身的专业发展。

于是，我们提出"人人都是生涯导师"这一美好图景，并将生涯导师界定为：与学生建立稳定的结对关系，从学生个体的生涯发展特点和需要出发，指导学生更好地认识自我、探索外部世界、激发潜能、发展能力，为学生提供个性化的思想引导、心理疏导、学业辅导、

---

① 中华人民共和国教育部. 关于全面深化课程改革落实立德树人根本任务的意见[EB/OL]. [2021 – 01 – 02]. www.moe.gov.cn/srcsite/A26/jcj_kcjcgh/201404/t20140408_167226.html.

生活指导、生涯向导的专业教师、学科教师和校外专业人士。这样，生涯导师类似于"有专长的全科医生"——在自己的专业学科指导上有所长，同时在学生思想、心理、生活、生涯规划等各领域提供个性化的支持、帮助与辅导。

在"人人都是生涯导师"的美好图景下，我们期待人人都能全面成长、个性发展。

我们相信，每位教师都是本真的生涯导师

人人都是生涯导师，这一美好图景对大部分教师提出了挑战。于是，我们特别启动了两项行动。其一，每学期初，面向全体教师开展"今天，我们怎么做高中生涯导师"的教育论坛；其二，组织骨干教师执笔，荟萃教师的生涯辅导经验，编写这本《今天，我们怎么做高中生涯教师》。

我们相信，每位教师都是本真的生涯导师。多数教师都是带着育人的初心迈入教师生涯，对学生的思想引导、心理疏导、学业辅导、生活指导、生涯向导等不时发生在与某一位学生的互动之中。"今天，我们怎么做高中生涯导师"教育论坛上一位位教师的分享、一则则与学生互动案例的生动呈现，引发广泛回忆、感慨、反思：这样的事例我也碰到过，当时我是如何处理的，如果放到今天，我会如何处理。《今天，我们怎么做高中生涯导师》一书的编撰与骨干生涯导师学习共同体的形成同步，从自己、他人教师的经验整理和相互借鉴中，采撷育人智慧、共建辅导范式。

"今天，我们怎么做高中生涯导师"这一命题，充满了隐性知识，我们期待让它活起来！

由此，让一位位本真的生涯导师，成长为优秀的生涯导师！

做好生涯导师，需要协同，需要指导

做好生涯导师，需要协同：以发挥各自优势，为学生提供更好的辅导与陪伴；以相互学习，为成长为更好的自己进行探索与实践；以相互合作，共育知行合一文化。如同在编撰本书的过程中，每一位执笔教师相互支持，背后还有韩雁、张明山、陈玲、谭一宁、罗加宝、高一波、杨礼亚、徐军萍、苏宇彤、马伟、江剑、王煜依等更多老师的支持。向各位老师致敬！

做好生涯导师，需要专业指导。站在时空视野下，"今天，我们怎么做高中生涯导师"需要更多努力和指导。如同在编撰本书的过程中，得到了易米实验室的专业支持与指导。感谢他们！

今天，我们怎么做高中生涯导师，我们一直在探索！

何美龙

2022 年 3 月

目录

第一章

今天，我们需要高中生涯导师

第一节　今天的育人情境

场景一:

2021 年 1 月 15—21 日,上海市闵行中学"实者慧"生涯讲堂如期举行。闵中学生三五成群,选择感兴趣的话题,走进报告厅,感知可期的未来。

来自不同领域的专家学者向学生们开讲:"严肃阅读与公共文化的建设""大数据和AI 技术驱动的智慧城市发展""纳米技术与科学战疫""机器人技术发展趋势""汽轮机发展进程之关键焊接技术应用""新国际形势下未来个人发展的 60 分钟思考"……专家学者与闵中学生触碰时代脉搏、畅想美好未来的一场场思想碰撞,徐徐展开。

场景二:

2021 年 2 月 21 日,农历牛年伊始,闵中教育论坛——"五育并举提升学校育人品质"举行,闵中教师共同学习和探讨"双新推进,聚焦育人方式变革"和"今天,我们怎么做导师"这两个重要议题。

在"今天,我们怎么做导师"这个议题中,马老师以"你笑起来真好看"为题,声情并茂地讲述了小叶同学在老师的鼓励下,从一位害羞腼腆的女孩成长为一名勇敢自信的主持人;钱老师以"精神的力量"为题,讲述了如何指导、帮助同学战胜困难,勇敢面对挫折和挑战;王老师以"你的船,你的海"为题,讲述了借助生涯测试数据,精准指导学生走出舒适区、大胆挑战自我、提升生涯适应力;高老师介绍了高二年级 18 位导师的经验做法,如:模拟大学面试、线上社评交流讨论会、参观高校实验室、学长交流会、读书分享活动、跟着导师做课题、定期交流等,导师们在各种活动中陪伴、引领学生成长,帮助他们走出迷茫,找到努力的方向,重获自信,收获成功的喜悦;德育学生部罗老师系统介绍闵行中学启航课程、学科课程、校园活动、社会实践四大生涯课程系列,这些课程为学生成长搭建了多元平台,也为导师提供了多种资源途径。

> 对未来,高中生在幻想憧憬中期待;对当下,高中生在酸甜苦辣中前行。期待仰望天空、脚踏实地的他们,要想看见未来的天空,需要激情、勇气和智慧,认定当下

的努力，克服今天的困难，化解明天的困惑。这是教育的使命，也是导师在与学生的日常互动过程中常常涉及的主题。

一、百年未有之大变局时代的人才需求

新时代，在新一轮科技革命的引领下，各领域颠覆性技术不断涌现，产业变革奔腾而至；在全球化的演进过程中，世界多极格局日渐显现，全球治理体系深刻变革，经济全球化亟待健康发展；在新冠肺炎疫情全球大流行的背景下，世界经济低迷，全球产业链、供应链等诸多领域面临冲击……世界正迎来百年未有之大变局，中国正努力实现中华民族伟大复兴。新时代，呼唤新人才。

（一）数字经济时代需要数字化人才

当今，以物联网、人工智能、云计算、大数据、5G、区块链、元宇宙等为代表的新一代数字技术不断涌现、迅猛发展，数字经济实现逆势增长，被称为"大变局下的可持续发展新动能"[1]。据中国社会科学院发布的《2022年经济蓝皮书》[2]显示，我国数字经济从2016年的22.6万亿元增长到2020年的39.2万亿元，占GDP的比重从30.3%上升到38.6%[3]；并预测，到2025年我国产业数字化和数字产业化总值预计将超过GDP的50%，届时数字经济将成为国民经济存量的半壁江山和增量的主要贡献来源[4]。以数字经济为代表的新一轮科技革命和产业变革正在重构全球的创新版图，重塑全球的经济结构。

数字经济时代需要关键技术领域的创新人才，诸如能够在基础算法、人工智能关键算法、操作系统、高端芯片、集成电路、大数据、5G、数字支付等领域不断实现技术突破与迭代；在量子计算、量子通信、DNA存储、神经芯片、精密传感器、区块链、开源平台、数据跨境流动等前沿领域能够创新引领、攻坚克难；在数字技术与生物科学、新兴材料、能源等基础学科领域能够融合创新；在平台经济[5]领域能够实现各核心技术深度耦合与协同创新，应对"数据风险""数据孤岛"等潜在问题。

数字经济时代需要先进制造、数字化运营、数字营销等各领域数字化应用创新人才。

---

① 2020年10月，中国信息通信研究院发布《全球数字经济新图景（2020）——大变局下的可持续发展新动能》。
② 2021年12月6日，中国社会科学院发布《2022年经济蓝皮书》。
③④ 金辉.社科院蓝皮书：2020年数字经济将占国民经济存量的半壁江山[EB/OL].（2021－12－07）[2021－12－30].http://www.jjckb.cn/2021-12/07/c_1310356617.htm.
⑤ 平台经济，是一种基于数字技术，由数据驱动、平台支撑、网络协同的经济活动单元所构成的新经济系统，是基于数字平台的各种经济关系的总称，如阿里巴巴、京东、腾讯、携程等都是典型企业。

产业数字化是全球数字经济发展的主导力量，近年来，智能制造、智能交通、智慧物流、数字金融、数字商贸、数字政府等数字化应用场景不断涌现，正与国民经济各个行业深度渗透和广泛融合，深度改变着企业的商业模式、组织结构、生产方式、业务流程、产品形态。截至2021年9月，世界经济论坛和波士顿咨询共同评选出全球90家"工业4.0时代的灯塔工厂"，这些企业代表了全球领先的商业创新能力、智能技术研发与投资能力、数字化转型能力，其中有31家企业来自中国。这其中将会有若干企业成为具备全球竞争力和富有创新精神的全球数字产业的头部企业，带动中国数字制造和数字服务快速发展[1]。据2018年的一份报告，从业者主要在制造、金融、消费品行业聚集，从职能的角度，主要集中在产品研发领域，高达87.5%，其次是数字化运营领域，占比约7%，在大数据分析、商业智能等领域只有3.5%，先进制造和数字营销领域比例更低，不到1%[2]。

数字经济时代需要数字治理专业人才。数字化技术在推动经济发展、产业升级，丰富和便利人民生活的同时，也产生了诸多数据伦理等社会问题——诸如个人隐私受到侵害、平台垄断和不正当竞争、资本无序扩张、劳动者权益得不到保障、大数据杀熟、网络成瘾、短视频沉迷等方面的问题。因此，需要数字化治理专业人才在技术标准和治理规则上发力，推动数据安全立法，加强数据伦理建设，促进科技向善，充分分享数字化技术发展成果，并着力提升全社会的数字素养，让人们成为数字化时代的主人，而非被数字和算法不良驱使，从而迈向更好的数字生活。

（二）服务经济时代聚集现代服务人才

从2011年开始，我国服务业成为吸纳就业最多的产业。2015年，我国服务业比重超过50%，服务业就业比重超过60%，按国际通用划分标准，我国开始步入服务经济时代。到2018年，我国服务业产值占国民生产总值的比重为52.2%，占据国民经济半壁江山。服务业转型升级有序推进，新产业、新业态层出不穷[3]，对经济发展的影响力日

---

[1] 金辉.社科院蓝皮书：2020年数字经济将占据国民经济存量的半壁江山[EB/OL].(2021－12－07)[2021－12－30].http://www.jjckb.cn/2021-12/07/c_1310356617.htm.

[2] 数字人才职能分布，第一次出现是在《清华管理评论》的《数字人才——中国经济数字化转型的核心驱动力》一文中。该文将数字化人才按照职能分为数字战略管理、深度分析、产品研发、先进制造、数字化运营和数字营销六大类。其中，数字战略管理主要涉及数字化转型领导者、数字化商业模式战略引导者、数字化解决方案规划师、数字战略顾问；深度分析包括商业智能专家、数据科学家、大数据分析师；产品研发包括产品经理、软件开发人员、视觉设计师、算法工程师、系统工程师；先进制造包括工业4.0实践专家、先进制造工程师、机器人与自动化工程师、硬件工程师；数字化运营包括数字产品营销人员、质量检测/保证专员、数字技术支持；数字营销包括营销自动化专家、社交媒体营销专员、电子商务营销人员等。

[3] 国家统计局.服务业风雨砥砺七十载　新时代踏浪潮头领航行——新中国成立70周年经济社会发展成就系列报告之六[EB/OL].(2019－07－22)[2021－12－30].http://www.stats.gov.cn/tjsj/zxfb/201907/t20190722_1679700.html.

益凸显。现代服务业①持续创新发展，成为服务经济增长的新引擎。

服务经济时代急需生产性服务业创新人才，促进先进制造业与现代服务业"两业融合"，支撑我国制造业迈向全球价值链中高端。随着我国由制造业大国向制造业强国迈进，制造业企业分离和外包非核心业务成为趋势，制造业、服务业的分工细化和融合发展成为必然。金融服务业、交通运输业、现代物流业、高新技术服务业、设计咨询、科技服务业、商务服务业、电子商务、工程咨询服务业、人力资源服务业、节能环保服务业等生产性服务业②领域创新人才成为助推我国由生产制造型向生产服务型转变的第一资源和驱动力。在"两业融合"趋势下，消费升级将引领制造业结构优化，诸如以智能手机、家电、新型终端设备为重点的"产品＋内容＋生态"全链式智能生态服务走向现实；制造业日趋服务化，诸如智能工厂建设、共享生产平台等融合发展新业态逐步建成；制造和服务全链条体系逐步建成，诸如汽车产业由传统出行工具向智能移动空间升级；现代服务业嵌入制造业发展，诸如质量技术服务企业与先进制造企业嵌入式合作，提供优质计量、标准、检验检测、认证认可等服务。各领域细分和融合走向纵深，相关专业人才将备受青睐。

服务经济时代急需"幸福产业"创新人才，推进我国公共服务质量全面提升，实现服务业由一般化向专业化与个性化转变、由满足型向高端型和品质型转变，满足人们的消费需求由生存型向享受与发展型转变、由自我满足型向自我实现转变③。近年来，我国在生活性服务业如商贸服务业、文化产业、旅游业、健康服务业、法律服务业、家庭服务业、体育产业、养老服务业、房地产业④等领域蓬勃发展，其中旅游、文化、体育、健康、养老、教育培训等"幸福产业"获得快速发展。国家统计局发布的数据显示，2021年1月—5月，规模以上旅游景区管理企业营业收入同比增长83.6%，规模以上文化、体育和娱乐业营业收入同比增长56.4%，增速快于规模以上服务业企业24.5个百分点⑤。随着教育强国、体育强国、健康中国、乡村振兴、养老托育体系建设等的持续推进，"幸福产业"的飞速发展急需高端服务（如家政服务、养老、康养综合体经营管理等领域）专业人才，能够适应服务业新业态、新模式的复合型创新人才（如家政服务机器人、家用智能监控等健康养老、家政服务领

---

① 现代服务业：以现代科学技术特别是信息网络技术为主要支撑，建立在新的商业模式、服务方式和管理方法基础上的服务产业。它既包括随着技术发展而产生的新兴服务业态，又包括运用现代技术对传统服务业的改造和提升。该定义援引自《现代服务业科技发展"十二五"专项规划》。
现代服务业，包含信息传输、软件和信息技术服务业，金融业，房地产业，租赁和商务服务业，科学研究和技术服务业，水利、环境和公共设施管理业，教育，卫生和社会工作，文化、体育和娱乐业，以及公共管理、社会保障和社会组织。该分类援引自《北京市现代服务业统计分类（2020）》。
② 生产性服务业包含领域，引自《国务院关于印发服务业发展"十二五"规划的通知》。
③ 毛中根.大力发展幸福产业　助力国家中心城市建设［EB/OL］.（2017－07－25）［2021－12－30］. https://xbzx. swufe. edu. cn/info/1014/1096. htm.
④ 生活性服务业包括领域，引自《国务院关于印发服务业发展"十二五"规划的通知》。
⑤ 熊丽.挖掘"幸福产业"服务消费需求［N］.经济日报，2021－07－29（6）.

域智能设施设备的研发制造人才），擅长建构文化、旅游、体育等领域服务标准与助推品牌质量建设的专业人员，致力于提升各领域政务服务便利化水平的行政服务人员①……相关领域高学历背景、高层级管理和研发人才将备受青睐。

服务经济时代急需知识型服务业创新人才，参与我国知识强国建设，迎接知识经济时代的到来。《中国现代化报告 2016》提出知识型服务业已经成为世界经济的增长点，部分发达国家已经进入知识经济时代，如美国 1980 年的知识型服务业比例即超过劳务性服务业比例，超过农业和工业比例的总和，韩国 2005 年知识型服务业比例超过劳务型服务业比例②。该报告将知识型服务业定义为：以知识和信息为基础的、知识含量较高的服务部门，包括专业、科学和技术活动，教育，信息和交流，艺术、娱乐和文娱活动，人体健康和社会工作活动，金融和保险活动，行政和辅助活动，公共管理与国防，强制性社会保障，国际组织和机构的活动③。近年来，我国知识型服务业快速发展。以典型的知识付费行业为例，2015 年，知识付费市场规模仅 15.9 亿元，到 2020 年突破 390 亿元。专业化、垂直化、细分化正成为这一领域的发展趋势④，能够提供系统化、差异化、深度化知识产品内容的各领域专业人员，擅长线上线下融合、创新知识付费商业模式和产品形态的自媒体和知识服务平台运营人员将成为这一领域的宠儿。随着我国《知识产权强国建设纲要（2021—2035 年）》的推进，知识产权服务业将获得长远发展，社会创新活力将被大大激发，新技术、新经济各领域创新人才将共同迈向知识经济时代。

（三）新型全球化需要全球治理人才

当今，逆全球化兴起，推动着以包容、均衡、公平、普惠、互利、共赢为特征的新型全球化进程。2008 年全球金融危机从经济角度暴露了前一轮高歌猛进的全球化进程的弊端；2016 年以来，极端民族主义、逆全球化思潮的兴起反映了全球化面临的政治压力；2020 年新冠肺炎疫情更是从公共卫生安全的角度给全球化提出了巨大挑战⑤；再加上美国中产阶层退化进一步加剧，欧洲国家也面临着日益严重的难民潮问题等，暴露出上一轮全球化进程的主导者——西方国家在国内治理失范⑥、国家治理与全球治理失调⑦、全球治理

---

① 相关内容引自《国务院办公厅转发国家发展改革委关于推动生活性服务业补短板上水平提高人民生活品质若干意见的通知》，国办函〔2021〕103 号。
②③ 何传启.中国现代化报告 2016：服务业现代化研究［M］.北京：北京大学出版社,2016.
④ 数据来源：《2020 年中国知识付费行业运行发展及用户行为调研分析报告》。
⑤ 宋国友.全球化思潮的当前态势及应对之策［J］.人民论坛,2021,05(上)：33-35.
⑥ 国内治理失范：指前一轮全球化进程中，西方国家政治权利、经济利益日益集中到少数社会精英的手中，中下层阶级利益受损，社会阶层越来越固化，导致掺杂着种族主义和反移民情绪的恶性民族主义运动兴起，导致各地出现政治动荡。概括论述自《逆全球化机理分析与新型全球化及其治理重塑》一文。
⑦ 国家治理与全球治理失调：全球治理是国家治理的外延，参与全球治理需要以良好的国内治理为基础。在前一轮全球化进程中，西方国家在国家治理方面的失范，各国无法独善其身，并导致了全球性的新问题。概括论述自《逆全球化机理分析与新型全球化及其治理重塑》一文。

与全球化的不匹配^①等问题。正在兴起的新型全球化将由全球所有国家共同参与，各国参与更平等、发展更包容、成果更共享，市场化竞争逻辑与包容性发展将实现有机契合，全球化发展内涵将更加深入^②。作为世界第二大经济体、第一大贸易国，我国将努力成为推动实现新全球化的先行者、实践者、引领者，因此急需大批符合规则制定、议程设置、舆论宣传和统筹协调四个方面能力要求，以及具备熟悉党和国家方针政策、了解我国国情、全球视野、熟练运用外语、通晓国际规则和精通国际谈判六个方面素养的全球治理人才^③。

我国参与和引领全球治理，急需大量高素质的国际组织人才。国际组织人才是主权国家在国际组织、国际社会发挥影响力的重要力量，对于提高国家在国际社会中的议事决策能力、维护国家战略利益、宣传本国理念、提升国际形象有着重要意义。但是，当前我国人才在国际组织任职的现状与我国的国际地位和在全球治理中的角色严重不匹配。据联合国数据显示，2019 年中国对联合国会费的分摊比重从 7.9% 提升至 12%，首次超过日本，成为仅次于美国的第二大会费国。然而，中国在联合国雇员总数中的比例只占 1.46%（这一数字在 2012 年下降至 1.2%），总人数常年稳定在 550 人左右，排在第 17 名，中国籍雇员比重大幅滞后于中国贡献的会费比重^④；从职级上看，截至 2018 年底，联合国秘书处专业及以上职类，中国籍职员的数量适当范围是 169～229 人，实际职员只有 89 人，高低限差 89 人；印度的数量适当范围是 46～62 人，实际职员 62 人，达到其高限。英国的数量适当范围是 83～112 人，实际职员 123 人，超过其高限^⑤；从分布上看，在中国籍国际职员中，在联合国任职的职员最多，约占总数的 45%，而在国际法院、世界旅游组织、万国邮政联盟等机构任职的中国籍职员则相对较少^⑥；从事的工作种类单一，主要以翻译、会务、后勤保障、维和军人为主，在联合国诸如国际关系、国际法、经济、政治、新闻、人口、信息技术、公共行政、语言文字、编辑出版等业务中^⑦，则少有分布。而且，当前我国国际组织人才储备严重不足^⑧。我国需要持续培养大量精通外语、国际关系，以及某专业

---

① 全球治理与全球化的不匹配：一方面，全球治理没有对全球化引发的问题做出有效治理，如国际移民问题、跨国犯罪问题、贸易不公平问题等，这些问题单靠一国主权范围、一国之力，已经无法解决；另一方面，存在治理权力的相对贡献度分配合法性不足的问题。发达国家与新兴发展中国家存在利益冲突，在诸多领域围绕投票权和话语权进行激烈的交锋。概括论述自《逆全球化机理分析与新型全球化及其治理重塑》一文。
② 熊光清. 新型全球化的兴起及发展趋势［J］. 人民论坛，2021，05（上）：36 - 39.
③ 王文伟. 习近平谈全球治理 这一类人未来会吃香［EB/OL］.（2016 - 09 - 29）［2022 - 01 - 06］. = http://news. cnr. cn/native/gd/20160929/t20160929_523169526. shtml.
④ 崔守军. 出钱第二但雇员只占 1% 多 中国在联合国的大缺口该怎么填［EB/OL］.（2021 - 10 - 25）［2022 - 01 - 06］. https://news. ifeng. com/c/8AdNueQsKEH.
⑤ 张海滨. 为什么在国际组织中任职的中国人不多［EB/OL］.（2020 - 07 - 02）［2022 - 01 - 06］. http://io. mohrss. gov. cn/a/2020/07/02/0378200. html.
⑥⑦⑧ 孙吉胜. 中国参与全球治理与全球治理人才培养的思考［J］. 中国外语，2020，17（6）：4 - 10，34.

领域知识、技能，符合联合国未来胜任力①的国际公务员。

我国参与和引领全球治理，急需大量能够推动国家治理能力提升，实现国家治理体系现代化，赋予国家治理、全球治理新理念、新内涵、新智慧，讲好中国故事，提升大国形象的各领域人才。全球治理根植于国家治理之中，中国作为世界人口第一大国，与世界高度依存、互动紧密，办好国内的事情就是对全球治理的重要贡献②。因此，要增强我国在经济体系、科技发展方面的硬实力和创新能力，主导新经济、新技术、新业态的规则、标准、制度制定，并将各领域创新成功应用于国家治理之中，为积极参与全球治理提供坚实的后盾和经验；要加强国防和军队建设，尤其是在网络、海洋、太空、核武器等重要领域的力量，保障国家安全，为履行特定全球治理责任如联合国维和机制奠定基础；要提升我国治理制度化水平、国家法治化程度；要在当今世界面临的主要全球性问题如气候治理、环境治理、保护生物多样性、贫困问题、资源问题、能源安全、网络安全、粮食安全、毒品泛滥、贫困问题、公共卫生问题等各个领域，做出有效实践，贡献中国方案，为全球治理提供一些可供选择的路径；要全面提升我国国家治理、全球治理议题的研究能力，充分挖掘我国传统历史文化资源，挖掘、凝练中国理念，注重中华话语与世界话语的融通，并利用国内外媒体传播资源讲好中国故事，加大对中国理念、中国传统、中国思想的宣传，展现大国的责任和担当。当前，我国提出"构建人类命运共同体"主张，发布《中国应对气候变化的政策与行动》白皮书、《为人民谋幸福：新中国人权事业发展 70 年》白皮书，积极抗击和防控新冠肺炎疫情，助力全球抗疫，奋力支撑全球复苏③等，均是积极典范。2020 年 9 月，《中国国家形象全球调查报告 2019》显示，中国参与全球治理的各领域表现认可度均获提升，其中科技、经济、文化领域表现最为突出。在中国参与全球治理的实践中，海外受访者最为认可的三个领域为：科技（66%）、经济（63%）和文化（57%）④。

我国参与和引领全球治理，急需大量能够在全球治理制度、治理规则、治理规范方面进行优化、创新，重塑全球治理秩序的人才。全球治理是超越民族国家及民族国家组成的地区一体化机制，以诸如联合国等全球性公共产品（Global Public Goods）为平台，以国际规则、规范和制度为基础解决或者克服全球挑战、问题和危机的集体行动或者国际合作过程⑤。但在很长一段时间，全球治理的主要组织如联合国、国际货币基金组织、世界银行，

---

① 联合国未来胜任力：联合国秘书处在 1999 年发布了《联合国未来胜任力报告》，是联合国秘书处及专门机构进行国际公务员招聘的核心考核指标，包含了三个维度——核心价值观、核心胜任力和管理胜任力。核心价值观包括：正直、专业精神、尊重多样性；核心胜任力包括交流、计划组织、尽责、不断创造、持续学习、科技意识、团队合作、客户取向；管理胜任力包括领导力、富有远见、赋权、建立信任、绩效管理、决策能力等。
② 孙吉胜.当前全球治理与中国全球治理话语权提升[J].外交评论：外交学院学报，2020(3)：1－22.
③ 杨啸林.中国奋力支撑全球复苏——"2021·疫情中的世界经济"系统述评之一[EB/OL].（2021－12－20）[2022－01－04].http://www.gov.cn/xinwen/2021-12/20/content_5662022.htm.
④ 刘波.百年未有之大变局下全球治理面临的挑战及中国的参与路径[J].教学与研究，2020(12)：67－77.
⑤ 于军，王发龙.全球治理的制度困境与中国的战略选择[J].行政管理改革，2016(11)：59－63.

都是由西方国家主导建立和运行的，其组织架构、运行模式和议事规则都是以西方国家的价值观、利益为参照和准则而设立，常有利于西方，长期带着明显的西方治理特征。随着新兴市场国家和发展中国家的群体性崛起，全球治理体系、规则、制度改革的呼声日益高涨。联合国推出《改变我们的世界：2030 年可持续发展议程》这一纲领性文件，以及二十国集团取代西方七国集团，亚太经合组织（APEC）、欧盟、东盟、非盟等一些区域性经济合作组织发挥着越来越大的作用。甚至，有人提出"21 世纪是国际组织的世纪"。据统计，1909 年全球各类国际组织只有 213 个，1956 年增加到 1 117 个，2020 年各种类型的国际组织总数已经超过 73 000 个，遍布世界 200 多个国家和地区，且每年还在以 1 200 个以上的速度迅猛增加①，将成为践行多边主义的重要载体。于此，各组织提出治理理念，提供公共产品，建构治理体系成为必然。我国提出不"另起炉灶"的原则立场，倡导以多边主义的原则展开有意义的对话、协调与合作。如面对全球环境问题，我国与联合国在防治荒漠化、环境保护、生物多样性治理等方面展开深入合作，坚定不移走绿色、低碳、可持续发展之路，绘就绿色发展新图景。2013 年，联合国环境规划署理事会会议通过推广中国生态文明理念的决定草案；2016 年，联合国环境规划署发布《绿水青山就是金山银山：中国生态文明战略与行动》报告②；我国于 2013 年提出"一带一路"倡议，致力于与沿线国家和地区在经贸、科技、文化、教育等领域的全面合作；于 2014 年组织以"共建面向未来的亚太伙伴关系"为主题的亚太经合组织领导人非正式会议，围绕 30 个领域 100 多项成果和共识，我国提出的倡议占到一半以上③；2016 年，二十国集团领导人杭州峰会上，与会成员通过《二十国集团创新增长蓝图》《二十国集团落实 2030 年可持续发展议程行动计划》，我国就支持非洲国家和最不发达国家工业化开展合作提出了具体措施，如提高能源可及性、发展普惠金融等这些发展议题的设置和引领方面起到了至关重要的作用④。而在深海、极地、网络、外空、应对传染性疾病和人工智能、大数据等被称为全球治理体系改革试验田的新疆域，我国要在《联合国宪章》《联合国海洋法公约》《外层空间条约》等国际法的基础上，努力完善新疆域、新领域治理的法律框架，促进经济社会发展、国际和平稳定和人类共同福祉。统筹国内国际规则，积极参与国际规则协调，通过国内规则的改革与创新引导国际规则的合理与完善显得尤为重要。

---

① 高飞.国际组织与全球治理[EB/OL].（2021－03－01）[2022－01－07].http：//www. npc. gov. cn/npc/c30834/202103/0d2a4aaaf5e7405b8bcce8135af07c90. shtml.

② 李琰，杨一.为全球环境治理贡献中国智慧（携手同心·新中国恢复联合国合法席位 50 周年）[N].人民日报，2021－11－04(17).

③ 陈振凯.中国参与全球治理的精彩"三部曲"（砥砺奋进的 5 年）[EB/OL].（2017－09－09）[2022－01－07].http：//world. people. com. cn/n1/2017/0909/c1002-29524866. html.

④ 中国人民大学重阳金融研究院 G20 课题组.从历届 G20 峰会脉络看杭州 G20 成果[EB/OL].（2016－09－06）[2022－01－07].http：//news. cctv. com/2016/09/06/ARTIA4j6Tqr2KdIB7ZnGK4C1160906. shtml.

我国参与和引领全球治理，还急需非政府间国际组织、企业、行业协会、学术共同体等社会力量的更多参与，尤其是在技术性规则、产品规则以及贸易推进等涉及细节问题的领域更需要民间力量的参与①。在这样的新型全球化大趋势下，广泛培养具有全球意识，能够勇于承担，有能力承担作为全球社会成员的责任的年轻人显得尤为重要。2017 年 12月 12 日，经合组织教育与技能司和哈佛大学教育研究生院联合发布了《PISA 全球胜任力框架》，提出全球胜任力四大维度——能够体察本土、全球和跨文化问题，理解并欣赏他者的观点和世界观，与来自不同文化背景下的人进行既相互尊重又有效的互动，并为集体福祉和可持续发展采取负责任的行动②。

（四）VUCA 时代需要适应性复合技能人才

在当今以波动性（Volatility）、不确定性（Uncertainty）、复杂性（Complexity）、模糊性（Ambiguity）为基本特征的 VUCA 时代里，一场全球肆虐的新冠肺炎疫情与百年未有之大变局叠加，引发了全球范围各领域的动荡。再加上当前数字化技术的加速推进和新经济的迅速崛起，社会的用人需求正发生翻天覆地的变化，企业的用工战略也不断做出相应调整。

VUCA 时代，企业对人才质量的要求明显提升，复合技能人才更受欢迎。随着行业边界的模糊，对复合型人才的需求正在从高级管理和技术岗位不断下沉到中层岗位，甚至是部分入门岗位和新职业中③。2020 年，在学历相同且期望薪酬接近的情况下，明确拥有三项以上职业技能的求职者获得雇主主动沟通的概率较只具备一项技能的求职者高19.2%，优势同比增加 5 个百分点。在获得面试邀请等后续环节中，成功率高出 15%～22%。以硬技能为核心驱动的专业技术岗位，复合技能人才获得雇主反馈的概率较单一技能求职者高出 60%以上，部分技能图谱复杂的职位，如大数据、人工智能等，多重技能求职者拥有倍数级竞争优势。这说明多重技能驱动的时代来临。

VUCA 时代，企业业务的波动性和不确定性增加，构建敏捷组织形成共识，适应性人才更具竞争力。领英（LinkedIn）发布的调研报告显示，45%的中国企业正在开放远程办公机会，高于亚太地区 41%的平均水平。而世楷（Steelcase）调查大量企业样本发现，88%的中国企业希望赋予员工更大的办公自主性和灵活性，在中国有 83%的员工期待采用混合办公模式④。《中国灵活用工发展报告（2022）》蓝皮书显示，2021 年我国有 61.14%的

① 赵龙跃.全球价值链时代如何更好统筹国际国内规则——中国积极参与全球治理的战略路径分析[J].人民论坛·学术前沿，2017（13）：58－69＋79.
② 滕君，杜晓燕.经合组织《PISA 全球胜任力框架》述评[J].外国教育研究，2018（12）：100－111.
③ Boss 直聘研究院.2021 人才资本趋势报告[EB/OL].[2022－02－08].https://static.zhipin.com/v2/pdf/boss-paper-2021.pdf.
④ 周峰.办公模式变革，如何吸引年轻一线人才？这些建议供您参考[EB/OL].（2021－12－29）[2022－01－27].https://www.cyzone.cn/article/665057.html.

企业采用灵活用工模式，企业更倾向于扩大而非缩减灵活用工规模[1]。据预测，新经济领域在 2019—2023 年贡献的灵活用工人数增量占比有望提升至 64.7%[2]。于是有人提出未来是零工经济时代，那时，项目将成为维系企业和人才之间新型关系的纽带，同时知识的可获得性变得越来越简易便捷，知识本身不再是力量，灵活、创造性地运用知识的能力将起着更为重要的作用[3]。据《2020—2021 全球人才趋势（本地报告）》，48% 的企业认为具备适应性/成长型思维非常重要，这意味着员工需要对变化保持开放的心态，灵活调整和积极适应多变的环境；41% 的企业认为数字化敏捷度对于未来发展的重要性愈发凸显，员工需要具备拥抱现有和新涌现的数字化手段来达成更好商业结果的意愿和能力；36% 的企业看重员工进行自我管理，分析、识别、处理优先事项的技能[4]。

VUCA 时代，社会日新月异，擅长深层学习的终身学习者将更具有可持续发展能力。终身学习者这一概念在 20 世纪 60 年代被提出来之后，便获得共识。但当今人们将不可避免地面临更复杂、多元、多变、陌生的任务或场景，越来越需要深层学习——学会整合已有知识、技能、方法或概念，审慎地判断和分析情境，创造性地应对和解决问题，能够同他人协作开展工作和完成任务[5]，并驾驭知识风暴，充分理解知识，学会对知识进行情景化的应用，进而将自己的知识、经验进行反思、统整和知识管理，自主建构个人的知识体系，并在新情境中分析判断差异并迁移运用[6]，如此往复。

二、高中育人方式改革背景下的生涯导师制

（一）高中育人方式改革要求加强学生发展指导

学生发展指导起源于 19 世纪末的美国，并持续发展至今，无论在美国、英国、加拿大、法国、日本等发达国家，还是在马来西亚、尼日利亚、菲律宾等一些发展中国家，都已经建立了较为成熟的发展指导制度，建立了与学生发展指导有关的法律法规，形成了如美国的综合性发展指导模式、法国的方向性发展指导模式、日本的生活指导模式等成熟的学生发展指导模式。如今，发展指导已经成为与教学、管理并重的现代学校三大职能之一[7]。

近年来，各项教育政策提出加强学生发展指导的明确规定，逐步明晰了其内涵，并就

---

① 界面新闻.《中国灵活用工发展报告（2022）》蓝皮书发布，企业灵活用工比例达 61.16%[EB/OL].（2022 - 01 - 02）[2022 - 01 - 07].https://finance.sina.com.cn/chanjing/cyxw/2022-01-02/doc-ikyakumx7846325.shtml.
② 陈豪.企业灵活用工实操手册[M].北京：人民邮电出版社，2020.
③ 丁荣贵.零工经济时代企业、项目、人才之间的新关系[J].项目管理评论，2019（3）：16 - 20.
④ 美世.同理心致胜之道：2020—2021 全球人才趋势（本地报告）[Z].上海：美世（中国）有限公司，2021.
⑤ 伦兹，威尔士，金斯敦.变革学校：项目式学习、表现性评价和共同核心标准[M].周文叶，盛慧晓，译.长沙：湖南教育出版社，2020：总序.
⑥ 尤小平.学历案与深度学习[M].上海：华东师范大学出版社，2020：54 - 55.
⑦ 方晓义.学生发展指导，寻找适合每个学生的成长路径[J].教育家，2019（8）：52 - 54.

相关机制建设提出了明确要求,推动高中教育围绕育人质量提升这一核心目标,逐步实现三个转变,即从应试教育模式向全面育人教育方式转变;从以升学为目标向升学与生涯辅导相结合目标转变;从高中教育分层发展向分层与分类相结合方向转变①。

《国家中长期教育改革和发展规划纲要(2010—2020)》首次提出学生发展指导的概念——建立学生发展指导制度,加强对学生理想、心理、学业等方面的指导②。

《教育部关于全面深化课程改革　落实立德树人根本任务的意见》进一步提出建立普通高中学生发展指导制度,指导学生学会选择课程,做好生涯规划③。

《普通高中课程方案》在课程实施与评价中明确提出切实加强学生发展指导,并进一步明晰了学生发展指导的内涵,提出了明确要求——学校应建立学生发展指导制度,采用专职教育与兼职教师相结合的方式,组建专门队伍,加强对学生的理想、心理、学业、生活、生涯规划等方面的指导,开展多种形式的指导活动,帮助学生树立坚定的社会主义理想信念,正确地认识自我,更好地适应高中阶段的学习与生活,处理好兴趣特长、潜能倾向与社会需要的关系,选择适合的发展方向,提高生涯规划能力和自主发展能力④。

《国务院办公厅关于新时代推进普通高中育人方式改革的指导意见》进一步发展了新课标中对学生发展指导的界定,并将其列为新时代教育改革的六大任务之一:加强学生发展指导——加强对学生理想、心理、学习、生活、生涯规划等方面的指导,帮助学生树立正确理想信念,正确认识自我,更好适应高中学习生活,处理好个人兴趣特长与国家和社会需要的关系,提高选修课程、选考科目、报考专业和未来发展方向的自主选择能力,并提出健全指导机制的各项建议和要求⑤。

教育部基础教育司司长吕玉刚在接受《人民教育》杂志专访时,提出新课程新教材是提高育人育才质量的重要依托,当前正在研制《普通高中学生发展指导工作指南》⑥。

育人方式改革进程中,质量评价是关键。评价方向即办学导向。而对于学生发展而

---

① 教育部.教育部新闻发布会解读《国务院办公厅关于新时代推进普通高中育人方式改革的指导意见》[EB/OL].(2019-06-20)[2022-01-08].http://www.gov.cn/xinwen/2019-06/20/content_5401960.htm.
② 新华社.国家中长期教育改革和发展规划纲要(2010—2020年)[EB/OL].(2010-07-29)[2022-01-08].http://www.gov.cn/jrzg/2010-07/29/content_1666978.htm.
③ 教育部.教育部关于全面深化课程改革　落实立德树人根本任务的意见[EB/OL].(2014-04-08)[2022-01-08].http://www.moe.gov.cn/srcsite/A26/jcj_kcjcgh/201404/t20140408_167226.html.
④ 教育部.普通高中课程方案(2017年版)[M].北京:人民教育出版社,2018:11.
⑤ 国务院办公厅.国务院办公厅关于新时代推进普通高中育人方式改革的指导意见[EB/OL].(2019-06-11)[2022-01-08].http://www.moe.gov.cn/jyb_xxgk/moe_1777/moe_1778/201906/t20190619_386539.html.
⑥ 李帆,邢星.推进高质量发展成为基础教育最紧迫最核心的任务——访教育部基础教育司司长吕玉刚[J].人民教育,2021(5):5.

言，目标何在，如何评价各方促进学生发展的成效？伴随育人方式的改革，国家及地方陆续发布学生评价方式改革新举措，均指向我国在新时期推进育人方式改革、全面提升育人质量，促进学生全面而有个性发展，立德树人，培养德智体美劳全面发展的社会主义建设者和接班人的根本目标。

《国家中长期教育改革和发展规划纲要（2010—2020）》明确提出建立科学、多样的评价标准。做好学生成长记录，完善综合素质评价，探索促进学生发展的多种评价方式①。

《关于加强和改进普通高中学生综合素质评价的意见》明确提出思想品德、学业水平、身心健康、艺术素养、社会实践等五大方面的内容，要求评价能够反映学生全面发展情况和个性特长，注重考查学生社会责任感、创新精神和实践能力②。

各地高中陆续推出学生综合素质评价实施办法。如《上海市普通高中学生综合素质评价实施办法（试行）》明确提出记录和评价内容（即品德发展与公民素养、修习课程与学业成绩、身心健康与艺术素养、创新精神与实践能力），记录方法与程序，以及评价结果应用。从 2017 年起，推动高等学校在自主招生过程中，试行把综合素质评价信息作为高等学校自主招生的参考③，并在 2017 年启动了高校综合素质招生。各省份随着新高考进程的启动，陆续启动综合素质评价相关工作。

《深化新时代教育评价改革总体方案》明确提出"改进结果评价，强化过程评价，探索增值评价，健全综合评价"的要求，并明确了对政府、学校、教师、学生等方面的评价要点。明确国家制定普通高中办学质量评价标准，突出实施学生综合素质评价、开展学生发展指导、优化教学资源配置、有序推进选课走班、规范招生办学行为等内容④。

《普通高中办学质量评价指南》明确提出对学生发展的评价包括品德发展、学业发展、身心健康、艺术素养和劳动实践等 5 项关键指标，共计 18 项关键指标和 48 个考察要点⑤。

---

① 新华社.国家中长期教育改革和发展规划纲要（2010—2020 年）[EB/OL].（2010 - 07 - 29）[2022 - 01 - 08].http://www.gov.cn/jrzg/2010-07/29/content_1666978.htm.

② 教育部.教育部关于加强和改进普通高中学生综合素质评价的意见[EB/OL].（2014 - 12 - 16）[2022 - 01 - 08].http://www.moe.gov.cn/srcsite/A06/s3732/201808/t20180807_344612.html.

③ 上海市教育委员会.上海市教育委员会关于印发《上海市普通高中学生综合素质评价实施办法（试行）》的通知[EB/OL].（2015 - 04 - 15）[2022 - 01 - 08].https://edu.sh.gov.cn/zcjd_ptgzxszhszpjssbfsx/20150504/0015-xw_80976.html.

④ 中共中央,国务院.中共中央 国务院引发《深化新时代教育评价改革总体方案》[EB/OL].（2020 - 10 - 13）[2022 - 01 - 08].http://www.moe.gov.cn/jyb_xxgk/moe_1777/moe_1778/202010/t20201013_494381.html.

⑤ 教育部.教育部关于印发《普通高中学校办学质量评价指南》的通知[EB/OL].（2022 - 01 - 10）[2022 - 01 - 11].http://www.gov.cn/zhengce/zhengceku/2022-01/10/content_5667444.htm.

（二）生涯导师制是落实学生发展指导实效的有效路径

开展学生发展指导，需要以学生为中心，遵循学生身心发展规律，以尊重学生的个体差异为原则，以促进全体学生积极发展为主旨，要求学校教职工全员参与，将学生发展教育与日常教育教学有机结合，做到将学生发展指导渗透到日常教育之中，营造有利于促进学生积极发展的校园氛围，进而从根本上促进学生积极健康发展，并整合学校、家庭、社会等各方资源优势，构建适合我国的普通高中学生发展指导制度①。而导师制是实现个别指导的有效路径。

最早的导师制可以追溯至古希腊和先秦时期。现代学校教育体系下的导师制起源于牛津大学，并被事实证明是一条行之有效的教育举措，培养了诸多具有创新精神、成就卓越的人才，并后续广泛应用于中学。在我国，导师制最初仅在研究生培养中实施，后逐步拓展和应用至大学和中小学。导师制是实施育人方式改革的有效路径。

2005年12月，浙江省教育厅印发《在全省中小学实施德育导师制的指导意见》，以德育导师制的方式开启了中小学实施导师制的先河。后续各地开展了各具特色的导师制试点：比如全员育人导师制、全员管理导师制、心理健康导师制、阅读导师制②。上海市《关于本市新时代推进普通高中育人方式改革的实施意见》明确提出要完善高中班主任与全员导师制相结合的高中学生成长服务机制③，在《上海市教育发展"十四五"规划》中明确提出要"建立中小学生全员导师制，配齐建强专兼职教师队伍"④，并在11个区启动了全员导师制试点工作⑤。如何开展全员导师制，有效助力学生发展，成为当前的一大探索方向。

多年来，闵行中学系统实施了生涯教育，在从学生入学开始到高中三年发展的全过程中，注重用生涯教育来引导孩子认识自我、找到适合自己的奋斗目标，探索未来发展的无限可能，从而确立自己想要努力的方向，增加信心和主动性，成为最好的自己⑥，探索出一条以生涯实践为学生未来领航的路径——学校注重唤醒学生的生涯自主意识，从兴趣中

---

① 方晓义，袁晓娇，邓林园，胡伟.构建适合我国的普通高中学生发展指导制度[J].北京师范大学学报（社会科学版），2013(1)：42－50.

② 常雪亮，陈建俏，肖义涛.我国中学导师制的发展历程、现状与问题[J].生涯发展教育研究，2020(1)：85－97.

③ 上海市人民政府办公厅.上海市人民政府办公厅印发《关于本市新时代推进普通高中育人方式改革的实施意见》的通知[EB/OL].(2021－01－17)[2022－01－08].http://edu.sh.gov.cn/zcjd_xsdgzyrfs/20210204/9cf785a205c9495781203f0d8e5164fa.html.

④ 上海市人民政府办公厅.上海市人民政府关于印发《上海市教育发展"十四五"规划》的通知[EB/OL].(2021－07－26)[2022－01－08].http://edu.sh.gov.cn/zcjd_jyfzssw/20210907/5a7a750ba40c4db9a93cf71f746e4e6c.html.

⑤ 上海市教育委员会.对市十五届人大五次会议第0808号代表建议的答复[EB/OL].(2021－08－18)[2022－01－08].http://edu.sh.gov.cn/xxgk2_zhzw_jyta_02/20210818/9b5ccc1a6d5b4ea58e9bd5b1ae88de49.html.

⑥ 杨捷."逆袭"的百年老校，闵行用"生涯教育"给了学生更多可能[EB/OL].(2020－05－12)[2022－02－09].https://new.qq.com/omn/20200512/20200512A08X6300.html.

找到志趣；丰富学生社会实践经历，在试错中找准人生航向；提高自主探究能力，将课本知识活学活用到生活中①。

　　闵行中学启动"今天，我们怎么做高中生涯导师"项目，是期待充分发挥学科教师在学科核心素养培育、生涯发展导航等方面的专业和学科基础，探索将学科教师发展成为生涯导师，将该行动作为探索落实全员导师制、学生发展制度的主要途径，并将生涯导师界定为：与学生建立稳定的结对关系，从学生个体的生涯发展特点和需要出发，指导学生更好地认识自我、探索外部、激发潜能、发展能力，为学生提供个性化的思想引导、心理疏导、学业辅导、生活指导、生涯向导的专业教师、学科教师和校外专业人士等。期待生涯导师能够树立"学科为学生未来生活更美好的生涯导航"的教育理念，探索重构教学结构，致力学科教育项目化学习、生涯体验的实践探索，全面提升学科教师在思想引导、心理疏导、学业辅导、生活指导、生涯向导等方面的意识和能力，探索由学科教师、班主任、任课教师、心理教师、校外导师组成导师队伍，并创设学科相关行业、企业等校外资源，开阔视野，更新观念，全面促进新时期教师的专业成长，助力学生全面而有个性的发展。

（执笔人：林唯　白茹）

---

① 王星，吴金娇.上海市闵行中学在特色生涯教育中找准五育融合之道：让生涯实践为学生未来"领航"[EB/OL].（2021-01-19）[2022-01-09].https://wenhui.whb.cn/third/baidu/202101/19/388790.html.

第二节　今天的高中生①

大学生小乐在回忆高中往事时，说起跟导师王老师一次印象深刻的谈话：

"还记得高三下学期的一天，那时已经 5 月，我的心情在那个月跌到了谷底。在刚刚结束的模拟考试中，我考了有史以来的最低成绩，眼看就要高考了，我觉得自己肯定完蛋了；在当天的篮球课上，由于我的失误导致队伍失利，遭到了要好的哥们儿的责备，我们当场大吵一架；我喜欢上一个女同学，但是一直觉得自己不够优秀，听说她有多位追求者，自己看上去却是最弱的一个……一件件烦心事，夹杂着各种复杂的不良情绪，让我觉得自己简直糟糕极了，完全无法静下心来听课。导师王老师也发现了我的异样，于是在当天放学后，邀请我到她办公室谈心。

刚刚落座，我就掉下了眼泪，我从下午篮球课说起，说到模拟考试，再谈到让自己觉得'高不可攀'的女孩，把这些烦恼一股脑儿地倾诉了出来。王老师认真听着，不时递来纸巾，和我一起分析每件事情的各种可能。篮球课上，铁哥们儿的责备是不是因为他太想赢得这场比赛了，或者只是希望我能打得更好些，并没有针对我？第二天早上到学校，是不是又可以谈天说地，篮球场上继续热血击掌？关于成绩，从高一地理、生物不及格到等级考全 A＋，以及从这场考试之前的状况看，我的学习方法是完全没有问题的，这次模拟考试是不是正好摸出了掌握不够好的知识点？王老师知道我每次都是大考能发挥出最佳水平，调侃说：'我还是相信，你是大赛型选手，越重要的考试，发挥得越好。'至于对心仪女孩的美好情感转化为没有任何优势的落寞，王老师则问了一句：'难道你觉得自己没有一丁点吸引人的地方吗？'这句话简直成了我在接近放弃时最激励我的话，让我忽然意识到，我并非一无是处，我有我的优势，我有我引以为傲的优点。就这样，聊着聊着，我忽然发现是自己最近压力太大了，以至于凡事都自我贬低，正在把自己一步步几乎击倒……王老师也和我分享了她也曾经很难过的一段经历，以及自己是如何慢慢调整好，以及现在的她如何看待那件事，带给我非常大的启发和鼓励。"

小乐说，高中时候的情绪经常像过山车。非常感谢王老师的陪伴，让他一直学会了用多元、长远的视角看待问题，就像现在，铁哥们儿还是那么铁，高考果然超常发挥，女孩虽然没有追到，但他仍对未来充满期待。回看高中阶段的一次次压力情境，在导师的陪伴和

---

① 本节内容既包括对毕业 1～5 年的闵中学生的访谈，请他们回忆高中往事，以大学生的视角回顾、审视高中生活；又包括对在读闵中学生的访谈，请他们描述当下的学习和生活，反馈导师和他们的互动。本节中引用他们的原话，描绘今天的高中生，为表达需要，个别语言稍有修正。

支持下，他学会了以积极的心态和方式面对问题。在大学，挑战更多了，压力更大了，但是他变得越来越从容和富有正能量。

今天的高中生是怎样的？导师需要率先对他们有更好的了解。看见他们的喜、怒、哀、乐，困惑、茫然、期待和憧憬，以及隐藏在他们内心的矛盾和内驱力、成长力。从积极的视角看，不成熟的他们正在学着长大，看上去易冲动的他们正在经历大脑的飞速发育，他们正在适应大脑结构和功能变化带来的各种影响，而此时，他们最有活力，也正在学习情绪管理，学习风险评估；看上去喜欢顶嘴的他们正在学习质疑，形成和表达自己的判断和思考；看上去喜欢宅在家里的他们，更喜欢跟同伴交往，渴望社会参与；喜欢照镜子的他们不止在看自己的容貌体形，也在充分地认识自己，拓展自己……所有这些，相互影响，交织在一起，成为高中生特有的形象。

一、注重学业，期待过程指导、拓展探究

（一）学业是第一关注，却也是最大压力源

学习是高中生活的第一要务，成绩是评判学业表现的依据，更是关乎未来选择与发展的核心要素。

1. 看重成绩

他们看重学业，在意学习成绩，因此与学习相关的方方面面，几乎是左右他们身心状态的关键所在，甚至由此影响他们对自己的认知和判断，以及同学关系。

来自毕业生的反馈

"现在回想，我觉得高中生都很在意考试成绩，不管他看上去对分数多么不屑。"

"现在回想，我觉得高中生普遍在意成绩提升与否，排名上升与否。"

"现在回想，我觉得高中生普遍在意学习成绩以及别人眼中的自己是什么样的。"

"现在回想，我觉得高中生普遍在意获得满意的成绩，以及和身边同学、老师的关系。"

2. 学习是最大的压力源

对于学习，他们有各种担心和焦虑，堪称最大的压力源。刚刚进入高中时，学习的科目增加了，难度提升了，老师的授课方式变了，耳边总是想起来自老师、家长、学长的叮嘱："高一上学期能不能调整好，适应高中的学习，找到适合自己的学习方法，非常关键。"后续

总是有大大小小的各种考试，有的同学即便考得好也会怀疑是自己撞了大运，考得不好便会怀疑是不是自己的方法不对，还没有找到学习的诀窍，甚至怀疑自己"不是学习的料"。有的同学成绩优异，却给自己施加了莫大的压力，担心保持不住好的名次；也有的同学因为过分重视成绩，渐渐丧失了对学习本身的兴趣，进而讨厌学习。

🐦 来自毕业生的反馈

"作为学习成绩起起伏伏的学生代表，整个高中三年我不知道迷失过多少次，每次成绩发布，都觉得自己完蛋了，我几乎是背着这样的重压，走完了高中三年。好在有王老师、李老师、林老师等每一位和蔼可亲的老师，每次都帮我化解，告诉我慢慢来，我才逐渐找到感觉。"

"很感谢周老师一直用他的开朗与积极心态潜移默化地影响着我，在考前与考后帮助我克服焦虑与压抑情绪；在我情绪崩溃时给予温暖的安慰；更重要的，是在无形中提高了我的韧性与抗压能力，帮助我变得坚强。"

3. 高中学习，不止辛苦

常常听到高中生诉苦道："为什么学习这么苦？"甚至有的学生高呼"高中生就是这个世界上最辛苦的一群人。"由此产生对学习的各种消极情绪——无助、倦怠、厌学，质疑学习的价值——"真不知道整天学的这些东西能有什么用"。事实上，高中的学习不止辛苦。或许，过来人的思考和反馈，能给在读的同学提供一些不同的视角。

🐦 来自毕业生的反馈

"高中，是一个逐渐学会怎样去学习的阶段。"

"高中，是一个让'求知若渴'成为习惯的阶段。"

"高中，是一个认识良师、激发学习兴趣的阶段。"

"高中，是一个可以心无旁骛地打牢各个基础学科知识的阶段。"

"高中，是一个可以全心全意，和目标统一的集体一起努力的阶段。"

"高中，可能是人生最后一个可以专心学习的阶段。"

"与初中生相比，高中生更需要自觉地去学习；而与大学生相比，高中生还是会有老师来督促学习和帮助制定学习计划和目标，有老师关心你成绩的起落，辅导解题，在高中毕业后，这些应该都不会再有了。"

（二）期待过程指导

学习，事关学业成绩，也和学生的人格发展息息相关，与学习相关的因素很多，其中影响最大的有四个方面：学习动机、学习情绪、学习意志和学习策略①。学习动机指的是直接推动一个人进行学习活动的内部动力，有的同学有强烈的学习动机，而有的同学则需要外力的驱动或激励才能好好学习，也有的学生动机过强给自己造成过大的压力；学习情绪是指学生在学习过程中对学习是否满足需要而产生的情绪体验，有的同学学习热情高涨，享受投入学习、做出题目、学到新知识的兴奋感和成就感，有的同学则对学习较为厌倦，对学习提不起太高的兴致；也有的学生对学习充满无助和焦虑感；学习意志是指学生根据学习的目标，在学习过程中自觉地实施、调节和控制自己的学习行为，不断排除干扰，克服困难，以完成预定的学习任务的心理过程，有的同学能够较长时间专注于学习，不被难题打倒，有的同学则对学习"三分钟热度""三天打鱼两天晒网"，经常需要老师和家长的监督和催促；学习策略是指学生优化学习活动效果，提高活动效率的一系列技能，有的同学不善于听课，只能机械地做题，做好了自己也无法判断正确与否，完全摸不着头脑，而有的同学则能够通过听讲、做题将各个学科的知识在头脑中形成清晰的逻辑关系图。这四个方面，均需要导师的指导和帮助。

1. 期待兴趣/动机被激发

兴趣是最好的老师。当一个学生能够对一门学科产生兴趣，内在动机便随之产生。甚至由此爱上一门学科，爱上一个专业领域，爱上一份事业；抑或在学科学习中习得学科核心素养，为了解自己和社会增加了专业的视角，享受到自己的成长和蜕变；抑或在学科学习中浸染，感受到其中的人文美、艺术美，获得人生发展中的勇气、智慧；抑或感动于老师的职业素养，感染于老师个人的人格魅力，对学科学习愈发热爱和全情投入。这是学科教师作为生涯导师最能够发挥的重要且独特的作用。

🕊 来自毕业生的反馈

"高中阶段，钟老师对我的帮助很大，因为他想方设法提升了学生的学习兴趣，培养一种积极的学习方式，使学生能够享受语文学习。"

"高中阶段，谢老师对我的帮助也很大，因为她讲课思路清晰、重点突出，我第一次感觉学习政治是一件非常轻松和愉悦的事，并最终选择了政治作为'加三'科目之一。"

"特别享受政治老师的哲学课，解释世界观方法论的时候很有意思，经常引起我们对一些事情的更深层思考，语文老师的'多角度'和政治老师的'辩证'，对我思考问题有很大帮助，一件事用不同的方式思考得出截然不同的结果也很有意思。"

"高中阶段，朱老师对我的帮助也很大，因为在她的引导下，让我从刚开始的完全

---

① 卢家楣.青少年心理与辅导——理论和实践(第三版)[M].上海：上海教育出版社,2016：273-275.

听不懂生物课,到后来爱上了生物这门学科,甚至想将研究生物作为职业方向。"

"高中阶段,何老师对我的帮助很大,因为她讲课深入浅出,让我对语文的兴趣与日俱增,也激发了我对大学中文系的向往。何老师作为班主任,与我们朝夕相处,在耳濡目染之下,整个班级有着良好的阅读氛围,每一位同学都具有较高的人文素养,都能沉浸其中感受文学与语言的魅力。"

"高中阶段,邵老师对我的帮助也很大,因为他在三年的语文教学中传递出的积极的人文主义思想,使我能够通过精神上的信念对抗学习的枯燥。"

"高中阶段,沈老师对我的帮助很大,在她的教导下,我不再单向度地思考,在'大语文'中体会世界的多元。同时,在她的引导下,我开阔了眼界,找到了我的个人特质,成为闪闪发光的人,获得满满的成就感。"

"老师虽然年纪大了(不老!),但是仍然这么忙碌,对学生都非常上心,认真负责,每次上课提的袋子里都是满满的资料和记录本,同学提过的问题都会用醒目的荧光笔在备课本上做标注,提醒自己为我们解答,每次戴着老花镜听我们背书然后在很小的格子里打钩,打满了很多页,这种细节回想起来让人很感动。"

2. 期待学习策略指导

学习策略,事关学生的学习效率和效能。掌握了好的学习策略和节奏,便能事半功倍,增加学习效能感,催生对学习的积极情绪、兴趣和动机,也是学生最期待教师在日常教学、答疑、环节中,能够因材施教地给予个性化指导的方面。

来自毕业生的反馈

"高中阶段,杨老师对我的帮助也很大,因为她在生物等级考准备期间不断鼓励学生通过任何渠道向她提问,并且耐心地解答不同水平学生的问题,打消了我提问时的顾虑,激发了我学习的积极主动性,使我第一次真正意义上通过自己的努力取得满意的成绩。"

"高中阶段,钱老师对我的帮助很大,因为她会很耐心地为我们解答数学的难题。甚至当同学们提出不同的解法时,老师也会不厌其烦地跟我们一起推导计算,让我养成了戒骄戒躁的学习习惯。"

"高中阶段,韩老师对我的帮助很大,因为她教学思路清晰,能有针对性地向不同层次的学生提出不同的目标和要求,并安排相应的提升策略,也十分关注学生的全面发展。"

"高中阶段,郑老师对我帮助也很大,因为她每次作文辅导都落实到单个句子的表达上,文言文学习落实到字词的理解上,同时,她对现代文的主旨挖掘之深、作文主旨把握之准，都让我赞叹，是她重新激起了我对于短板学科语文的热情和信心。"

"高中阶段，郑老师对我的帮助也很大，因为他知道在高三冲刺时，大部分人的重心都放在了英语和数学上，对于语文花费的时间会很少。因此，她替我们整理了集概念、典型例题、答题思路于一体的'宝典仙集'，同学们都觉得帮助很大，也由此带动了学习语文的热情。"

"高中阶段，谌老师对我的帮助也很大，因为他将数学基础分定义在 125 分，极大地提升了我对高考的信心。同时，超过半学期的压轴题训练和中档题训练都让我受益匪浅，这种长期的抗压练习对于我考场上的心态养成有很大帮助。"

"高中阶段，华老师对我的帮助很大。我数学学习基础很差，直到高三才开始系统地学习。寒假新冠肺炎疫情期间，华老师每天 1v1 打网络电话讲错题，讲思路，反复询问每一个知识点，以及背后的思考方式，未来同类型的题如何思考，哪些题目背后的知识点是共通的……逐一击破。曾经的我学习数学总是浮于表面，很少思考背后的逻辑，做题往往不能举一反三，而通过每次和华老师的通电话讲错题，虽然每天压力很大，搞明白每一道题也花费了大量时间，但最后的进步是巨大的，也让我极有成就感。"

"高中阶段，陈老师对我的帮助很大，因为她担心我们靠死记硬背学习政治，于是鼓励同学们提问，帮助我们养成提问的好习惯，在大学的学习中，这一习惯仍让我受益。有了问题意识，才能对知识和事物的认知不断深入，才能实现创新，生产增量知识。"

"高中阶段，高老师对我的帮助很大，因为他使我在高中三年中的发展规划较为明确，并对于我的学习起到了很好的督促效果。"

3. 期待情绪安抚与鼓励

情绪伴随人类活动，如同学习情绪，有时是学习过程的副产品，有时是学习动机的重要来源。因为对学习和成绩的看重，以及由此产生的焦虑、自卑、厌烦、厌倦等情绪，常常成为学生心情晴雨变动的主要成因和影响因素。

来自毕业生的反馈 [1]

"高中阶段，周老师对我的帮助也很大，尤其是在高三时，我用尽努力，物理成绩也无法提高，从而导致我的状态很低迷，心情十分焦虑甚至开始惧怕考试。而周老师始终积极鼓励我要相信自己的实力，教我给予自己良性暗示，并且在课后考后辅导我

---

[1] 学习情绪是高中生情绪的一部分，情绪强烈是高中生的一大特点，因此情绪部分主要在本节第五点集中论述。

进行得分与失分总结，最终帮助我提分。"

4. 期待真诚的督促

对很多同学来说，高中学习困难重重，因此保持学习意志，坚持高效学习很关键，这需要适时的提醒和督促。可是对于自主、独立的高中生来说，结合学科策略辅导的真诚督促，成效最为显著。

来自毕业生的反馈

"高中阶段，郭老师对我的帮助很大，因为他在我刚进高中时，认真督促，给我的弱势学科数学打下了坚实的基础。"

"高中阶段，韩老师对我的帮助很大，因为她对我严格要求，督促我改掉了很多当时学习英语的小缺点，养成了注重规范的学习习惯，让我明白了学习就应该一步一个脚印脚踏实地。"

（三）期待拓展探究

随着高中生思维品质和能力的提升，在好奇心的驱动下，很多学生会对高中知识的拓展与前沿、应用与发展前景等产生浓厚的兴趣。《普通高中课程方案》明确提出，高中教育的任务是促进学生全面而有个性的发展，为学生适应社会生活、高等教育和职业发展做准备，为学生的终身发展奠定基础，并且要求课程遵循思想性、时代性、基础性、选择性和关联性等基本原则，增加课程内容与社会生活、高等教育和职业发展的内在联系[①]。

来自毕业生的反馈

"高中阶段，谢老师对我的帮助很大，因为他擅长将抽象的哲学知识和我们的日常生活结合起来，还会与时俱进地运用各种直播技术。"

"高中阶段，何老师对我的帮助也很大，因为他善于引导学生从有效、合理的思路或角度解决数学问题，并且支持我对数学学科进行研究性学习，为我的数学建模研究课题提供了思路。"

"高中阶段，何老师对我的帮助也很大，因为无论什么时候去请教不会的题目和知识，他都会耐心地和我分析，即使我未听懂，他也会不厌其烦地再次教我；不止于此，他还会给我科普拓展很多学术知识，让我在问问题的时候进行思考；在我考试不

---

① 教育部.普通高中课程方案(2017年版2020年修订)[M].人民教育出版社，2020：1-9.

理想的时候，他不会责备我，反而会鼓励我，说我哪里进步了，下次需要注意哪些。"

"高中阶段，陈老师对我的帮助也很大，因为她用自学开放的教学方式教授化学学科，使我提前接触大学老师会用的方法，帮助现在的我很快适应大学老师的授课方式。"

"我很喜欢高中阶段的郑老师，他是一位分析现代文比答案还深得多的老师。"

"高三学生几乎每天排队来问问题，每天中午乔老师都和大家约好在图书馆里答疑，以至于他经常吃个中饭都匆匆忙忙，就为了能多给学生解答。在图书馆里，学生围着老师坐，坐不下的就围在老师身边站着听，我觉得这种集思广益、围着老师学习的氛围真的是棒极了。上课时老师还会讲讲个人经历之类的，我们学生很喜欢听这些，比单纯地讲课本要生动得多，学习热情自然会高。"

"高中阶段，程老师进对我的帮助也很大，因为他让我发现语文可以在生活中学，可以通过生动的形式去感受具有文学性或者些许乏味枯燥的哲理性文章，他带领我们回到古代，感受诗人作家当时的心境；又帮助我们走进现实，读懂现代社会的人情世故。"

"华老师让我们做一道关于'祖暅原理'的几何题，据说是高考真题，且得分率很低，我一听便来了兴趣，回家之后冥思苦想，结果另辟蹊径，利用了当时高中还没学过的微积分知识解出了正确的答案。第二天课间，华老师见我做对了这道题，便来询问我的思路。我吞吞吐吐地说出了我的解法，一方面我自学的微积分并没有领悟到本质，没有办法讲清楚其中的原理，另一方面当时并不提倡使用这种超纲的方法。但没想到华老师听完对我表示了赞许，还在课上邀请我上台讲述了我的方法。当时正值刘慈欣的科幻小说《三体》大火，在听完我的表述后，华老师引用三体里的'降维'思想，用更贴近高中数学的语言复述了我的方法，并跟同学做了推广。听完后，我自己也产生了极大的震撼。自此，我更加喜欢上了数学，遇到新的问题，总会思考有没有更精妙的解法。"

"临近高考，晚自习的时候，各科老师们都习惯发张试卷，让同学们刷题。有一天语文晚自习，钟老师两手空空地进了教室，什么试卷也没带。在大家的欢呼声里，钟老师放起了电影《天堂电影院》。他说：'语文的提高，并不在于那么一两张试卷。'从此以后，我们班成为整个年级羡慕的对象。就这样，高三的晚自习，我们班的同学们一起看了《小鞋子》《贫民窟的百万富翁》等许多剧情长片。用钟老师的话说：这些电影虽好，但节奏很慢，时间很长，如果不是在语文课上，很多同学可能一辈子都不会去看，那其实是非常可惜的。那些忙里偷闲看电影的时刻，成为我们高三生活里的一抹亮色。当别人埋头刷题的时候，钟老师却为我们推开一扇通向世界的窗，让我们在满地的六便士之间，抬头看见月光。正是在钟老师充满人文关怀的教育方式下，我们班的语文成绩始终在年级位列前茅。"

二、寻求新奇，期待社会参与、实践创新

（一）寻求新奇的大脑

好奇心是人类的天性，人类是天生的探险家[1]。如同儿童通过积极的观察、假设、实验和总结对周围世界进行探索，随着大脑的快速发育，学生认知能力的提升，这一探索的特性在青少年阶段被进一步激发。他们喜欢标新立异，刨根问底，充满对新事物的好奇心和探究的欲望[2]。加上当今时代的学生们较多玩弄电子设备、睡眠不足，日常生活中充斥着大量的信息等，青少年的大脑特别爱追新求异，渴望别开生面的新鲜感，但也渴求中规中矩的秩序[3]，也喜欢偶尔打破小规则带来的刺激与愉悦。因此，高中生时不时会觉得学习太过枯燥，校园太过拘束，生活太过单一，甚至表现出学习劲头不足，三心二意和无精打采样子，这对我们的育人举措提出了挑战。

来自毕业生的反馈

"现在回想，我觉得高中生普遍喜欢参加课外活动。"

"现在回想，我觉得高中生普遍喜欢探索、争论和新鲜感。"

"现在回想，我觉得高中生普遍喜欢尝试那些新鲜的、有趣的事物。喜欢一群人聚集在一起分享共同的兴趣爱好，以及偶然打破某些规则的刺激（如偷偷玩手机、早上合作做作业）。"

"现在回想，我觉得高中生普遍喜欢试图挣脱千篇一律的生活，在繁忙的学业中，一边学习，一边找到自己热爱的事物，并为此付出。"

"现在回想，我觉得高中生普遍喜欢挑战规则。"

（二）期待社会参与、实践创新

社会参与是《中国学生发展核心素养》中的基本内容之一，包含责任担当和实践创新两部分，强调处理好自我与社会的关系，养成现代公民所必须遵守和履行的道德准则和行为规范，增强社会责任感，提升创新精神和实践能力，促进个人价值的实现，推动社会发展

[1] 梅迪纳.让大脑自由：释放天赋的12条定律[M].杨光，冯立岩，译.杭州：浙江人民出版社，2015：231-248.
[2] 卢家楣，李伟健，樊富珉，金盛华.青少年心理十万个为什么[M].北京：科学出版社，2018：10.
[3] 苏泽.教育与脑神经科学[M].方彤，黄欣，王东杰，译.上海：华东师范大学出版社，2014：36.

进步，发展成为有理想信念、敢于担当的人①。在高中阶段，学生思维能力和创造力迅猛发展——抽象逻辑思维占优势，并由经验型向理论型过渡，辩证逻辑思维迅速发展（虽然总体仍明显滞后于形式逻辑思维），对问题情境的思维比儿童时期有了质的飞跃；创造力方面，总体趋势上升（虽然也有起伏波动），创造性思维发展进入关键期，开始带有较多的现实性、主动性、有意性，创造性思维敏捷，热情高②。可以说，这个阶段，是学生创新的黄金时期。

按照布鲁姆教育目标分类，学习的最高形式是创造，创造是理解最深层的表达。同时，创造性能够助推知识的精进③，在进行创新创造的过程中，学生一定会遇到未知领域，拓展、精进便会自然发生。因此，本质上，教育意味着培养创造者④。社会热点话题讨论、正反观点辩论、研究性学习、科创、社会实践、志愿者活动、文创、文学创作等，都属于社会参与、实践创新的途径。特别值得一提的是，科学创造和艺术创造涉及相同的脑神经基础——额叶和顶叶，学生在进行艺术活动培养艺术创造性的过程中，也会促进大脑额叶和顶叶区域的活动，不知不觉中对以此脑区活动为基础的科学创造性产生有益的影响，促进其发展⑤。

此外，高中生的认知水平、视野范围、知识、技能等都存在很大的潜在拓展空间。他们对社会的认知不免偏颇，有时会执拗于自己的想法，再加上他们的自由时间、空间有限，因此对所参与的实践活动难免产生动摇，对创新项目容易放弃，或者缺乏钻研、探究精神。为他们的创新时间活动找到最佳发展区，做好支撑和指导，是导师工作的一个重要方面。

🕊 来自毕业生的反馈

"现在回想，我觉得高中生普遍喜欢社会实践活动。"

"高中阶段是一个培养思维能力、实践能力和创新精神的阶段。"

"现在回想，我觉得高中生普遍喜欢丰富的实践、生动的课堂、可供自由发挥的活动。"

"高一，要为同学们在学业之外提供更多的不同领域和平台，使他们可以先对当今社会各个领域及其发展有一个初步的认知和体验；高二，要让同学们自愿选择课题进行专项研究，从而开阔自身的视野。"

① 核心素养研究课题组.中国学生发展核心素养[J].中国教育学刊,2016(10)：1-3.
② 卢家楣.青少年心理与辅导——理论和实践(第三版)[M].上海：上海教育出版社,2016：51-61.
③ 伯泽尔.有效学习[M].张海龙,译.北京：中信出版集团,2020：194.
④ 伦兹,威尔士,金斯敦.变革学校：项目式学习、表现性评价和共同核心标准[M].周文叶,盛慧晓,译.长沙：湖南教育出版社,2020：9.
⑤ 卢家楣,李伟健,樊富珉,金盛华.青少年心理十万个为什么[M].北京：科学出版社,2018：3.

"钟老师在语文课上,很擅长引经据典、旁征博引,课后布置的阅读作业也大大拓展了我们的知识面。在指导社会实践的过程中,经常提醒我们联系相关语文知识,比如去绍兴前先读一些鲁迅的文章,去南京前考据一些古诗。钟老师培养了我对中国文学的兴趣,这种对阅读、写作的热情,一直延续到现在,渗透进我的生活。如今的我在华师大读书,时不时也会去听中文系的课,希望以后这种兴趣也能延续下去。"

"高中阶段,范老师对我的帮助很大,因为他的思考方式总是别出心裁,给了我很大的启示,让我学会辩证地看待问题。以史明鉴,把握时代发展脉络,开阔了我的视野。"

"对我个人而言,高中阶段的最大收获在于开阔眼界,提升综合素质。不要把过多时间放在刷题上,而要关注一些实践类、课题研究类的内容,这些东西在大学是没有课去教你的,但又是你必须了解的内容。"

"高二时,我在做一个数学建模研究性学习项目,以自己当时的知识储备,对数学建模问题完全没有思路。何老师将合适的 MATLAB 数学建模的书籍借给了我;得知我的研究课题后和我讨论解决方案,为我提供求解思路;并且告诉我要完成这个课题需要学习哪些知识,高效且明晰地引导我继续深入研究数学建模课题,完成了多航道飞行模型的建立以及简化,燃起了我对建模、仿真研究课题的兴趣;同时为我指明了分析问题—确定变量—建立并简化模型—模型求解/仿真模拟的问题解决思路,让我受用至今。"

"顾老师在我的科创之路上起到了关键性的作用。一次,我遇到技术上的问题,他并不直接回答,而是发给我一个 API 文档的网页链接或是一个硬件设备 pdf 文档相关内容的页数范围,这养成了我看文档学习技术的能力与习惯。虽然看文档在最开始的时候是艰辛的,但是文档知识的完备性对于打下牢固的技术基础是不可或缺的。当我进了大学,和教授们打过交道才知道,这是当代优秀大学生人人都应该具备的能力,大学老师便是采用这种授课方式。在进入美国工科排名第五的顶尖名校伊利诺伊大学香槟分校后,我作为一个电子与计算机工程专业的工科生,日常学习与文档更是分不开,学校对学生演讲能力、自学阅读文献能力要求都很高,课堂上经常要求学生演讲,学习难度非常高,能够跨越这些障碍,顾老师在我身上培养的演讲和看文档学习的能力功不可没。"

"第五届青史杯高中生历史剧本大赛开始征稿,主题是环境变迁与疾病演化中的历史。周老师引导我们结合在戏剧排练过程中遇到的情境,对我们的选题、情节构思、立意深化等方面进行了指导,也邀请了华东师范大学的老师对我们进行了具体指导。在这个过程中,周老师十分尊重我们的创作成果,提出了很多重要建议,比如让我们结合当下时事,关注热点,区别于普通的写作,剧本的基础可以来源于生活,但是创作需要高于生活，这让我有时间集中思考历史问题，将目光聚焦在一次历史事件（日本水俣病事件）上，并思考如何以剧本的形式呈现这一事件。构思情节的那段时间，我感觉自己就是个剧作家，不断迸发出灵感，不断拷问着人性与哲学，发出自己的时代之问。这锻炼了我深入思考历史问题并从中吸取精华的能力。"

三、追求自由，期待独立、自主

（一）追求自由、独立

青少年处在"心理断乳期"，他们试图摆脱对父母的依赖，走上独立、自主的道路。与此同时，他们又无法真正实现经济、生活，包括心理等各方面的独立，由此容易产生叛逆、顶撞等言行。有时，他们本想表达自己的观点，却不由地被外界的声音影响；有时，他们显得言行不一，信誓旦旦却事与愿违，说得出却做不到，因此产生羞愧等心理；有时，他们尝试从多个角度考虑问题，却经常患得患失，把事情想得过于复杂，经常琢磨解决问题的各种思路，甚至以最难、最偏的视角考虑问题，因此充满了矛盾。

来自毕业生的反馈

"现在回想，我觉得高中生普遍喜欢干自己认为正确的事情。"

"对我个人而言，高中阶段的最大收获是形成自己的思维习惯与价值观。"

"与初中生比较，高中生拥有更多的自主权，性格更趋于个性化，逐渐形成了自己的思想体系。"

"对我个人而言，高中阶段的最大收获在于学会了为自己负责。"

"高中阶段是一个思考大于行动、高估自我能力的阶段。"

"高中阶段是一个极易被周围声音所左右的阶段。"

"高中阶段是一个极易受到诱惑，在迷茫中偏离正向道路的阶段。"

"与初中生比较，高中生产生了对世界的独特看法，拥有了自身的印记；与大学生比较，高中生对于身边事物的看法没有大学生全面，却保留了更多的纯真。"

"与初中生比较，高中生更加注重细节，观察、感受和想法更多、更敏感，而且更加有主见，总觉得自己长大了可以做任何事情，而且更加容易因为争执或者一些细节做出极端的反应。但相对来说，高中生更能体悟到父母的不易，思考一些社会现状，逐渐拥有多向度思维，了解到世界并非非黑即白，逐渐形成自己的价值观、思考体系。"

"与大学生比较，高中生考虑事情不太周全，心智也没有那么成熟，更加依赖父母，相对来说没有很独立。但更加大胆一点，因为在高中做错了事情还有老师和父母帮助我们善后，到了大学就只能靠自己了。"

　　"现在回想，我觉得高中生普遍喜欢独处。"

　　"现在回想，我觉得高中生普遍喜欢拥有自己的个人空间。"

　　"对我个人而言，高中阶段的最大价值在于学会如何与自己相处。"

　　"高中阶段拥有很大的试错空间。"

　　值得提醒的是，一方面，高中生崇尚自由，期待不受干扰，不受约束；另一方面，他们很容易对自己和外界有着近乎追求完美的要求和期待，这反而成为一种束缚。追求完美是心灵的陷阱，是一切心理问题的根源[1]。因此，在理想与现实之间，承认不完美，学会与自己相处，适应环境，是他们的一大成长点。

（二）开始自主探寻和塑造"我是谁"

　　青少年最有价值的心理发展成果就是发现了自己的内部世界，发现了自己，并开始认识自己、塑造自己，这一生命体验贯穿此后一生。而自主，是激发内在动机的第一个心理需要，真正的自主意味着行为来自自己的真正选择，意味着在行动中被真正的自我所掌控[2]。因此，助力其认知、实践能力的提升，让他们逐步体会到"我可以做出这个决定""我能行"是促进其独立、自主的要义。

1. 关注自己的方方面面

　　从内容上看，自我可以分为生理自我、社会自我和心理自我[3]。相应的，高中生喜欢照镜子，因为他们认知自己的体貌，在意脸上的痘痘；关注自己的性格特点，关心自己的角色，在集体中的地位等，还喜欢反思，喜欢通过日记表达自己的心声，对其他人的内心活动也开始感兴趣。

🕊 来自毕业生的反馈

　　"现在回想，我觉得高中生普遍在意自己的容貌、身材。"

　　"高中阶段是一个学会自我反思的阶段。"

　　"高中阶段是一个建立自尊的阶段。"

　　"高中阶段是一个开始学着对自己负责的阶段。"

　　"现在回想，我觉得高中生最需要尽快地开始思索自己是谁，适合过怎样的一种生活，哪些东西对于自己来说十分重要而哪些东西可以抛弃。"

---

[1] 科兹，凯逊.承认不完美，心灵才自由[M].王国平，译.长春：吉林文史出版社，2010：4.
[2] 德西，弗拉斯特.内在动机——自主掌控人生的力量[M].王正林，译.北京：机械工业出版社，2020：31.
[3] 卢家楣.青少年心理与辅导——理论和实践（第三版）[M].上海：上海教育出版社，2016：103.

"现在回想，我觉得高中生最需要做的是思考自己是谁，思考想成为谁。"

2. 关注他人对自己的评价

高中生关注他人对自己的评价，关注各方面与自己相当的人，并以此来形成对自己的认识。同时，高中生自尊心强烈，他们往往把自尊放在其他一切情感之上，表现为特别好面子，男生为甚；同时，他们有些敏感，可能会为一件小事争得面红耳赤，因为这件小事在他们眼里是关乎个人自尊的原则性问题；在顺境中容易产生优越感，在逆境中则容易产生自卑感。

来自毕业生的反馈

"现在回想，我觉得高中生普遍在意身边的同学、老师对自己的看法。"

"现在回想，我觉得高中生普遍在意老师、父母的批评。"

"高中时期的压力与动力多数来源于外界，大家也都还习惯来自父母与老师的施压，进入大学则是靠自己内在的压力与动力了。"

3. 开始有意识地自我接纳与塑造

高中生普遍期待成长为更好的自己，因此他们会开始有意识地自我接纳、调控与塑造。

因此，学会与自己相处，接纳自己，很关键；来自信任的人的中肯建议对他们而言非常重要，来自学长的激励，也十分有力量。但是，单纯的监督、督促和控制，则容易激起他们的逆反心理，更有甚者会导致他们关上心门。

来自毕业生的反馈

"高中阶段是一个意志力和自我约束能力快速成长的阶段。"

"高中阶段是一个情绪调节能力不断提升的阶段。"

"现在回想，我觉得高中生最需要的是向未知的未来展现勇气和自我的机会。"

值得注意的是，他们在解答"我是谁"这个命题的过程中，大抵有四种方式。第一种是早定，即接受父母师长对自己的认识与期望，没有任何困惑、挣扎，但缺乏自主性；第二种是拖延，即在困惑与迷茫中，延缓对自己的认识和思考；第三种是迷惘，即不愿面对自己，得过且过，浑浑噩噩过日子；第四种是达成，即经过认真思考和调整，达成理想自我与现实自我的最佳结合，充满信心地奔向未来[1]。

---

[1] 岳晓东.写好孩子的人生脚本[M].北京：民主与建设出版社，2019：91-92.

四、看重同伴,期待归属、个性

(一)偏向同伴关系,但仍注重个性表达

人际交往是个体社会化过程中的一个重要组成部分,对儿童青少年的社会技能、自我意识、学业成绩和心理健康都有着重要的影响[1]。高中生的人际交往则明显指向了同龄人。在遇到困难麻烦或心情不好时,他们的第一倾诉对象是同学/朋友;在开心快乐时最愿意表达的对象依旧是同学/朋友[2]。此时他们的同伴交往也与初中略有不同,他们的交友圈开始扩大,也少了随意性,较多选择性格、兴趣爱好、对事物看法与自己相似的交往对象,也更主动。同时,他们表达了对异性朋友强烈的交往愿望,开始尝试青春恋[3]。

与同学、朋友的人际关系成为影响他们身心状态的一大因素。因为此时,他们更看重同伴交往的质量。他们认为同伴和朋友应该相互给予心理上的支持,能保守内心的秘密,能达到思想、情感甚至人格上的分享[4]。但人际交往能力尚有不足,心智尚不成熟的他们,和朋友闹别扭而闷闷不乐、无法投入学习的情况也时常发生,几乎成为高中生寻求学校心理辅导的第一大主题。此时的他们仍旧关注个性表达,甚至存在以自我为中心的心理现象。

来自毕业生的反馈

"现在回想,我觉得高中生普遍在意朋友之间的关系。"

"高中阶段是一个与同学真诚相处,在单纯的年纪拥有单纯友谊的阶段。"

"高中阶段是一个结交好友,并一起为了目标共同努力奋斗的阶段。"

"高中阶段是一个可以交到更多志同道合的知心朋友的阶段。"

"现在回想,我觉得高中生普遍在意同伴的评价,女生可能更在意关系变化,男生可能更在意朋友今天的鞋怎么样,自己的朋友对自己是否忠诚等。"

"高中阶段是一个看重情义的阶段。"

"现在回想,我觉得高中生普遍喜欢通过各种方式展现自己与众不同的个性。"

"现在回想,我觉得高中生普遍在意个性的表达。"

---

① 沃建中,林崇德.中学生人际关系发展特点的研究[J].心理发展与教育,2001(3):9-15.
② 上海市闵行区家庭教育蓝皮书(2020),系内部资料。
③ 卢家楣.青少年心理与辅导——理论和实践(第三版)[M].上海:上海教育出版社,2016:311-314.
④ 卢家楣.青少年心理与辅导——理论和实践(第三版)[M].上海:上海教育出版社,2016:311-314.

（二）看重集体荣誉感、归属感，有从众倾向

高中生普遍看重集体荣誉感，他们会对自己认同的集体（可能是班级，也可能到导师团队，也可能由阶段性任务或共同的兴趣爱好组成的小组）主动尽职尽责、做贡献、争荣誉，也在意自己所在的集体的成败得失，这成为个人荣辱观的一个重要组成部分。也因此，他们不免有从众倾向。

🕊 来自毕业生的反馈

"与初中生相比，高中生对师生和同学的关系有更深的思考；与大学生相比，高中生有更强的集体荣誉感。"

"现在回想，我觉得高中生普遍在意同学情谊，对朝夕相处的同班同学，始终认为大家同属于一个集体，不分彼此。他们不会知道，在未来拥有这样的友情是多么难得。"

"高一阶段，要学会融入一个集体，学会迁就与退让，更要学会要求与付出，让班级真正成为一个家。"

"与大学生比较，高中生更加容易被群体影响，从而无法更为清晰地认识自己到底是谁，什么才是适合自己的，更容易将自己的自信建立在同学、老师的评价之上并且仅限于几个衡量标准。"

五、情绪强烈，期待被接纳肯定、支持鼓励

（一）随时可能爆发情绪风暴

高中生尚处在大脑快速发育的进程中，多巴胺的神经回路异常活跃，他们有着易冲动的大脑，还很难控制自己的情绪和行为[1]，因此他们非常容易出现要么大动肝火、烦躁，要么闷闷不乐、无聊、抑郁等情况。同时，他们的生活很容易被情绪所支配，导致他们冲动、情绪化，有时甚至会做出极端的行为[2]。随着他们越来越学会控制表情和神态，常常出现情绪文饰，即有意识地用外部显露的某种情绪表现来掩饰其内在的情绪体验，显得表里不一，让人看不穿或看不透。

---

[1] 卢家楣，李伟健，樊富珉，金盛华.青少年心理十万个为什么[M].北京：科学出版社，2018：44.

[2] 西格尔.青春期大脑风暴：青少年是如何思考与行动的[M].黄珏萍，译.杭州：浙江人民出版社，2015：04，46.

来自毕业生的反馈

"高中生的情绪波动普遍较大。"

"与初中生比较，高中生更容易情绪内耗；与大学生比较，高中生情绪波动更大。"

（二）期待来自父母、亲朋、师长的接纳肯定、支持鼓励

情绪风暴背后是高中生在学业、自我意识、人际交往、生涯发展等诸多方面的进步、成就、问题、困惑、压力夹杂在一起的综合反应，与大脑发育有关，也与周围环境和日常生活有关。所有情绪上的痛苦都有一个共同点，那就是有一种要改变当下现实的愿望[①]，比起焦虑、责备、批评，他们更需要以平常心待之，被接纳，获得理解、宽容、支持、鼓励，这样会感觉被尊重、被信任，进而生发出韧性、勇气和力量。高中生需要良好的人际关系——双方毫无保留、知根知底、互相理解，并且相互扶持，任何一方的真实想法、感觉、信念、恐惧和需求都可以安心地分享。好的关系，相互滋养，而非消耗[②]。值得提醒的是，虽然同伴已经是高中生最主要的人际关系，但是来自父母，尤其是老师的接纳肯定、支持鼓励同样重要。

来自毕业生的分享

"现在回想，我觉得高中生最需要他人的理解和肯定。"

"现在回想，我觉得高中生最需要老师的鼓励和开导。"

"现在回想，我觉得高中生普遍在意是否得到认可。"

"现在回想，我觉得高中生最需要充足的睡眠以及父母和老师真诚的信任和鼓励。"

"现在回想，我觉得高中生最需要老师在低谷期能够托自己一把，这一举动无关乎成绩、外貌、友谊。"

"高中阶段，代老师对我的帮助很大，因为她有非常令人称赞的英语教学水平，同时她的严厉而不失温柔的中肯态度能够激励我在高三比以往更为主动地学习英语，获得认可后的满足感促进我一次次获得更高的分数。"

"我答题速度从初中开始就一直很慢，导致经常出现答卷做不完，考试成绩不尽如人意的情况，有时候这样的意外会让我很郁闷，并不是我自己不能接受这个成绩，只是担心辜负老师的期待。但即便如此，每次'翻车'老师都不会说什么，而是给予一

---

① 斯蒂克斯鲁德，约翰逊.自驱型成长：如何科学有效地培养给孩子的自律［M］.叶壮，译.北京：机械工业出版社，2020：91.
② 克劳德.他人的力量：如何寻求受益一生的人际关系［M］.邹东，译.北京：机械工业出版社，2018：55－75.

些温暖的鼓励与信任，肯定我的能力，让我备考期间的心态变得更加稳定。我们都在良好的学习氛围下顺利地结束了政治科目的学习，我明白老师并不会因为一两次的考试失利而失去对我的信任和鼓励，让我能够更正确地看待自己的学习能力。"

"高中阶段，董老师对我的帮助很大，因为她愿意听我诉说困惑与压力，并做出安慰和建议，及时和家长进行沟通。"

"高中阶段，王老师对我的帮助很大，因为她能够在我高三心态不稳定时成为一个可靠的倾诉对象，引导我学会寻找纾解情绪的方式，并且学会正确认识自己以及自己的情绪，抚平了我在高三期间心理上的波动。"

"高中阶段，张老师对我的帮助很大，因为她在我迷茫的时候鼓励我，让我在对自己不自信的情绪中重拾自信；在我低落的时候，她会察觉到我的情绪，如同知心朋友一般与我交流，我也乐意与她倾诉；在我犯错时，她也会严厉地批评我，但她还是会鼓励和安慰我下一次要注意，然后教导我怎么去做。"

"高三时我们班获得了三个参加作文竞赛的名额，何老师毫不犹豫地把其中一个给了我，说：'你肯定行的。'他不是以一种鼓励的语气，而是很平淡，就像在陈述一个不可争辩的事实。我总是会回想起这句话，这是一剂驱赶自我怀疑的灵丹妙药。"

"谢老师总是笑眯眯的，她的笑不止于礼节，而是从骨子里透露出来的自信、优雅与亲和。我每每与她交谈都能感受到一种温柔而坚定的力量，她说：'我看人一向很准，你很适合读政治。'我想这是对的，从高一到高三，我的政治成绩一直稳定在班级前列。"

六、重视发展，期待明晰方向、提升生涯适应力

（一）探寻未来，期待明晰方向和目标

青少年处在开始探寻"我是谁"这个生命核心命题的时期。我是谁，我在哪里，我未来在何方等一系列问题，一直萦绕在高中生心中，寻求自主、独立的他们期待做出适合自己的选择，找到适合自己的路。按照生涯大师舒伯的生涯发展阶段论，高中阶段的学生正处在生涯发展探索期（15～24岁）的第一个小阶段，即试探期（15～17岁），他们正考虑需要、兴趣、能力与机会。他们开始做出暂时性的决定，在幻想、讨论、课业和工作中细加思量这些决定，使他们考虑可能的职业领域和工作层次[1]。在我国教育体制下，今天的高中生，学业压力更大，工作相关体验较少，他们更关心未来的方向发展，以及可能的大学选择以及可以达到的状态。加之新一轮教育综合改革，使他们拥有了更多选择权，需要做好自

[1] 金树人. 生涯咨询与辅导[M]. 北京：高等教育出版社，2016：77.

主选择,面临综合素质评价的他们需要更加自主发展,走班等现实制度要求他们能够自我激励①。内驱和外部压力下,他们期待更了解自己、更知道选择,并且能够朝向目标努力和拼搏。而这些生涯任务的完成,需要借助更多的外力和环境的支持。闵行中学一直注重生涯教育,实施体验式生涯教育,为学生充分创设环境,让学生接受更多体验、感悟和内化的生涯教育②,期待激发学生的学习激情和持久动力,促使学生多元成才③,期待让生涯规划成为学生终身的能力④,让学生的生涯探索与成长,自然发生。

✍ 来自毕业生的反馈

"现在回想,我觉得高中生普遍在意自己的成绩和将要去往的大学。"

"现在回想,我觉得高中生最需要拥有明确的学业辅导与生涯规划。"

"现在回想,我觉得高中生普遍喜欢畅想未来。"

"对我个人而言,高中阶段的最大价值在于学会了独立,有了自己的思想和三观,能真正思考属于自己的人生理想以及对未来的展望。"

"现在回想,我觉得高中生最需要充分认识到自己的优势与不足,找到自己真正感兴趣的方向,并树立合适的、明确的目标。"

"现在回想,我觉得高中生最需要对自我进行规划和要求。"

"高中阶段是一个憧憬于未来,奋斗于当下的阶段。"

"对我个人而言,高中阶段的最大价值在于明确未来职业发展目标,考上理想的大学。"

"对我个人而言,高中阶段的最大价值在于放手一搏,在迷茫中找到大致的人生方向。"

"还记得高三的时候,学习的压力和对未来的迷茫,让我对自己产生了一些怀疑和不自信,也不知道该怎么解决。钱老师当时召开了一次班会,让我们在彩纸上写下自己近期的一个大目标和小目标,然后她会替我们暂时保存这页纸,等过一段时间再次下发,让我们对照看看,自己曾经写下的目标是否实现了,或者当时写下的目标是否合理,以及近期的自己是否正在朝着目标前进。我觉得这样的方式很特别,尤其是大目标和小目标的结合,或许当时的我们都有自己远大的目标,但其实近期的小目标也是非常重要的,甚至可以说我们的大目标就是由一个个小的目标组成的。而且,当时钱老师还会和我们单独谈心,了解我们对于未来的想法,以及一些困惑,我个人其

① 徐国民,杜淑贤,钱静峰.中小学生涯教育理论与实务[M].上海:上海交通大学出版社,2017:27-29.
② 林唯.高中体验式生涯教育实践探索——以上海市闵行中学为例[J].生涯发展教育研究,2018(1):91-96.
③ 何美龙.开展生涯教育,促进高中学生多元成才[J].教育家,2020(41):62-64.
④ 何美龙.让生涯规划成为学生终身的能力[J].江苏教育,2019(8):26.

实是比较含蓄的，这样的方式会让我比较安心和坦诚，不会有很多的纠结。我觉得当时的一些困惑得到了解决，心理压力也没有那么大了。"

（二）重视发展、期待提升综合素养

促进学生全面而有个性地发展，既是新时代育人方式变革的核心目标，学校开展生涯教育的宗旨，也是学生自我成长的核心所在。自我意识觉醒的他们，开始发现自己的偏好、特长、性格特点、看重的事物等，也在家庭、学校、社会生活实践的自我反思与人际互动中，进行自我提升。身处 VUCA 时代的高中生，清楚地知道如何全面发展和提升自己的综合素养，及其对自己今后人生发展的重要意义。

🕊 来自毕业生的反馈

"高中阶段是一个学习、思维等综合能力突飞猛进的阶段。"

"高中阶段是一个培养解决问题能力的阶段。"

"高中阶段是一个性格特征、思维逻辑趋于成熟的阶段。"

"高中阶段是一个提高综合素质并终身受益的阶段。"

"高中阶段是培养个人能力（演讲、学习习惯、社交，演讲、社交在未来大学尤为重要）的阶段。"

"对我个人而言，高中阶段的最大价值在于培养执行和实现目标的能力。"

"高中阶段是一个开始学术研究学习并为高等教育做好准备的阶段。"

"对我个人而言，高中阶段的最大价值在于发现了自己的领导能力。"

"现在回想，我觉得高中生最需要提高综合素质，尤其是团队合作和演讲的能力（这两项在大学会非常重要），还有时间规划和自学能力（这两项帮助我在高三下学期成绩突飞猛进，助力我在大学取得高绩点）。"

"高中阶段是一个形成初步三观，培养与人交往、处事方法等综合能力的阶段。"

"高中阶段是一个学习最质朴的为人处世方式（如何做人）的阶段。"

"高中阶段是一个实现多元化、个性化与可持续发展的阶段。"

"高二要注重学会处理繁多的琐事，包括学业、学生组织、热爱的事业、亲人与老师、朝夕相处的同学、暗生情愫的异性。能够平衡好自己人生的每一个环节，才能保证自己身体与心理的健康。"

"对我个人而言，高中阶段的最大价值在于获得知心好友，从各类科技比赛中锻炼自己的综合能力，与各位老师交心，从中学习到不同的价值观，对于不同事情的不同处理方法，以及提前感知'小社会'的冷暖。"

"对我个人而言，高中阶段的最大价值在于尝试了许多和学业无太大关联，但是极大程度帮助我建立自信，以及帮助我认识自己的事物。"

"在综合评价招生的学校填报、搜集学校资料、撰写自己简历的过程中，老师给予了我很多帮助，比如找来自己认识的人同我讲解各个学校的不同之处，应该在哪方面进行努力等，老师帮助我了解不同的学校。在我遇到困难的时候，老师很乐意给予帮助；这也是一种陪伴，有好几次我都修改文件到很晚，老师也会一直陪伴，直到我完成任务。最终我完成了四个学校的综合评价招生文件并且顺利地投出，完成了一项对那个时候的我来说并不是十分容易的任务。"

七、探寻意义，期待价值发挥、内在丰盈

寻求意义，是人类的本能，它驱使人们去发现生命中富有意义和重要的事物，发现新的机遇和挑战①。生命意义的追寻和体验对人类至关重要，高体验的人具有更多的积极情绪、更强的幸福感和更高的生活满意度，而低体验的人由于缺乏对生命价值的理解而容易出现空虚感，甚至产生寻短见等极端行为②。《全新思维》一书提出，在平凡的生活中找到意义感③是决胜未来的六大能力之一。对高中生而言，这一本能在日常生活中时隐时现。他们开始探寻人生的价值，比如为什么要上学，甚至此生的使命到底何在；他们开始学着为自己负责，力争获得家人、老师、同学，甚至社会的肯定，努力做一个对外有价值，内在丰盈的新时代青少年。而且，只有积极地寻找生命意义，才能在这个过程中获得真正的快乐与满足④，给他们带来希望感，更有勇气、力量和韧性面对学业、人际、生活中的各类问题和困惑，感受幸福，真正拥有"有意义的人生"。

来自毕业生的反馈

"现在回想，我觉得高中生普遍在意自己是否被需要。"

"现在回想，我觉得高中生最需要弄清楚自己为什么来上学。"

"对我个人而言，高中阶段的最大价值在于让我学会了如何做一个让自我内心满意的人。"

"高中阶段，谢老师对我的帮助很大，因为他给我提供了个人能力发展的平台。高中阶段，我加入了校团委，在谢老师的引导下开展了学生工作，一方面提升了个人

---

① 弗兰克尔.追寻生命的意义[M].何忠强，杨凤池，译.北京：新华出版社，2013：110-113.
② 张姝玥，许燕，杨浩铿.生命意义的内涵、测量及功能[J].心理科学进展，2010，18(11)：1756-1761.
③ 平克.全新思维：决胜未来的6大能力[M].高芳，译.杭州：浙江人民出版社，2013：163-178.
④ 程明明，樊富珉.生命意义心理学理论取向与测量[J].心理发展与教育，2010(4)：431-437.

的领导力和团队合作能力，另一方面也服务了大家，体会到了被需要的满足感。"

"与大学生比较，高中生缺乏对所谓'无用'之事的考量，比如为什么活着、怎样活着更有意义等。"

（执笔人：林唯　白茹）

第三节　今天的生涯导师

马老师在学校组织的教育论坛——"今天,我们怎么做生涯导师"上,以一则案例分享了自己做导师的经历、思考与感悟:

高二语文新教材有一个单元叫"逻辑的力量",其中有篇作文标题是《兼听则明》。大家都知道"兼听则明"这个成语,但新教材告诉我们"兼听则明"是有条件的:要广泛地听不同的意见,要听有思想、有智慧的各种意见,听后要学会分析判断。

教完这节作文课,我想带领学生做一次思维迁移,于是从《论语》中找出了孔子的一个判断——"君子无所争",这个判断其实也是有隐含条件的,君子有争的时候,也有不争的时候,有的东西是君子争的,有的东西是君子不争的。带着这个条件,我检索了一下《论语》,从孔子的论述中找出"争"和"不争"两方面的论述。我还引用了英国诗人兰德的诗"我什么都不争,和谁争我都不屑……"

月考来了,作文题居然是关于"争和不争"的。我所辅导的学生小叶取得了作文最高分——68 分(满分为 70 分)。

接下来,学校开展"班班有歌声"活动。我鼓励她去做主持人,小叶很是惊诧。高二年级里早就已经有了"御用"主持人,她觉得自己只是在班级范围组织过活动,对于年级活动这样几百人的大场面,显得没有信心。我鼓励她"君子也争嘛",而且,"你笑起来很有感染力,全场气氛一定会被带动,你有着自己的优势!"并且和她说,我随时可以为她提供指导。就这样,我帮她修改主持词、演练,直到她完美地完成了年级活动的主持工作!

细心的老师可能要提出一个问题,小叶同学的故事,前半部分是关于学习的,后半部分的转变是关于文艺活动表现的,这前后有联系吗?

我想,是有的!如果教育不能解放一个孩子的天性,不能唤醒一个生动而有趣的灵魂,你能指望他学好一门门课程?或者说即便考了一个不赖的分数,又有多大意义呢?

所谓师生,终究不过是一段陪伴与送别的过程。作为导师,我希望孩子们在离开高中校园的时候,留给我的背影不只是一个漂亮的分数,还能解读出更丰富的生命图景:

强健的体魄、优秀的素养、昂扬的精神、挺拔的人格、有趣的灵魂……

这样的你多么可爱,此时的我多么骄傲!

生涯导师更加深入地践行着教师的教书育人使命，坚守教书、笃行育人，并将两者融于与学生的一次次个性化辅导之中，融入生命中一个个平凡的互动之内。就像案例中的马老师，一次起源于教学活动，相继于鼓励学生突破自我的尝试，寄希望于学生未来发展的美好愿景，满满承载着马老师的教育情怀与育人理想；而学生的积极互动、勇敢探索，有所长、有所成，滋养着马老师的育人理想与坚定信念。

一、生涯导师的教书育人使命与情怀

《关于全面深化新时代教师队伍建设改革的意见》中明确提出教师育人意识和能力有待加强，要强化教师育人能力的培养[1]。建立高中生涯导师制，加强对学生的全方位、个性化指导，帮助学生认识和发展自己的潜力和特长，对学生的健康成长和个性化发展具有重要意义[2]，是贯彻加强学生发展指导，推动实现全科育人、全程育人、全员育人[3]的重要途径，是现今高中教育尤为迫切的任务。其中，将学科教师专业发展为生涯导师[4]，建设由生涯辅导专业教师、学科教师和校外专业人士共同组成的高中生涯导师队伍是当前普通高中生涯导师队伍建设的现实有效途径。

（一）生涯导师：不仅教书，而且育人

教师承担着传播知识、传播思想、传播真理的历史使命，肩负着塑造灵魂、塑造生命、塑造人的时代重任，是教育发展的第一资源，是国家富强、民族振兴、人民幸福的重要基石[5]。习近平总书记在同北京师范大学师生代表座谈时，明确提出做党和人民满意的好老师，应该执着于教书育人，要有理想信念、有道德情操、有扎实学识、有仁爱之心[6]；在北京大学师生座谈会上讲话时强调，教师要时刻铭记教书育人的使命，甘当人梯，甘当铺路石，以人格魅力引导学生心灵，以学术造诣开启学生的智慧之门[7]；在2018年全国教育大会上强调，要把立德树人融入思想道德教育、文化知识教育、社会实践教育各个环节，要在

① 教育部.教育部关于全面深化课程改革落实立德树人根本任务的意见[EB/OL].(2014-04-08)[2022-01-15].http://www.moe.gov.cn/srcsite/A26/jcj_kcjcgh/201404/t20140408_167226.html.
② 何美龙，黄梦杰，林唯，钟明.中学生涯导师制实施意见调查研究[J].教育参考，2020(5)：100-105.
③ 教育部.教育部关于全面深化课程改革落实立德树人根本任务的意见[EB/OL].(2014-04-08)[2022-01-15].http://www.moe.gov.cn/srcsite/A26/jcj_kcjcgh/201404/t20140408_167226.html.
④ 何美龙.普通高中学科教师生涯导航专业成长机制研究[J].上海教育科研，2021(1)：66-70.
⑤ 中共中央，国务院.关于全面深化新时代教师队伍建设改革的意见[EB/OL].(2018-01-20)[2022-01-15].http://www.gov.cn/zhengce/2018-01/31/content_5262659.htm.
⑥ 做党和人民满意的好老师——同北京师范大学师生代表座谈时的讲话[EB/OL].(2014-09-09)[2022-01-15].www.moe.gov.cn/jyb_xwfb/moe_176/201409/t20140910_174733.html.
⑦ 习近平在北京大学师生座谈会上的讲话[N].人民日报，2018-05-03(2).

坚定理想信念上下功夫，在厚植爱国主义情怀上下功夫，在加强品德修养上下功夫，在增长知识见识上下功夫，在培养奋斗精神上下功夫，在增强综合素质上下功夫[①]。

"育人为本"应作为教育的首要准则[②]。教育是"属人"和"为人"的教育，是尊重人的生命多样性、主体性、全面性与自由个性的教育，将人培养为独立、完整与全面的自由主体，是其"育人为本"的价值宗旨[③]。研究发现，教师积极的育人行为能显著提升学生的主观幸福感、亲社会行为、语文成绩和数学成绩，并明显降低他们的抑郁水平、孤独感、攻击行为和违法行为。与此同时，教师良好的育人行为还有助于调节、修正不良家庭背景对学生发展的消极影响，缩小城乡差异[④]。

当前，国家课程标准提出了以培育学科核心素养为主的课程与教学新理念，这就突出了学科育人本质，引导教师从以往关注学科成绩到关注学生终身发展的观念转变，让学科育人落到实处。所有的学科教育本质上都是生涯教育[⑤]，都是为了完成高中教育的任务——促进学生全面而有个性的发展，为学生适应社会生活、高等教育和职业发展做准备，为学生的终身发展奠定基础[⑥]，都是为了培养德智体美劳全面发展的社会主义建设者和接班人。

因此，生涯导师便是要时刻铭记教书育人的使命，执着于教书育人，把教书育人的责任体现在平凡、普通、细微的教学和师生互动中，甚至在潜移默化的学为人师、行为示范中，把知识传授、思想引领、价值传递、人格塑造贯穿在教育教学的全过程和各环节[⑦]。

（二）教师成长为生涯导师，是其专业发展的内在要求

提升学科育人能力是当前教师专业发展的一大方向，学科渗透是实施生涯教育[⑧]、加强学生发展指导的有效路径。引导学科教师成长为生涯导师，便是要发挥学科教师在学科核心素养培育与学生学科生涯规划方面具有的专业基础优势，尝试更多从"学科之魂""学科之眼""学科之法"去探寻学科育人的独特理念和方法，并从综合性出发去考量，让学科核心素养生发出跨学科的综合素养，并以自己的人格培塑学生的人格[⑨]，最大限度实现

① 吴晶,胡浩.习近平在全国教育大会上强调　坚持中国特色社会主义教育发展道路　培养德智体美劳全面发展的社会主义建设者和接班人[EB/OL].(2018 - 09 - 10)[2022 - 01 - 15]. http://www. moe. gov. cn/jyb_xwfb/xw_zt/moe_357/jyzt_2018n/2018_zt18/zt1818_bd/201809/t20180910_348145. html.
② 刘鹂,陈晓端,李佳宇.教师育人能力的理论逻辑与价值澄明[J].教育研究,2020(6):153 - 159.
③ 张家军,靳玉乐.论教师一般育人能力的内涵与价值向度[J].中国教育学刊,2020(07):89 - 96.
④ 董奇.育人能力是教师教育教学能力的核心[J].中国教育学刊,2017(01):卷首语.
⑤ 何美龙.普通高中学科教师生涯导航专业成长机制研究[J].上海教育科研,2021(1):66 - 70.
⑥ 中华人民共和国教育部.普通高中课程方案(2017 年版 2020 年修订)[M].北京:人民教育出版社,2020:1.
⑦ 张苗苗.习近平关于教书育人的重要命题[J].思想教育研究,2019(4):55 - 58.
⑧ 上海市教育委员会.上海市教育委员会关于加强中小学生涯教育的指导意见[EB/OL].(2018 - 03 - 26)[2022 - 01 - 15]. http://edu. sh. gov. cn/html/xxgk/201803/402152018002. html.
⑨ 成尚荣.学科育人:教学改革的指南针和准绳[J].课程·教材·教法,2019(10):82 - 89.

教会学生学习、育人[①]这两大教师专业发展的内涵。

这便要求教师不断提高自己的师德修养，丰富自身的人文底蕴，掌握比较系统的教育科学知识，提高自身的教育水平。一方面，打造其更强的学科育人核心竞争力，包括学科专业知识与技能的丰富与娴熟——为学科有效教学提供基本保障；学科科学与人文价值的理想与追求——学科专业情感与态度的积极与深化；学科生活实践、学科前沿发展探究、学科代表人物身上体现的专业精神引领——自身在专业思想、专业知识、专业能力方面不断发展和完善的具体过程[②]。另一方面，提升其育人能力——热爱学生的情感态度、积极乐观的成长期待、宏伟高洁的教育理想、清晰明确的育人信念，能够正确认识、理解一系列教育事实及人的发展规律；在具体的教育情境中，能够调动自己的认知资源、遵循育人伦理规范，展现真诚育人关怀，与学生进行沟通交流，促进学生成长发展，从"育知"之"经师"向"育人"之"人师"转变[③]。

历史老师林老师在成为导师后，一直在思考历史学科生涯导师的任务是什么。历史学科旨在使学生学会从不同角度认识历史发展中全局与局部、历史与现实、中国与世界的内在联系；培养学生从不同视角发现、分析和解决问题的能力，提高人文素养，形成正确的世界观、人生观和价值观。那么，将历史思维迁移到导师工作中，可以如何做？林老师做了诸多尝试，也感触良多。

高一学生普遍对未来迷茫，但充满好奇。于是，林老师安排了学生与一位职业经历丰富的金融工作者对话。活动中，林老师请每位学生用一到两个问题，了解被访者的职业发展轨迹，并思考在国内外经济、政治形势的变化下，个人如何从被动适应转为主动适应，思考人类在新时代和未来的职业发展模式。

高一学生正在学习中国古代史的内容，一些学生找林老师探讨不同书籍中对于同一问题的不同看法。敏锐的林老师便引入王国维先生的一段话"吾辈生于今日，幸于纸上之材料外，更得地下之新材料。由此种材料，我辈固得据以补正纸上之材料，亦得证明古书之某部分全为实录，即百家不雅训之言亦不无表示一面之事实。此二重证据法惟在今日始得为之"。引导学生思考"二重证据法"的意义。寒假遇上新冠肺炎疫情，林老师组织学生在泛滥的信息海洋中学习如何厘清事件的真相与本质。有学生感叹："在没有硝烟的战场上，舆论沸沸扬扬。说实话，舆论战中，无数的网络民众像是被巨大浪潮驱动的食人鱼，找到立场便彼此咬来咬去。我们在接收各式各样信息的时候，很难做到不被引导，但我们

① 朱旭东.论教师专业发展的理论模型建构[J].教育研究,2014(6)：81-90.
② 何美龙.普通高中学科教师生涯导航专业成长机制研究[J].上海教育科研,2021(1)：66-70.
③ 刘鹏、陈晓端、李佳宁.教师育人能力的理论逻辑与价值澄明[J].教育研究,2020(6)：153-159.

可以去反思。每每发生了什么事情的时候,空间和朋友圈就会充满了各式各样的愤世嫉俗。说实话,现在的我们还没有足够的能力去改变,所以才需要学习。"

看到学生们在讨论群里的留言,林老师感叹:"在一次次互动中,仿佛目睹了孩子们拔节成长的场景,也让我更加感受到历史思维学习和应用的重要性。希望历史思维,让孩子们获益,让我们一起成长为更好的自己。"

（三）生涯导师的教育情怀回归,是其生命意义的内在动力焕发

北京大学教授王一川曾这样描绘:"学校(校园)恰如海洋,'大鱼''中鱼'和'小鱼'在这里自由自在地畅游,寻觅到各自人生的精神原乡,而小鱼也终将游成自己想象的大鱼。"[1]教师是教育情境中的另一大主体,他们内在由教育情怀而生的对教育的认同、热爱、美德与使命等,是选择、坚守教书育人阵地的原点,也是不断拾得教育的期待与满足、寻求生命的价值和意义的幸福所在。一个真正的教育者关注的是在自己和学生之间建立细腻的情感[2]。生涯导师一般与 10 个以内的学生结对,陪伴学生高中全过程,日常开展各类教育活动,是最利于表达个人教育情怀,将个人理念、知识、能力、特质综合作用于"全人",在相对自由、和谐的关系中实现教学相长、相互滋养的育人路径。同时,每一位生涯导师都有着自己的学科背景、专注领域、喜欢的休闲活动、性格品性,甚至各具特色的理想,有着不同的育人行为和风格。育人,是科学与艺术结合的工作,对导师而言,也是其特长、兴趣、个性、理想的表达。

教育情怀是教师内心执念于教书育人的精神叙事,是教师执念于追求教育的生命意义和坚守育人职业的内在动力与精神支撑[3],是对教育持久而稳定的关切和喜爱之情,表现为乐于从教的态度以及享受教育生活的独特能力[4]。作为生涯导师,能真正陪伴一个个学生的生命成长,并感受学生生命成长带来的愉悦;能寻回教育的理想与初心,充分发挥因材施教的智慧,伴随体验学生发现自我、突破自我、成就自我的满足感;能专注教书育人,并联系生活、时代,与学生在学科领域一起深度探索、共同创造;在一次次个性化师生互动中,活出生活的情趣与审美、活出理想与追求、活出坚毅与真诚、活出风格与自信、活出大爱与境界、活出生命的诗意与激情[5]、活出生命的意义和价值,这便是生涯导师的幸福与追求,是其笃行育人使命的不竭动力。

---

① 王一川.从游问津[M].北京:北京师范大学出版社,2015:305.
② 苏霍姆林斯基.怎样培养真正的人[M].蔡汀,译.北京:教育科学出版社,1992:148.
③ 韩延伦,刘若谷.教育情怀:教师的德性自觉与职业坚守[J].教育研究,2018(5):83-92.
④ 陈太忠,皮武.教育情怀:基于"需要-满足"框架的阐释与生成[J].教育理论与实践,2021(19):16-20.
⑤ 韩延伦,刘若谷.教育情怀:教师的德性自觉与职业坚守[J].教育研究,2018(5):83-92.

　　张老师是一名化学老师，擅长学习化学、准备将化学作为选考科目的两位同学选择了张老师作为导师。第一次见面，张老师了解到两位同学都喜欢化学，期待未来进入与化学有关的大学专业学习，而且数学成绩优异，但是语文、英语学科较弱。张老师充分肯定了两位同学在数学、化学学科学习中的优势，并且以个人经验一起探讨如何更好地学习语文、英语，并分别赠送了《现代汉语大词典》作为第一次见面的礼物，在接下来的互动中，两位同学会向张老师请教化学难题，也会探讨语文、英语学习，在高一第一学期的期末考试中，两位同学的数学、化学成绩保持优异，英语、语文有了较大程度的提高。寒假，张老师提议两位同学一起绘制高中化学每章内容的思维导图，并向两位同学提供了思维导图样板。就这样，他们利用一个寒假，一起完成了高一上学期各章节的思维导图绘制。

　　张老师在撰写这段初任导师的经历时，感叹道："教育是世界上最生动、最有创造性的事业。因为我们的教育对象是一群活泼可爱、善良单纯的孩子。他们对知识充满着渴望，对未来满怀着憧憬。他们就像春天里茁壮成长的小树苗，在广阔的蓝天下，在温暖的阳光里，努力汲取大地的营养，努力伸展自己的枝干，向着美丽的天空，追逐着自己的梦想。我很欣慰自己能够以导师的身份守护在他们身边，陪伴着他们、鼓励着他们、督促着他们，分享他们的快乐，分担他们的苦恼，在他们需要我的时候，'随风潜入夜，润物细无声'般悄悄地用最恰当的方式帮助他们，让他们生活得更快乐，学习得更开心，成长得更幸福。泰戈尔写过一段话：'果的事业是尊贵的，花的事业是甜美的，但是让我做叶的事业吧，叶是谦逊地，专心地垂着绿荫①。'为了学生的健康成长，让我们做'叶的事业'吧，奉献自己无私的爱。"

✿ 二、生涯导师的主要内容

（一）问卷调研②中的发现

　　调研结果发现，关于生涯导师应扮演的角色，84%的教师认为生涯导师是"激发学生潜能的导航者"，74%的教师认为是"了解学生兴趣、特长、学习的观察者"，67%的教师认为是"分享人生活生涯经验的咨询顾问"，一半的教师认为生涯导师是"挫折、失意时的鼓舞者"，四成教师认为是"生活的关怀者""品德修养、为人处世的楷模""心理困扰的辅导员""专业学习的解惑者"。

　　在生涯导师的具体任务上，有80%的教师认为导师要指导学生进行生涯规划、指导

---

① 泰戈尔.飞鸟集：英汉对照[M].郑振铎，译.北京：中国青年出版社，2015：120.
② 有关问卷调研：2020年，闵行中学面向闵中教育联盟5所学校（2所高中，1所完全中学，2所初中）展开了生涯导师制实施意见调查。相关结果见《中学生涯导师制实施意见调查研究》一文，发表于《教育参考》2020年第5期。

学生认识自己的兴趣和能力,60%以上的教师认为导师任务包含指导学生学习和选科、学生人格培育,带领学生开展生涯实践活动,53%的教师认为导师任务包括学生心理疏导。

学科核心素养中哪些内容应作为指导重点?通过关键词发现,教师们对"能力""思维""科学""社会""责任""意识""文化"等词提及率最高。

(二)文本分析①与学生访谈②中的发现

1. 文本分析发现

不同学科背景的导师所撰写的案例,有单纯的学业指导如学法指导、研究性课题指导,生涯辅导如协助选科、自我认知与成长,心理支持如考前、考后的心理疏导,生活指导如疫情期间的运动休闲指导,思想引导如对生命意义的探讨,也有上述各个方面的综合。

2. 访谈分析发现

(1)学生对个性化学习/学法指导的诉求最大,现实中学生主动寻求导师帮助,也主要体现在学业方面,诸如学习方法指导、研究性学习辅导、学科拓展指导、个性化学业目标制定、学习时间管理等。其中,相较实际工作开展,学生对个性化学习方法指导、个性化学业目标制定的需求更大,对研究性学习的辅导最为认可,少部分学生期待在学科拓展方面能够和导师有更多探讨。

(2)学生对生涯辅导的诉求次之,诸如学生普遍期待导师能够通过组织学长交流、实地探访、实践活动等形式对大学、专业进行充分的探索和了解,期待导师能够更多在关乎学生未来发展方向等方面,有深入的沟通,少部分学生期待导师能够在综合素质评价辅导上提供个性化的辅导;限于近两年的疫情,向外探索等活动较少组织,学生表示非常渴求。

(3)学生在心理疏导方面呈现梭子型的需求。少部分学生频繁需要心理支持与疏导(日常型),少部分学生几乎没有这方面需求,大量学生对于考试之后的安抚、鼓励有普遍诉求,还有少部分学生在同伴人际交往、亲子沟通方面寻求导师支持。

(4)有过综合实践类活动的同学,对导师在其中的辅导、指导和带领认可度极高,也抱有更多的期待。可惜受到疫情影响,很多活动未能成行,此类活动包括科创、城市行走、博物馆参观、社会实践、竞赛、模拟提案等。

(5)少部分学生在回顾导师对他的影响时,提及生活细节,如导师热爱运动及对他的带动;如导师喜欢喝咖啡,总有学生喜欢围绕左右一起品尝;如导师第一次见面为他们准备糖葫芦和赠书。

---

① 有关文本分析:2021年初,课题组面向导师团队收集工作案例,请各位导师选择一个典型的辅导案例进行报告。

② 有关学生访谈:2021年10月,课题组面向高二、高三学生,和即将进行导师—学生互选的高一学生展开了访谈,了解已经有导师的同学对于导师制、导师工作的反馈,以及即将选择导师的学生对导师的期待。

（三）综合分析生涯导师的五大工作内容

闵行中学推行生涯导师多年，学生在学业、生涯、心理、生活等方面存在不同程度的需求，导师和学生结对之后，也多在这些方面开展工作，这与国家倡导的学生发展指导制度中的理想、心理、学习、生活、生涯规划等方面的指导几乎重合。因此，结合实践，明确了学校生涯导师工作职责和指导内容的五个基本方面：①思想引导：指导学生树立正确的人生观和价值观，培养学生的责任感，对学生的行为规范进行指导和管理。②心理疏导：帮助学生树立信心，正确对待学习与生活中的困难与挫折；帮助学生缓解学习与生活中出现的焦虑情绪；引导学生正确进行亲子沟通和人际沟通。③学业辅导：帮助学生培养良好的学习习惯，引导学生探索适合自己的学习方法，指导学生发挥特长、弥补短板、合理选科，培养学生自主学习的能力，指导学生开展课题研究项目式学习。④生活指导：指导学生进行健康管理，开展有益身心的休闲活动。⑤生涯向导：指导学生进行选科，帮助学生了解升学的路径、探知大学的专业、探索行业职业[1]，寻找未来发展的方向。

三、生涯导师的主要工作形式

导师的工作形式很多样。以闵行中学为例，导师们在与学生的互动中，探索尝试了诸如一对一个别谈话、测评解读、午餐会、小组会、读书会、影视欣赏、在线打卡、组队参赛、周记/写作交流、辩论会、模拟演练、社会实践、外出参访、家校合作等各种各样的形式，引入外力如学长、毕业生、亲人朋友。后经总结凝练，将导师的主要工作形式分为了三种形式。

（一）个别沟通

个别沟通是导师和学生之间的一对一交流，时间和频率不限，地点可以在线上，也可以在线下，开展形式相对灵活。有的老师每周开放固定时间作为导师一对一交流的时间，接受学生的提前预约。这一指导形式针对学生的即时困惑、需求和问题，能够及时、深入、有针对性地了解学生、帮助学生，可以是学生主动找老师交流，主动寻求帮助，也可以是导师发现教育契机，适时对学生进行干预与辅导，辅导内容几乎涵盖学生成长的方方面面，是最个性化的指导形式，也是几乎每一位学生都期待的指导形式。

（二）团队辅导

团队辅导则可由导师开展组内5～12名学生的辅导活动。师生可以共同确定辅导主题，根据需要和实际情况，约定在线或线下开展。可以是导师组内组织例行会面，也可以是根据组内同学感兴趣的主题、活动适时举行，比如有导师组织每月一次读书会、影视欣

① 何美龙，黄梦杰.普通高中生涯导师专业能力与支持系统构建[J].上海教育研究，2022(1)：60-65.

赏、社会热点话题讨论,有的导师利用毕业生回校看望老师的契机,组织对组内学生的交流,有的导师组织校外导师与学生一起运动、交流等。高中生是一个喜欢与同伴交往的群体,他们在就热议话题进行深入交流的过程中,相互学习,共同进步。

(三) 实践指导

实践活动则将活动范围扩大、延伸,多以团队的形式进行。有的导师带领学生走出校园,开展社会考察、城市行走,开阔学生的视野、促进学生对社会和生活的理解和认识;有的导师组织学生走进大学校园,走进学长的大学生活,促进学生对大学、专业的认知和感悟;有的导师指导学生走进企业,了解职业人的工作与生活方式,促进学生对各行各业的认知;为他们探寻自己的未来方向提供体验和探索的土壤。

三种形式各有利弊。个别指导的针对性更强,但是对老师的时间、精力要求较高;团队辅导能够就学生中的一些共性问题、共同兴趣组织活动;而且在生生互动、师生互动中,脑力激荡,相互启发,学习团队合作;实践指导则带领学生走出课堂和校园,接触新鲜事物和人物,在与外界互动中认识自己、体验社会。导师可根据个人所长、学生需求,共同探讨组内活动安排,让导师与学生的互动成为让学生与导师共同受益的活动。

(执笔人:林唯　白茹)

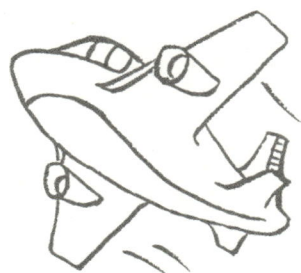

第二章

高中生涯导师育人之思想引导

第一节　价值观引领

情景一：

春考过后，高三6班的小孙同学忽然觉得读书特没劲，不想参加后面的夏季高考了，一连数天没精打采，闷闷不乐。在接下来的阶段测试中一落千丈，班主任很着急。高中以来，小孙一直认真学习，成绩优秀，春考发挥也很出色，跟同学、老师相处融洽，突然之间的情绪失落、成绩滑坡让班主任措手不及。

情景二：

导师李老师主动找到小孙，小孙的态度比较平和，也没有抵触情绪。李老师询问他最近的情况，他很坦诚地说："老师，我不想参加夏季高考不是一时冲动。我最近听妈妈说我家小区里好几个大学毕业生，到现在都还没找到什么好的工作，有一个还在家里闲着。我觉得上了大学也没什么用，真不知道每天学这么累到底为了什么！"

听到这些话，李老师明白了，是当前大学生就业难的形势使得读书无用的观念在学生中蔓延，让思想尚未成熟的他们深受其扰。针对"读书是否有用"这个话题，李老师和小孙详细地沟通了一番。在分析当前大学生就业形势难的现状的同时，通过说理、举例子等方式帮助小孙从更多样化的角度来看待读书的价值，让他重新燃起了对读书的热情。

类似小孙同学这样对读书的价值产生困惑的高中生不少。除此以外，还有的同学会对如何过好高中生活、未来想要过怎样的人生等问题产生困惑。这些问题其实都能反映一个人内心的价值观。高中阶段是一个人价值观逐渐形成和完善的关键时期，也是在这方面容易产生迷茫和困惑的时期，如果导师能够采取合适的方式给予正确的引导，对他们高中的学习生活和未来的长远发展，都会产生有益的影响。

一、价值观概述

（一）价值观的内涵

价值观是人们关于事物重要性的观念，是个人依据事物的重要性对其进行价值评判和选择的标准①。关于价值观的分类有很多，其中被提及较多的且跟中学生关联密切的价值观有人生价值观、学习价值观和职业价值观。

人生价值观是个体对自身的社会地位、人生目的和意义、生活准则等方面做出的价值判断与选择，以及对个人与社会、集体、他人之间关系进行认识和评价时所持的基本观念②。它主要回答的问题是：人究竟为什么活着？人应当怎样度过自己的一生？怎样的人生是有意义的？

学习价值观是个体对于自己所正在进行的学习活动的总的看法或态度③。比如：学习是否有用、有意义？学习的目的是什么？学习跟个人发展的关系是怎样的？学习是为了父母还是自己？如何看待学习的行为和结果之间的关系？如何看待学习中遇到的困难？如何保持良好的学习状态？这些问题都是一个人学习价值观的体现，直接关系到个体的学习方式、态度和成绩。

职业价值观是人生价值观在职业生涯领域的具体体现，指的是一个人对职业以及自身职业行为的意义、作用、效果和重要性的评价和看法，即人们在职业生涯中看重的东西，比如职业的声望、社会地位、稳定性、福利待遇、自主性等，体现了职业的属性、功能及职业活动对个人需要的满足关系④。人们在选择职业时经常考虑的问题，比如：什么是好职业？哪个职业能带给我想要的东西？我从事这份工作是想收获什么？这些问题就是职业价值观的体现。

总之，一个人对于生活、学业和职业等方面的追求体现了自己的价值观。

（二）价值观的作用

首先，价值观对人的行为起着定向和调节的作用，影响着人们对生活中各种机遇的把握、对事物的判断，决定一个人追求什么、如何生活，决定一个人能在什么样的职业与生活领域感受到幸福⑤。正如著名的生涯学家唐纳德·E.舒伯（Donald E. Super）和马克·L.萨维科斯（Mark L. Savickas）所说的，价值观就像天上的星星一样，指引着我们前进的方向，让我们清楚地知道人生最重要的是什么，有助于避免或摆脱不愉快的生存状态，使人始终如一地朝向最理想的职业和生活状态去努力。

其次，价值观是人生的过滤器，有助于人们做出满意的决策。价值观反映了每个人内心看重的东西，是衡量事物价值的标准，可以帮助人们过滤掉不重要的东西，留下自己看重的东西。当一个选择（比如，选科抉择、升学抉择、职业抉择）不能满足一个人多方面需求的时

---

① 金盛华，郑建君，辛志勇.当代中国人价值观的结构与特点[J].心理学报，2009，41（10）：1000-1014.
② 徐华春，郑涌，黄希庭.中国青年人生价值观初探[J].西南大学学报（社会科学版），2008（05）：35-39.
③ 罗书伟.中学生学习价值观结构及其特点的研究[D].重庆：西南大学，2007.
④ 辛增友.青年职业价值观的横断与纵向研究[D].重庆：西南大学，2006.
⑤ 罗书伟.中学生学习价值观结构及其特点的研究[D].重庆：西南大学，2007.

候,可以参考价值观来帮助做出取舍。一个人的价值观越清晰,越容易做出令自己满意的决策①。

对中学生来说,价值观不仅影响着他们对当下学习的态度、行为,还影响着对未来的规划和长远发展。

（三）影响中学生价值观形成的因素

中学生处在从儿童到青年的过渡时期,生理和心理会发生剧烈变化,是个性品格、价值观念逐渐形成和完善的关键时期②。中学生价值观的形成受多方面因素的影响,主要包括社会环境、学校教育、家庭教育和自我教育四个方面③。

社会环境对正处于价值观形成关键时期的中学生具有重要的作用。经济全球化、政治多极化、文化多元化、信息网络化的大环境对人们的思想观念和价值取向都产生了很大影响。而中学生由于身心尚未成熟,缺乏科学分析的能力,缺少社会经验和理性思考能力,很容易被现实生活中的个人主义、拜金主义、享乐主义等不良思想观念影响④。

学校教育是一个人一生当中所受教育的最重要组成部分之一,也是中学生价值观教育的重要主体,学校教育效果的好坏直接影响中学生以后的人生发展方向⑤。学校通过有目的、有计划的教育教学活动、校园文化活动、学校管理服务等途径对中学生价值观的形成施加影响。其中,老师作为价值观的直接传递者,他们的言传身教对学生价值观的塑造具有重要作用。

家庭是人出生后接受教育的第一个场所。父母对子女的影响,比如父母的教育引导、榜样示范、思想交流和整个家庭的氛围等,都对中学生价值观的形成具有最直接的影响。

中学生价值观的形成也与个人的自我教育有着直接的联系。学校、家庭对中学生的价值观教育只有通过学生的吸收、内化,才能转变为指导个人现实行动的稳定的思想观念。

二、为什么读书

（一）关于"为什么读书"的困惑

知识经济时代,知识呈爆炸性增长,科技进步日新月异,信息更新的速度前所未有,社会对人才的需求不断提高。在这样一个大背景下,学习成为个人立足社会,谋求良好发展机遇,提升自身生活品质的必要手段。中学时期是个体求学、身心发展的重要时期,能够

---

① 赵婷.社会支持、成就动机和职业价值观对大学生职业决策困难的影响研究[D].曲阜:曲阜师范大学,2010.
② 岳毅力.中学生价值观的调查研究[J].教学与管理:理论版,2012(9):50-52.
③ 王美平.中学生社会主义核心价值观的培育研究[D].衡阳:南华大学,2016.
④ 张蕊蕊."95后高中学生"价值观存在的问题及其矫正研究[D].湘潭:湖南科技大学,2015.
⑤ 朱艳艳.当代中学生价值观存在的问题、成因及对策分析[D].新乡:河南师范大学,2013.

为一生的发展奠定坚实的基础①。

然而进入高中阶段，不少同学开始会思考"为什么读书？读书的意义或价值是什么？"之所以会有这方面的困惑，一方面是因为随着心理的发展，高中生的自我意识增强，开始对自己做的事情的意义、人生的发展方向等问题有所思考；另一方面是受社会环境和接触的各种信息的影响，比如受到大学生和研究生严峻的就业形势、社会上出现的各种高学历低就业事件（"北大学生卖肉、开米粉店""清华学生当保安、当电工""研究生毕业回家种田"等）②③④⑤以及拜金主义、享乐主义思想的影响⑥，部分中学生产生了"读书无用"的念头，逐渐失去了学习的动力和热情，导致学习成绩下滑。

针对这部分学生，导师有必要采取正确的辅导策略，帮助其纠正错误的学习观念或认识，重燃读书的斗志。

（二）导师辅导策略

1. 组织讨论会——"读书有用还是读书无用？"

对于读书意义的思考在高中生中可能是一种普遍的现象，因此通过组织讨论会让大家对这个问题有多元的思考，有助于学生更加理性地看待读书这件事，避免因消极思想而荒废了学业。为了增加讨论会的效果，导师可以提前将讨论的主题告知学生，让他们做好相关准备，比如搜集资料、调查、访谈等。

讨论会——"读书有用还是读书无用？"

活动目的：

（1）丰富学生对于读书意义的思考。

（2）增强学生学习的动力。

活动过程：

（1）邀请学生举手示意表达自己对于这个主题的看法。

（2）根据学生发表的观点，将学生分成两组。

（3）每组派代表进行辩论。

---

① 曹新美．中学生学习价值观的现状与特点研究[J]．中国特殊教育，2013(08)：77-84.

② 中博教育．北大毕业生卖猪肉，清华学子当保安，读书真的没有用吗？[EB/OL]．(2019-07-11)[2022-01-16]．https://baijiahao.baidu.com/s? id=1638744363020734753&wfr=spider&for=pc.

③ 中国新闻网．北大研究生创业卖牛肉粉 曾尝百店拜师学艺[EB/OL]．(2014-04-13)[2022-01-16]，https://www.chinanews.com.cn/sh/2014/04-13/6057468.shtml.

④ 苑燕儿．本硕博清华高材生，却甘愿从0开始当一名电工，用12年成工程师[EB/OL]．(2020-06-19)[2022-01-16]，https://baijiahao.baidu.com/s? id=1669824780523041041&wfr=spider&for=pc.

⑤ 中国广播网．研究生毕业回家种地 老父愤而服毒自杀[EB/OL]．(2012-10-19)[2022-01-16]，https://edu.qq.com/a/20121019/000188.htm? t=t98xw.

⑥ 张蒸蒸．"95后高中学生"价值观存在的问题及其矫正研究[D]．湘潭：湖南科技大学，2015.

（4）辩论完成后，再让全体学生分享个人观点与感受。

（5）最后，导师做总结。

（注：如果学生都赞成"读书有用"的观点，可以让学生轮流阐述自己的理由，最后老师做归纳总结）

2. 个别谈话

个别谈话是导师经常采用的一种辅导策略。通过与学生一对一的谈话，导师可以深入了解学生"为什么读书"这个困惑产生的具体原因，从而有针对性地给予辅导。在谈话的过程中，导师要注意倾听，表达对学生产生这方面困惑的理解，在此基础上引导学生说出背后真实的原因。学生有这方面的困惑很多时候是因为他们受个别事件或单一想法的影响、没有全面考虑导致的，针对这种情况，导师可以从多个角度来帮助学生认识读书的意义与价值。有时，学生产生这方面的困惑，可能是因为在学习或生活中遇到了困难，这时导师可以针对学生具体的困难提出解决的办法，比如学习上感觉吃力，可以了解清楚具体情况，然后联合学科老师、同学等多方力量来给予帮助。

小朱同学在进入高中之前就给自己定了大学专业的方向——经济、金融类专业，主要是出于"这些专业毕业后好就业，收入可观"的考虑。在进入高中后，她上了生涯教育课，并在生涯老师的引导下深入探索了自己曾经考虑过的专业，然后开始反问自己为什么要选经济类的专业以及为什么要读书。"我真的打心底里想去从事经济相关的工作吗？我真的是因为喜欢才去选的吗？经济类的专业真的适合自己吗？读书的目的就是找一份收入高的职业吗？"这一系列的问题在她的脑海中产生。

带着这些疑惑，她跟导师林老师做了一些交流。林老师谈了自己对于读书意义和专业选择的看法，小朱也说了自己的理解和认识。在谈话结束时，她似乎茅塞顿开，很开心地说："读书和专业选择的重要目的之一是找到自己真正喜欢、愿意全身心投入其中且对社会有重要价值的工作。"带着这样的领悟，她继续探索着自己对未来的规划。

有一天，地铁站有关我国航空航天事业发展的海报引起了她的注意，海报上是一架正在翱翔的飞机，旁边还画着五星红旗。于是她开始去搜索关于航空航天的相关信息。没想到一发不可收拾，"长大以后造飞机"的念头在她心中愈发强烈起来。于是，她郑重地定下了自己的未来大学专业目标——飞行器设计。

在明确了自己的大学专业后，小朱又跟林老师做了一次交流。从谈话间，林老师明显地感受到了她对飞行器设计专业的热爱，于是引导她通过网络来查找开设该专业的高校。通过对比各高校相关专业的实力、历年分数线，她最终将北京航空航天大学作为自己的目标大学，并定下了自己各科的分数要求。

明确了未来的发展目标后，小朱学习的积极性明显高涨。同时，在林老师的鼓励下，她还积极参与学校的各项活动来提高自己的综合素质。

3. 人物访谈

人物访谈是搜集信息、拓展认知、启发思考的重要方法。针对有困惑的学生，导师可以让学生去采访校友、家人或亲戚关于"为什么读书"的看法。为了让学生对读书的价值有更全面的认知，可以让学生多采访几个人。访谈前，导师可以指导学生编制访谈提纲，提出优化的建议，并交代访谈中的一些注意事项，比如事先约定好时间，选择一个不受打扰的环境，在征得同意的情况下对访谈过程进行录音等。待学生整理好访谈结果、写出感想后，导师再跟学生做沟通和交流，帮助其形成对读书的积极认知。

4. 招聘信息搜集

有时，学生觉得读书没有价值，是因为他们对现实世界了解得不够，以为找工作是件很轻松的事，或者没有高的学历或学识也能很容易获得理想的工作。针对这种现象，导师可以让学生去搜集感兴趣或憧憬的职业的相关招聘信息，梳理里面的招聘条件，然后跟学生一块分析他目前的情况跟招聘要求的差距，并讨论缩短差距的途径或方法。通过学生主动探索的方式来帮助其纠正对读书的不合理认知，往往能起到立竿见影的效果。

三、过怎样的高中生活

（一）高中阶段的迷茫与困惑

高中阶段是为学生打下良好的知识、能力和思想基础的重要阶段，不仅关系到学生毕业后往哪个方向发展，也关系到个人未来长远的发展。因此，很多学校在正常的教学活动之外还为高中生提供了各种各样的发展机会和资源，包括门类繁多的社团活动、定期举办的文体活动、各种主题的研究性学习活动以及校内外实践活动等。

面对丰富多彩的高中生活，有些学生却陷入了迷茫，因为他们不清楚自己应该如何选择。有的学生充分利用学校提供的各种机会，积极参加各种活动，但过了一段时间后才发现自己的学习和生活陷入了混乱中，感到非常迷茫。还有的学生蜻蜓点水，这也试试、那也试试，回头来却发现自己什么也没有获得，感到非常惆怅。

高中阶段是学生们个性逐渐体现、发展方向开始多元化的阶段。随着自我意识的增强、对未来思考的增多，学生们开始在既定的学习主干道上开拓新的发展路径。有些学生由于对自我的认识和外部世界的了解都比较清楚，所以比较明确高中阶段应该往哪个方向发展；而有些学生却因为自我探索和外部世界探索都不够，对未来的发展方向不明确，所以就会出现上面提到的问题。

这些问题背后的实质是学生们不清楚自己想过怎样的高中生活，以及如何规划自己的高中生活。这正是需要导师给予指导和帮助的地方。

（二）导师辅导策略

1. 团体活动——"聊聊我在高中遇到的困惑"

进入高中阶段，很多学生关于如何过高中生活或多或少会有些迷茫与困惑，因此通过团体活动来解决大家共性的问题是一种比较好的方法。在团体活动中，大家可以互相交流自己的想法、感受，并从中获得启发，为规划好自己的高中生活助力。为了提升活动的效果，导师可以提前告知学生要讨论的话题，让他们有些思考和准备。

团体活动——"聊聊我在高中遇到的困惑"

活动目的：

（1）帮助学生找到解决困惑的办法。

（2）思考对于高中生活的规划。

活动过程：

（1）学生一一分享自己对于目前高中生活的感受以及遇到的困惑（如果没有，可以不说）。

（2）导师对学生遇到的困惑进行归纳总结，然后挑选其中被提及最多的问题优先讨论。

（3）让学生写出解决困惑的办法。

（4）邀请学生分享。

（5）请有困惑的学生做出回应，展开讨论。

（6）导师补充、总结。

（7）按照上面的步骤开始下一个问题的讨论，以此类推。

（8）最后，老师布置作业——"写出我期待在高中实现的目标"。

（注：如果学生提出的共性问题较多，可以分多次讨论，针对个性化的问题，导师可以私下里跟学生一对一交流）

2. 校友交流会

关于如何过高中生活，毕业校友的故事是很好的教育资源。导师可以定期邀请毕业的校友回学校分享自己的高中生活故事。邀请的毕业校友最好是在高中阶段也曾迷茫或有困惑，后来在老师的帮助以及自己的努力下，走出困境，明晰了高中的目标并最终实现了目标（比如，考进理想大学的目标专业）。这样的故事比较容易让学生产生共鸣、获得启发。如果是一切都很顺利的校友，可以邀请他们分享如何确立高中的目标以及一步步落实，这样的经验也很有借鉴意义。

为了确保分享的效果，导师要提前跟毕业校友说明交流会的目的以及希望校友重点分享的内容。集体分享结束后，也可以让他们私下再做些交流。

3. 制定高中规划书

高中规划书是帮助学生思考和明晰自己在高中阶段所要达到的目标以及规划高中生活的一种很好的方法，可以用于团体辅导或个体指导。制定高中规划书的第一步是让学生明晰高中阶段的生活可能包括哪些内容（比如，学科学习、研究性学习、校园活动、校外实践活动、外部世界探索、人际交往、身体锻炼等）；第二步是让学生写出自己在某一方面希望达到的目标；第三步是写出自己的行动计划；第四步是思考自己在行动过程中可能会遇到的困难以及打算如何克服；第五步是列出可以帮助自己实现目标的资源[①]（见表 2.1）。

表 2.1　学科学习高中规划书

高中规划书

1. 学科学习

高中毕业时的目标：

为了达成目标，我要采取的行动包括：

在行动过程中，我可能会遇到什么障碍，我打算如何克服？

支撑我达成目标的资源有：

---

① 钱静峰，白茹. 未来，我们创造的地方——我的生涯意识学习手册［M］. 上海：上海交通大学出版社，2021：55 - 56.

4. 个别谈话

针对学生个性化的问题，一对一谈话是比较奏效的方法。通过谈话，可以深入了解学生遇到的困惑或问题，并给予有针对性的建议，帮助其明确高中的目标、发展规划或行动方向。同时，也可以给予学生情感和精神上的支持，增强他们战胜困难的勇气。

朱同学是闵行中学2021届的毕业生。刚进入高中时，他对于高中没有明确而现实的规划，对未来较为迷茫。擅长理科学习的他想要同时参加理、化、生三大竞赛，对于课业内容不屑一顾，导致他学习节奏与方向出现问题，成绩出现一定的波动。

导师发现了朱同学成绩波动的问题后，与他进行了交流。通过分析竞赛升学的现状与要求，以及综评的流程与上海高考的特殊流程，让他对于未来的发展规划有更为清晰的认知，知道不能盲目地参与竞赛。交流后，朱同学重新做了高中的三年发展规划，决定走以高考为主、竞赛为辅的高中发展道路。导师帮助他进一步分析学科优势和未来的发展规划，最终他决定主攻生物竞赛。经过这番调整，他的学习节奏有所改观。与此同时，导师还联合任课老师对他的薄弱科目进行了有针对性的辅导，帮助他提高了其他科目的成绩。最终通过自己的努力，他以优异的高考成绩考入理想大学的生物科学专业。

案例中，生涯导师通过与朱同学交流，明确了其成绩出现波动的问题所在，并通过分析特殊升学路径对竞赛的要求，让其明白不能盲目地参加竞赛，要结合自己的发展规划有针对性地做准备。正是这次谈话启发了他对高中三年规划的思考，让他得以重新调整学习的节奏和努力的方向，最终收获满意的结果。

四、过怎样的人生

（一）树立正确的人生方向和价值观

"过怎样的人生"这个问题背后反映的是一个人的人生价值观和人生前进的方向。从某种程度上来说，方向的确立比努力更重要。因为，只有在正确的方向上努力，才能到达目标；在错误的方向上努力，只会离目标越来越远。人生方向的确立可以指明人前进的道路，让当下的行动更有目标感，让人的内心更加笃定。

有些学生在高中阶段对学习和其他活动都没有很高的热情和动力，每天本着"做一天和尚撞一天钟"的想法，按部就班地上学、放学，虚度光阴，其实就可能跟他们对未来没有清晰的规划、不知道自己将来想往哪个方向发展有很大的关联，导致激情和行动力都不够。还有些学生，高中有很明确的目标——考上好的大学，但如果对未来想要往哪个方向发展没有思考的话，很可能在进入大学后由于缺乏人生目标而陷入迷茫的状态。不少大学生因此沉迷网络、荒废学业。

因此，在高中阶段引导学生探索、明晰未来的人生发展方向，对当下的高中学习生活和未来的长远发展都有重要的作用。

（二）导师辅导策略

1. 团体活动——生涯幻游①

生涯幻游是一种通过引导学生幻想未来某一天的生活场景，来帮助学生唤醒生涯意识、探索未来发展方向的生涯辅导技术，可以用于个体咨询或团体辅导。实施该技术要选择一个安静而不易被打扰的地方，比如咨询室或团体辅导室。幻游中，指导语非常重要，可以邀请受过这方面训练的老师实施。同时，由于不同的人对幻想活动的喜好不同，进入幻想状态的难易程度也不同，所以在实施该技术之前一定要告知学生活动的大致内容和流程，让他们自愿决定是否参加。如果在参与的过程中，学生有不适的感觉，可以允许他们中途退出，但不得打扰其他人。下面以在团体活动中实施该技术为例介绍具体的过程。

生涯幻游——"十五年后的我"

活动目的：

通过引导学生幻想十五年后典型的一天，来帮助其思考未来的发展方向。

活动过程：

（1）引导学生放松，可以采用深呼吸放松、肌肉放松、冥想放松等方法。

（2）让学生选择一个舒适的姿态坐着，然后闭上眼睛。

（3）导师读幻游指导语（详见本节附录）。

（4）引导学生慢慢返回现场。

（5）学生分享幻游中的感受。

（6）导师给予回应，然后邀请学生分享幻游中自己从事的工作，以及那时的生活。

（7）请学生思考幻游对自己的启发。

（8）邀请学生分享。

（9）导师做总结。

注意事项：①导师在实施该技术之前自己要先体验一下，才能感受到幻游中的细节部分和需要注意的地方；②每一个场景必须要有足够的时间，让学生进行心理上的转换，宁慢勿快；③场景的转换或角色的转换也需要有足够的时间；④指导语可以现场诵读，也可以录音播放。

（注：如果有学生不能想象出未来十五年后的生活，也是一种正常的现象，导师可以

---

① 金树人.生涯咨询与辅导［M］.北京：高等教育出版社,2007：293－308.

鼓励他们今后多做一些关于未来的思考以及外部探索）

2. 分享会

很多影视作品或书籍都是探讨人生这个话题的，对学生思考怎样度过人生会有启发。导师可以搜集一些这方面的作品（比如，名人传记和《一人一世界》《功勋》《遗愿清单》《冰雪公主》《苍蝇一分钟的生命》《点滴心灵》《天堂电影院》《舞出我天地》《飞屋环游记》等），推荐给学生去看，然后约定某个时间大家一块分享、交流。

3. 个别谈话

在高中阶段，有些学生会因为学习中遇到困难、对未来比较迷茫或没思考过自己想过怎样的人生等情况，而对当下的学习提不起劲。如果遇到这种情况，导师可以与他们一起探讨当前遇到的挫折，自己对于未来的打算或憧憬，怎样的生活状态是他们想要的，自己可以通过什么途径来实现，在高中阶段又可以做哪些方面的准备或努力。通过将学生想要过的人生和当下的高中生活联系起来，往往能激发他们积极学习或拼搏的斗志。如果学生一时说不出自己想过怎样的人生，可以让他们回忆看过的影视作品或现实生活中令自己羡慕的人或生活方式，然后具体分析羡慕的原因，也可以从学生的兴趣、特长等方面来引申出未来可以发展的方向。

小王同学毕业于一所非常普通的初中，靠自己精诚所至金石为开的毅力才考上了心仪的闵行中学。进入高中后，小王依旧保持着刻苦学习的习惯，每天很早起来背英语单词，晚上常常熄了灯也要想各种办法再学习一会儿。但事与愿违，在高一第一次期中考试中，她最拿手的数学也低于班级平均分，英语更是班级的最后几名，这样的结果让她十分失望，情绪一落千丈。有同学甚至看到她在纸上写一些非常极端的话"这么努力成绩还这么差，努力有什么用，活着究竟有什么意义？"

导师钱老师得知她的状况后，主动跟她聊天，询问她最近学得怎么样，有没有遇到什么困难。小王很坦诚地诉说了内心的想法和苦闷。钱老师听后告诉她，这种进入高中后学习适应不良、遇到困难的现象很常见，尤其是在高手如云的实验班。然后讲了已就读于交大医学院的一名学长的故事。他在高一的时候成绩也不是很优秀，数学几乎是班级的倒数。但为了将来能成为一名医生的梦想，他一直刻苦学习，努力想各种办法来提高成绩，到了高三还花大量时间来复习最基本的知识，最终梦圆交大医学院。

听了学长的事例，小王明白：成功的道路不平坦，很多人都一样。自己不能太心急，不能因为一时的挫折就放弃努力，而应将努力变成一种习惯，为了心中的目标、理想，锲而不舍、百折不挠。当前的学习适应问题只要自己努力想各种办法，肯定是能解决的。

经过这次谈话，小王的精神状态变得非常好，满怀热情地投身于学习中，碰到问题，她都会积极地问老师或同学。在一次数学小练习中，她得到全班最高分。期末考试，她数学考了全班第二，英语也有了很大进步。

4. 家庭座谈会

"过怎样的人生"这个话题，也比较适合在家中进行交流。父母作为过来人，关于这个话题肯定有自己的一些看法或思考，对学生思考自己的人生应该怎样过会有一些启发。为了确保交流的效果，导师可以建议家长和学生组织一次正式的家庭座谈会，安排固定的时间，在安静的环境下进行，也可以邀请其他长辈参与。在座谈会中，父母或其他长辈主要分享自己的人生经历、感悟或思考，不要说教，让学生自己去体悟即可。

五、社会主义核心价值观引导

（一）社会主义核心价值观

人类社会发展的历史表明，对一个民族、一个国家来说，最持久、最深层的力量是全社会共同认可的核心价值观。核心价值观，承载着一个民族、一个国家的精神追求，体现着一个社会评判是非曲直的价值标准。如果一个民族、一个国家没有共同的核心价值观，莫衷一是，行无依归，那这个民族、这个国家就无法前进[1]。

党的十八大提出要倡导富强、民主、文明、和谐，倡导自由、平等、公正、法治，倡导爱国、敬业、诚信、友善，积极培育和践行社会主义核心价值观。富强、民主、文明、和谐是国家层面的价值要求，自由、平等、公正、法治是社会层面的价值要求，爱国、敬业、诚信、友善是公民层面的价值要求[2]。这个概括实际上回答了要建设什么样的国家、建设什么样的社会、培育什么样的公民的重大问题。

面对世界范围思想文化交流交融交锋形势下价值观较量的新态势，面对改革开放和发展社会主义市场经济条件下思想意识多元多样多变的新特点，积极培育和践行社会主义核心价值观，对于巩固马克思主义在意识形态领域的指导地位、巩固全党全国人民团结奋斗的共同思想基础，对于促进人的全面发展、引领社会全面进步，对于集聚全面建成小康社会、实现中华民族伟大复兴中国梦的强大正能量，具有重要现实意义和深远历史意义。

对中学生进行社会主义核心价值观教育有非常重要的作用。在当前复杂的国内外环境下，巨量信息通过手机、微信、微博等传递给中学生。但是这些信息良莠不齐，当代中学生又缺乏经验和正确的判断力，很容易在接受新事物的时候，受到不良信息的误导。因

---

① 青年要自觉践行社会主义核心价值观[N].人民日报，2014 - 05 - 05(2).
② 中共中央办公厅印发《关于培育和践行社会主义核心价值观的意见》[EB/OL].（2013 - 12 - 23）[2022 - 01 - 17].http://cpc.people.com.cn/n/2013/1223/c64387-23924110.html.

此,在中学生价值观形成和确立的关键时期需要社会主义核心价值观的引导;中学生是国家的希望、民族的未来,更是社会主义建设事业的接班人。对户学生进行社会主义核心价值观培育是培养社会主义现代化事业接班人的需要[1]。

因此,作为导师有必要结合学校的德育教育,通过理性说教、渗透性教育、感染式影响、熏陶性改变等多元策略[2]对学生进行社会主义核心价值观教育,促进社会主义核心价值观和学生自身价值观的融合。

(二)导师辅导策略

1. 团体活动——"我最看重的社会主义核心价值观"

对中学生进行思想价值观教育,如果单靠理性说教的话,很容易引起学生的反感和排斥。因此,可以组织团体活动,让大家在轻松的氛围中各抒己见,深化对核心价值观的理解和思考,达到自我教育的目的。为了保证活动效果,可以提前让学生做好准备,了解核心价值观的内容、搜集相关资料(比如人物故事、热点事件等)。

团体活动——"我最看重的社会主义核心价值观"

活动目的:

(1)加深学生对核心价值观的理解。

(2)引导学生树立正确的价值观。

活动过程:

(1)邀请学生说出社会主义核心价值观的内容(如果没有人能完全背出,可以请大家说出自己知道的内容)。

(2)导师总结,然后请学生说出国家层面、社会层面和公民层面都分别包含哪些内容。

(3)学生一一分享自己最看重的公民层面的核心价值观并说明理由。

(4)导师总结。

(5)请学生思考如何践行自己看重的核心价值观。

(6)邀请学生分享。

(7)最后,导师总结,呼吁大家用行动来践行自己看重的核心价值观。

(注:由于团体活动时间有限,所以只针对公民层面的价值观进行了分享、交流,另外两个层面的价值观可以再组织团体活动来交流)

---

[1] 王美平.中学生社会主义核心价值观的培育研究[D].衡阳:南华大学,2016.
[2] 岳毅力,高俊霞.中学生价值观影响因素调查研究[J].唐山师范学院学报,2013,35(04):131-134.

2. 影视欣赏

影视作品，由于融合了视觉和听觉艺术，感染性强，容易激发学生的情感、唤醒他们的意识，所以是进行核心价值观教育的一种很好的手段。导师和学生可以一起观看核心价值观教育题材的影视作品，比如《我和我的祖国》《长津湖战役》《建国大业》《建军大业》《湄公河行动》《觉醒年代》《山海情》《大江大河》《知青》《人民的名义》《激情的岁月》等，然后分享、交流。由于在校时间有限，比较适合观看电影作品，电视剧作品可以让学生在业余时间先观看，再找时间分享。

3. 写观后感

写作可以帮助人将所听、所见、所感和所思进行整理、消化和吸收，然后沉淀在心里，也是进行核心价值观教育的一种很好的手段。导师可以搜集、整理一些好的节目或视频，比如《感动中国》《这就是中国》等，让学生观看后写下自己的感想。

4. 个别谈话

在与学生私下交流的过程中，导师也可以从社会主义核心价值观角度来做引导。比如，当学生对于自己选择的专业不是很坚定，而该专业恰是学生感兴趣或擅长的且对国家的发展很重要时，就可以从爱国的角度进行引导；当学生跟他人发生冲突甚至打架斗殴时，可以从友善的角度进行教育；当学生有撒谎、作弊的情况时，可以从诚信的角度进行教育。当然，对学生开展核心价值观的教育要择机而行，切不可无中生有、生搬硬套、说教式灌输。

张同学是闵行中学 2020 届的学生，一直梦想着未来从事科研工作。在 3～4 岁时，他懵懵懂懂地读着《十万个为什么》，科技两字对他就产生了无穷的魅力。随着学龄的增长，数学、物理、化学都成了他最喜欢的学科。

进入高中后，他积极参与各种科研活动。高一时，午休时间经常泡在单片机实验室里；高二时，跟年级里十多个小伙伴自主创建了"闵中化学社"，每周五下午放学后自发到实验室一起做化学实验；2019 年，在导师的推荐下，参加了中科院技术物理研究所的课题研究项目——"基于带通滤波模的纸张中荧光增白剂含量的快速检测方法"，该课题研究成果获得了第 34 届上海市青少年科技创新大赛青少年科技创新成果三等奖。

在 2020 年高考志愿填报前，他看到中美贸易摩擦等时事，和导师沟通，决定将自己个人未来的发展与国家的命运相结合。西安交通大学核工程与核技术专业进入他的视线。在别人看来，核工程是一个冷门专业，但对于张同学而言，恰是触动他心弦、愿意为之奋斗终身的专业。他了解到，核能是中国未来能源的绿色支柱，核电建设是国家的重大科技专项。他默默下定决心，用自己的行动投身科研事业，安贫乐道，义无反顾地承担起发展核电的光荣与使命，为国家做一份实实在在的贡献。

"强基计划"的出现，让张同学觉得属于他的机遇来了。于是，高考发榜后，他毫不犹豫地奔赴西安参加西安交通大学的强基面试。经过激烈的笔试、面试和体育测试，他顺利地被西安交通大学的核工程专业录取了。

附录："十五年后典型的一天"指导语

接下来，我们一起坐在时光隧道里，来到十五年后的世界。十五年后的世界，也就是公元×××年的世界。算一算，这时你是几岁？容貌会有变化吗？请你尽量想象十五年后的情形，越仔细越好。

好，现在你正躺在家里卧室的床铺上。这时候是清晨，你和往常一样醒来，首先看到的是卧室里的天花板。看到天花板了吗？它是什么颜色？

接着，你准备下床。尝试去感觉脚指头接触地面的温度，凉凉的？还是暖暖的？经过一番梳洗之后，你来到衣柜前面，准备换衣服出门。今天你要穿什么样的衣服出门？穿好衣服，你看一看镜子。然后，你来到了餐厅，在餐厅做了什么？今天的早餐吃的是什么？一起用餐的有谁？你跟他们说了什么话？

吃完早餐，你关上家里的大门，准备前往工作的地点。你回头看一下你家，它是一栋什么样的房子？然后，你将搭乘什么样的交通工具出门？

你快到达工作的地方了，首先注意一下，这个地方看起来如何？周围环境是怎样的？好，你进入工作的地方，你跟同事打了招呼，他们怎么称呼你？你还注意到哪些人出现在这里？他们正在做什么？

你在桌子前面坐下，安排一下今天要做的事，然后开始一天的工作。早上都在做些什么？跟哪些人在一起？

接着，上午过去了。午餐如何解决？吃的是什么？跟谁一起吃？午餐还愉快吗？

接下来是下午的工作，跟上午的工作内容有什么不同？都在做些什么？

快到下班的时间了，或者你没有固定的下班时间，但你即将结束一天的工作。下班后你直接回家吗？或者要先办点什么样的事？或者要参加一些什么其他的活动？

天色暗了，回到家了。家里有哪些人呢？回家后你都做些什么事？晚餐的时间到了，你会在哪用餐？跟谁一起用餐？吃的是什么？晚餐后，你做了些什么？跟谁在一起？

就寝前，你正在计划明天参加一个典礼的事。那是一个颁奖典礼，你将接受一项颁奖。想想看，那会是一个怎么样的奖项？颁奖给你的是谁？如果你将发表得奖感言，你打算说些什么话？

该是上床的时候了，你躺在早上起来的那张床铺上。你回忆一下今天的工作与生活，今天过得愉快吗？是不是要许个愿？许什么样的愿望？

渐渐的，你很满足地进入梦乡。安静地睡吧！一分钟后，我会叫醒你。（一分钟后）

我们渐渐地回到这里，还记得吗？你现在的位置不是在床上，而是在这里。想想这里的桌子、椅子、窗帘、地板。现在，我从十开始倒计时，当我数到零的时候，你就可以慢慢睁开眼睛了。十、九、八、七、六、五、四、三、二、一、零。现在，睁开你的眼睛，摸摸桌子、椅子，慢慢伸展下四肢或活动下身体。

（执笔人：肖义涛　李常青）

第二节　责任感培植

在 2020 年新冠肺炎疫情全国大暴发初期,陕西安康有一位齐姓的大学生[1]于 1 月 23 日从武汉返回老家,1 月 28 日被确诊为新冠肺炎患者。但他的 40 多位密切接触者包括他的父母,均未被感染。经过调查,才发现这个小伙子有一套特别严谨周密的防护措施。

2019 年底,在学校就读的他听说武汉发生新冠肺炎疫情的消息后就立马买了 N95 口罩,此后,不管是在食堂还是小卖部或者是教室,他在学校任何一个公共地方都佩戴着口罩。

1 月 22 号坐火车返乡途中,不管是在火车站,还是在火车上,甚至是在西安住酒店,坐大巴车回家,他也一直都佩戴好口罩;在整个坐车的过程中,没有跟任何人交流,也没有喝水、吃东西,口罩一直没有脱下来。

回家之前,他就跟父母沟通好,让父母买好了口罩和酒精等消毒物资!回到家以后,他立马给自己的行李和手机等个人物品全部用酒精擦拭一遍,并立马跟有关部门报备,在家里实施自我隔离,一直待在自己的房间,从来没有出去过,就算是吃饭也是单独吃。同时,他劝说家里人取消了年夜饭。

虽然最后他被确诊,但经过一段时间的治疗,康复出院。他所做的一切努力都没有白费,他的亲密接触者都是零感染。

他的防范措施被称为教科书式的。

小齐的防疫措施值得每个人学习,而小齐的责任感更是难能可贵,不仅保护了自己,保护了家人,更保护了周围的同行者。责任感培养是高中学生的必修课。责任感不仅是学生学业进步、个人成长的重要保障,也是维系和睦家庭关系的必要前提,作为国家未来的接班人和建设者,强烈的社会责任感能驱使学生树立正确的道德观,培养积极正面的价值观,把个人命运同国家民族的命运深深融合在一起。

---

[1] 参考自人民日报微信公众号于 2020 年 2 月 17 日发布的文章《确诊小伙的 40 多名密切接触者未被感染,怎么做到的?》。

一、自我负责是走向成功的第一步

（一）对自己的行为负责是成长的重要表现

1. 对错误行为的认知

学生在成长的过程中难免会犯各种错误或是出现行为问题。这一般是由于学生内部心理活动和外部环境不良影响的相互作用造成的。高中生尚处于三观的形成期和道德认知水平的发展期。这一时期，学生的身心处于急剧的发展变化之中，身体发育的速度往往超过心理的自我调控能力。在向成年人转变的过程中，人的心理具有过渡性、闭锁性和动荡性的特征。如果处理不好心理发展上的主客观矛盾、生理和心理的矛盾，往往就会产生行为的偏差。另外，在社会不良环境，尤其是在网络时代，家庭教育缺失或家长错误的教养方式以及过度的学业压力等外部因素容易使学生产生情绪波动、心理反抗和关系破裂，也容易出现破坏规则等一系列的错误行为。

其实，学生犯错并不可怕，可怕的是用错误的方式比如训斥、羞辱、惩罚等来试图阻止学生错误行为的再次发生，这样做的后果往往会把学生推得更远，伤害学生的自尊，使学生丧失信心。由此，有些学生还会给自己贴上坏学生的标签；也有些学生会因为害怕做得不够完美或犯错而受到批评，从而决定不再冒险；也会使一些学生决定变成一个"讨好者"，以牺牲自尊为代价去取悦周围的人，掩盖自己的错误，尽量不被别人抓到，这些均不利于学生健康人格的形成。

2. 辅导策略

导师需要换一个角度看待学生的错误，把错误看作学生的学习契机。如果导师和学生间能够坦诚地告诉对方在这一周内自己犯过的错误以及从中学到了什么，那么学生就会发现每个人都是会犯错的，包括导师在内，学生就会看到犯错误的价值所在，并且在一种友善的环境中，从错误中吸取经验和教训。当把错误看作是一个学习机会而不是坏事情的时候，学生为自己的错误承担责任就变得容易多了。学生一旦不再为自己的错误行为辩解、推托或轻下判断时，就意味着他们愿意承认错误，也就开启了通往纠正错误的大门。

除了让学生勇于承认自己的错误外，另一种帮助学生培养责任心的方式就是让学生体验自然后果，承担自我行为的后果。所谓自然后果是指在学生错误行为下自然而然地发生的任何事情，不把责难、羞辱或痛苦附加到学生原本能自然而然获得的体验之上，让学生决定自己要做什么并承担相应的行为后果。

一天，小 A 同学找到导师，很不开心地告诉导师，他因为课间操期间拿出了手机而被德育处巡视的老师没收的经历。他一再向导师解释，他并没有在玩游戏，只是想上网查找一道题的解法，显然他觉得自己很冤枉，想通过导师向巡视老师说情把手机要回来。

听完他的诉苦后，导师并没有借题发挥（大谈特谈在校手机使用的规则），而是非常和善而坚定地表达了同情和理解："老师相信你使用手机有正当的理由，手机被没收你一定感到很难受，也一定给你的生活带来不便，但我不愿意那么做（帮你要回手机），因为这是大家都必须遵守的规定，你是学校的一员，不能例外，但老师相信你能处理好这件事。"

"老师，可是没有手机我真的很不方便，回家没法骑共享单车，早上没有闹铃，碰到题目不会做也没地儿去求助……"

"这些你在拿出手机的那一刻想到了吗？"导师问道。

"确实没有，当时侥幸的心理在作祟，我的确做错事了。"

"手机被没收这件事无可挽回，只能照章办事。换个角度看，没有手机未必是件坏事，我愿意帮助你一起度过这段没有手机的快乐时光，你刚提到的这些不便，我们一起来想想怎么解决吧。"

在处理小 A 同学的这段经历时，导师并没有因为他违规使用手机而批评他，而是让他意识到错误也是一个学习的好机会，让他先放下对自己自责和焦虑的情绪。导师也没有帮他弥补过错，而是坚定地让他承担自己行为的自然后果，并将注意力转移到问题的解决上。

一旦学生能主动地承认自己的错误，并愿意承担行为的后果，这样他们就会对自己将来的行为负起责任来，自我控制感也会越来越强大，这也就是所谓导师能够看到的学生的成长。为了更好地培养学生的责任心，作为导师，应该用和善、坚定、尊重、信任、合作的方式看待学生的错误和不良行为。

（二）对自己的情绪负责是成熟的重要标志

1. 情绪的产生

情绪是一种复杂的心理现象。一般认为需要是情绪产生的重要基础，依需要是否获得满足，将产生不同种类的情绪。凡是能促进需要得到满足的事物，便引起积极的情绪，如满意、愉快、喜爱、赞叹等；相反，凡是妨碍这种需要得到满足的事物，只能引起消极的情绪，如不满意、苦闷、哀伤、憎恨等。比如某次考试学生们因获得了理想成绩而兴奋和激动，这是因为理想的成绩满足了学生被认可的需要；再比如父母没收了孩子的手机，孩子就会觉得有些失落，坐立不安，因为这件事情阻碍了孩子娱乐的需要。事实上，需求是由自我的认知和评估决定的。例如，同是一杯酒，同是一个人，在不同的境遇下，唤起的情感可能不同："呼儿将出换美酒，与尔同销万古愁"，是愉快的情感；"酒入愁肠，化作相思泪"，是不愉快的情感。换一个角度重新看待需求，会发现情绪体验会有不同。是否能辩证地看待自己的客观需求，控制好自己的情绪，冷静地处理问题是判断一个人成熟与否的标志。

2. 情绪的管理

进入高中后学生会在学业和生活中有不同的情绪体验，教会学生做好情绪管理，为自己的情绪负责是提高学生人际交往能力和完成社会化过程的重要前提。情绪管理能力高的人能够理解情绪的本质，自主控制自己的情绪，时刻生活在轻松快乐的心境中，生活在幸福之中。

情绪管理能力可以通过学习获得，也可以经过努力不断提高。因此，作为导师，不妨同学生一起探讨有效的情绪管理方法。比如，导师可以同学生一起制作情绪选择轮。在白纸上画一个正圆，然后划分出若干块，在每块中写下或画出平时不开心时最想喜欢做的事，例如：数到十、到操场跑一圈、听音乐、吃块巧克力、深呼吸十次、寻求帮助、到冷静区、打沙袋等（见图2.1）。然后用剪刀把圆剪下来，做成一个可旋转的转盘，放在最容易出现情绪失控的地方，比如教室、老师办公室、家里客厅、自己房间等，碰到自己情绪失控的时候不妨转一下，挑一种缓解情绪的方法来应对。

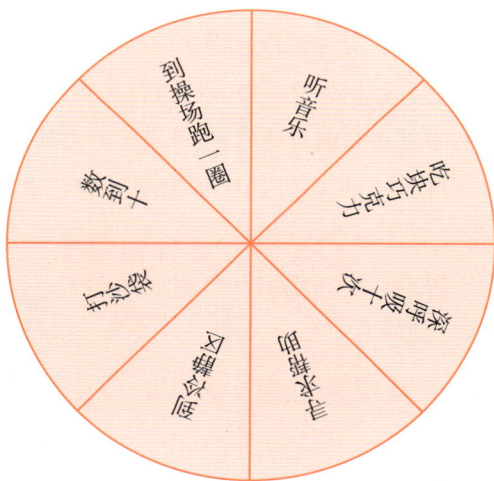

图 2.1 情绪选择轮

积极暂停也是处理不良情绪的一种有效途径，让自己安静下来，转移注意力，等情绪稳定了之后再处理事情。导师可以和几个学生一起发挥创意和想象力，在活动室设立一个积极暂停角，再给积极暂停角起一个温馨的名字，然后设置一个主题，如"静谧森林""浩瀚星空""秘密花园"等，让它成为大家稳定情绪的场所。

除此之外，在与学生开展导育活动时还可以用情绪晴雨表来帮助学生有效地监测和管理自己的情绪。让学生把自己一周的情绪波动记录下来，然后一起分享、借鉴好的情绪管理方法或提出更好的建议（见表2.2）。

表 2.2　情绪记录表

时间	事由	情绪感受	处理方式	效果

（三）对自己的未来负责是成功的重要前提

1. 学生对未来的看法

在闵行中学一次面向高一、高二年级共 936 名学生开展的高中学生生涯发展和需求调查中发现：在自我认知方面，55.88% 的同学了解自己的兴趣爱好和特长，其中非常了解的占 27.14%。57.48% 的同学基本明确想考的大学或专业，但不明确或还没想过的同学比完全明确的同学要高出 8.34 个百分点。在个人生涯发展意识方面，56.3% 的同学有清晰但比较短期的目标，有清晰且长远目标的仅占 16.67%，超过 27% 的同学目标模糊或没有目标。在对于高中学习的感受中，40.28% 的同学表示压力大、课业重，但依靠自己的目标和计划，有信心取得想要的结果。31.41% 的学生表示能坚持下去，但对结果没有把握；17.63% 的同学出现焦虑和烦躁情绪；真正能轻松应对高中学习生活的仅占 5.56%。

从调查结果看，非常有必要帮助学生在高中阶段全面地认识自我，明确未来发展的规划，担负起学习的重任。另外，在目标达成的过程中还需要增强学生的自律意识，对自己的未来负责，这样学生才能达成所愿，成为更好的自己。

2. 与学生的对话策略

在此过程中，对于导师来说最大的挑战莫过于激发学生的学习热情。一旦学生能主动担负起学习的责任，改变不良习惯，获得自信，那他们离自己的目标就又近了一步。

对于那些学习态度不端正、得过且过、没有目标的学生，导师不妨尝试用启发式对话的方法帮助他们找到自身问题，重获学习信心。

小王是体育生，成绩总是在班中倒数第一第二。进入高三后，学习仍没有目标，沉迷于游戏，得过且过。在家爱发脾气，几乎不跟父母沟通，家长也一再拜托老师进行开导。小王的性格比较外向，同学关系也不错，除了学习话题外，与老师平时的交流都比较顺畅。以下是一段导师与小王之间的对话。

导师：你对现在的自己满意吗？

小王：不满意。

导师：为什么呢？

小王：每天有点浑浑噩噩。

导师：你指的浑浑噩噩是什么呢？

小王：就是每天手机要玩到很晚，父母管我我也不听，对学习也没啥兴趣，有时脑子里就一片空白。

导师：他们说的不对吗？

小王：他们说的都对，说多了我就不愿听。

导师：那你愿意做吗？

小王：当然也不愿意，否则也不会这样。

导师：最近的饮食和睡眠好吗？

小王：晚饭不怎么吃，喜欢吃夜宵。睡眠嘛，白天很好，经常犯困。晚上一般都凌晨一两点睡。

导师：都是在玩游戏吗？

小王：大部分是，有时候也会看看 B 站，和同学聊聊天。

导师：你有崇拜的对象吗？

小王：好像没有，哦，我还蛮羡慕班里的小许（休学专攻游戏训练营），他现在怎么样了？

导师：回来了，在高二复读了。

小王：哦，那尝试过了，也不错。

导师：那你有没有想过也尝试追求一下自己的兴趣。

小王：我不行，太菜了。我父母也肯定不会同意。

导师：你对自己的学习有什么看法呢？

小王：没想过。学习有点难，我也比较懒，总是坚持不了，静不下心，成绩差也习惯了。

导师：那你想改变自己吗？

小王：想，但很难吧。

导师：如果可以，你最想先改变哪一方面？

小王：学习成绩好一点吧，这样父母也不会每天盯着我了。

导师：对于改变学习成绩你目前有打算吗？

小王：尽量上课不睡觉，作业自己做。

导师：不错，那你觉得老师能给你哪些帮助呢？

小王：老师，你每天能陪我写会作业吗？

导师：你希望老师怎么陪你写作业呢？

小王：就是每天中午或放学来你办公室把我最不爱写的作业在学校写完，否则我回家肯定不会好好写的。

导师要坚信，所有的学生都希望自己好，他们有自己的是非观。之所以出现种种问题和困惑，多数情况是他们遇到了自己无法克服的困难，需要更多的帮助。因此，在与学生的对话中，首先要做到不评价，先聚焦问题，明确问题边界，不直接指出他的问题，也不用"为什么"的语气来责备和指责（除了表示对学生观点的兴趣而进行追问），而是选择更为和善和尊重的方式——让学生学会自我评估。其次，关心学生的日常生活，表达对学生需求的关注，与学生产生联结，挖掘行为背后的信念。最后，用启发式提问的方式帮助学生一起找到解决问题的方法以及可获得的资源、支持与应对的积极策略。

二、家庭责任是走向幸福的通道

（一）倡导学生主动承担家务劳动，做好家庭小主人

1. 学生对劳动的向往

作为家庭的一员，主动承担家务劳动是家庭责任的重要体现。虽然高中生课业负担较重，家长对孩子的家庭劳动几乎没有任何要求，但是家校协同指导孩子主动承担家务劳动，不仅能培养孩子的独立生活能力，提升劳动意识，还能培养学生的责任感，增添生活情趣，增进亲子之间的关系。

在新冠肺炎疫情居家学习期间，发现不少学生对家庭劳动乐在其中。手工编织、插花、种菜、烹饪、旧衣服 DIY 改造等，还有些学生做起了家庭"煮妇（夫）"，负责了外出上班父母的一日三餐。通过实践发现，学生并不是不愿做家务，而是没有契机，没有感受到家庭劳动所带来的成就感。

2. 导师支着儿

导师可以通过家校协同，给家长支着儿。比如指导家长通过家庭会议将家务劳动进行分解，将孩子需要承担的这部分家务劳动固定下来，让其成为孩子日常生活的一部分，并给予孩子充分的信任和自主权利，久而久之孩子就会养成习惯，形成责任心，孩子会看到自己的劳动给家庭带来的改变，感受到自己对家庭的重要影响。

为了提升学生的劳动积极性和劳动效果，可以在导师组内引入评价机制。通过社交平台、钉钉、微信圈等鼓励学生展示家务劳动成果，并让学生交流劳动的经验和感受。比如，通过钉钉中的讨论功能让学生上传做饭视频，视频中学生需要对菜品名称、食材选择

及制作步骤进行语言或文字说明，将成品摆盘拍照，由家人进行美食评价，并在学生群体中投票选出"美食达人"。在这样的活动中，学生们除了思考菜式花样，还研究录制和剪辑视频，配字幕、音乐、图片等技术，这不仅能增进家庭成员的感情，纾解繁重学业下的疲惫情绪，还能培养学生的钻研精神。导师也可以组织家长交流会，让家长分享与孩子一同做家务的美好感受，感染身边更多的家长参与到指导学生进行家务劳动、让学生成为家庭小主人的行列中。

（二）参与家庭决策，行使家庭成员的权利

1. 是谁的错

时常听到家长抱怨，孩子对家里的事情漠不关心。家，对他们而言就像是一个吃饭睡觉的旅馆。放学回到家就独自一人关在房间。此时，导师面对家长的抱怨，应该引导家长反思，面对青春期的大孩子，是否还把他们当作小孩子看待，样样事情都帮他们拿主意、包办好，剥夺孩子行使家庭成员的权利，不让孩子冒任何的风险。

成年人需要在家庭中创造一个环境让孩子成长，就如同当他们还是蹒跚学步的孩子时，为他们提供安全的住处。面对青少年，需要采取的方式是保护青少年的自尊，发展他们的自我价值感、给予他们指导，甚至是寻求他们的帮助，所有这些都有助于他们成为一个更具责任心的家庭成员，帮助他们在社会方面变得更为成熟。

2. 导师支着儿

导师可以建议家长，考虑让孩子参与家庭重大的决策，因为这能帮助他们在一个可能无力阻挡的过程中，感受到自我的掌控感和归属感，也能助力孩子形成对家庭和家庭成员的责任心。

一位母亲有一对双胞胎女儿，为了避免两姐妹对外和对内产生攀比心理，这位母亲每次给她们买衣服、鞋子等物品时，都会事先对孩子们说，因为妈妈要抚养你们两个宝贝，比别人家负担重一些，所以衣服、鞋子只能买多少钱以内的，在这个范围内的款式、颜色你们可以自己选，妈妈的意见仅供你们参考。久而久之，两姐妹养成了习惯，买东西相互协调、谦让，所以买的东西既符合自己的个性，又考虑到了妈妈的承受能力。

由此可见，给定一两个限制条件，让孩子自己选择另外一些条件，最后综合起来，共同决策或让孩子自己决策。让孩子学会选择、参与决策，从小事到大事都可以；不光孩子自己的事可以，全家的事也可以，比如购买家电、外出旅游、周末活动等都可以交给孩子来决定，家长做参谋。在这一过程中，孩子在获得家庭成员权利的同时也主动承担起了家庭的责任。

（三）关心爱护家人，营造其乐融融的家庭氛围

1. 是孩子的冷漠，还是家长的决断

家庭责任感的另一个重要体现是对家人的关心和爱护。很多家长发现孩子进入青春期后与家人的交流逐渐减少，说不上几句话就嫌家长唠叨，不愿意主动与家长分享自己的学习和生活，更谈不上主动地关心家人。其原因主要来自孩子和家长两方面。从孩子角度来说，青春期的孩子自我意识越来越强烈，他们希望自己的观点和看法能得到尊重，也希望独立自主地来决定自己的事情，主宰自己的人生，但他们并没有独立的经济能力，不得不依靠父母。此时，如果父母是比较强势的"法官"，评价孩子的一切，总是把自己的观点和看法强加于孩子身上，甚至是用语言暴力激化亲子之间的矛盾，这样就会把孩子越推越远，造成孩子叛逆的情绪越来越强烈。之前提到的小王的案列中就充分说明了这一点。其实小王知道自己的问题，也试图改变，但就是因为父母对他的学习一直唠叨和语言打击，导致了他产生抵触情绪和行为。

2. 家庭教育指导对策

导师首先要指导家长树立正确的家庭教育观，指导家长做出改变，让孩子感受到家长的爱和温馨的家庭氛围，而不要让孩子把自己理解为寄托家长希望的学习工具和被控制的木偶。这时，与孩子的沟通方式就显得尤为重要。作为导师，不妨通过家长学校或亲子角色互换的情景模拟，让双方感受倾听与表达的力量。

导师可以指导家长，平时与孩子交流时多表达感受而不是观点，表达对孩子情绪的理解，并与孩子一起找到解决问题的方法，而不让孩子直接按照自己的想法行事。比如发现孩子因考试成绩不理想而闷闷不乐时，导师可以指导家长这样说："看到你因考试成绩不理想而不高兴，妈妈（爸爸）也感到很难受，我想你现在的心情也一定很糟糕，我们一起来分析一下原因吧，你觉得主要的问题在哪里呢？""你觉得父母和老师能给你哪些帮助呢？""你觉得如果这样做的话会不会有帮助，或者你有什么更好的做法，能和我们说说吗？"从讲事实、讲看法、讲感受，最后到亲子双方敞开心扉，交流层次将会不断提升。家长也可以将自己工作和生活中碰到的问题和烦恼与孩子分享，寻求孩子的建议和帮助，让孩子感受到他们在家庭中的重要力量和角色。相信在这样一种相互关爱、相互信任、相互帮助的家庭氛围中，孩子的家庭责任感会不断加强，因为他们知道自己对于这个家庭很重要，他们在家中能找到价值感和归属感。

另外，在温馨家庭氛围的打造上，导师可以建议家长定期开展一些家庭日活动或形成家庭的仪式文化。比如，在家庭成员生日时送上一张亲自制作的生日祝福贺卡；每周可以固定一晚作为家庭读书分享日；每月可以互通"家书"，表达对家庭成员辛勤付出的感谢等。和谐、温馨的家庭氛围不仅能带给家庭成员愉悦的心情，还能培养孩子关心、爱护、尊

重家人的家庭责任感。

三、集体责任感是价值感与归属感的源泉

（一）如何激发学生的集体荣誉感

1. 个体与集体的关系

每个人都在自己的群体中扮演不同的角色，对学生而言，学校就是一个微型的社会，班级就是他们所归属的集体。作为班集体的一员，学生有责任维护集体的利益，为实现集体的目标而共同努力。积极履行对集体的责任感不仅能使集体朝着良性的方向发展，更重要的是，学生在集体责任感中能充分感受到自己在集体中的价值，越来越依赖于集体，对集体产生强大的归属感。价值感和归属感对于学生成长来说是两条必不可缺的平行轨道。

2. 辅导对策

作为导师，如何激发学生的集体荣誉感，提升学生的集体责任意识呢？

小曹同学一向我行我素，不管老师怎么劝导都不穿着完整的校服来校。有一次班级歌唱比赛，大家都按要求统一着装，就小曹未按要求着装，最后因为服装未统一，班级未能进入决赛。但是，令小曹惊讶的是，班级同学并没有因此而责怪他，而是显示出强大的包容心，大家也没有排斥他，相反希望用集体的温暖去改变小曹。班主任也特地为了小曹的校服问题组织了一场班会，希望寻求班上同学的帮助一起去改造小曹。小曹很过意不去，觉得是自己影响到了班集体的荣誉，也决心改变自己，主动承担起班集体成员的责任。

导师不妨让那些缺乏集体责任感的同学描述一下自己在这个集体中，在与班级同学共同生活中的一些点滴回忆和感动的瞬间，随后再回忆一下自己为集体所做过的贡献，学生可能因为自己并没什么贡献而感到惭愧。此时，可以用头脑风暴的方式，询问学生，如何让集体中的那份感动和美好延续下去。也不妨从某一件具体的小事，如负责好自己周围的环境卫生，做好值日生工作，不乱扔垃圾开始改变自己，然后记录自己的这一改变给自己和班集体带来的变化。从行动的改变到感受的改变，或许学生就会渐渐感受到自己是集体中不可或缺的一员，自己的一举一动都会对集体产生影响，一旦学生发现了自己在集体中存在的价值，那自然就会承担起相应的集体责任了。

（二）从承担班级岗位中培养集体责任感

导师可以与班主任合作，通过分派班级事务的方式来培养学生的集体责任感。分派班级事务——给学生提供有意义的做出贡献的机会——是帮助学生感觉到归属感和自我

价值感的一种最好的方式。

分派班级事务的一种简单方式，是用头脑风暴想出足够多的事务，以便每个学生都有事可做。其中一件可以是监督员，即每天检查班级事务清单上的各项事务是否都已完成。如果有未完成的，监督员的职责就是提醒那个忘记的同学。将事务清单做成一张表，贴在同学们能一眼看到的地方。清单可以包括这些内容：做班级事务表、发作业本、浇植物、装饰布告栏、整理书架、保洁班级卫生、补充教学物品、收作业、维持午休纪律、做队列监督员、做卫生监督员等。设立一套轮流机制，并且每周轮换各项事务。有些事务可能需要培训，所以导师需要花一些时间让学生知道备用教学物品在什么地方，教室电器故障找谁维修，或者如何成功地完成好这项事务。在做班级事务的时候，要让学生们能找到彼此，以便帮助那些需要协助的学生。另外，还可以设置评价机制，让学生对自己一周事务完成情况进行自评和互评。针对不理想的情况，可以放到班会议程上大家一起商讨解决以帮助后面从事该事务的同学能做得更好。

四、社会责任意识是个人品德的重要表现

（一）关注时事热点，关心身边人

顾宪成先生曾说"风声雨声读书声，声声入耳。家事国事天下事，事事关心"。作为即将成年的高中学生，关注时事热点，关心民生大事，心系国家发展不仅是作为一名合格公民的必要前提，还能开阔高中生的视野，提升思维层次，培养社会责任意识。在课余时间，学生除了应付繁重的学业外，还要花大部分时间在诸如游戏等休闲娱乐上，多数未养成读报、看新闻、听广播获取新闻资讯的习惯。一方面他们可能觉得这些时事热点与自己无关，另一方面与形形色色的其他资讯相比，这些显得有些乏味，因此提不起兴趣。

1. 打卡竞争添趣味

作为导师，不妨和学生一起来关注时事新闻，并且可以开设小型论坛，大家针对某一事件发表评论和观点。以任务为驱动，或许能起到推波助澜的作用。此外，还可以利用"学习强国"的平台，与学生一起"打卡"他们感兴趣的话题，展于竞争，提高趣味性。

2. 课题研究增智慧

目前，手机、网络是获得时事新闻的主要手段。当然，网络中也充斥着各种良莠不齐的信息，有些甚至会误导青少年。在人人都是媒体人的时代，每个人都在不时地转发、创造和评论各种信息。此时，对作为网络主力军的青少年，提高他们的是非判断能力，理性辩证地看待社会现象，传播社会正能量，主动净化网络环境显得尤为重要。时常可以发现学生在社交平台上发表一些不当言论，或转发一些没有事实依据的虚假谣言，这不仅不利于青少年形成正确的三观，也会对周围人和整个社会带来不好的影响。导师应该鼓励学

生积极充当网络卫士，学会甄别信息，理性发表言论，防范网络欺诈等。以课题研究为契机，将科研与网络安全相结合，激发学生的兴趣，增强学生在网络中的自我保护意识。

3. 社会参与显身手

导师还要指导学生参与社会的正确途径。关注社会并不等于吐槽，发泄不满。能发现问题，这对中学生来说是很简单的，但是学生要想真正关注社会，就不能仅仅停留在发现问题和吐槽这两个层面上。

因此导师可以联合学校、政治社团、街道、居委会、政府职能部门等为学生搭设社会参与的平台。学生们无论是旁听、参观，还是亲自调研，都是他们学习进入成年人社会的开始，这是他们学习做事、做人的过程，在这个真实的过程中，他们能真正体验和学习到社会的主流价值观与标准的工作方式。导师还可以辅导学生参加模拟政协提案活动，走进社会，用科学的方法发现问题。各方借鉴、头脑风暴，寻求解决问题的办法。

（二）积极参与志愿者服务，为社会贡献力量

志愿者服务也是高中生参与社会的重要内容。然而不少学生只是抱着完成志愿服务时长的心态，在活动中态度马虎、浑水摸鱼。部分家长也认为志愿服务活动会耽误孩子的学习，并非全力地支持。如何才能激发学生参与志愿者服务的积极性，让学生投入更广泛的志愿服务活动中去，值得导师们思考。

1. 榜样示范

导师要让学生感受到志愿活动不仅是对他人和社会的服务和关心，更是了解社会、实现自我价值、提高自我能力的有效途径。不妨邀请身边的志愿者达人来讲述他们参加志愿者活动的各种有趣经历和收获。导师也可以分享自己参加志愿者的经历，比如导师可以介绍自己在疫情期间充当社区志愿者的经历。

2. 团队力量

帮助学生找到志愿者服务团队，因为有了团队，学生才能找到归属感。可以鼓励学生在"中国志愿者网"上注册登记，及时关注志愿者活动信息，利用周末时间参与同城的志愿活动，寒暑假还可以跟着志愿者团队参加全国性的志愿者服务活动。在团队的支持下，在带头人的影响下，相信学生们的热情会更高涨。对于参加志愿者活动的同学，要给予高度的认可，多报道和宣传学生在志愿活动中的积极表现，体现学生志愿者活动的价值和意义。

在志愿者活动结束后，导师可以要求学生通过日记、演讲、数字故事等方式呈现和分享自己志愿服务的过程、启发、收获和反思，扩大志愿者活动的教育影响力。同时也鼓励学生将自己在志愿者活动中所接触的一些社会问题，在导师的指导下与同伴一起交流，或是组成课题研究团队，或是拟成提案供有关部门参考，真正做到在做中学、在学中思、在思

中成长。

（三）树立伟大理想，投身祖国建设

爱国主义教育是永恒的德育话题。爱国主义精神并非只是一句口号，或是一腔热血抑或是一瞬间的感动和骄傲，它应根植于每个人的梦想之中。在几千年的历史进程中，中华民族形成了以爱国主义为核心的伟大创造精神、奋斗精神、团结精神、梦想精神，是一种崇高的思想品德，需要靠每个人的一生去维系。作为导师也要将这种精神传递给学生，让它在学生的脑海中生根发芽并一代一代地传承下去。

立德树人是教育的根本，为党为国家培养建设者和接班人是教育的最终目标。作为即将升入大学接受专业化学习的高中生来说，能否将个人的发展与祖国的命运相联系，响应国家的号召，去祖国需要的地方、干祖国需要的事就是高中学生爱国主义精神最真实的表现。

因此，作为导师要发展学生的社会性，坚定理想信念、培养爱国情怀、提升综合素养，将个人发展与中国梦的实现紧密结合；发展学生个性，做到适性成才，让每个学生拥有自己的精彩人生，实现自我价值。可以将生涯教育融入对学生爱国主义精神的培养中，帮助学生解决"不知道自己适合做什么""不知道社会需要什么样的人才""不知道自己当前的学习和未来有何关联"等疑惑。还可以邀请杰出校友走进校园，讲述他们的职业观，以及他们的职业与国家发展间的密切联系。还可以带领学生走出校园，走进红色场馆，走进企业，走进一个个为国家为人民默默奉献的平凡岗位。让学生通过寻访活动，了解革命先烈为了民族独立和人民解放事业所表现出的革命精神、牺牲精神、奋斗精神和团结精神；让学生通过参观游学，了解行业动态，感受现代企业文化和企业管理，体验现代高科技，激发创新精神；通过体验实践，感受每个平凡岗位背后的艰辛和精益求精，培养学生的劳动精神和实干精神。

在榜样引领和躬身力行中，导师应引导学生不仅要将自我坐标放在自我发展这一个横轴中，还要与推动祖国发展、促进社会进步的纵轴相连，从而扎实地找到自我发展的空间和定位。

（执笔人：金寅仪）

第三章

高中生涯导师育人之心理疏导

第一节　信心树立

　　小王同学进入高一时非常乖巧，很快与周围同学建立了友谊；同时她的学习习惯也很好，让老师和家长都非常放心。当班主任表达出赞赏之情，并希望她能和初中一样，在高中担任文艺委员的时候，她马上把头摇得像个拨浪鼓一样，说道："老师，我不行的，我很差的，我很差的！"班主任不明白为什么她会对自己有这样的评价，小王解释说："我真的不行的，初中活动不多的，就算有的话也是班主任安排的，我只是做一点很简单的事情，还老是被批评，高中的要求肯定更高了，我肯定不行的。"当班主任给予鼓励，希望她能尝试一下的时候，她却更加退却了。

　　　　小王为什么在刚进入高中的时候就认定自己肯定不能胜任文艺委员一职呢？班主任的鼓励为什么对她不起作用呢？支撑一个学生愿意接受挑战的是自信，自信的背后是较高的自我效能感。作为生涯导师，当学生面临对自己的质疑时，可以通过增强他的自我效能感来培植他对自己的信心，从而更好地锻炼自己，使自己成长。

一、何为信心

　　信心是相信自己的愿望或预料一定能够实现的心理。班杜拉在社会学习理论中最早提出自我效能感，指的是"人对自己是否能够成功地从事某一行为的主观判断[①]"。可见，信心与自我效能感密切相关，一个学生有了一般的自我效能感，那么在学习、生活等各方面就能更有信心地去参与各种活动，在某一方面有了较强的自我效能感，那么就会在这一方面的相关活动中表现出更大的信心，更勇于直面困难，接受挑战。

（一）有信心的常见表现

1. 勇于挑战

　　对自我效能的合理判断影响一个人对活动的选择。有信心的学生，也就是对自我效能有合理判断的学生，比自我效能感低的学生更愿意承担并执行各类活动或任务。而且，在行动中，他们更愿意积极承诺，并进一步促成自身胜任能力的发展，进而形成良性循环。

[①] 班杜拉.自我效能——控制的实施[M].缪小春，译.上海：华东师范大学出版社，2003：32.

2. 坚持不懈

自我效能感的强弱影响一个人在遇到障碍或不愉快经历时的努力程度。有信心的学生不会被学业的困难或在活动中遇到的挫折打倒,会通过更多的努力来战胜困难,因为他们的自我效能感更强,对自己的能力更有信心,使得他们不会在困难面前轻言放弃,而是坚持不懈地努力。

3. 挖掘潜能

自我效能感影响一个人看待困难的角度。面对学业或活动中的困难,有信心的学生关注的不是在学习中遇到的不会做的难题,或在组织活动中遇到的障碍,而是关注这道不会做的难题的解题思路到底是什么,活动中时间如何能安排得更合理,努力让自己达到要求,从而解决问题,从而挖掘出自身更大的潜能。

与开篇案例中的小王不同,小汤是自我效能感很强的学生,不论是学习活动还是课外活动,她都积极参加,并且相信自己能够做好。

她在初中也是文艺委员,也被班主任批评过。但在高一入学之前,小汤就主动和班主任申请担任班级文艺委员。竞选演讲时,她特别强调了自己在初中积累的组织活动经验,包括编舞、调动同学积极性等。日常工作中,为了防止学业压力增大导致的时间管理问题,她会提前向班主任了解,一个学期一共会有几次常规的大型活动要组织,将其作为学期目标贯穿在日常工作中。每次活动之后,小汤都会及时向老师和同学们了解反馈,以便下一次有更大的进步。因此,班级的文艺活动办得越来越好,还频频在学校的各类比赛中获奖,获得老师和同学们的一致好评。

(二)信心偏差的常见表现

1. 过度自信

过度自信(或盲目自信)的学生往往会"说大话",但这恰恰是自我效能感低的表现。他们虽然在语言上表示"我会""我可以""没问题",但实际行动中表现出来的往往是"不能""做不到"。这类学生通常不会通过坚持不懈的努力来实现自己的承诺或目标,而是面对困难就轻易放弃,或者归咎于各种不可控的因素。

2. 过度不自信

过度不自信(或者自卑)的学生往往表现出"不敢",这也是自我效能感低的表现。他们认为自己没有能力从事各方面的活动,常常用"这件事情太难了""我不会""我没有学过",甚至"我肯定不行"来拒绝接受任务。他们在学业和活动中更关注困难,对自己的不足印象深刻,甚至会放大自己的不足,而不是聚焦于解决问题的方法,在相信自己能力的基础上做出努力。他们甚至没有尝试的勇气。如同本节开篇案例中的小王,虽然初中担任过文艺委员,但由于更关注被批评的部分,对自己能力的不足印象深刻,因此在高中班主任推荐其担任文艺委员的时候过度关注未来可能遇到的困难,预估自己不能胜任,即使在班主任的鼓励下也不愿意接受挑战。连尝试的勇气也没有就认定自己无法胜任,这是典型的过度不自信的表现。

二、有信心的成因

1. 成功经验

成功经验是提高个人自我效能感最重要的来源,而失败的经验则会降低自我效能感。基于信心与自我效能感的关系,成功经验是学生建立信心的最重要成因。

成功经验往往会让人形成"我有天赋""我可以"等信念,进而更愿意尝试高难度的任务,探索新方法,或者设定更高的目标。因此,在接受一个挑战或学习一项新技能的时候,常常提倡由浅入深、由易到难,即重视初次成功经验的运用。在导师日常辅导学生学习新技能、挑战新高度时,这也是可以重点关注的方面,引导学生思考,是否给自己设定了过高的目标,或者挑战了过高的难度。

2. 榜样示范

观察身边同学的经验对自我效能感的影响也很大。看到与自己能力相近的同学成功,能提高其自我效能感,增加实现同样目标的信心。在一个人对自己某方面的能力缺乏现实的判断依据或知识时,这种间接经验的影响力达到最大。正因为如此,刚升入高中的学生在竞选班委的时候比较谨慎,因为他还不清楚自己在新集体中是什么水平,但当看到初中认识的同学,尤其是能力相当甚至比他低的同学积极参加竞选并成功的时候,会觉得自己竞选成功的概率大大增加,从而提升自我效能感,增强信心。这就是为什么导师在日常工作中,如果引入毕业生,请学长分享经验,学生会感觉更加获益的原因。

3. 积极鼓励

第三种影响自我效能感的因素是他人的评价、鼓励及自我鼓励。鼓励是一种增强自我效能感很重要的方法,但如何鼓励才有效呢? 可以先比较这两句话:

"你可以尝试一下,老师相信你一定可以的!"

"老师看到你初中是宣传委员,相信你已经积累了很多经验,比其他同学更有优势。"

这两句话中,第二句是有事实基础的鼓励,显然更有说服力,对学生增强自我效能感的效果较大。作为生涯导师,可以先和学生聊天,或通过家访,或与家长、其他老师沟通等,了解学生在过往成长经历中的更多故事,在其直接经验或替代经验的基础上进行劝说、鼓励，这样效果更佳。

4. 身心状态

第四种影响因素是来自情绪和生理状态的信息。身体的不适和心理情绪上的不适会消耗一个人的能量，因此会降低对自我能否从事某件事的判断力。当学生感冒生病了或情绪紧张或焦虑，会降低学生对自我效能的判断。因此，导师在日常工作中，可以通过观察、同学反馈、互动沟通等各种途径，了解和评估学生的身心状态，进而给予必要的关注。

这四种信息常常综合起作用。需要指出的是，这些信息如何影响以及在多大程度上影响自我效能感的形成与改变，是因人而异的。

三、增强自我效能感的辅导策略

1. 强化成功经验

个人成败的经验将直接影响自我效能感的获得，是影响自我效能感最重要的因素，因此对成功经验的强化有助于增强高中生的自我效能感，从而增强自信。当学生学习遇到瓶颈情绪低落来寻求导师帮助的时候，导师可以引导学生回忆并整理已经使用过的办法，并把这个办法的依据写出来，看看是办法本身的问题，还是执行的问题，或者是自身动力的问题。

高中生在解决很多问题的时候往往会沿用曾经成功的经验，或者尝试他人成功的办法，这些成功的部分就是需要导师引导学生一起挖掘并强化的。在这个过程中，学会将情绪和事件分开，把人和事分开，学习理性看待事情或任务本身，反思自己解决问题的方法是否科学、恰当，从而提高问题解决的能力，更清晰地认识自己与他人的关系，产生客观、理性的自我认知，最终提升自我效能感和信心。

一天，小陈同学愁眉苦脸地来找导师，说自己人际交往能力特别差，没有好朋友。这时，导师在简单安慰后，引导小陈填写了这样的表格（见表3.1）：

表 3.1　小陈同学人际交往能力分析表

目前的困惑	与小汤同学吵架了，她说我坏话
已经尝试过的方法	问小汤是不是在背后说了我的坏话
该方法的依据	想要知道真相
实施的结果	小汤否认，关系没有和好
对结果的评价	不满意
如此评价的原因	本来想要和小汤重归于好，但没有达成
后续做法	不知道该怎么办
后续做法的依据	无

开始，小陈没有想出可以破解当前难题的办法。导师引导其进一步回想过往经历，找到解决问题的方法（见表3.2）。

表3.2　问题解决方法的探寻路径

曾经解决过的类似问题	初中时也碰到与好朋友吵架的问题
成功解决该问题的方法	当面谈，把误会解开
该方法的依据	真正的朋友要坦诚相待，沟通很重要，而且要心平气和，澄清事实。很多时候，不悦都是误会导致的
分析此前案例，及获得的启示	虽然是和小汤同学当面谈，但我是带着怒气的，内心觉得是她的不对，以为她在我背后说坏话，但其实是我误会她了。所以我一张嘴就态度不好，而且也不愿意相信她说的话，才导致没有沟通好 如果我平心静气地好好和她聊的话，是可以和好的

在这样的表格中，小陈能聚焦于问题的解决，更能回忆起曾经成功解决人际交往问题的经验，在具体的描述中，发现自己人际交往的能力是有的，目前碰到的问题可能是因为刚进入新集体暂时出现的，但也是能通过自己的努力做好缓解的。

同样的，针对本节开篇案例中小王的情况，生涯导师认真倾听小王叙述初中担任宣传委员的经历后发现初中班主任的要求很高，慢慢地，小王在班主任的高要求和指导下已经能独立地根据主题完成一份质量很高的黑板报了。但因为挫败的印象太深刻而没有看到自己进步的地方。导师和小王共同完成了上述表格的讨论后，小王甚至惊呼："哇！原来我已经能独立完成黑板报了，没想到我那么厉害！"这不正是我们最想听到的自我评价吗？

2. 言语鼓励

每个人的语言都是有能量的，有的语言能给人以正能量，激发其更强的行动力，有的语言很有杀伤力，甚至会形成语言暴力。导师在与学生交流的时候，大多会采用鼓励的方式。建立在事实基础上的鼓励更能走进学生的心里，还可以团结班主任、任课老师、同伴、家长，一起形成一个正能量的语言场，让那些未被学生察觉的成长点显现，成为增强其自我效能感的着力点，让他知晓"可以变好"远比"已经很好"更重要。

针对本节开篇案例中小王同学的情况，导师在运用了强化成功经验的方法之后，又和班主任一起设计了"我眼中的同伴"系列班会课。当说到小王同学的时候，同学们详细阐述了小王在设计、绘画和班级布置方面的细致用心和认真态度，还表达了羡慕之情，小王的脸上除了喜悦，更多的是惊讶。在班会课进行的过程中，小王的信心得到了很大提升，整个人的精神状态也更挺拔、更阳光、更主动，甚至在班会课后，小王自然地成为班级黑板报的主力军。后来，欣然担任班级副宣传委员。

接下来，导师还与任课老师沟通，请他们多多鼓励小王。小王的优势学科是英语，英语老师常常通过布置小任务，对小王再加以指导和肯定；小王的弱势学科是数学，数学老师常寻找小王进步的地方来鼓励她。渐渐的，小王摆脱了高一刚入学时低头不语的状态。

3. 树立榜样

对青春期的学生来说，身边的同学发挥着重要影响，从同伴处获得的间接经验对其增强自我效能感，进而增强信心有着非常重要的作用。导师有比较多的学生资源，不同学生都有着不同的优势，可以运用团队辅导的形式，通过在团队中挖掘不同成员的优势，分享不同成员的故事来树立榜样，潜移默化地增强学生的自我效能感，从而增强信心。

比如，针对本节开篇案例中小王的情况，生涯导师除了通过前面几种方式来增强自我效能感，还可在进行生涯团队活动的时候，拓展"我眼中的同伴"内容，升级为"我眼中的榜样"。一群来自不同班级的学生在生涯导师的引导下，各自分享了自己初中的故事，包括最骄傲的、最难过的、印象最深的等，在这些故事中，小王从不同角度看到了自己的影子，意识到自己在初中的经历并不是特殊的，而是普遍的；更重要的是看到了和自己情况相似的同学在进入高中后因为勇于接受挑战而取得进步，开始愿意相信自己也可以克服困难和取得进步。

4. 情绪唤醒

当一个人情绪低落的时候，无论能力多强，行动的效果都会大打折扣，当学生情绪不佳时，生涯导师可以引导学生做一些练习来缓解负面情绪，从而缓解情绪，增强自我效能感。比如，引导学生写下能增强自信的语言并做成卡片，贴在自己书桌最显眼的位置，同时贴在家里的明显位置，用自己创造的语言来激励自己。

小A进入高一，成绩处于班级中等水平，但她感觉到周围同学都很厉害，这导致她自信心不足，并影响了她的听课效率，成绩渐渐退到了班级下游水平。

导师组里有数位这样的同学，于是导师组织了一次团队活动。大家一起分享在过往经历中，当遇到困难时，自己都是如何自我鼓励、战胜自我、不断进步的。小A表示，刚刚进入初中时也有一段类似的经历，那时妈妈经常和她聊天，总是能看到小A在日常学习、生活中的进步，并且鼓励她一直进步。慢慢地，她果然越来越好。在团队活动的最后，导师准备了不同图案的卡片，并且邀请他们写下鼓励自己的话，放在每天都能看到的地方。

小A选择了一张时钟卡片，而且在卡片背面郑重写下"我在成长"四个字，放在了自己的笔袋里。随后，又准备了几张同样写着"我在成长"的卡片，贴在自己的笔记本上，也贴在家里的书桌前。同时，她主动与家长阐述了自己进入高中面临的困难，包括作业量的增大,活动的增多,还有课上听懂了但作业不会做等苦恼。父母因为知晓而安心,反过来支持、鼓励小 A。小 A 还主动要求父母监督自己的时间管理等,父母高兴地接受了,这样亲子关系也更和谐了。

慢慢地,小 A 果然不断成长,越来越自信、开朗。

5. 学习成长型思维

成长型思维又名成长心态、成长型心理定向,与固定型思维相对,是美国斯坦福大学卡罗尔·德韦克团队的研究成果。它是一种"坚信智力、能力都是可以通过努力学习和练习得到不断提高"[1]的思维方式,与此相反,固定型思维则"相信我们出生时带有固定量的才智与能力。采取固定型思维的人倾向于回避挑战与失败,从而剥夺了自己过上富于体验与学习的生活"。[2]

导师可以邀请学生评估自己在过去的思维方式更偏向"成长型"还是"固定型",并邀请学生尝试以成长型思维面对成长中的一次次困难。如下条目可以帮助学生自我评估(见表 3.3)。

表 3.3　成长型思维 VS 固定型思维评估[3]

在你所同意的观点后面打钩

1	有些事情我永远都做不好
2	当我犯错误时,我会试着从错误中学习
3	当其他人做得比我好时,我会觉得受到了威胁
4	我喜欢走出自己的舒适区
5	当我向别人展现我的聪明或才能时,我很有成就感
6	我会因他人的成功受到启发
7	当我能做到别人做不到的事情时,我会感觉很好
8	你的才智是有可能改变的
9	你不必试图去变聪明,你本就聪明或者你并不聪明
10	我喜欢接受我不熟悉的新的挑战或任务

注:表中,单数的观点是固定型思维,双数的观点是成长型思维。可以通过统计两类思维的个数,评估个人更加倾向哪种思维方式。当然,可能绝大多数学生是两种思维方式的混合。

导师可以辅导学生训练自己的成长型思维。训练成长型思维的语言表述如表 3.4 所示,或将此类表述做成卡片,自我激励;或反思困难情境中的内部语言,甄别是否有固定型

---

[1] 布洛克,亨得利.成长型思维训练[M].张婕,译.上海:上海社会科学院出版社,2018:2.
[2] 布洛克,亨得利.成长型思维训练[M].张婕,译.上海:上海社会科学院出版社,2018:1.
[3] 布洛克,亨得利.成长型思维训练[M].张婕,译.上海:上海社会科学院出版社,2018:7.

思维的消极作用,进而学习调整,领略调整思维给自己带来的正能量,并不断强化。

表3.4　成长型思维表述示例

1	我可以提高我的智商/情商
2	我需要改变原来背单词的方法
3	我的重默次数减少了,我的努力见效了
4	我尚未达到那个水平,但经过不断的练习,我便能进步
5	人,是可以改变的
6	在学习中,良好的态度很重要
7	我是一个会解决问题的人

在一次团体辅导中,导师陈老师组织学生们围坐一圈,设置"对高中某学科的学习产生畏难情绪而消极怠工"的情景,征集同学们脑中出现的能量更强大的语言。同学们纷纷分享:

"唉,事实再次证明,我就是搞不定这个学科。"

"我是不是方法不太对,是不是得换个方法试试?"

"这太难了!"

"又要数学考试了,我肯定又是不及格。"

"我这个地方没听懂,我去问问老师吧。"

"出现困难是正常的,但是过往经历表明,越努力越简单。相信自己,困难只是暂时的。"

"要考试了,正好心里没底,这次可以检测一下自己到底掌握了多少。"

……

然后请同学们将各种内部语言归类到两种思维模式中,并识别这样的内部语言下,应对困难的举措有何不同。同学们清晰地看到固定型思维的色彩,不仅不能引起积极性,反而让人越想越躺倒不干;而成长型思维则会让自己更加接纳即将发生的事情,接纳自己的不足,从而产生继续努力的积极性,慢慢培养起自己的信心。进而,导师邀请同学们尝试学习识别这些"内部声音",并进行调整。

(执笔人:陈珂)

第二节　人际互动觉知

　　小欣进入高中两个多月了,但显然她还没有适应新班级。慢热的她不知道怎样融入集体,觉得有很多同学对她有误解,班级男生偶尔只言片语的调侃也会成为她的心结,让她苦恼不已。她在新班级感到非常孤独,晚上睡不好觉,有时候没有食欲,情绪很糟糕,一个人独处时曾因为情绪失控而大哭,感觉做事情提不起精神,为此她很烦恼。

　　马上期中考试就要来临了,学业压力使她迫切希望能够摆脱这样的状态,她鼓起勇气找到生涯导师李老师寻找解决途径。

　　人际困扰是适应性出现问题的一个突出表现。从心理层面来看,小欣在人际交往中属于被动和慢热型,人际敏感,在融入新环境时,容易出现适应性困扰和问题。在原来的班级,小欣建立起自己稳定的朋友圈,进入高中后打破了她原有的安全交往范围,关系好的同学并未与她进入同一所高中,使不善交际的小欣饱受困扰、倍感不适应。因此,引导小欣尽早地构建自己在新班级的人际交往圈,成为生涯导师帮助她适应高中生活的关键。

一、如何定义高中生的人际交往

(一)人际交往的内涵

　　人际交往是个体社会需要的重要组成部分,在人际交往的过程中形成了各种人际关系。研究表明,人际关系的质量对儿童青少年的社会技能、自我意识、学业成就和心理健康有重要的影响[1]。人际交往能力是重要的影响因素,是指在人际交往过程中,个体具有交往意愿,积极主动参与交往,并且表现出有效和适宜的交往行为,从而使自身与他人关系处于和谐状态的能力[2]。

(二)高中生人际关系的特点

　　伴随着生理的成熟,身体发育的急剧变化,自我意识的形成,认知能力的发展,高中生

[1] 沃建中,林崇德,马红中,李峰.中学生人际关系发展特点的研究[J].心理发展与教育,2001(3):9-15.
[2] 王英春,邹泓.青少年人际交往能力的类型及其与友谊质量的关系[J].中国特殊教育,2009(2):75-79.

在人际交往上日益显示出与童年完全不同的特征，在人际交往上也体现出了新的特点：

第一，在交友面上由一般性的普遍交友演变为个别性的交友，出现了所谓的挚友，许多人相知一生的挚友往往在此时产生，并能维持较长时间的友谊。

第二，在择友标准上，由功利、恩惠和情感转变为思想认识和追求目标的一致性，强调志趣相投，要求彼此坦诚相待，以个性、脾气、兴趣、爱好作为相互接近的条件，在这一点上，已显示出相当明显的成人倾向。

第三，在重视人际关系方面，初中生较重视自己在小团体中的地位，而往往忽视在整个班集体中的自我形象。高中生自尊心逐渐成熟，开始看重自己在集体中的地位和形象。

第四，在男女生关系上，初中生对男女生关系较为敏感甚至有回避倾向，两性在形式上仍然严格保持一定距离；高中男女生之间转化为友好相处，彼此相互认知，出现融洽的气氛。

第五，在初中阶段，人际关系大多表现为小团体，女生尤其如此。小团体中的学生往往服从于团体中的"首领"的意志，存在情感依赖。高中生中小团体减少，个人活动力增强，开始充分表现自己的独立能力。

第六，信息网络对高中生的学习和生活产生很大的影响。现代高中生已不满足于课堂上所获得的知识，好奇心和求知欲促使他们希望通过各种渠道，利用各种机会，扩大交往范围，获得更多的社会信息。

（三）高中生提高人际交往能力的重要性

知乎上有个高中生题主提出"高中生如何经营人际关系"的问题，获得 22.3 万次以上的浏览量，得到了 1604 个关注和 95 个回答。绝大多数人回答的是，高中是接受知识的年纪，学习重要，没必要苦心经营人际关系。事实果真如此吗？

美国教育家霍华德·加德纳（Howard Gardner）提出的多元智力理论认为："智力的内涵是多元的，它由七种相对独立的智力成分所构成。每种智力都是一个单独的功能系统，这些系统可以相互作用，产生外显的智力行为。"这七种智力因素是：数理—逻辑智力、言语智力、空间智力、身体运动智力、音乐智力、社交智力、自知智力。通俗地讲，社交智力也就是社交能力。

高中生身处日益开放、复杂的生活环境中，不可避免地进行着各种各样的人际交往。人际关系的好坏，直接影响到个体的心理健康，影响着学生良好心理和个性的养成。一个人并不是孤立的个体存在，人与人之间常处于交往之中，认识上互相沟通，情感上互相交流，行为上互相作用，性格上互相影响。人际交往是学生发展历程中的一个加分项，也是生涯导师面对学生进行生涯辅导工作的重要课题。

二、高中人际交往的基本关系及其问题

对于高中生来说，他们的人际关系可以分为：与同伴（异性同伴、同性同伴）的关系，

与父母的关系[1]、与教师的关系和与陌生人的关系等。而其中,最为主要的就是同伴关系、亲子关系及师生关系。

（一）普通同伴关系

高中是少年向青年过渡的重要阶段,这一时期青少年对父母心理和情感依赖日渐减少,对家庭的依赖逐渐转向对同伴群体的认同,同伴关系成为他们人际关系中不可忽视的方面,是青少年自我统一发展的重要源泉。良好的同伴关系及其形成的社会支持系统促进青少年心理成长;反之,则会带来中学生学习、生活、情绪、健康等方面的不良影响,甚至阻滞青少年的人格成长。因此,同伴交往能力的培养成为他们一门必修的功课。

（二）异性同伴关系

高中生伴随身体发育和性的成熟,性意识也迅速发展,对异性的兴趣增加,喜欢在异性面前表现自己,以引起对方的注意,希望得到异性对自己的肯定。同时,他们也呈现出身心发展不平衡的显著特征,一方面,他们已经意识到自己的身体形态已与大人无异,因而成年人的一切行为都是可以效仿的;另一方面,由于他们的心理不成熟,不能正确规范自己的行为,因而会出现一些社会、学校、家庭都不能接受的行为。近年来,伴随家庭物质条件的普遍提高,学生生理成熟的前倾与心理成熟的滞后形成越来越尖锐的矛盾,这种变化趋势对青春期异性交往教育提出了许多挑战。

（三）师生关系

老师是除了父母之外青少年接触最多的成年人。一方面,进入高中后学生注重学习能力和学业成绩,这两者影响着高中生对自己能力和在群体中社会地位的认知,他们寄希望于老师能给予学习帮助和生活指导。另一方面,伴随着自我意识、独立欲望、自尊心的明显增强,中学生不再像低学段的学生那样视老师为至高无上的权威,他们对老师有了新的认识,知道教师和其他成年人一样,不是完美的人,也不是万能的人,对于喜欢什么样的老师也有了更明确的看法。同时,由于生理和自我意识方面的急剧变化,这一时期的青少年的情绪和情感容易过于激动,老师一些不经意的批评可能会触发他们的"疾风骤雨",因为一时意气而与老师发生矛盾冲突,影响师生关系。

从高中生自身来看,常见的人际交往障碍又可分为认知障碍、情感障碍、人格障碍、能力障碍四种。其中,对于学生这一群体而言,认知障碍与情感障碍表现突出而常见。青春期感情丰富、变化快,有时对人对事过于敏感和不尊重客观事实,重一时不重全面,而使人际交往缺乏稳定性。比如有些学生有交往的欲望,但无交往的勇气;也有一些学生以自我为中心,不切实际地高估自己,在他人面前盛气凌人,自以为是。

---

[1] 由于本书对亲子关系已有独立章节讲述,此处不做展开。

三、几种改善人际交往问题的指导策略

（一）运用贝尔宾团队理论帮助学生定位团队角色

剑桥大学产业培训研究部前主任 R. 贝尔宾（R. Belbin）博士提出了一个很有意思的团队角色理论，即著名的贝尔宾团队角色理论。该理论起源于 1969 年，经过长达九年半的研究历程和真实团队实践应用，最终在英国剑桥诞生。贝尔宾团队角色理论认为，没有完美的人但有完美的团队，一支结构合理的团队应该由九种角色组成，团队成员如清楚其所扮演的角色，了解如何相互弥补不足，发挥优势，那么这个团队可以提高业绩，鼓舞士气，激励创新。九类团队角色如表 3.5 所示：

表 3.5　九类团队角色一览

团队角色	贡　献	可允许的缺点
Plant（PL）智多星	独立，聪明，充满原创思想，富于想象力，不会墨守成规，善于解决疑难问题	忽略现实琐事，过分沉迷于自我思维而未能有效表达
Resource Investigator（RI）外交家	外向，热忱，为人随和，好奇心强，善于沟通。能够探索新机会，开拓对外联系	过分乐观，一旦初期的热忱减退，可能会失去兴趣
Coordinator（CO）协调者	冷静，自信，善于鼓励他人，能够澄清目标，有效授权	或会被视为玩弄手段，推卸个人职责
Shaper（SH）鞭策者	善于推动，充满活力，能够承受压力。具备克服障碍的动力和勇气	动辄触怒别人，罔顾他人感受
Monitor Evaluator（ME）审议员	态度严肃，深思熟虑，辨识能力强。周详考虑选项，判断准确	可能欠缺鼓舞他人的动力和能力。可能过于批判
Team Worker（TW）凝聚者	忠诚合作，态度温和，感觉敏锐，待人圆滑，聆听，避免摩擦	紧迫情况下可能优柔寡断
Implementer（IMP）执行者	实际的，可信赖，高效率。能够采取实际行动及组织工作	可能欠缺弹性，面对新机会时反应迟缓
Completer Finisher（CF）完成者	坚持不懈，勤勉苦干，注重细节，渴求完美。善于发现错漏，能够把事情办妥	倾向过分焦虑，不愿别人介入自己的工作
Specialist（SP）专业者	专心致志，主动自觉，全情投入。能够提供不易掌握的专业知识和技能	只能在有限范围内做出贡献，沉迷于个人专业兴趣

这一理论不仅可在团队管理中使用，也常常被用于指导个人定义自己的团队角色。认清自己的优缺点以及在团队中的价值点，有助于提高个人在团队活动中的参与度，从而培育团队归属感，减少压力，并在良好沟通中推动积极人际关系的建构。

　　本节开篇所提到的小欣同学在向生涯导师提出融入新班级的诉求后，李老师就带着小欣探索个人特质，指导其找到自己在班级中的团队角色。这里的寻找团队角色的前提是做真实的自己，既需要小欣悦纳自己，在贝尔宾九类团队角色中匹配与自己个性特长相近的角色，同时也需要她对班级事务进行观察，寻找自己真正可以胜任的职务。小欣经过自省与观察后，认为自己属于完成者，做事很有条理，严谨并有执着于解决问题的完美倾向，可以协助生活委员收班费和记录班费支出等琐碎的事情。于是导师鼓励小欣向生活委员自荐，试着以此为出发点参与班级事务，用行动化解误会，在活动中交心交友。

　　需要指出的是，个人在团队中的角色并不一定是单一的，也可以不设边界，从熟悉的安全岗位上试着向其他角色做突破，逐步提升自我价值，扩大交往范围。

（二）几种异性交往原则引导学生在青春期正确说好"我爱你"

　　在中国的传统教育中，"早恋"被定义为不合时宜的行为，对待初高中生的"早恋"言行多以围追堵截为主要手段，未发生前扼杀于萌芽，发生后家校联手围而分之。近年来，在此问题上有了很多新认识，也更审慎地寻找教育抓手，减少使用这种简单粗暴的方法。

　　西方国家较早进行青春期性教育，如美国纳入常规课程的青春期性教育模式、英国社会认证的青春期性教育模式、日本注重道德教育的青春期性教育模式。2020 年，日本神仙剧《17.3 关于性》讲述了三个高中生面对性方面的困扰以及解决的过程，每一集关注不同主题，如自我认知、早恋、避孕、早孕等。每一集的结尾都会有一个数据科普，是一部性教育科普性质的日剧，在网上引起热议与追捧。我国逐渐重视青少年青春期性教育，可从国内外青春期性教育工作经验及模式中提炼些许启示。

　　中学生与异性的接触不全带有爱恋的色彩，有的是出于帮助、同情、感谢等原因而彼此接触的，也有的只是基于青春期的一时冲动，多不长久。当学生向导师倾诉恋爱烦恼时，可以先引导其澄清这份感情究竟属于爱情还是友情，或是其他。比如有男生因为某位女生长相甜美可爱而对其表白；有些"小情侣"彼此不熟悉，也不合适，只是因为喜欢玩在一起；很多同学把谈恋爱作为逃避困难，或者转移注意力的手段。

　　爱情是什么？这是值得与高中生探讨的话题。爱情不是沉迷于玩乐打扮，每天为情所困，把视野仅仅局限在对方身上，不思进取。真正的爱情，应该是一加一大于二的彼此成就。青春期萌动的好感是人成长过程中正常的精神需求，陪伴青少年掌握青春期异性交往的原则和尺度，恰当处理异性之间朦胧的情感，能让学生更好地体会青春期的美好和美丽，从而健康成长。青春期的异性交往从个人成长的角度看，有着诸多益处，有利于智力上取长补短，有利于情感上互相交流，有利于个性上相互丰富，也有利于活动中互相激励，增进心理健康。导师可以引导同学们遵循一定的异性交往原则。

（1）健康、文明原则：异性同学之间说话要文明，切忌粗话、脏话，举止要大方，对待异性不可拍拍肩膀、打打闹闹，随便轻浮。尊重对方，不可拿对方寻开心取乐，甚至不尊重异性感情。

（2）选择场所与时间适当的原则：异性同学交往不可在阴暗、偏僻的场所，而应在公共场所。不可在晚上单独相处，以防止各种性意向的幻想发生。到异性宿舍，应得到准许，且不应停留过长时间。

（3）保持一定距离的原则：男女异性交往本身有一种自然的吸引力，因此，若男女同学交往距离太近，发生身体接触，人的性器官会因感受刺激而产生条件反射，出现性冲动，甚至越轨行为。因此，男女中学生接触应注意保持一定距离，这也是一种礼貌。

美国心理学家罗伯特·斯滕伯格（Robert Sternberg）的爱情三角理论将爱情拆分为激情（passion）、亲密（intimacy）和承诺（commitment）三要素。激情是指一种情绪上的着迷，个人外表和内在魅力是影响激情的重要因素。亲密指的是两个人心理上互相喜欢的感觉，包括对爱人的赞赏、照顾爱人的愿望、自我的展露和内心的沟通。承诺主要指个人内心或口头对爱的预期，是爱情中最理性的成分。亲密是温暖的，激情是热烈的，而承诺是冷静的。当青春期的学生遇到爱情，陷入对亲密关系的向往与困惑之时，需要导师帮助其厘清爱情深处的责任与担当。

男生小智来找导师倾诉恋爱烦恼的时候情绪非常低落。他喜欢上了女生小虞，经过表白后两人开始交往。为了表达爱意，小智偷拿了妈妈的一条金项链赠给小虞作为生日礼物。后东窗事发，家里强烈反对他在高中不务正业谈恋爱，同时，他也觉得这件事让自己在小虞面前丢了面子，抬不起头。但他是真心喜欢小虞，并不想结束这段恋爱关系。

导师与小智聊起了他在多年教学生涯中看到过的异性交往案例，一起探讨爱的真谛。小智自己总结道：成熟的爱的核心应该是尊重与责任，不是虚荣、不顾一切，也不是让别人承受损失、难堪，或者压力。同时，他也认识到自己在金项链事件中应负的责任。最终，小智意识到，恋爱之前应该先一起长大，如果两个人都正视这份感情，能奔着一个目标成就彼此，那么带来的将不仅是学业进步，更重要的是人格的成长，真正的爱情才可以美满而长久。

（三）使用情绪 ABC 理论帮助学生纠正交往中的认知曲解

高中生中容易出现的人际交往问题往往由认知曲解所致。一般来说，主要的认知曲解有以下几种：

（1）非黑即白的绝对性思考。坚持一种不现实的标准，认为自己达不到这个标准就是失败。这种思考方式导致完美主义，害怕任何错误和缺点，如有一次和同学发生争执，于是认为"现在全完了""我已经一文不值"。

（2）任意推断。指缺乏事实根据，草率地下结论。如校园里看到同学匆匆走过未打招呼，于是心里想："我什么地方得罪他了？他生我的气了？"实际上，这位同学很可能是心中有事，没有注意到他。

（3）选择性概括。仅仅根据个别细节，不考虑其他情况，就对整个事件做出结论。如假期邀请同学一起看展览，遭到婉言谢绝后，认定同学讨厌自己，没有任何同学会再和他交往，这是一种"以偏概全"。

（4）过度引申。指在一个小小失误的基础上，做出关于整个人生价值的结论。如某份作业的错误被老师公开展示，遂认为自己不是一个好学生。

（5）过度夸大和过分缩小。指夸大自己的失误、缺陷的重要性，而贬低自己的成绩或优点。对偶尔出现的一次失误，如校运会忘记带道具就觉得不得了，别人要把他看成无用的人了，而在做成一件事时，又觉得微不足道，纯属侥幸。

（6）选择性消极注视。指选择一个消极的细节，并且总是记住这个细节，而忽略其他方面，以致觉得整个情境都染上了消极的色彩。如一位学生对老师的一次个别谈话念念不忘，甚至想到从此老师会区别对待他。而事实上，他平时表现不错，老师只是指出问题帮助其进步，而这种消极的信息选择倾向，使其在某种情境中只接收到消极信息，造成了不必要的烦恼。

（7）情绪推理。认为自己的消极情绪必然反映了事物的真实情况，如："我觉得我像一个失败的人，所以我是一个失败的人。""我觉得失望，所以我的问题不可能解决。""我有内疚感，说明我一定做了什么不好的事。"这种"跟着感觉走"的情绪推理，阻碍了对事物真实情况的了解，使人陷于认知曲解而不能自拔。

（8）应该倾向。常用"应该"或"必须"等词要求自己和别人，如"我应该做这个""我必须做那个"。这意味着对自己坚持一种标准，如果行为未达到这种标准，就会以"不该"这样的字眼责难自己，产生内疚、悔恨。如果别人的所作所为不合乎自己的期待，就会觉得失望或怨恨，认为"他不该那样"。

（9）乱贴标签。这也是一种以偏概全的形式，以为将自己的问题贴上一个标签，就可以完事。例如："我是一个天生的失败者。""我这样贪吃，丑恶可恨，简直像一头猪。""我的神经天生衰弱，不堪一击。"其实，这是将对整个人的评价和人的某些行为失误混同起来了，而"人不等于人的错误"。

情绪ABC理论提出，激发事件A（activating event的第一个英文字母）只是引发情绪和行为后果C（consequence的第一个英文字母）的间接原因，而引起C的直接原因则是个体对激发事件 A 的认知和评价而产生的信念 B（belief 的第一个英文字母），即人的消极情绪和行为障碍结果（C），不是由于某一激发事件（A）直接引发的，而是由于经受这一事件的个体对它不正确的认知和评价所产生的错误信念（B）所直接引起。错误信念也称为非理性信念。面对学生由于认知曲解而带来的成长性困惑，导师辅导的重点是调整认知。

　　小毅学科成绩进高中以来在班级一直处于中下等水平，没有什么明显的优势。因为身体素质还不错，也比较喜欢田径，他选择通过练体育拼一个好大学。但由于体育训练的缘故，他时不时会出现交不出作业的情况，因而时常被老师批评。

　　有一次，小毅再次因作业未交被任课老师批评，积怒已久的他突然情绪爆发，与老师发生了激烈的争执，导师乔老师与他进行了深入的沟通。乔老师一边倾听着他的叙述，一边请他尽量准确地梳理这次事件的具体情节，思考过程中最感到挫败、最心烦和不安的是什么，在挫败和心烦之余的情绪和行为反应是什么，格式如表 3.6 所示：

表 3.6　情绪梳理表

日期	事件	想法	情绪和行为反应

　　通过这种表格梳理的方法宣泄情绪，进而一起分析其经历，协助小毅找出这些负面想法和假设，并进行思考。在梳理中，小毅表示他最难受和不安的是老师对他的误解，老师并没有关注到他在学业上付出的努力，他认为老师们都在用有色眼镜看待体育生，自己也被贴上了"不好好学习"的标签。但他认为自己与老师眼中的不爱学习的体育生是不一样的，他一直在为进入一个更好的大学而努力，偶尔错误是无心之过。

　　真的是这样吗，乔老师对其想法进行进一步的面质与挑战，引导学生聚焦问题，探索改变困境的路径，当时的对话如下：

　　导师：刚刚我注意到你说课堂上还有同学因为作业未交而被批评，他们和你一样是体育生吗？

　　小毅：有一个是，另两个不是。可是我们体育生被说得更惨，我觉得老师主要是想拿我们体育生杀鸡儆猴。

　　导师：我理解你的担忧，另一位体育生当时和你一样激动吗？

　　小毅：他神经大条，听过就算了吧。

　　导师：批评事件对你影响这么大的原因是什么？

小毅：我想我比老师更在乎学业表现，所以他的话让我心里更难受，也更介意。

导师：这里有一个值得我们深思的细节，你今天行为的初衷是希望自己能展示更好的学业表现，而效果与初衷一致吗？

小毅：嗯，我好像有点明白了，当时我确实有点激动过头了。

导师：你有这样的感悟真不错，我们换位思考另外一件事，老师批评你们的初衷是什么？

小毅：教育同学们要完成作业。

导师：所以，即使杀鸡儆猴，那也不是最终的目的，对吗？

小毅：是的。

导师：如果换个角度，回到当时的场景，对于课堂上对体育生的批评，你觉得除了偏见，还有其他原因吗？

小毅：那肯定也是有的，我们确实没做好，批评是想要警醒我们好好学习。

导师：被老师批评是你和其他几位同学共同经历的事件。面对同一事件，不同的人会产生不同的情绪反应，不同的情绪反应又造就不同的结果。现在再回顾这次情绪爆发，你觉得这样合理吗？

小毅：不是太合理。

导师：不合理在什么地方？

小毅：我的结论下得有点草率，可能是我以偏概全了吧。

人们对事物都有自己的想法，有的是合理的，有的是不合理的，不同的想法会导致不同的心情。如果你能认识到当下的情绪状态是由头脑中不合理的想法造成的，也许就能改变这种现状。通过对话沟通，导师可以引导学生领悟到自己的问题与以偏概全的认知曲解之间的联系，激发他们用积极想法替代消极想法，从而进行思维训练调整认知。

在这次谈话后，生涯导师李老师请小毅尝试做替代思维训练，即从生活或者个别事件中，找出哪些想法是合理或正性的，哪些想法是不太合理或负性的，这些不合理的想法或者信念怎样作用于情绪和行为。以这次谈话为例调整认知，换个更积极的角度思考所遇的人与事并做好一周记录，格式如表 3.7 所示：

表 3.7　替代思维训练记录表

事件	自动思维	反应	替代思维	反应

一周后，小毅和乔老师分享了他记录中的一些心得，他感到有所释然。任课老师的话是有语境与前提的，不能断章取义，换一个视角看还有许多善意的初衷，由此解开了心结，这让他对任课教师的排斥感有明显的降低，更对进一步改变当下这种现状有了信心。他表示现在能更客观地面对老师的批评，对于学业上的问题他也更愿意向老师们坦陈，听取他们的指导意见。面对学生的人际困扰，导师在这里通过认知干预，改变其错误的认知观念，引导重新归因，对于人际关系有新的合理认知，以改变学生的师生交往状况。

（四）鼓励学生勇敢迈出校门，在生涯实践中学习构建成长型人际关系

高中是人生的重要阶段，16～18岁意味着即将成年，已经能够独立了。从人的心智发展来看，已经进入职业探索阶段，很多学校都会要求学生利用假期进行生涯访谈。

高一的寒假即将来临，学校生涯与发展课程的老师布置了职业访谈的生涯实践作业。经过一学期生涯课程的学习与探索，不少同学都跃跃欲试。小敏提出来采访新闻媒体人；小佳喜欢数学及化学，想了解高分子材料制造相关职业；小宋同学对金融理财感兴趣，他想知道基金经理是怎样开展业务的；已经开始尝试制作小软件的小林最想访谈的是独立游戏制作人；小华有感于学校"实者慧"生涯讲坛中大数据和 AI 技术驱动，想去访谈一位大数据分析师……

一次服务于学生生涯发展的生涯访谈可以就地取材，采访父母、邻居或者亲朋，也可以是不认识的某些行业新晋员工、资深专家，其共同的出发点应在于探索学生感兴趣的职业或者想从事的职业。

导师应鼓励学生们勇敢地走出校门，通过多种途径进行职业访谈。小敏经父亲介绍认识了某日报新闻编辑；小佳曾参加某大学先修课程，在导师的推荐下进入某研究所，采访到一位高分子材料工程师；小宋母亲就是一位资深基金经理，她近水楼台地请母亲分享工作见解和经历；热衷于软件开发的小林通过游戏论坛联系了一位在荷兰单机游戏开发领域小有成就的独立游戏制作人；小华则打算去实地走访学校附近的上海人工智能研究院，看看是否能够找到想要访谈的对象。

在访谈的过程中也有诸多需要注意的方面。访谈的目的在于收集与职业相关的资料，讲求在短时间内取得受访者的信任，让受访者敞开心扉，从而了解他们在从业过程的真实经历与感受。导师可从谈话氛围、访谈礼仪、语言及非语言技巧等方面给学生以

指导：

1. 营造适宜的谈话氛围

谈话氛围的营造主要体现在谈话地点与时间的选择上。尽量选择被采访人熟悉的环境，不会有第三人进入的空间最佳。谈话最好安排在受访者的工作闲余时间，一般下午和晚上被认为是最适合谈话的时间。这么做，一方面表示对受访者的尊重，另一方面是在自己选择的地点和时间里受访者会感到轻松、安全，可以比较自如地表达自己。

2. 访谈礼仪

（1）提前达到访谈地点，如在社交软件上访谈，可提前 10 分钟与对方确认。不要超过约定时间，比如约定是访谈一个小时，那就不要超过一个小时。如果访谈对受访者的工作、生活有一定影响，应在采访前及采访后向受访者做出礼貌的解释和诚挚的谢意。

（2）衣着打扮整洁得体，能够体现中学生青春活力的风貌，一般情况下访谈者的穿着不要与受访者的穿着有太大反差，不可过于前卫、暴露，如佩戴夸张首饰，染五颜六色的头发等。

（3）访谈者的举止要表现得精神愉悦、轻松柔和，谈话中对受访者保持诚恳而浓厚的兴趣。表情过于严肃庄重，或者过度兴奋热情一般都不易于让受访者接受，不利于访谈的开展。

3. 语言及非语言技巧

（1）采访前做好各种准备工作，预先了解访谈职业的行业基本情况，拟定采访大纲，确定问题清单，大纲可以率先交予受访者参详，让对方有一定准备。有条件的同学尽可能地搜集一些受访者的基本信息，如年龄、性格、学历、从业经历等，以便更有准备地开展采访。

（2）访谈中语言简单精练、朴实易懂，用语要符合受访者的知识水平、谈话习惯。谈话过程中视受访者为专家，保持倾听，积极回应，及时记录，避免喧宾夺主。遇到不健谈的受访者，多准备一些细化问题，层层深入地引导，鼓励受访者继续谈下去；如遇受访者跑题，可以委婉地打断谈话，引导并转换话题，转换话题时做一些铺垫，尽可能做得自然。

中学时期是人生成长的重要阶段，是心理健康发展与生涯探索的关键时期，而人际交往是中学生生活中的一个重要组成部分，其对中学生的个体发展有着重要影响。同时，中学生自我意识敏锐，生理与心理发展不平衡，自我同一性整合差异性大，社交环境日益多元化等会对高中生人际交往造成一定困扰。基于以上原因，生涯导师有必要对学生进行人际交往指导，帮助学生提高交往质量，改善社会交往环境，掌握社交技能，增强社会交往的有效性，从而促进学生更好发展。

（执笔人：乔晓岚）

第三节　亲子冲突沟通

国庆七天假后，导师顾老师观察到一向活跃的小敏有些有气无力，兴致索然，便单独约谈她，观察到她意兴阑珊，问她最近是不是有什么烦心事。小敏说在家和爸妈不对付，譬如：假期自己睡觉，爸妈嫌自己懒，说生活不规律；和妈妈出去逛街不欢而散，自己喜欢的衣服妈妈说质量不好又贵，妈妈看重的衣服自己一点都不喜欢，两个人竟然在店员面前吵起来；自己想逛的店、想买的东西和想做的事，爸妈不经了解就否定；放假在家吃东西也要受妈妈管，说是垃圾食品或者外面的不卫生，吃都不尽兴；还有总觉得妈妈说话刺耳，经常说"你真傻！这么简单的事都做不好""你们就是被宠坏了，没吃过苦"等；妈妈还特喜欢说大道理，都是有道理的废话，譬如我学习上不去，她就说"只要专注、努力、坚持，成绩就能上去"。

顾老师全身心地倾听，脑中呈现小敏在家的种种画面，看见小敏的无奈和压抑，反馈给小敏"我听下来你感觉自己做什么事爸妈都是不认可的，对吗？"小敏深深地感到被理解，"是的，就是这样！我做什么好像都不对，总是爸妈说了算，他们好像并不关心我怎么想，以他们的喜好处处管束我"。充分的倾听和理解使小敏情绪慢慢平复，并拉近了顾老师和小敏的距离。小敏开始和顾老师无话不谈，在学校也恢复了往日的生机。

亲子冲突在家有青春期孩子的家庭中很常见。亲子间要么少对话，要么说不到两句就开始吵起来，直至不欢而散。很多孩子反映，有很多事不能和父母说，说了更麻烦；也有很多父母反映孩子大了变得难管，脾气大了，甚至动不动还要死要活的。总之，父母和孩子之间隔阂变大了，彼此相处不融洽，时有冲突。一部分亲子之间痛并快乐着，虽有冲突，但是能时时调整，彼此适应；也有一半以上的亲子距离越来越远，沟通越来越不畅，甚至以激烈、暴力（肢体暴力、语言暴力、冷暴力）的方式相处。

一、亲子冲突意味着什么

（一）何谓亲子冲突

亲子冲突属于一种人际冲突，是父母和孩子之间处于紧张、不和谐、对立甚至争斗的关系之中。亲子双方作为两代人，彼此的心智学识、经历等方面有着较大的差异，在对事物、问题的理解、感受等方面必然存在差异，亲子冲突难以避免。事实上，亲子冲突就是多种亲子互动状态中的一种行为类型。

亲子冲突主要有言语、情绪、身体冲突三种表现形式。其中青春期亲子冲突的主要形式是言语和情绪冲突，最激烈的是身体冲突。国外研究发现冲突较多涉及日常生活安排、学业和家务，较少涉及朋友和隐私；国内最新研究也证明了青少年与父母冲突最多和最激烈的三个方面依次为学业、日常生活安排和做家务。国内研究从性别差异的研究中得出结论，女生与母亲的冲突明显多于与父亲的冲突，而男生只在日常生活方面表现明显差异，即在日常生活方面男生与母亲的冲突明显多于与父亲的冲突[①]。

（二）四种常见的亲子冲突及根源

1. 不讲话，一讲就炸——不会好好说话

这一类型的冲突常常出现这样的场景：孩子和父母之间讲不到两句话，就开始吵起来，各执一词，各有道理，谁也说服不了谁，情绪激动，愤愤不平，甚至会说出一些伤害彼此的话，造成误会和隔阂，最终彼此拒绝对话。但不讲话并不能解决问题，反而会加重隔阂。

这一类冲突的根源在于，父母和孩子只有对与错的认知，忽视了对错背后各自的需求。特别是当孩子处在青春期，自我意识强烈，渴求认同，以获得内心对自我的接纳，去完成理想我和现实我的整合一致；而父母往往处在更年期，面临中年危机，自我恒定一致性被打破，出现自我危机，处在重新探索自我，获得与外界适配，内心平衡的情绪波动时期，也易于被激惹。两者都偏向以自我为中心，认可需求都很强烈，都想听好听的话、夸赞的话、肯定的话，敏感易激动自身却毫无觉察。同时，双方缺乏积极沟通对话的意识和态度，忽视了说好话的必要性，缺乏说话的技巧，导致以自我为中心和情绪化。其实质是不"会"好好说话，忽视情感需求，往往将事实和观念混为一谈，缺少沟通的意识、知识和技巧。这里的"会"有两层内容，一是指要好好说话，就是要有认真学习说话的意识，亲人间的沟通是要精准地表达出来的，前提是要有觉察自我的能力，然后组织合适的词语再开口，力求准确、恰当表达；二是指能力，就是说话也是一种能力，需要学习和提高沟通对话的能力，懂得会听才会说。

小敏，时不时会与顾老师聊起家里和爸妈相处的烦恼，聊完以后情绪好转，然而近来却觉得和爸妈越来越无话可说，于是避免和他们说话，自己变得越来越郁郁寡欢。顾老师作为她的生涯导师，看在眼里，急在心里，约她一起探讨与父母的互动方式。从最近的一次冲突事件中，顾老师引导她详细地叙述亲子对话。

① 肖冰滢.青春期亲戚冲突的原因及对策[D].曲阜：曲阜师范大学，2010.

她说最近和妈妈吵了一架，起因是自己在学校里上课听不懂，心情很烦躁，在家说了句"哎！好累，不想上学了"。结果，一石激起千层浪，爸爸妈妈轮番上来讲道理，越来越烦躁的她就爆发了句"还不如死了算了"。爸爸妈妈听到后更着急，妈妈出手打了她的头，骂道："你怎么可以说这样的话，爸爸妈妈为你付出了这么多，你有吃有喝，什么都不缺，你要考虑爸爸妈妈；妈妈为了生你十月怀胎，孕期反应强烈，忍受了多少痛好不容易生下你，你不能这么自私。"然后，爸妈轮番要她保证不要再有死的念头。

小敏坦陈，其实自己并不想死，就是嫌爸爸妈妈唠叨，但是自己也不知道怎么了，一时烦躁说了那些话。顾老师肯定了小敏在意亲子关系，也希望好好说话的初衷，也充分理解她在这样的沟通情境中的烦躁、无奈、着急等心情。然后请她尝试换种方式说话，还进行了角色扮演练习，先做自己，再换位做爸妈，和小敏一起探讨在这样的情境中如何好好说话，才能更有效沟通。

2. 平行线，各说各的——缺少共情共感

这一类型的冲突常常出现这样的场景：孩子和父母之间表面不起冲突，有对话，但仔细听，其实是各说各的，诸如父母反复念叨他们的期望和道理；孩子讲自己的喜好、兴趣和观点。孩子喜欢看的父母没有看过，孩子感兴趣的父母看都不看或者简单了解一下就否定，说什么内容都能转回到唯一的话题——学科学习、考试、找个好工作等。久而久之，孩子感觉孤立无助，有很强的孤独压抑感。

这一类冲突的根源在于，父母考虑问题是未来取向，对未来充满担忧和焦虑，眼里只有孩子的学习和高考，坚信"知识改变命运""只有读书好才有出路"，而孩子更在意当下的感受，虽然也有对未来的考虑和担忧，但当下更重要，如果当下不开心，那必定没有信心和动力去追求未来。在这样的亲子关系中，接纳不同声音，搭建桥梁，产生共情和共感便是解开心结的钥匙。可以本着相互了解和学习的态度，通过观察、丰富共同的生活经历等方式，尝试探索学习、成绩之外的共同话题、共同活动，对彼此的话题、活动更感兴趣，更多参与，彼此请教。如此便会有更多的交叉和互动，增进彼此的了解和理解。

3. 对立面，有你没我——争夺主话语权

这一类型的冲突常常出现这样的场景：孩子视父母如同仇敌，闹到绝不进家门的地步，甚至租住在外面；或者进门看到父母就像没看到，进入自己房间，连饭都要父母放在门口，然后吃好碗筷放在门口；又或者直接要求父母出去，声称要是父母在自己就不进家门等等。青春期孩子"不自由毋宁死、感受至上"的特点在这一类亲子关系的孩子身上体现得淋漓尽致。

这一类冲突的根源在于，青春期孩子的自我意识觉醒和成长，有了自己的对错观和想法，并且开始挑战父母的权威，期待和父母一样平等；但有些父母未能觉察，或理性认识到

了,但是习惯了自己的权威地位,面对孩子的否认、不信任甚至顶撞时,接受不了,愤怒委屈和盛怒之下做出了伤害孩子的行为——"辱骂"或者"打骂"。青春期孩子不像幼年的孩子那般弱小和依赖性强,而是自尊感强烈,甚至不惜用生命去捍卫自己的尊严;这样父母的绝对权威受到挑战,彼此都关乎个人自信和尊严,互不相让,以至于冲突四起。这一类冲突在幼年父母缺位的孩子身上体现得更加明显。早年父母由于各种原因未能参与孩子的成长,接手后过分管控孩子的学习,孩子感觉到过往无微不至的照顾和呵护没有了,情感疏离下感受最多的是父母的挑剔、高要求、高管控,这又加剧了冲突。青春期的孩子常常处于心理断乳与精神依赖的矛盾之中,很多时候他们渴望摆脱父母的束缚,独立自主,拥有决定权,但是在面对复杂的问题和困惑时,仍旧希望得到父母的理解、支持和保护。对于青春期的孩子,需要情感上亲密的亲子关系,也需要充分的信任和尊重,以及独立自主的空间。

4. 无边界,你我不分——缺少边界意识

这一类型的冲突常常出现这样的场景:孩子有了日记上锁的习惯、自己的手机设密码、回家不再无话不谈等,但父母开始担心害怕,拼命想要知道孩子出什么状况了,于是双方不可避免地产生冲突。在这一类亲子关系中,父母和孩子的要求期望混杂在一起,职责不明确,孩子不像孩子,父母不像父母,孩子在成长中没有恒定的信念和准则,只有彼此的喜好和情绪。

这一类冲突的根源在于,亲子之间没有清晰的边界,认定孩子和父母密不可分,你中有我,我中有你,你的就是我的,我的就是你的。但是父母和孩子的关系是从共生关系到逐渐分离的过程,顺利完成这一过程的孩子方能真正长大成人,成长为独立自主的个体。青春期的发展任务之一就是亲子分离。从共生到分离会有割裂的痛苦,对于前期共生关系中完全一体的家庭尤其如此。他们不免彼此代入个人投射和主观臆测,自以为是地看待对方,忽视真正客观存在的彼此,彼此感受不到理解和尊重,只有忽视和误解。在这一类亲子关系中,需要学习逐渐培养边界感,适应成长的过程。

(三)亲子冲突的不良影响

《中国国民心理健康发展报告》(2019—2020)显示,16～18岁的青少年心理健康水平是最低的,其中《2009年和2020年青少年心理健康状况的年际演变》显示十余年间青少年的心理健康状况稳中有降,然抑郁检出率十余年间变化不大。事实上,近年来,媒体有关学生自杀案例的报道时有出现,就拿2010年来说,百度新闻中关于高考自杀的新闻就有4 000多条。中国青少年研究中心副主任孙云晓指出,首要原因是缺乏支持性的人际关系,包括亲子关系、师生关系和同伴关系,而亲子关系是最具决定性的因素①。

---

① 阮梅,孙云晓.拿什么来爱你我的孩子[M].长沙:湖南文艺出版社,2011:2.

亲子关系不好将会影响孩子一生。主要体现在：亲子冲突未能科学处理造成隔阂和情感缺失，导致孩子爱的能力缺失，出现心理偏差。日益加深的隔阂会增加彼此的误解，会让孩子缺爱，缺少对生活的、外界的积极感受和热爱，进而感觉不到温暖，感受不到生活的乐趣，便会出现厌世轻生、愤世嫉俗的情绪以及扭曲、极端的以占有、操控为目的的畸形的爱等。

爱利克·埃里克森（Erik H. Erikson）的社会心理发展理论认为，青春期孩子面临的主要发展问题是获得自我同一性（又称自我认同感）——一种对于自己是什么样的人、将要去向何方以及在社会中处于何种位置的稳固且连贯的知觉。自我认同感是在应对许多重要选择的过程中形成的，诸如什么样的职业是我想要的？我该信奉哪种世界观、道德观和价值观？作为男人或女人，或有特性的个体，我是什么样的人？茫茫人海中，我所属的位置是什么？[①] 青春期（12～20岁）的一个核心任务是自我同一性的发展，它将为成人期奠定坚实的基础。同一性并不是在青少年时期才出现的，早在幼年时期，儿童已经形成了自我感知。但是，个体却是在青少年时期第一次有意识地回答"我是谁"的问题。这一阶段的冲突是同一性和角色混乱。人的内心一旦混乱就会产生消极的认同感，心理适应差，不适应社会，出现各种心理冲突，无所适从，心中没有底线和主心骨，依赖外在评价，易被诱惑，会自弃，进而出现各种各样的问题，比如犯罪、吸毒等。

二、看到孩子，看到父母

孩子进入青春期，父母会感慨："我孩子原来多好多乖，现在怎么这样？"孩子也会抱怨："我爸妈怎么这样？"背后的原因是彼此未觉察、未积极应对变化和需求。

（一）看见孩子：身心快速发育

"胆大包天、感受至上"是青春期身心发展的特点，这源自他们的大脑发育。青春期是第二个大脑发育高峰阶段：一个人经历青春期，他的大脑发育不是又增加了几岁，简直是完完全全获得了一个崭新的大脑！

1. 胆大包天

占据大脑后侧约1/3的前额叶主管思考、判断、决定先后顺序、控制情绪和冲动，被称为"理智脑"，要到近30岁才能发育成熟，而发育到青春期阶段，这个"理智脑"会更倾向于考虑到事情的正面部分，而忽略负面的部分。所以，青少年并非不知道采取某一行动的危险后果，他只是会认为这种后果出现的概率不高，更在意这个行动获取到的部分。

2. 预设敌意

大脑情绪系统在青春期阶段的活跃度超越了人生其他阶段。曾经有一个实验，给成年人和青少年看同样一张人脸的照片，成年人并没有觉得这张照片里的人有善意或者恶意，但是

---

① Shaffer D R，Kipp，K.发展心理学［M］.邹泓，等译.北京：中国轻工业出版社，2018：440.

很多青少年却说这个人不友善。这个实验很好地说明了为什么青春期的孩子总是容易被激怒。在这个阶段,哪怕对孩子轻微的敌意,都可能会引起他强烈的对抗,因为此时的孩子很敏感。所以,有时父母或者老师善意的但态度不好的批评,会引起他们的抵触情绪。

3. 易感无聊

5-羟色胺和多巴胺是两种与兴奋度和快乐情绪有关的神经激素,但是在青春期的孩子身上,这两者的水平降到最低。所以,很多青少年感到不快乐和无聊,他们会迫切想要离开原来熟悉的环境,进入不熟悉、不确定甚至充满不安全因素的广阔世界中,冒险和刺激才能使他们获得快乐。

4. 寻求独立

进入青春期,孩子身心发生巨大变化,特别是智力发育进入高峰,情绪变化也进入高峰,理解和逻辑思考能力都很强,对情绪的体验敏感而强烈,探索未知的愿望非常强烈,想要自立自主,不满足于已知,特别要挑战已知的条条框框,充满质疑,什么都要亲自尝试,证明自己是对的,希望他人都要听自己的,"不要你管"时常挂在嘴边,或藏在心里。

(二)看见父母:同样处于觉察、调整、适应的阶段

青春期孩子的父母多处于更年期,由内分泌和激素分泌紊乱导致的情绪问题开始增多,同时身体机能开始走下坡路,面临上有老下有小的压力,事业通常又处在瓶颈期,呈现自我怀疑的倾向,也特别需要外在的肯定。两者碰撞在一起,就像"火星撞地球"。

伴随着孩子的成长,父母也在不断探索如何为人父母。"我是为你好"是父母不变的信条,在面对"不像以往听话"的孩子时,在发生亲子不悦、冲突时,父母也时常会困惑"这(孩子)到底是怎么了",或者不同程度地怀疑"我是不是真的做错了"。从觉察到孩子的变化,到能够接纳,学会积极调整、积极妥协,对他们而言,也是一个极大的挑战。

三、赋能孩子,帮助孩子辨别情绪和事实,学会有效沟通

客观上,亲子间的矛盾是不可避免的,但是如何应对冲突,让冲突变成促进亲子关系的契机,关键便看沟通意识和沟通技巧。上述四种冲突类型里都涉及不会好好说话,将事实和观念混为一谈,缺少沟通的意识、知识和技巧。作为生涯导师,可以参照如下四部曲,和孩子们共同探讨和学习如何与父母有效沟通。

(一)倾听共情,赋能孩子

采取共情式回应,也就是通过不做评论地复述和意译对方的话,做到"真正地倾听",听到孩子说的话,听到孩子话语后传达的情绪,直至听到孩子真正的需求。

例如,小敏说:"唉,好累,不想上学了。"

导师可以重复小敏的话:"你觉得上学很累,不想去了。"小敏会进一步解释和叙说,充

分共情下，小敏能够倾诉和发泄，同时能够修正自己所说的，更准确地表达，甚至因此可以找到自行疏解的方法。

导师如果有专业的心理咨询技巧，还可以结合对小敏的了解，意译"你上了一天学感到非常累，多希望家人能安慰安慰你，犒劳犒劳你或者夸夸你，是吗？"帮助小敏觉察到她真正的需求。

（二）辅导孩子提升对自我情绪的觉察力

在与孩子们的沟通过程中，往往会听到"我也就是一时着急""我也知道那样说不对，可我那个时候就是很生气，就是想怼他"等等。因此在导师和孩子的谈话过程中，根据观察到的情绪变化，让孩子首先对自己的情绪有觉察；有了觉察，才会有更进一步的接纳和积极调适。其次，让孩子认识情绪、理解情绪，进而接纳自己的情绪。

要认识到，人的情绪是自然而然产生的，如意了就会产生正面情绪，不如意了就产生负面情绪，但每一种情绪均有其价值。正面情绪不见得对自己、对他人产生完全正面的效果，负面情绪也不见得对自己完全有害。很多冲突往往由压抑、否认自己不喜欢的情绪导致，越是压抑越是不能真正觉察情绪。因此，觉察到自己的情绪，要看到情绪背后的需求、期待等。

（三）帮助分辨行为和评判

在冲突中，人们很容易以偏概全，形成有所偏颇的评判，如"我爸妈总是不听我说"。导师在与孩子沟通的过程中，可以通过话语提问"你看到/听到"，帮助孩子澄清事实，并进一步评估那些评判是否完全符合事实。这时孩子会发现，其实事实并不是那样，而是强烈情绪主导下的认知偏差。

（四）辅导孩子学会表达情绪和需求，学会表达爱

父母和孩子之间的爱是毋庸置疑的。日常的冲突常由未能有效沟通所致。因此，可以辅导孩子学会积极沟通，表达需求，表达爱。譬如小敏回到家如果能够觉察自己的情绪，那么进门第一句话可以说"爸妈，学了一天好累，你们抱抱我给我能量吧！""爸妈，在学校学了一天，回来我不想再提学习，提前和你们约定一下。你们憋一憋哦，就今天我们都不提学习，谢谢你们的支持，我爱你们"等。

四、赋能家长，指导家长树立学习理念，和孩子共同成长

家长也是需要被关注的一方，需要被赋能。陪伴孩子的成长，也需要学习和认识一些青春期孩子的心理特点、表现、原因和应对等科学心理知识，寻找到积极的问题解决策略。

（一）站在父母角度表示理解，本着共同学习交流的态度与父母沟通

可以主动联系父母，对孩子的学习、情绪等做个正向的交流反馈，转述孩子对父母做

得好的肯定,顺势说到孩子有亲子关系的困扰。也可以现身说法,通过自己和孩子互动经历谈谈自己的类似困扰,以及如何积极调整和应对。也可以和父母共同探讨,如何更有效地与孩子沟通。

（二）充分倾听和共情，发掘父母的闪光点

约谈中,聊一聊父母对孩子从小到大的教养方式,父母在与孩子最和谐的时光是怎么做的,父母现在在亲子关系中的困惑和烦恼是什么,认真听并努力地复述对方的话语,让对方确认"我听下来是……对吗?"这个过程需要导师非常投入地去听,而这本身就是对对方的关注和重视,对方感受到后会赋能,更信任导师和敞开心扉,建立良好的关系,能获知尽可能多的父母和孩子互动的详情;同时会帮助家长发现一些自己的问题并及时修正,也会帮助家长觉察到处身其中没有意识到的点。

家长的付出被看见,也是一种认同,需求得到满足,更听得进不同的意见。还有从中发现父母做得好的部分,特别提出并大力点赞,父母就会有意识地在这方面做得更多些。

（三）向父母反馈孩子的优点，并分享自己掌握的青春期孩子的特点

让父母充分讲述后,分享自己对孩子的看法,着重谈及孩子的优点和积极面,让父母看到孩子有别于自己所认为的一面,更全面地看待自己的孩子,同时自查对孩子的教育存在的隐患和风险;对于父母的困惑和烦恼,给予青春期孩子共通的心理特点、表现和原因及应对方法的心理学知识的科普,主要是帮助父母了解孩子行为背后的原因,从而了解和理解孩子,并且科学应对。推荐父母阅读家庭教育书籍:如《学会自我接纳:帮孩子超越自卑、走向自信》《青春期孩子的正面管教》《热锅上的家庭》《高情商养育》等。

（四）和父母讨论孩子的成长时代与父母的成长时代

帮助父母了解不同时代对人的不同要求,我们已有的经历和经验是不是都能促进新时代发展,同时让父母意识到孩子和自己有太多的差异,如果忽视环境的不同,以过往的经验去面对很可能会阻碍孩子的发展。对于彼此都不知道的事物,敢于承认自己的无知,共同成长和面对会更有利于孩子的成长,树立共同成长的理念。同时现身说法,并且分享一些学习资源。

综上,导师在亲子冲突中既可以看见孩子、有效沟通以赋能孩子,也可以看见父母、科学指导家庭教育以赋能父母,甚至可以赋能双方、促进亲子关系和谐发展。下面是一则导师在亲子冲突中赋能双方、促进亲子和谐的成功案例:

小 A 的妈妈了解到小 A 和他的生涯导师乔老师关系密切,因此向乔老师求助。她告诉乔老师小 A 在家里与她冷战,起因是她在书包里发现一把匕首,吓坏了,然后担心小 A 不听她的话,考虑再三之后使用"计谋"告诉小 A:"乔老师发现你书包里有匕首,打电话通

知我们一定要没收。"小 A 顺从地交了匕首，但从此不再和妈妈说话。小 A 妈妈很着急。

乔老师很仔细地听了事情的经过，并了解到小 A 与妈妈之间的沟通并不顺畅。因为父母离异，他从小就跟着外婆生活，聚少离多的生活让母子之间多了陌生而不是亲密。小 A 妈妈再婚后，把小 A 接回家，虽然想与他的继父一道极力营造一个良好的家庭教育环境，但实际总是冲突不断，伴随着孩子成长"热冲突"逐渐演化成"冷暴力"，"墙越"筑越厚。

面对家长，乔老师肯定她和继父的付出，看到他们为孩子做出的努力。充分共情后，和妈妈探讨了"匕首事件"。关于那把匕首，乔老师想起曾在他的日志里看过有关描述，足见他并不是要用它去做坏事，而只是单纯的兴趣。当然，匕首作为管制刀具不能带到学校，这是对的。于是，和妈妈做出反馈后，一起探讨"计谋"方式的优劣，用貌似没有冲突的方式解决了问题，但传达出妈妈无法信任孩子的信号，并指出家人的坦诚相待更易于建立沟通的环境。同时，乔老师与父母交换她了解的关于孩子的情况，小 A 热心班级事务并且做得越来越上手，小 A 对自己的期望值很高，然而两次月考下来，成绩一直远远落后于他的预期，因此他最近有点怀疑自己，同时这也影响到他在班级的威望，这些情况的出现让他很有压力。因此，他所体现的"坏脾气"并不是单一的针对这次事件的，他需要有人能容纳他的脾气，能够给他耐心，能够无条件信任他，而这些是家庭、家人能够做的。一定程度上，家不是讲理的地方，家是用温情、信任、陪伴给予孩子力量的地方，身教重于言传。同时，家是给孩子安全感的地方，家是让孩子感觉到自己不是孤身奋战的地方。父母具体要做的就是信任和陪伴孩子、观察孩子并及时提供有利于孩子成长的不同视角等。总之，家庭教育是门学问，做父母的要不断学习和实践，和孩子共同成长，并提议父母坚持听"家长 Class"的名师直播课，推送相关资源给身边的父母，以此共勉，并提议小 A 妈妈如果不知道怎么做，就多听，不要轻易下定论，教给她复述孩子话的技巧；多观察孩子，甚至可以记录自己看到的孩子的言行举止和情绪变化等，试着以观察研究的角度和孩子相处。

第二天，乔老师约谈小 A，开门见山地和他聊开了："我听说你和妈妈这个周末不愉快，怎么了？"同时观察着这个孩子的反应，他不做任何修饰地讲述他和妈妈之间的事，将他的不满和盘托出。乔老师知道小 A 是信任自己的。于是将小 A 妈妈的"计谋"点穿了并告诉小 A："在这里你不要怪妈妈用'计谋'没收你的匕首，虽然方法不太合适，但是她着急的心情相信你一定能体会。带着匕首到学校是有安全隐患的，不是吗？"小 A 气鼓鼓地说："当时我就怀疑了，她怎么能这样，一点不考虑我的感受。她有什么话直接跟我说，她说了我也会听的！她一点也不理解我！""你是第一次做一个 16 岁的男孩。同样的，你妈妈是第一次做一个 16 岁的男孩的妈妈。"乔老师试着缓和气氛："所以，你需要学习，妈妈也需要学习，你们之间的良性沟通是帮助妈妈学习进步的最好办法。这次她原以为小心翼翼地运用'计谋'想把对你的伤害降到最低，并没有想到会给你带来更大的不愉快。在这个过程中，你有没有和妈妈良性沟通？告诉她你需要什么？"小 A 听得很仔细，并且答应乔老师放学后要给妈妈打个电话,好好进行一次沟通。

不久,小 A 妈妈再次打电话给乔老师,特别感谢乔老师帮他们化解了这次的"冷战",听了乔老师的话,她和小 A 继父一直在学习家庭教育,并用于实践,明显感受到与孩子之间的关系在不断好转。越来越发觉小 A 是个独立、有担当的好孩子。

五、整合资源、团体协作,提升家庭教育指导素养

导师个人的能力是有限的,要学会借力、拓宽资源,从而整合资源、团体协作、家校合力、亲子合力,变冲突为动力和机遇。

(一) 借力学校本身的资源

学校都有家校协作,生涯导师应是其中的骨干,主动参与、积极践行。如学校有项目,可积极投身其中进行学习、研究和践行,不断提升家庭教育指导素养,灵活运用于自己的导师工作。具体包括不断更新理念和知识,运用于实践;推荐给家长有针对性的课程和资源;提高本身的指导能力等;还有求助于团队、群策群力等。闵行中学的家庭教育研究和实践颇有特色和成效,导师们积极投身"多元平台助力'成长型家庭'建设的实践研究"项目中,研究并践行,提升家庭教育指导素养,并灵活运用于自己的导师工作。具体包括:积极参与学校家长课程的设计和实施,在课程建设和实施中提升家庭教育指导素养;学习团队辅导方法,掌握更多的有效的家庭教育指导途径,从而灵活运用于实践;学习新的心理学、教育学和家庭教育的科学知识;多多积累实践案例并组建学习型团队;掌握各种求助资源,提升自助和助人的能力等。

闵行中学"家长 CLASS"直播课资源如表 3.8、表 3.9 所示。

表 3.8　闵行中学家庭教育心理专题培训讲座(以 2020 年为例)

序号	时间	主　题	参与对象
1	2020.1	亲子关系中的非暴力沟通	高二学生家长
2	2020.3	青春期孩子的正面管教	高一学生家长
3	2020.4	防疫复学指导	全体家长
4	2020.6	迎接高考,做孩子的神助攻	高三学生家长
5	2020.6	"成长型家庭"建设培训	家委会成员
6	2020.8	赋能,让孩子成为最好的自己——家庭教育线下沙龙	自愿报名
7	2020.11	新生活、新适应	高一家长
8	2020.11	和孩子一起面对问题,别和问题一起打败孩子	高二家长
9	2020.11	家校共育、为高三孩子赋能	高三家长

表 3.9　闵行中学线上家庭心育直播课（以 2019 学年第一学期为例）

序号	时间	直播课主题
1	2020.3.14	做情绪的朋友，让情绪助力亲子双方共同成长
2	2020.3.20	高质量陪伴，从"心"开始
3	2020.3.27	宅家学习新挑战，如何做到有话好好说
4	2020.4.4	看见孩子，看见自己
5	2020.4.17	你的孩子"听话"吗
6	2020.5.1	从宅家"云端漫步"到学校"脚踏实地"
7	2020.5.2	孩子为什么不爱学习
8	2020.5.22	成长的支撑力
9	2020.6.6	青春期亲子关系，从"心"出发
10	2020.6.12	青春期孩子的正面管教

（二）主动拓宽交往和学习，积累资源从而借力各种资源

保持开放、好奇的心态，积极投身各种学习和实践中，提升自我的同时建立社会支持系统，不一定任何问题都要自己解决，但是能区分问题，清楚哪方面的问题可以从哪里获得专业的帮助，并掌握专业帮助资源，适时推荐上海市心理热线 962525 等。

（执笔人：葛庆华）

第四节　考试焦虑疏解

高三一模考试,小南成绩出现小幅度下滑,她非常痛苦,频繁出现上课走神、无意识敲打自己脑袋等情况,更多次在朋友圈发自己是个"学渣"之类的话。

导师看到小南的动态后,中午就找到小南了解情况。原来小南的一反常态,和她的家庭期待有关。小南父母都是上海某著名大学的教授,高三寒假和小南商议未来大学的选择时,提起同事们的孩子都考入了复旦、交大等名校,给小南定的目标是下学期一定要努力冲刺,必须考入985高校,父母的期待叠加下滑的成绩压得小南喘不过气来。导师和小南商量后,决定和她父母沟通一下情况,协力为小南减压赋能。

> 学习是高中生活的主旋律,林荫道旁手不释卷的身影、教室里那一双双专注的眼神、鱼池旁琅琅的书声……沉浸在知识殿堂的高中生脸上写满对知识的渴望。但高中的生活又是由一段段的考试所组成,阶段测试、合格考、等级考、春考、夏考等,虽然不再一考定终身,升学考试逐渐多元化,考试依然是学生最主要的压力源之一。像开篇案例中的小南,加上外界对他们考试成绩的种种高期盼,都会让他们产生过高的考试焦虑,让他们在求知路上负重前行,不堪重负。如何让学生正确看待考试焦虑以及缓解过高的焦虑情绪,心无旁骛地畅游于学海,是导师和学生携手相伴路上不可或缺的部分。

一、何为考试焦虑

我国心理专家郑日昌在对考试焦虑进行系统研究后,做了以下的界定:考试焦虑是在一定应试情境的激发下,受个体认知评价能力、人格倾向等其他身心因素制约,以担忧为基本特征,以防御和逃避行为方式,通过不同程度的情绪性反应所表现出来的一种心理状态[1]。

(一)普遍存在的考试焦虑

高中三年,学生会经历很多场大大小小的考试,不同程度的考试焦虑便也时常出现在

---

[1] 郑日昌,陈永胜.考试焦虑的诊断与治疗[M].哈尔滨:黑龙江科技出版社,1990:35.

学生身上。在时间轴上，导师需要重点关注学生高一的第一次联考，高一、高二的合格考，高三的一模考、二模考、等级考、春考、夏考等，这些重要考试的前、中、后期，学生普遍会产生不同程度的考试焦虑。同时，高中期间，部分学生由于选择了不同的升学路径，还因各升学路径的要求和考核评价方法不同，需要参加不同类型的测试，如体育测试、笔试和面试等。很大程度上，考试成绩是衡量学生学习质量、学业表现的指标，是学生毕业和升学中最重要的依据。因此，考试焦虑基本贯穿在整个高中学习阶段。

（二）识别考试焦虑

在考试情景的激发下，考试焦虑一般出现在三个时间段：考试前、考试中、考试后。导师们可以重点关注这三个时间段学生的情绪变化。考试前的情绪特点：烦。想到考试就烦，备考时间不足烦，联想到考试可能的后果烦等，无法静心备考。考试中的情绪特点：慌。遇到难题慌，答题时间不足慌，知识提取不出来慌等，无法安心答题。考试后的情绪特点：悔。为成绩不理想后悔，为不如他人后悔，为没有达到重要他人期待后悔等，伴随深深的自责，无法安心学习。

此外，导师可以通过学生的生理反应、行为表现等识别其考试焦虑。

首先是生理反应方面。主要表现为心慌胸闷、呼吸急促、手心出汗、尿频尿急、头疼胃疼、记忆下降、注意力分散、头脑空白、失眠等生理反应[①]。

其次是行为表现方面。主要表现为烦躁、坐立不安、好发脾气，多余动作增加或发呆、愣神，草率答题等，个别学生甚至出现行为退缩、逃避考试等情况，如早上起不来床，不想来学校等。

最后是认知方面。考试情境下产生的消极习惯性的思维定式，如头脑中会出现"惨了！""糟了！"等想法，导师不易察觉。用心观察的话，可以从学生的面部表情、言行中看到蛛丝马迹。很多学生会在作文、微信、QQ空间或者与导师日常交流中表达对考试、成绩的担忧和焦虑，如出现"下周考试、别惹我""我真没用，又考砸了！"等表述。

需要提醒的是，有些考试焦虑是短暂的，考试过后，影响会减弱；有些考试焦虑是持久的，其负向影响将会持续很长一段时间；有些考试焦虑是外在表现非常明显的，有些考试焦虑则没有明显的外在表现。

（三）考试焦虑不是祸

可以说，出现考试焦虑是很正常的，在中学生当中也非常普遍。但是，往往是学生的认知使考试前的焦虑对学生产生不良影响。有很多学生觉得，考试焦虑是不能有的，甚至有百害而无一益，执着地希望自己能够做到不紧张。可往往事与愿违，越想控制，越想让

---

① 胡雅伟，杨玉凤，李树敏. 高中生考试焦虑状况调查分析[J]. 医药前沿，2013(29)：36.

自己不紧张,便越紧张。

　　事实上,考试焦虑不是祸。心理学研究表明:焦虑与压力程度和学习工作效率的关系呈倒 U 形曲线。中等强度的焦虑状态,可以维持兴奋性,增强学习的积极性和自觉性,提高注意力和反应速度等,能够使人达到最佳的学习效率。过高的焦虑水平会使表现离开最佳区域,自尊水平和自信水平将随之降低,无法专注于学习本身,不利于考试水平的发挥;同样,如果对考试毫无焦虑,缺乏紧迫感或应考激情,就不会投入专注地学习,考试结果也会不佳。这一规律被称之为"耶克斯-多德森定律"[①](见图 3.1)。

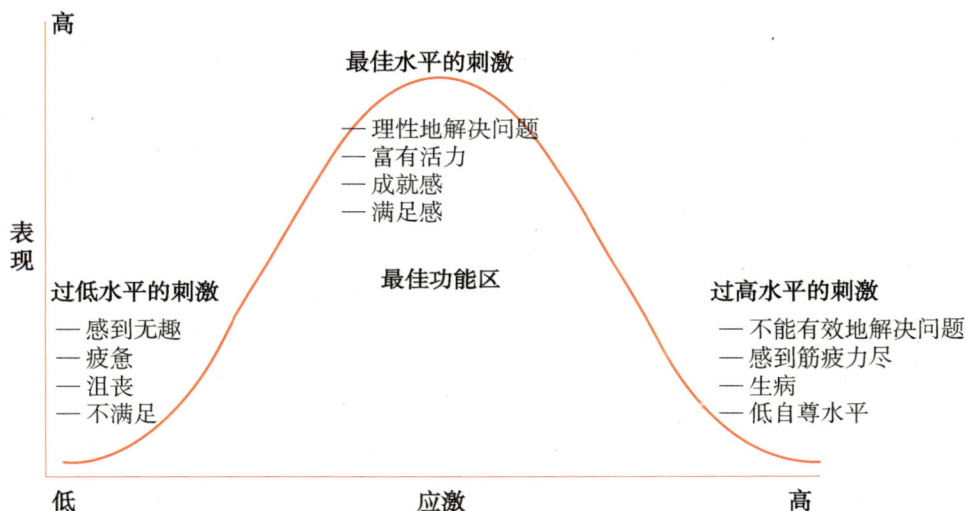

图 3.1　耶克斯-多德森定律

二、考试焦虑的成因

　　考试焦虑的形成是一个复杂的过程,其中既包括学生内在的遗传、认知评价、情绪特点、个性品质、自身期待和应试技能等,也包括外在的家庭环境、学校环境和社会环境等,内外相互作用,形成了考试焦虑。

(一) 内在因素

　　(1) 遗传因素。由于遗传基因的关系,每个人的神经类型的强弱也不同。例如,先天神经系统较脆弱的人,对考试情境的反应就比较深刻和强烈,容易出现一系列的生理、心理反应。而神经系统较强的人,对同样的考试情境反应较弱。

　　(2) 个性品质。有些学生长期受不良环境和教育的影响,形成了某些不良的个性品质,如偏激、狭隘、怯懦、自卑和神经质等。具有不良个性品质的人,当遇到考试这样的刺

---

① 伯恩斯坦.战胜考试焦虑[M].昝同,译.北京:人民邮电出版社,2020:014.

激源时,往往不能积极面对,容易产生恐惧、焦虑的情绪反应,同时用防御逃避的行为模式去应对。

(3)情绪特点。高中生在情绪上容易出现明显的两极性和矛盾性。取得好成绩时,沾沾自喜;一旦失败,就处在苦恼悲观的情绪状态中;内心负担重,考不好就觉得对不起父母、老师;耐挫力差,对考试成绩的落差耿耿于怀,容易产生习得性无力感;自卑自负叠加。

(4)认知评价。很多学生仅以考试成绩作为体现自己价值和成功的依据。对考试的认知存在偏差,如考不好就说明我很菜(非黑即白),期末考不好就完了(夸大后果的严重性),这次数学考砸了,说明我在数学方面很差(以偏概全)等。

(5)自身期待。很多同学对自我的期待过高,对学习有目标但恒心不足,平时也没有扎实的基本功,对考试的难度和自己掌握的知识程度没有足够的认识,考前又没有合理安排复习计划,导致目标太高,行动力跟不上,理想我和现实我出现矛盾,心理失衡,就会产生过度焦虑的情绪。

(6)应试技能。学生的应试技能在一定程度上影响着个体应试时的焦虑水平。如果一个学生学习目标明确,学习方法合理并能始终坚持,学习过程中注意力集中,并且考试前准备充分、考试中熟练运用考试技巧,则不易产生焦虑;相反,学生学习习惯不好、准备不充分则更容易产生考试焦虑。

(二)外部因素

(1)家庭环境。家长对孩子期望水平过高、仅以考试成绩去评价孩子、专盯恶补孩子的弱势学科、灌输"高考定终身"的偏差认知、如临大敌的家庭备考氛围等都会使孩子产生自卑、恐惧、压抑和挫败感,从而导致考试焦虑。

(2)学校环境。如果学校片面追求升学率、对学生学习成绩过分看重、以考试成绩来评价学生和老师等,都会导致学生对考试的作用和意义产生误解,加大班级同伴的学业竞争,使队友变成对手,并使情绪长期处于紧张的备战状态。

(3)社会环境。社会风气、对人才的衡量标准、价值取向、媒体舆论等都会对高中生的抱负水平、学习态度产生影响。当代社会对于人才的标准相对来说是开放的,但是总体的评价标准仍然用是否本科、是否名牌院校等方面来评价。而这样的标准就迫使家长、学校希望学生能够考上好的大学,得到社会的认可。这就更加重了学生的精神压力,以战战兢兢的心态过"高考独木桥"。

三、考试焦虑的导师辅导策略

(一)来一场"认识考试"的导师小组辅导

导师可以召集所有小组成员来一场"认识考试"的导师小组辅导。辅导中,可以就如下主题,带领学生开展讨论,并学习与考试焦虑"共舞"。

1. 了解每个学生对考试的看法

可以用绘画等艺术性表达方式,在轻松的氛围中,带领小组成员将对考试的复杂认知和情绪感受引导至清晰的状态(见表3.10)。

表 3.10　"我眼中的××考试"小组辅导流程

画一画	你觉得"××考试"或"高考"长什么样子 可以用自然界的植物、动物或大自然的现象等任何一个形象来画一画
话一话 1	请小组成员分享这些图画的寓意
话一话 2	想到××考试,你会感到什么

在话一话 1 环节,如果学生画的是雷电,可以问问学生,为什么××考试长得像雷电,具体的含义是什么? 它是一直像雷电呢? 还是偶尔像雷电? 这个雷电曾经出现在过往的考试经历中吗? 通过分享,导师可以了解每个学生对考试的不同看法、不同的情绪状态。而且也可以初步了解学生对××考试的焦虑程度。

在话一话 2 分享环节,可让学生切身体会到重要考试时的紧张、焦虑等感受其实是一种常态,绝大多数人面对重要考试都紧张,自己并不是个例。他人类似的情绪体验会让成员之间有共鸣、被理解。

以往人们对高考形象的比喻就是"千军万马过独木桥",导师们还可以结合现行教育综合改革和国家颁布的"双减"政策等,拓宽学生对考试及高中学习的理解,教育由育分向育人转变,"加三"科目的自主选择及强基计划、综评等多元升学路径,转变学生对"高考独木桥"的认知。

2. 借助耶克斯-多德森曲线科学解读考试焦虑

当充分了解每个学生对考试的不同看法后,导师可以请大家思考并分享,以他们多年来的考试经验,在不同的焦虑程度下,他们是如何备考、应考的,最终结果如何。

分享结束,导师可以借助耶克斯-多德森曲线科学解读考试焦虑。耶克斯-多德森曲线表明,在重大考试前,动机过强,过于在乎考试结果,急于求成,势必会出现过高的焦虑水平,心理高度紧张之下,考前不能专心地备考,考试过程也会影响真实水平的发挥,同时一旦考试结果不理想,容易陷入对自我的否定或者痛苦后悔中。当然,不把考试当回事,也不会对学习投入热情和精力,同样考试结果也不会理想。适度的紧张,可以维持兴奋性,备考期间集中注意力,高效率地复习,考试过程中冷静、自信、专注于考试做题本身,就能发挥出最佳水平。

针对考试动机过高的情况,导师可以介绍以"掌握目标"取代"成绩目标"应对强烈的好胜心的策略。约翰·G.尼克尔斯(John G. Nicholls)和卡洛尔·德韦克(Carol Dweck)

的成就目标理论研究①，把成就目标分为掌握目标和成绩目标。掌握目标，即学习是为了掌握知识，发展自己的能力，学生会更在乎学习的过程，更努力和挑战困难任务，其满足感来源于进步与掌握，在意"我学得好不好"；而成绩目标，则认为学习是为了获得好成绩，表现自己的能力，更关注学习结果，在意"我考得好不好"，在强烈的好胜心下，成绩优异的学生更是容易对考试产生过度焦虑情绪。

导师还可以多组织学生参加优秀校友的分享会和各行业专家的生涯讲座。榜样人物的成长经历会潜移默化地影响学生对学习动力、学习意义的理解。某学长是哔哩哔哩语言学习的 UP 主，分享了自己精通六门语言的学习过程；某专家团队为了攻克被国外卡脖子的高新技术，无数次失败后，依然反复试验改进技术；某工程师从 30 岁考大学，到 50 多岁考博的终身学习经历……无不阐述了学习是为了学会解决问题，学习是可以改变生活改变世界的力量，知识、学习可以实现个人的价值等，并不是为了一个好分数、比别人强。掌握目标的学习才能让我们经历一次次考试，即使被结果打击，也依然保持学习的热情。还可以通过师生共读书籍，如《专注的快乐》《心流—最优体验心理学》等，来拓展学生对学习快乐和成就感的理解。

筱筱在进入大学后，曾经写下这段话：

我两年前参加高考的情形，还历历在目。不得不说，曾经以为生命就是由一场场考试组成，虽不至于成者王、败者寇，但是踌躇满志的我，还是希望会当凌绝顶、一览众山小。每次考试成绩有大的波动，就找导师喋喋不休，诉说心中愤懑。导师的悉心陪伴总让我重拾信心，他带着我们开启了那一场场与优秀学长的对话，对大学、行业的探访，才发现人生从来不是为了考试而去学习，如果只关注考试成绩，人就变成了考试机器。慢慢地，在学习过程中，我发现那些知识碰撞的灵感、那些全情投入的热情、那些点燃我兴趣并吸引我大学继续探索的知识，成了我高中学习的主旋律，当我真正找到点燃我生命的火花时，考试焦虑就不辞而别了。

3. 考试焦虑会带来压力，要学会和压力做朋友

考试焦虑会带来压力，很多学生都觉得有压力会带来很不舒服的感觉，想着减轻压力就能减轻考试焦虑。其实科学研究表明，重要的不是压力本身，而是我们对压力的看法。

导师可以组织小组成员观看 TED 演讲"如何让压力成为你的朋友"或者共读《自控力：和压力做朋友》一书。斯坦福大学的凯利·麦格尼格尔（Kelly McGonigal）教授所开

---

① 盖笑松.当代心理科学理论精华［M］.长春：东北师范大学出版社，2017：372－375.

展的一项历时 8 年、针对 3 万美国成年人的研究发现,压力并无好坏,关键是如何看待和处理压力。当认为压力有益的时候,便能改变身体对于压力的反应,把紧张变为兴奋①。怦怦直跳的心脏是在为行动做准备,呼吸加快将使大脑获得更多的氧气。压力下,脑垂体会分泌压力性激素,也就是催产素,让我们向周围人寻求支持,向老师问问题、和同学探讨、组团学习,甚至和周围人倾诉自己面临的压力,这些都加深了和他人的亲密关系。压力能提供力量,以全情投入去面对挑战。

4. 备考小妙招,整理考试策略

请小组成员回忆自己所经历的印象深刻、发挥正常的考试,思考是什么因素稳住了自己考试时的心理状态,以致发挥出了自己的实力,并在此基础上提出一条或几条调整考试状态的策略或应对技巧。组织学生将各自的思考、心得等进行分享和交流,并在此基础上总结自己的考试秘籍,在考试中予以实践,并尝试在每次大型考试后都做一次考试心得分析,积累备考妙招,在日常生活中践行(见表 3.11)。

表 3.11　备考小妙招示例

考试概要	原因分析	针对性应对策略	心得
记忆中,发挥出色、考试成绩优异的一次考试经历是:最近的一次政治考试	和同桌组队,复习得比较到位,因而心理比较放松	组队学习,共同进步	有备无患,底气足
记忆中,发挥糟糕、考试成绩不如意的一次考试经历是:高一第一次期中考试	对于后果想得过多,以致过分担心失败,难以放松	少想些负面后果,平常心看待输赢	没有永远的学霸,也没有永远的学渣。知识本身才是最有价值的

这些备考心得如同武功宝典,是学生在历年的考试实践中,找到的最适合自己、最擅长的方法。只是可能宝珠蒙尘,散落在记忆的各个角落,通过整理,重新串成一条富有光泽的珍珠项链,让他们看到自己的能力、资源和有效策略。同时,也能起到朋辈间相互启发的作用。

学生自己总结出的秘籍:如疫情备考期间,组团开设"云自习室",提升复习效率;焦虑告白法,找个人诉说,或者把焦虑写下来,心里就好受多了;告别拖延战术,尽量不熬夜,睡眠最重要;越是焦虑越要运动,运动使人快乐;每天和好朋友吹彩虹屁,保持好的心情;考完看部电影放松一下⋯⋯

---

① 麦格尼格尔.自控力:和压力做朋友[M].北京:北京联合出版有限公司,2017:42-47.

航宇同学读初中时，是学校公认的学霸，考入心仪的高中后，发现班级高手如云，航宇觉得自己泯然众人，心里很不是滋味。高一期中考试前频繁做梦，梦见自己成绩一落千丈，果然考试成绩不理想，这对他的打击很大，自卑让他羞于向周围人倾诉。在导师组织的活动中，他听到其他同学对考试的看法，发现大家都有类似的感受，一下子有了共鸣，情绪有了出口。同时发现自己太在乎分数，在乎"学霸光环"，给了自己太大的压力。就像导师说的，只看结果，以至于忘记了学习的意义和学习的快乐。同时，他开始总结自己的考试心得，调整自己的考试心态。

（二）转变负性思维、改变认知方式

有严重考试焦虑的学生，认知上很容易出现负性自动思维，应激水平会直线上升，随之而来的是焦虑或抑郁情绪，导致无论平时多努力，最后的结果都会不尽如人意。可以采用如下三部曲，尝试识别、转变负性思维，进而改变认知、调整焦虑水平。

1. 识别负性自动思维

长期持续的考试焦虑会让学生对消极的自我感觉习以为常、麻木不仁，甚至产生习得性无助，清晰地觉察是第一步。面对考试焦虑，学生常见的负性自动思维如下：

（1）非黑即白：考不好，我就很菜！

（2）过度引申：生物等级考没考好，高考肯定考不好！

（3）灾难化：要是我考不上××大学，这辈子就完了！

（4）情绪化推理：我很恐慌，我很焦虑，这次肯定考不好了！

（5）个性化归因：这种题是我的"弱项"，我永远都做不好！

（6）担忧假设性问题：如果我这次考不好，怎么办？

2. 用"可能性区域技术"改变认知

可能性区域技术由三个问题构成：①最糟糕的可能性是什么？②最好的可能性是什么？③最有可能发生的是什么？

当深陷负向思维时，就会不断否定自己，对内心积极的声音视而不见。可能性区域技术，首先通过最糟糕的可能和最好的可能这两种可能构成可能性区域，再尝试搜集各种信息做出近期的行动决策，确定最现实（最有可能）的一种可能性及其努力策略。当学生发现问题并不如想象中那么糟糕，特别是考虑到更多现实情况以后，学生对未来消极预期认知就会发生改变，进而消除焦虑和抑郁情绪。

哲明曾经有一次考试考到班级偏下水平，这对他打击很大，虽然后来一直稳定在班级中等水平，但他一直很担忧重蹈覆辙。最近英语考试退步后，他就忍不住担心自己在接下

来的期中考试考不好怎么办？这样下去以后还怎么参加等级考、高考？怎么考上大学？

　　针对他的担心"期中考试考不好，怎么办？"，导师通过可能性区域思维技术，和哲明展开了对话，分析最糟糕、最理想的情况。通过各种证据和应对方式分析，哲明发现结果不像自己想的那么糟糕，放下了对最糟糕结果的担忧，并找到了应对方法（见表 3.12）。

表 3.12　可能性区域技术示例

	最糟糕情况	最理想情况	最可能情况
可能情况	班级偏下水平	班级中上水平	班级中等水平
支持证据	以前考过班级偏下，最近英语考试退步	这学期考过班级中上位置，且数学、语文一直很稳	前几次考试基本都是这个位置，其他科目比较稳
应对方法		生物、地理应该可以再提高一些	英语期末复习多做做题，应该能保持目前状态

　　在这个过程中，老师不要急于用"你没有那么糟糕"之类的话语安慰学生，请学生自己找支持性证据。导师要深信学生是自身问题的专家，解决问题的方法常常在他们自己身上。

3. 跟进和调整

　　对有些学生来说，长期形成的负性自动思维根深蒂固，在调整认知的同时，来自导师、父母、同学等多方面符合实际且积极的鼓励和支持会像甘露一样滋养学生，让他们找回自信，重新客观地评价自己和考试，以更加强韧的状态面对挑战。要鼓励他们多结合外界的真实反馈，学习开启正向对话（见表 3.13）。

表 3.13　调整负性思维示例

负向思维（消极观念）	正向对话（积极反馈）
考不好我就很菜！	这次考不好，说明某些知识点没有掌握好，需要更多努力
生物等级考没考好，高考肯定考不好！	生物等级考没考好，我需要在其他科目上多下点功夫
要是我考不上××大学，这辈子就完了！	努力才能过好这辈子，条条大路通罗马
我很恐慌，这次考试肯定考不好！	这次考试将会很难，还有时间准备
这种题是我的"弱项"，我永远都做不好！	需要学习如何去解这类题，我可以向老师或者×××同学请教
如果我这次又考不好，怎么办？	这是最糟糕的情况，我可以通过自己的努力，如××××，减少这种可能

导师可以利用和学生接触的时机,如升旗仪式、课间等机会向学生反馈观察到的真实的、积极的迹象,并给予正向肯定。同时还需要在考试前后这些关键时间节点,向学生了解这些工具的实际运用情况,对于学生已经在践行且有效的正向对话表示肯定,鼓励后期进行坚持不懈的努力和练习;对其感觉有困难的地方,了解细节,协助其找到适合自己的方法。

4. 营造温馨积极备考氛围,让校园成为"减压器"与"加油站"

每当临近考试期,为了帮助学生以良好的心理状态迎考,学校和班级可以精心营造备考氛围,为考生减压、鼓劲。如学校可以精心组织加油活动,将征集到的祝福语组建成教学楼进门"风铃";电子屏上呈现来自老师、学长、学弟学妹们的祝福;精心准备的礼物更是饱含浓浓的温情。闵行中学生涯心理教研组开展的"给未来的一封信"活动,请高三的学生为一年后的自己写一封信,记录下这一特殊时刻的心路历程,向青春和梦想致敬;组织面向高三学生的减压赋能团辅活动,让大家释放压力的同时汲取力量。班级的迎考文化建设更是灵活多样:盛开的鲜花点缀着教室,巧用色彩暗示法让大家备考有个好心情;情绪粉碎机则让情绪自然流淌;午休播放放松音乐让身心压力得以释放;集体生日会在蛋糕和美食中感受幸福和同学的情谊……一系列举措的推进,让校园成为"减压器"与"加油站",良好的迎考氛围激发了同学们的学习热情,能量满满地投入到备考复习中……

导师,也可以用一些美好的行动,为孩子们减压、祝福:

食堂里一起共进午餐;

校园里一起有氧运动;

一次打开味蕾的小零食品尝活动;

或鼓励、或安慰的书签;

相遇时,温暖的笑容;

聆听时,共情的回应;

送考时,爱的击掌和拥抱……

更是温暖了学生的心田,成了他们的考试能量加油站。

高考临近,校园电子屏上滚动播放着来自学长的祝福视频:

亲爱的学弟学妹们,我是上一届的毕业生×××,现在我在×××大学祝大家都能考出自己的理想成绩,进入心仪的大学。曾经我在等级考中,只考得B,一时间对未来充满迷茫,感谢老师的耐心指点和同学的暖心鼓励,让我意识到虽然考试失利增加了我的压力,但仍要用积极的心态和坚定的意志去接纳暂时的落后,排除外界的干扰,专注于学习,冷静从容去面对暂时的低迷,用实际行动去改变现状。星光不负赶路人,岁月不负有心人，逐梦的旅途才刚刚起航，大家一起加油，相信你们可以的。

（三）一起学习放松训练、冥想

考试焦虑往往会以各种躯体不适表现出来，比如心跳和呼吸加速，手脚麻木，头脑一片空白等。缓解躯体紧张行之有效的方法是放松训练和正念冥想。其中，放松训练包括腹式呼吸法、渐进式肌肉放松法、自我暗示放松法、想象训练法、音乐疗法等，网络上有具体的指导语和放松冥想音乐。

腹式呼吸法，就是吸气时，最大限度地向外扩张腹部，胸部保持不动。呼气时，最大限度地向内收缩腹部，胸部保持不动。如此反复多次即可达到缓解焦虑、放松心情的目的。

渐进性肌肉放松训练法，最早由美国生理学家艾德蒙·捷克渤逊（Edmund Jacobsen）于20世纪30年代创立，是一种良好的放松方法。个体的心情包含着情绪和躯体两方面。如果能改变躯体的反应，情绪也会随着发生变化。渐进性肌肉放松训练法就是训练个体随意放松全身肌肉，以达到随意控制全身肌肉的紧张程度，间接地松弛情绪，保持心情平静，缓解紧张、恐惧、焦虑等负性情绪的目的。

正念冥想引导学生专注于当下此时此刻自己的感受，比如身体感受、情绪感受以及念头和想法，并且特别强调对当前想法不做任何评判，单纯而完整地感觉和接受自己所有的感受。相对静态的正念冥想：找一个舒适静谧的环境，设定正念冥想时间与音乐。开始正念冥想，关注呼吸、接纳感受，相信可以完全控制自己的想法和情绪。相对动态的正念冥想可以在日常生活中随时进行，如吃饭时，放慢速度并仔细品尝每种食物的味道，咀嚼体会食物的口感，用嗅觉捕捉食物散发的芳香等。与感观建立联结的同时，可以把我们从对考试浮想联翩的思绪中拉回来，关注当下。

导师可以组织小组一起进行冥想训练：

冥想活动指导语：把注意力放在此时此刻。看看周围，你看到了什么？聆听周围的声音，你听到了什么？触一触身边的物体，你感觉到了什么？嗅一嗅周围的味道，你闻到了什么？看看自己当下正在做的事情，然后全身心地投入到正在做的事情当中。

导师指导学生利用每个当下来练习正念，帮助增加专注力，减少焦虑，感受当下，保持心境平和，从而提高学习效率。生命中的每一天都是馈赠！

导师邀请高三的静怡在食堂共进午餐。静怡吃了几口就说饱了。细问之下，了解到进入5月后，静怡想到高考马上就要来临，感觉心都揪成一团，整个人处于紧绷状态，吃不下饭，睡不好觉。做模拟卷时，还手心直冒汗，好朋友都说自己最近目光呆滞、面无表情，像个木头人，导师笑称要把木头人变成干饭人。导师约静怡来学校心理减压室，静怡躺在音乐放松椅上，在舒缓的背景音乐中，听着放松指导语，表情慢慢地放松，手自然地搭在扶手上，呼吸渐渐平稳下来。近20分钟的音乐放松结束，静怡缓慢醒过来，伸了个懒腰，说感觉身体一下子轻松了很多，没想到自己居然睡得这么香。导师告诉静怡，要学会让自己的身体放松，心情就会平静下来，这样才有充沛的精力生活在当下。在学校里，学习累的时候，也可以闭着眼睛，让自己完全抽离出课本，放空自己。导师送给静怡一本马克·威廉姆斯写的《正念禅修》，让她每天晚上扫描二维码，跟着音频练习。静怡练习一段时间后，发现很有帮助，还分享到班级，作为大家午休的放松项目。

（四）行动是缓解考试焦虑最好的办法

严重的考试焦虑像沼泽一样让学生深陷其中，难以抽身，而行动是缓解焦虑最好的办法。导师可以分享行动的技巧让学生走出焦虑的泥泞。如下都是很好的行动策略。

用目标推进可视法合理分配备考时间：关注当下的复习内容，定一个合理、可量化、可操作的目标。如今天整理政治第三章第一节的思维导图等，一次完成后，立刻记录，当天及时总结，完成后给予自己奖励，即时的犒劳会让人更有动力。

用番茄工作法提升复习应考的效率：选择一个待完成的任务，将番茄时间设为25分钟，专注工作，中途不做任何与该任务无关的事，直到番茄时钟响起，然后进行短暂休息（5分钟就行），接着再开始下一个番茄时间。每4个番茄时段后多休息一会儿。番茄工作法极大地提高了复习的效率，还会让人产生意想不到的掌握感和成就感。

弱点强化训练应对高原现象：高原现象是在最后的冲刺阶段，学生会有一段时间在学习上出现复习效率不高，对学过的知识感觉似是而非，成绩不但没有较大提高，反而起浮不定，甚至呈现出一路下滑的趋势，学生备考信心会受到打击。这时不妨对每次考试情况进行认真梳理，从知识点和能力点的掌握出发，将自己的"弱点"找出来。接下来，针对弱点准备复习资料或训练材料，拿出一定的时间，针对自己的弱点进行定点强化训练。

（五）父母—师—生沟通，形成对考试（成绩）的一致、合理期待

当学生的考试焦虑主要来自父母时，导师需要和家长建立工作同盟。

1. 借助量化技术来快速了解学生目前的压力情况

了解学生的考试焦虑程度：评分（0～10分），0分——不焦虑，10分——非常焦虑。来自父母方面的考试压力：评分（0～10分），0分——没有压力，10分——压力非常大。请学生根据实际感受给出分值。

2. 向学生了解父母的期待、家庭沟通模式及造成学生考试压力的原因等

对照表3.14,导师可以清晰地了解学生感受到的家庭压力源。同时,引导学生理清学习成绩、梦想目标、父母期待之间的关系,同时思考现阶段希望达成的具体学习目标。

表 3.14　孩子感知到的家长行为检核表

比较	是否拿孩子的表现和其他孩子甚至是家长曾经的表现做比较(如"你表哥就考上了××著名大学"或"我上学的时候数学就特别好,你怎么就学不会呢?")
不切实际的期待	是否认为孩子的才智和能力远超其他人(如"我觉得你地理很好的,必须要考到A+")
孩子的表现影响到了家长的自尊	是否认为孩子的成绩表现反映了你对他的教育成败,孩子成绩好,你就是好家长。是否因为自己儿时有遗憾,就希望孩子能取得成功,不要重蹈覆辙
事无巨细地管理着孩子的一切	是否相信,只有时刻掌握孩子行为,事无巨细地盯着孩子,孩子才能取得好成绩。父母像直升机一样盘旋在孩子上空,时刻监控一切
秉承"咬牙坚持"的理念	是否认为人生充满艰辛,而经历苦难便是生活的意义。(如"人生那么多苦,我都挺过来了,你现在经历的痛苦,咬牙坚持,也应该能做到")

3. 和家长联合会谈,形成家庭成员对考试的一致合理期待

导师在和家长们的沟通中发现,很多家长都没察觉到自己给了孩子压力,觉得自己所有的出发点都是为了孩子好,其实家长本身也很焦虑。所以导师在和家庭联合会谈时,要充分理解家长的心情,肯定为人父母的艰辛付出和不易,并帮助家长了解孩子的考试状态,认识到父母过高的期待等会成为孩子巨大的压力源,导致孩子成就动机过高,心理负担重,形成家庭成员对考试的一致、合理期待。和孩子一起面对问题,不和问题一起打败孩子。

同时建议家长在孩子备考期间,为孩子减压赋能。

需要做到"五要":①要营造安全、放松的家庭氛围;②要告诉孩子,不管结果如何,家长都爱他;③要包容接纳孩子偶尔的"坏脾气";④要搞好饮食卫生,做好后勤保障;⑤要引导孩子建立合理认知,大考重要,但不决定人生。还要做到"五不要":①不要定目标分数,比如,语文要考多少分等;②不要时刻提醒孩子,离考试还有多少天,要努力等;③不要如临大敌或者唠叨不休;④不要规定孩子必须考上哪所学校;⑤考试期间,不要询问考试结果。

4. 依托学校的家庭教育资源,提升父母的家育理念

家长对考试、对分数的固有观念,受到自己的成长经历、生活经验的影响,根植于内心,改变起来需要一个过程。导师可以依托学校的家庭教育资源,让家长们通过学习,不断更新教育理念、在实践中做调整。闵行中学通过搭建多元平台,助力"成长型家庭"建设,如定期举办"高考迎考,做孩子的神助攻""家校共育,为孩子赋能""成长型思维助力孩子适应高中新生活""和孩子一起面对问题,别和问题一起打败孩子"等线上线下家庭教育讲座;举办家长经验分享会;组建家庭教育家长读书会等,用多种形式提高家长家庭教育的能力和素养,为学生的身心健康发展提供良好的环境,达成家校协同共育的作用。

家长在和导师的沟通中,得知小南给自己的焦虑评分是 8 分,父母给的压力是 9 分,这才意识到自己只关注名校可以提供更好的资源,没有考虑到小南的实际学习水平和备考心理特点,过高的期待已经严重影响到小南的正常学习状态。父母后来和小南好好地聊开了,同时也宽慰小南,让她安心学习,父母会少干预、少指导,但也希望小南有情绪别藏在心里。同时,生涯导师也邀请小南父母参加学校的高三家长讲座和家庭教育赋能沙龙,学习做安心家长,带着适度的焦虑和期待陪考,让家成为孩子备考的心灵港湾。

5. 学科老师们的积极心理暗示

导师还可以跟班主任、任课老师们沟通学生学习现状,在平时与学生的接触中,除了解学生成绩下滑的原因外,更多关注学生现阶段的课堂和作业表现,多多鼓励,给予他们信心。

一位曾经为孩子的学习焦虑不已,后来淡定处之的妈妈写下一段话:

上了高中后,总希望孩子把所有的心思都放在学习上,考一个好的大学,所以聊天的主题就是学习和成绩。一旦考不好,我们就给他找外面的补习班,结果越补越差,孩子也回避和我们讲话。后来导师和我们沟通后,才发现我们给孩子的压力过大,让孩子苦不堪言,对学习失去了信心。非常感谢生涯导师对孩子全方位的关注,架起了和孩子沟通的桥梁,让我们更了解孩子的学习生活和心理动态,一旦发现问题及时解决。

(执笔人:王娟)

第五节　生活事件积极因应

张老师在放学后的教室里发现了不想回家的小胡,仔细询问之后,小胡忍不住哭出声来,他说:"我不想面对这样的家,我真的好累啊! 他们要是离婚了,我该怎么办呀!"事情其实已经默默发酵了很久,小胡努力装作什么都没有发生,可是父母的争吵日益频繁,甚至双方在餐桌上也会控制不住情绪。突然,从某一天开始父母不再争吵,但也不再有过多交流。

作为小胡的生涯导师,张老师看着这个心思细腻的男孩压抑着的悲伤,此时,太多安慰的语言显得有些苍白,只静静陪伴着他,让他的情绪充分释放。

两个月后的元旦,张老师收到小胡的一封信。小胡说,最近张老师和其父母沟通过之后,父母已经意识到需要和他进行平等的沟通,共同探讨家庭关系,此时,他知道家人会分开,但爱不会离开。特别感谢张老师在那段最难过的时光里的陪伴。希望自己借着新年新气象,走向新的阶段。

> 成长的航道并非风平浪静,不可预料的事件常常出现在学生的生活中。这些生活事件或大或小,给他们带来刻骨铭心的情绪感受。而有些生活事件的冲击力对于成长中的他们来说太过强大,如果导师能够陪伴左右,给予坚定支撑,对于学生而言,必将是其成长路上一抹浓重、温暖的印记。

一、生活事件意味着什么

(一) 生活事件的广泛性

"生活事件"顾名思义就是生活中发生的事情,是指人们在日常生活中遇到的各种各样的社会生活的变动,如生病、升学、亲人亡故等。显然,这样略显模糊的界定也意味着生活事件的广泛性,包含大大小小的事情,涵盖了人生的方方面面。国内外学者所编制的生活事件量表版本多样,国内使用广泛的杨德森和张亚林编制的生活事件量表包含 48 条之多,三个主要方面分别是:家庭生活方面(28 条),工作学习方面(13 条),社交及其他方面(7 条)[①]。从高中生涯导师的角度出发,本节重点讨论高中阶段可能对学生产生较大影响,且发生概

[①] 中国心理卫生杂志社.心理卫生评定量表手册:增订版[Z].北京:中国心理卫生杂志社,1999:101-108.

率较高的五类典型生活事件，分别是身体创伤/疾病、亲友丧失、行政处分、父母关系（濒临）破裂和二宝来了。

（二）生活事件的影响

自20世纪30年代汉斯·塞里（Hans Selye）提出应激的概念以来，生活事件作为一种心理社会应激源，对身心健康的影响引起广泛关注。国内外的研究显示，生活事件也是造成危机的一类重大诱因，对人的情感、行为以及身心健康都可能造成一定影响[①]。学生在遭遇负性生活事件时，可能出现的应激反应包括情绪情感失控，沉浸在消极情绪中难以调节；内分泌失调，身体出现代谢紊乱；也可能出现失眠、冲动伤人/自伤、回避社交、厌学等行为问题。严重的生活事件可能引发创伤后应激障碍（PTSD）[②]，给当事人造成持续性的精神痛苦，需要进行专业的医学和心理治疗才能有所改善。当学生出现反常的情绪行为时，可能他正在承受突如其来的事件带来的压力和痛苦。

（三）生活事件与人格特质、应对方式、社会支持系统的关系

生活事件带来的影响并非只由事件本身决定，老师在日常工作中可能已经发现，类似的事情发生在不同学生身上，带来的结果是不同的。比如，A学生在考试遭遇滑铁卢时，可能情绪非常低落，并且会持续挺长一段时间，而同样的事情发生在B同学身上，可能他只会抱着无所谓的态度，照常学习和社交。这显而易见的差异可能由多种原因造成。一千个读者就有一千个哈姆雷特，每个学生也是性格迥异，有着不同的人格基础，因此，在看待生活事件对学生的影响时，不能仅凭过去的经验，而要根据当下学生个体的反应采取相应的教育措施。

同时，我们也会发现在面对类似的生活事件时，不同的应对方式会对后续的结果产生不同的影响。有的学生会积极地面对问题，可以将问题化大为小，将生活的阅历浓缩成自身的智慧；有的学生则会回避或者消极抵抗，让尘埃聚成磨脚的砂砾。采取何种应对方式不仅与学生的习惯有关，也和学生的社会支持系统有密切关系。人是各种社会关系的总和。研究显示，社会支持系统良好的学生相对于社会支持系统单薄的学生，更容易获得满足感和幸福感，耐挫力也更强[③]。有坚实后盾的孩子在处理问题时，内心安然踏实，不易情绪化，有利于积极面对生活事件的发生。

高中生正处在心理发展的整合时期，人格也处在成长阶段，生活事件的恰当处理能够促进高中生的心理成长。发展正向的应对方式，构建积极的社会支持系统，正是生涯导师

---

① 王泽霖，李志刚.高护学生生活事件与健康的关系[J].中国学校卫生，1998,19(06)：453.
② 创伤后应激障碍，简称PTSD，是指个体经历、目睹或遭遇到一个或多个涉及自身或他人的实际死亡，或受到死亡的威胁，或严重的受伤，或躯体完整性受到威胁后，所导致的个体延迟出现和持续存在的精神障碍。
③ 袁立新，曾令彬.生活事件、社会支持、应付方式及自我效能感对心理健康的影响[J].中国健康心理学杂志，2007,15(1)：33-36.

在陪伴高中生应对生活事件时的两大积极策略。

二、典型生活事件之身体创伤/疾病

（一）身体健康问题不只影响身体

在中学校园里，学生们徜徉在走廊上，奔跑在校园里，端坐在教室中，他们充满活力，肆意挥洒着青春的激情。当身体出现意外创伤或者产生疾病时，他们往往难以接受。一位在高三突然生病却没有得到确切诊断的孩子，在日记里这样写道：

高三，是压力最大的时候。然而，对我而言，除了有升学的压力外，还有生存的压力啊，因为知道自己这几年都不正常，知道自己可能得了可怕的疾病，但又不知道到底是什么病，我每天躺下前都担心见不到第二天的太阳……你们理解这种痛苦吗？

身体意外创伤或疾病可能会带来持续的疼痛和多种生理反应，同时，也极大地挑战着学生的意志力和精神状态。在这样的情况下，学生还要面临学业压力、病休期间与社会环境脱节、不被理解等多重心理痛苦。如果一些身体创伤发生预后不良的情况，身体状况便难以维持正常的活动，另外，外形的改变显示着自己的与众不同，重新适应环境变得同样困难重重。

（二）导师辅导策略

当学生出现身体创伤或疾病时，导师首先需要充分了解他们的身心状况。虽然这不能直接改变身体的痛苦，但能够对疏解学生的心理压力有所帮助。

1. 导师的关心和问候

人身体不适的时候，心理也常常处于脆弱状态，导师一句及时的问候恰能温暖心田。心中想着学生，关心着学生，不管是语气还是眼神，学生都能够感受地到。关怀询问的短信或是约定好进行一次家访，都可以让学生知道，学校在等着自己回归，老师在关心自己，自己并非孤立无援。

2. 组织同伴送温暖

针对中学生的同伴影响力的调查显示，中学阶段存在着从接受父母影响向接受同伴群体影响转变的趋势。[1] 同伴支持影响着他们对于自我人际关系的心理感受和体验的满意程度，进而能够避免孤独感，提升学生的积极适应性[2]。在校的学生也一定在挂记着受

---

[1] 廖红，陈会昌.中学生对同伴群体和家庭影响力的判断[J].心理发展与教育，2000（4）：51-55.
[2] 方双燕，桑青松，顾雅婷.中学生同伴支持、基本心理需要和社会适应的关系研究[J].社会心理科学，2012（12）：57-62.

伤/生病的伙伴，恰当地表达关心是人际交往的必修课和增加幸福感的小秘钥。因此，组织导师小组成员为伙伴送温暖，能够让温情在集体中流动，更给受伤/生病的学生带去更多温暖和感动，也让组内同学学会如何关心关爱同学。一位高中阶段生过重病的学生，在进入大学后，写下来这样一段文字：

> 大概没有一个高中生会想象自己虚弱地只能躺在病床上的场景。曾经我也以为疾病离自己很遥远，直到它真的到来。那段经历混合着消毒水的气味、撕心裂肺的疼痛和绝望的气息，我知道应该坚持，应该跟病魔战斗，但是我的身体太痛了。住院期间，老师和同学们来看我，还给我带来了一盆我最喜欢的生石花。老师说："生石花形态像石头，但一直在长大，我们一起等它开花，石头里蹦出的花是生命带来的惊喜。"现在，它依旧被我照顾得很好，已经开过几次可爱的橙色小花。

3. 学业发展重架构（联合学科教师）

除了情感的上关怀，学生在身体不佳的状况下，更需要学业、生涯发展上的帮助。可以根据学生身心状态，在与学生沟通之后，联合各学科教师、同学，一起帮助学生制订个性化的学业、生涯发展计划。

> 小宁是学校棒球队的种子选手，在上海市棒球联赛多次率领队伍获得冠军。高三上学期时，一场突如其来的车祸打乱了他的升学计划，无法经由体育特长生的途径进入理想的大学。躺在病床上的他感到前途一片灰暗，身体不可能立刻返回训练场，而考试的日子一天天临近。
>
> 小宁的生涯导师王老师在获悉情况之后，立刻和小宁及其父母沟通，安抚他们的情绪。然后与小宁的班主任、任课教师进一步沟通，了解到小宁棒球成绩优异，但文化课成绩在高考中并不突出，与原本期待的大学有相当的差距，而小宁的英语成绩不错，如果申请国外高校或许是个优势，便联系了负责国外升学的老师沟通小宁的情况，进而与小宁的家庭进一步协商沟通。
>
> 最终，通过自己的努力和多方老师的帮助，小宁顺利进入了纽约大学学习。

学生的身体状况不同，之前制定的生涯规划也不同，应两相结合。若学生身体情况不允许，需要休学，则以康复为重，为学生制订课业负担较轻的计划，鼓励学生广泛阅读。若学生只是短暂休息一段时间，不影响生涯规划，能够完成一定量的自学任务，则应督促学生查漏补缺，积极向学科老师请教。若学生可以坚持在校学习，应考虑其身体状况，酌情精简作业，合理安排课外活动、体育活动课等。

4. 休假/返校适应需关注（回归仪式）

通常,老师不会忽视刚刚遭遇意外创伤/疾病的学生,但可能忽略经过一段时间调整,满怀期待回到学校的孩子。休假的时光与学校脱节,返回学校时可能会出现不适应的情况。这时,不妨用一个小小的仪式帮助学生向休假时光告别,快速回归学习状态。

仪式感,就是使某一天与其他日子不同,使某一时刻与其他时刻不同。它足以让平凡的日子也可以散发出光芒。德国的儿童心理专家梅兰妮·格列瑟(Melanie Grässer)在《孩子需要家庭仪式感》一书中说:仪式能给予孩子安全感、安定感和信赖感,促使孩子独立,赋予强健人格,给予秩序和方向。学校教育也需要仪式感,而那些真正打动学生的仪式总是"小而美"。

可以采用的形式有:

一朵学生喜欢的花;

一张写上祝福的贺卡;

一群伙伴热情的拥抱;

一个简短的欢迎仪式;

一声集体的呼喊……

三、典型生活事件之亲友丧失

（一）哀伤情绪的平复需要一个过程

我们不能知道意外和明天哪一个先到来。失去亲友恐怕是人生中最悲伤的事情之一,失去的亲友与我们的关系越亲近,对我们越重要,悲伤就越强烈。我们还可能会体验到各种复杂的情绪,比如愤怒、愧疚、失落、孤独、无助等,也可能拒绝相信事实,在行为方面出现失眠、感到无力,学习难以集中注意力等情况。这些反应与感受都是正常的。经历事件后,每个人的反应程度不一,但大多数人在经过一段时间后,能顺利地调适并恢复正常生活,但也有些人仍然被悲伤紧紧缠绕着。

失去了一位重要他人,也因此失去了一份关系,这份重要关系往往建构了学生的角色、定位和身份。学生可能还会觉得自己没用,保护不了亲人,怎么会让亲人经受死亡的痛苦,随后,自我否定、自我批判,自我价值感便随之受损,在无常的世事中感受生活暂时的失控。强行用理智把情绪都压下去是不明智的,压抑的情绪像一块石头,堵在心田。哀伤的平复需要一个过程,情绪需要抒发,角色需要重新适应,他们需要在这个过程中完成思绪的整理。

（二）导师辅导策略

1. 个别谈话：共情、情感支持

作为生涯导师,我们首先要知道,悲伤情绪的疗愈过程并不容易,除了需要一些耐心,

也需要一些温柔。如果可以，请在安静的环境下进行谈话，听他回顾过往与逝者的点滴，慢慢并完整叙说发生在自己身上的故事，让他在叙事中逐渐接纳逝者已逝的事实，去释放悲伤的痛苦和感受。悲伤的时刻，能做的是理解和接纳他的悲伤，鼓励他将悲伤充分地表达出来，也可以想办法鼓励他谈谈逝者给他带来的积极影响或过去曾拥有的美好回忆。

特别注意，不要用太过笼统却毫无帮助的"安慰话"来抚慰悲伤者，例如："做个勇敢的男孩！""生活是为了活下去""一切很快就会结束""你会站起来的""坚强、再坚强"等。因为在此时，安静的倾听优于打鸡血式的激励。

值得提醒的是，不要为了激励学生从悲伤中快速走出来而鼓励学生做任何重大改变生活的决定，因为在极为悲伤的时刻，情绪尚未稳定，很难有好的判断力，并且容易影响未来新情境的适应或新关系的建立。重要的是告诉他，不要仅为减轻现在的痛苦仓促做决定，当他准备好时，自然就有能力做决定并采取行动。

2. 生命主题团体活动

可以在心理老师的协助下，组织导师组内的学生开展生命主题团体活动。在真诚的氛围中，邀请组内同学分享各自的生命故事，并相互反馈，共同梳理对生命的态度和感悟，并借助团体的动力获得领悟与力量。可以选用一些经典的生命活动主题，如"我生命中的重要他人"。

我生命中的重要他人

活动目的：

（1）回顾生命中的重要他人，叙述重要他人和自己的故事，感受重要他人的离去给自己带来的影响，在安全的环境中充分表达和释放情绪；

（2）站在当下，重新看待重要他人对于自己的意义，整合新的故事，发展新的视角，滋养未来的自己。

活动过程：

（1）播放名人讲述自己生命中重要他人的视频或展示类似的故事，作为活动导入，引出活动主题。

（2）请每位成员分享1～3位自己印象最深刻的重要他人，以及重要他人和自己之间的重要故事。

（3）请同学A左手边的同学B，以自己听到的内容和观察的视角重新讲述一遍刚才听到的A的重要他人的故事，并在故事的结尾，以同学A的重要他人的身份对5年后的A说一句话；同学C讲述同学B的故事，每位同学的故事都从身边的人口中被重新诉说一次，依次循环至结束。

（4）请团体成员体会听到别人诉说自己的故事和自己原本故事之间的细微差别，写下自己的重要他人与自己的故事，以此方式统合视角，重构故事，并请同学为自己的故事命名。

（5）小组成员共同讨论重要他人的存在给自己的人生带来了什么样的积极影响。如果有同学经历过重要他人或者重要关系的丧失，请他分享重要他人离开后，自己的生活因此有何改变，他们给自己留下了什么？

（6）给每位同学分发一张卡片，请他们给刚刚经历丧失重要他人的痛苦的同学写一句温暖的话语。

3. 家校联合：共同关注，温馨陪伴

遭遇亲友离世的高中生需要安静处理哀伤的空间，也需要家人的亲密陪伴。家长可能自身也处在失去亲人的巨大悲伤中，在陪伴孩子的时候，怀揣着关怀，却可能感到无措。导师不妨邀请家长一起聊聊在这样特殊的阶段如何陪伴孩子度过，并给予一些必要的建议。

（1）家长同样需要关注孩子的情绪行为变化，防止孩子出现冲动行为和危机状态。

（2）不回避、不敷衍。在我们的传统文化中，死亡是很忌讳的话题，很多人都不愿主动去谈论。有些家长担心孩子的心理承受不了亲人过世带来的痛苦，在孩子问到死亡的话题时有所回避。如果家长回避或禁止谈论，孩子会觉得谈论这个话题是不被允许的，他们会压抑自己的情绪，不去表达自己的感受。恰当的做法是：不要刻意回避免谈论死亡，更不要压抑孩子悲伤的心理，面对孩子对于生命和死亡的迷茫，家长应该坦诚面对，以成人的方式和他们交谈，帮孩子正确认识死亡，表明对其感受的关心，陪伴和疏导孩子的情绪。

（3）适当向孩子表达自己的悲伤。某个至亲过世，对家长本人也是非常悲痛的事情，他们也需要处理悲伤的情绪。这个时候，家长往往会本能地把孩子排除在悲伤的圈子外，不想让孩子感受到自己的痛苦。家长尽量避免提及逝去的亲人，反而会让孩子心生疑问，这种疑问可能会在长时间都保留在内心，从而影响到孩子的生活。家长可以在孩子看到自己难过、流泪时告诉孩子："因为奶奶过世了，再也回不来了，爸爸/妈妈想起了奶奶很难过。不过别担心，过段时间爸爸/妈妈就会好的。"让孩子通过亲人的逝去、父母的悲伤，明白我们每个人都会面对死亡和哀伤，但是，痛苦也终将会过去。

（4）缓解悲痛，保持对亲友的记忆。为了缓解或者消除悲痛，有些家长会回避谈论已去世的亲人，或避免提起曾经一起的快乐时光。实际上，家长和孩子应该保留对逝去亲友的鲜活记忆，可以用一些活动寄托哀思，缓解痛失亲友的悲痛。家长还可以告诉孩子，亲人去世了，但他们的鲜活形象还留在我们的生活中，爱还在，他们会继续活在我们的心中。

4．转介心理咨询

事实上，在所有可能造成影响的生活事件的处理中，导师都需要注意观察学生的情绪变化，如果学生长期处在不良情绪当中或者学生有心理咨询的意愿时，都可以将学生转介给学校的心理咨询师，让专业的人士提供帮助。

2020年4月开学后，导师观察到丹丹的情绪状态与之前相比变化很大，并且非常畏惧考试，常常一个人趴在桌子上，不与同学交流。交流过后才知道，丹丹的父亲在疫情期间由于心脏病突发去世了。丹丹的父亲平日里工作很忙，与丹丹交流不是很多，但非常关心女儿的学习，丹丹父亲去世后，家人也处在巨大的悲痛中，对父亲甚少谈论，丹丹的悲伤情绪无处排解，学习无法集中注意力，更加觉得对不起父亲生前的嘱咐，多方面的情绪和认知冲突几乎要压垮丹丹。

经由导师转介，学校的心理老师对丹丹进行了情绪疏导，初步评估丹丹的精神状态有抑郁倾向，在进行家校多方会谈后，将丹丹转介到医院进行医学诊断和治疗。

生涯导师是和学生非常近的人，但导师也不是万能的，当学生处在自己难以处理的状况中时，将最有效的资源提供给学生是对学生最好的帮助。

四、典型生活事件之行政处分

（一）做错事的孩子也需要"被看见"

作为生涯导师，若所指导的学生被给予严重警告处分，第一反应会是什么呢？或许有震惊、愤怒、羞愧，可能还有一些恨铁不成钢，这些情绪反应实属正常。学生被处分的行为包括作弊、打架斗殴、无故旷课、违规使用电器等等。行政处罚的目的当然不只是惩罚，还有警戒和规范行为。处罚是否能够起到教育效果，很重要的一点在于老师如何理解和教育犯错的学生。当学生面临行政处罚时，内心也同样五味杂陈，此时若强加更多严厉的批评，便很难让学生把注意力从"犯错"转到"改错"上去，处理不当的话，可能会加重学生的自责情绪，甚至会让学生的情绪处在崩溃的边缘。犯错通常不是无缘无故，是什么样的动机让学生冒着风险也要作弊，是什么样的原因让学生顶着受伤的风险也要去打架，是什么样的心态让学生宁愿在网络上出言不逊也不跟家长交流。做错事的学生需要被看见，在老师的理解与宽容下，他们犯错背后的恐惧、哀伤、无助、焦虑会一一浮现，而这些也往往蕴藏着学生承担错误、回到积极状态的能量。

（二）导师辅导策略

1．个别谈话：了解事件前因、调整认知误区

在个别谈话之前，导师可以从德育处了解学生事件的基本情况和后果。尽量平静地

与学生沟通。在不指责的前提下，了解学生的想法和事件的缘由，理解学生错误行为背后的动机，以及动机所反映的学生需求。

　　小凡是高二的学生，在期中考试中被监考教师发现夹带小抄的作弊行为，上报学校后，经学校行政核实和研究决定，给予了小凡警告处分。

　　当小凡的导师张老师找到小凡时，他脸色苍白，手止不主地抖。张老师给他泡了杯茶，让他稍微平静一点。经沟通了解到小凡的父母对他的学习要求非常严格，但小凡觉得自己不是读书的料，感觉自己每次背单词的时间都比同桌要长，而且考试也总是考不过同桌。每次大考之前，记忆力就变得格外的差，考试时脑子一片空白，自己明明会，但就是想不出解题的办法，于是就想起了这个糟点子，打个小抄。他认为这样才是公平，否则自己明明记得却想不出，这对自己也太不公平了。

　　张老师分析得出初步结论，小凡是在压力之下，非常希望不辜负家长的期待，但是可能由于学习方法不得当和考试焦虑的问题，没有办法应对考试。小凡对于公平的认知是有误区的，需要进行梳理和明晰，同时也需要对小凡的学习和考试焦虑的应对方式加以辅导。

2. 个性化定制补救措施

　　学生受到行政处罚只是事件的开端，学生需要在教训中总结经验，比如，如何面对自己的错误，采用何种积极的应对方式。如学生因多次在课堂上使用手机被处罚，应在调整思想认知后主动承认错误。导师可以根据学生使用手机的目的帮助其制定策略：若学生不能在课堂集中注意力学习，则应帮助其在学习方面制订计划；若学生必须携带手机（如上学时需要用手机扫码骑车）但无法自我管控，则帮助其施以外力进行手机监控；若学生享受在课堂上使用手机时的独特感，喜欢这种"出风头"的感觉，则帮助其在恰当的场所和平台获得自我价值。

3. 组织导师小组公益/挑战活动

　　学生受到行政处罚后，自尊心会遭受较大的损害，容易贴上负面的标签，也可能因此被轻视和孤立。他们需要机会重塑自我形象，获得自己和同学的尊重，被集体接纳。作为导师，可利用周末或节假日组织小组成员进行校外志愿者活动，在力所能及的范围内帮助别人，感受帮助他人带来的幸福感，让幸福感替代自责。鼓励学生参加一些安全的身体极限挑战，或对学生来说具有挑战性的活动，如即兴脱口秀、博物馆讲解、生活创意发明展览等，在挑战中获得成就感，体会自我的价值，重新获得自尊。

4. 家庭教育指导

　　学生的错误不一定是由家长造成，但是如果家长适当调整自己的行为和对待学生的态度,可以帮助学生更快地从被处罚的阴影中走出来。在知道孩子受到行政处罚时,家长通常会非常生气,同时也对处罚带来的影响非常担心。导师应尽量安抚家长,防止家长使用不当的教育手段对待孩子,也需要帮助家长建立发展型思维模式,共同探讨如何帮助孩子在错误中成长,在既定的情况下鼓励孩子正视问题,并采用积极的举措,减轻或消除错误带来的影响。

五、典型生活事件之父母关系(濒临)破裂

(一)家庭是一个系统

当夫妻关系出现问题时,有些家长对孩子三缄其口,任孩子独自腹诽也不做任何解释,只说"大人的事你别管,学习就好";有些家长把孩子当作"小大人",对其倾吐苦水,希望把孩子拉到自己的阵营中。事实上,单是离婚这一件事情对于孩子的影响,远远小于父母离婚过程中的冷战、敌对、争吵等,以及离婚之后非理性应对方式对孩子造成的负面影响。这些处理方式将打乱家庭系统的运转节奏,父母不在父母的位置上,孩子也不是孩子的角色。

在健康的家庭系统中,夫妻关系是核心,家庭中每一个人都不能够游离在外,父母孩子的三角关系之间互相影响。如果家庭系统出现问题,也会直观地反映在孩子身上。相较于幼儿,高中生独立性更强,在遇到父母关系破裂的情况时,受到的影响可能会稍微小一点。但对于处于青春期情绪风暴中的他们来说,也极有可能触发惊涛骇浪。

(二)导师辅导策略

1. 用电影打开话匣子

在一些传统的观念里有"家丑不可外扬"的说法,学生在遇到父母关系破裂的情况时往往无处倾诉。最亲近的两个人要分开,自己的内心也会产生撕扯感,却不知还能向谁求助。

电影是很好的沟通载体。邀请学生在安静的两个小时里共同欣赏一部有关成长或有关家庭的电影,如《狗十三》[1]《盛夏未来》[2]《普罗旺斯的夏天》[3]等。当学生的情感与电影产生共鸣,情绪自然地流露,话匣子就打开了。例如,可以与学生讨论:如何看待《盛夏未来》中主人公在得知父母关系出现问题时做出的决定?如果你是这个主人公,你会怎么

---

[1] 《狗十三》讲述了13岁的少女李玩,由于父母离异,与爷爷奶奶生活在一起。正处于青春期的她渴望了解、陪伴和爱。电影以一只宠物狗的到来为导火索,李玩开始了汹涌又无奈的成长之路。

[2] 《盛夏未来》中,将要高考的陈辰因发现父母关系破裂而心情低落,在这时,她与校园网红郑宇星因为一个谎言意外相识,两人携手面对成长的种种难题,见证了彼此的成长和蜕变。

[3] 《普罗旺斯的夏天》讲述了一个稀松平常又温馨的家庭故事,久居山村的老人突然接到离家十八年的女儿的托付,照管她来自巴黎的儿女到普罗旺斯乡下过暑假,疏远的关系和生活习惯的沟壑在亲情中慢慢磨合。

做？主人公的父母选择隐瞒关系破裂的事实是不是好的选择，你认为父母怎样的告别方式才是恰当的？电影是引发思考和触动情绪的素材，具体讨论的话题，应根据学生家庭中的具体情况灵活变通处理。

2. 家校合力：在关系中成长

如果发现学生因为父母关系的问题引发了情绪低落、注意力不集中、社交回避等问题，说明学生暂时不能仅靠自己消除父母关系破裂带来的影响，需要家长和学校的共同支撑。夫妻关系破裂是婚姻可能性的一种，学生的家长仍然可以尽可能在孩子的问题上协作。导师需要根据学生及家庭的实际情况，与学生的家长进行沟通，适当地进行家庭教育指导，让学生在家庭的变化中逐渐适应，学会处理与原生家庭的关系，在关系中成长，在破碎中重新找到自我。

夫妻关系破裂/边缘的家庭教育指导参考：

夫妻双方找一个合适的时间，共同告诉孩子离婚的事。和孩子宣布离婚这件事，应该是双方一起，不能单方面推卸给对方，由对方独自去面对这件事。

给孩子传达：分开后父母会感到更轻松和快乐，对他（她）的爱不会因为离婚而改变。

不要带着情绪和孩子沟通，更不要在孩子面前抱怨、埋怨另一方。应该带着心平气和的心态，不管离婚是哪一方造成的，都不应该在孩子面前争吵，诋毁对方在孩子心中的形象。

征询孩子愿意和谁一起生活，尊重孩子的意愿。

跟孩子表明，离婚不是孩子的过错。对孩子提出的问题要耐心仔细地回答，重视孩子的感受。

3. 共读一本书，分享彼此的视角

从复杂的家庭关系中走出来不能一蹴而就。学生可以一边成长，学习如何与父母相处，如何在他们之间找到自己的平衡；一边理清思绪，将精力重新放回到学习中来。这样一个略显漫长的成长过程，也适合用一本书来促进和陪伴，例如，米勒教授汲取了社会心理学、沟通研究、家庭研究等所撰写的《亲密关系》，探究亲密关系的科学本质，能够帮助学生明晰通俗心理学所提倡的经验之谈，理解亲密关系的形成和破裂的心理学原因；《你当像鸟飞往你的山》讲述了17岁前从未上过学的作者塔拉·韦斯特弗的故事，她成长在一个信仰极端的摩门教家庭，通过自己惊人的毅力，通过自学考取杨百翰大学，最终取得剑桥大学历史博士学位；苏珊·福沃德博士通过工作接触大量真实素材，编著《原生家庭》一书，这本书重点在于传授具体的对策，使那些受过或仍在承受父母伤害的人们获得勇气和力量，从与父母的负面关系模式中解脱，恢复自信和力量，得到自由和幸福。师生在共读

的基础上共同撰写阅读体会，教师写教育随笔，学生写读书笔记。建立师生共同的语言，促进精神同生同长。

六、典型生活事件之二宝来啦

（一）天降二宝，是喜是忧

随着国家计划生育政策的改变，很多家庭选择了二孩或多孩，当下社会正处在由独生子女家庭向多孩家庭转型的阶段。父母自然是满怀着欣喜和期待迎接新生命的到来，然而一些高中生在家中担任了十几年的"绝对主角"后，被告知自己可能要有一个弟弟或妹妹，这对于他们来说不可谓不突然。高中阶段的学生正处在与父母分化独立的阶段，内心依然充满矛盾，渴望独立和自由，也会在某些时候非常依赖家人。

据调查，高中生们面对即将到来的弟弟/妹妹有以下想法：

有了弟弟妹妹，自己多了一个亲人，也多了一份陪伴或牵挂（这正与很多家长的想法不谋而合，但如果家长打着给孩子多一个陪伴的旗号生二孩，则不免引起他们的反感）；

大号练废了，重新开了个小号（此处是学生借用网络游戏的说法，认为家长对自己感到失望，所以培养弟弟妹妹作为替代）；

太好了，他们终于不把注意力只放在我身上了，自由了；

学习的关键时期，家里多了个小婴儿整天哭哭哭，好烦；

有些失落，父母的爱不只属于自己，但也很期待弟弟妹妹的到来；

……

高中生对于二孩的态度很复杂，有理性也有不理性的想法，但是不可否认的是，对于他们来说，生活确实会发生一些变化，这些变化需要他们去重新适应。

（二）导师辅导策略

1. 辩论会谈谈家有二宝的喜怒哀乐

对于需要学生厘清内心矛盾想法的生活事件来说，组织开展一个"二宝降临，大宝是喜是忧？"辩论会是不错的策略。在辩论会上，学生代表各抒己见，将自己关于二孩的不满或期待充分表达出来，也可以借由对方辩友的论据对自己的认知误区进行调整。他们能够看到自己的担心和不满不一定是完全符合现实的，对现状能够有更理性的思考。辩论会结束后，可以增加一个环节，请双方同学谈一谈自己在辩论中的收获，以及哪些观点是为辩论而辩论，哪些观点有被对方触动。

2. 小组活动：今天我做家长

闵行中学曾在2020年六一儿童节到来的前夕发起过一场"我给爸妈过六一"的活动。倡导学生们给父母过一次"六一大儿童节"。不管父母多少岁，他们也曾经是孩子，随着岁月的流转，他们成了爸爸和妈妈，但是内心的童真不因漫长的时光而消散。邀请学生在6月1日这天，留出一段时光，邀请父母共看一部电影，共同烹饪一桌菜肴，养一株家庭植物，来一场亲子运动，做一次父母的职业访谈，与父母促膝长谈……为增强家庭凝聚力和营造温馨氛围做些力所能及的贡献。闵中学子用心策划欢乐家庭日，用相机记录永恒时刻，用文字抒写爱的表达式。

在实践中体会，远比说教更能起到恰当的效果。组织团体活动给了学生一个机会体会成年人的责任和担当，也给了家庭一个契机去达成学生的理想，在活动中增强家庭的凝聚力，更多的话语容易说出口，有关二孩的想法也能好好交流。

3. 团体活动：我有我边界

学生对于二孩到来的想法不尽相同，综合看待他们的困扰，很大程度上来自对生活发生变化的担心，担心自己的空间被挤占，担心自己在家庭中的角色和位置遭遇动摇。考虑到高中生对自我认知不清晰，自我的边界尚未发展完善，对自我空间和角色的变化敏感，且不能合理地保护和弹性化处理自我边界，导师可以使用团体活动的方式来帮助学生探索自我边界。

活动过程主要包括以下环节：

（1）准备学校和家庭常见的生活场景，请学生判断是否会让他们感到不适。

（2）在纸上画出一个圈，在圈外写出自己在人际互动过程中（比如和弟弟妹妹相处的过程中）不能接受的3～5件事，说一说边界被侵犯时的感受。

（3）请学生分享自己面对边界被侵犯时采用的策略（导师可事先准备策略锦囊供学生参考）。

（4）请学生在自己的圆圈中间画上一个大大的盾牌，盾牌上写上自己在今后在保护边界时会采用的策略。

活动过程仅供参考，导师可根据自己擅长的方式组织活动，例如，采用绘画、OH卡、心理雕塑等形式帮助学生把内心的边界形象化、具体化。

（执笔人：刘河舟）

139

第六节　危机干预

导师手记：两小时阴阳两隔

2021年5月9日，母亲节，成都四十九中学一学生在校内坠亡。事发两小时前，母亲刚把儿子送到学校，当天孩子还和母亲讨论暑假旅游的事。消息一出，各种对学校的涉案指责和负面猜想一时间让四十九中学成为众矢之的。可是，两天后，真相揭开，学生系自杀身亡。监控录像记录了坠楼前行动轨迹，随之浮出水面的还有坠亡学生长期以来存在的自我贬低、自我否定、休息不好、自杀意念以及异性交往等相关信息。

我们痛心：年轻生命陨落，家庭遭受重创；

我们懊悔：如若及时干预，悲剧或可避免；

我们警觉：必须亡羊补牢，做好危机干预。

一、何为危机干预

对于生涯导师而言，在面对有心理危机的学生时，通常是会有些不知所措的。从日常的学习行为中隐隐能感觉到有异样，也常会想办法去了解情况并帮助其成长，但往往收效甚微。如若知道是心理问题，更会小心翼翼，无所措手。因此有必要从专业的角度了解一下常见心理危机的表现以及干预和转介的流程。

心理危机干预理论由心理学家杰拉尔德·卡普兰（Gerald Caplan）于1964年首次提出。他认为，个体和环境之间在一般情况下是处于一种动态平衡状态，当面临生活逆境或个体运用通常应对方式或机制不能解决问题时，往往会产生紧张、焦虑、抑郁和悲观失望等情绪问题，导致心理失衡。而这种失衡状态便称为"危机"。如果这种失衡状态一直得不到帮助和恢复，严重威胁到一个人的生活或其家庭，往往会使人产生自杀或精神崩溃的倾向，这种危机就是危险的；如果一个人在危机阶段及时得到有效的干预或帮助，则不仅会防止意外发生，还可以帮助其学会新的应对技巧，提升心理功能。心理危机干预便是综合运用心理学、心理咨询学、心理教育学等理论与技术，采取相应措施对处于危机状态的个体或群体进行帮助，使其严重失衡的心理状态重新获得平衡，调节其认知、情绪和行为，帮助其恢复社会功能，降低或消除可能出现的危害。

目前,中小学心理危机常采用三级预防与处理机制:一级预防与处理是指全体学生的心理健康促进,责任主体以班主任为主;二级预防与处理是指高危学生的预防性辅导,责任主体以学校心理老师为主;三级预防与处理是指对已经发生危机与有心理障碍的学生的转介服务,包括伤害性事件的应急处置和善后工作,主要责任主体是专科医院的医生。可见,在三级预防与处理机制中,导师的职责应该是一级预防与处理,协同班主任做好学生的心理健康促进,关注学生的日常心理波动情况,提供适时的疏导,预防心理问题的产生(见表3.15)。

表 3.15　闵行中学心理危机三级预防与处理机制

	对象	工作目标	主 要 工 作	主要负责部门
一级预防与处理机制	全校学生	心理健康促进	1. 定期开展教师、家校心理培训 2. 开展心理健康课程与活动,促进学生心理健康 3. 建立全体学生心理发展档案,重点关注特殊学生	德育学生部心理辅导中心
			4. 关注学生的日常心理波动情况,提供适时的疏导	班主任生涯导师
二级预防与处理机制	高危学生	预防性辅导	1. 排摸可能需要心理辅导的学生,转介到心理辅导中心 2. 做好家校沟通,及时掌握特殊学生的情况	德育学生部年级组班主任生涯导师
			3. 对高危学生及时给予所需的疏导与支持,发现疑似有医教协同服务需求的高危学生及时上报心理危机干预领导小组。组织有明确预防主题的团体辅导小组	心理辅导中心
			4. 协同观察追踪相关学生,及时发现、帮助有心理需求或障碍的学生	以上各部门
三级预防与处理机制	已经发生危机与有心理障碍的学生	转介、追踪及应急处置和善后	1. 与区心理健康教育中心、相关医疗机构建立工作联系,保障有需要的学生能接受医教协同服务	校长领衔的心理危机干预领导小组
			2. 劝说疑似心理障碍学生的家长带学生就医,并提供个性化家庭教育指导、休学就医或其他教学方案调整等	
			3. 伤害性事件突发时,做好科学的应急处置和善后工作	
			4. 遵医嘱为在校的心理障碍学生提供支持性心理辅导,开展个案追踪,个性化家庭教育指导及相关教师咨询指导	心理辅导中心
			5. 为相关学生提供适切的班级环境与个性化家长教育指导	班主任生涯导师

二、危机对象的识别和评估

进行危机干预的首要前提是及时发现危机干预对象,评估干预对象的心理状态和危机行为。生涯导师与学生有直接且长时间的接触，掌握一些危机对象的异常特征，便于识别危机症状和评估危机程度。

（一）躯体症状

在繁重的学业压力下，青少年体育锻炼的意识薄弱，且运动时间偏少，因此体质明显下降，免疫力相对偏低，常出现一些身体不适。有些孩子长期伴有失眠、嗜睡、头痛、发烧、胃痛、腹泻、气喘等躯体症状，就医检查无果，症状又频繁出现，这时考虑是心理问题导致的。

小歌每天在校有2/3的时间在睡觉，即便老师在课堂上叫醒他，也很快会再次进入睡眠状态，甚至在下课时间，也是埋头趴在桌子上的。学生上课睡觉，首先考虑是否因为作业过多或贪玩手机导致睡觉太晚，所以在上课时坚持不住而瞌睡。可是正常来讲，如果因为前晚睡得太少，上课打个盹或者睡个半节课甚至一节课，精力会恢复正常。如果一直没有精神而昏昏入睡，就有些不正常了。直观来看，这是缺乏生命力的表现，很有可能因长期失眠或睡眠质量差所致。睡眠障碍本身就是评定心理问题的一个重要因素，抑郁、躁狂、焦虑、强迫和精神分裂等都会导致睡眠障碍。在老师的建议下，家长陪同小歌去医院就诊，结果被诊断为中度抑郁。

（二）情绪异常

长期或突然情绪低落，甚至没有缘由地崩溃哭泣，还有抑制不住的情绪激惹，与同学老师发生激烈冲突，或者明显表现出与环境不相协调的恐惧等，这些均属于情绪异常，要及时给予关注。

（三）负性认知

认知包括对自我的认知，对他人的认知，以及对生活的认知。负性的自我认知表现为低自尊、低价值感、低幸福感；负性的他人认知表现为敌对情绪，认为周围人不友好，过多关注自己甚至可能加害自己；负性的生活认知表现为生活无意义，缺少生活热情，对人对事对物都漠不关心。

小琛同学向班主任提出换同桌，原因是同桌成绩比他好，平时课堂作业都是比他先完成，而且成绩也比他好。让他更气的是，同桌平时经常玩手机，打游戏，而自己很努力，却比不过同桌。他想到这些就没法集中精力听课。同时，他觉得，班级同学都会在背后议论他，说他如何不好，所以他提出一个人坐，不要同桌。

这个同学之所以要求换同桌，是缘于两个负性认知，一个是对于自身的负性认知：我不如同桌；一个是对于他人的负性认知：周围同学不友好。对于初高中阶段的青少年来说，同学关系的重要性远胜于学习本身。越是渴望同伴的认同，就越会用力经营同伴关系。而自我价值感低的孩子一方面极度渴望被同伴接纳，又极度恐惧被同伴拒绝，因此对人际关系更加敏感，常常冲突不断，严重者甚至感觉被孤立，而拒绝上学。事实上，人际关系的冲突很大程度上都源于对于自身或他人的负性认知。

（四）行为异常

导师可能会时不时发现有这样的情况：有的孩子不敢面对别人说话，在办公室背书要背对老师；有的孩子作业本上多处涂抹，且每次涂抹都会重重地涂成一个黑圈；有的孩子说话总是语无伦次，让人听不懂；有的孩子总是谈论生死的话题，让人难以接话；有的孩子突然性情大变，让人捉摸不透；某同学突然在班级群里说了莫名其妙的话，甚至在日常生活中自言自语……这些行为无论是长期存在或突然出现，都应该引起关注，尤其是对于突然出现的此类异常，要关注是否由于遭遇了突发应激事件所致。突发应激事件容易导致突发危机。

（五）自伤自杀

很多处在情绪危机中的孩子会通过自我伤害的方式来宣泄情绪，转移痛苦，进而确认自我的存在。多数并非想自杀，而是在冲动情况下导致的行为失控。有的孩子会进一步产生自杀意念，这是偶然体验的自杀行为动机，还没有采取实现此目的的外显行动。自杀意念通常伴随着幻听、幻视及妄想等症状，这也恰是生涯导师日常最难识别的症状。有些失眠的孩子夜深人静的时候能听到对自己指责辱骂的声音，那个声音甚至命令自己去死。还有的孩子为应对现实生活的困境，虚构出一个理想的世界，并为自己打造一个异常厉害的人设，穿梭于现实和虚拟世界，以至于所言所行难以为周围人理解，导致日渐被孤立。也有的孩子会付诸行动。

小伊同学身材高挑，皮肤白皙，成绩优异，但走路时头微下倾，脸上缺少笑容。周记中流露出对生活的厌弃情绪。导师与他多次沟通后得知，小伊认为自己长得不好看，别人说好看都是客套。自己晚上常情绪失控，大哭，会用锐器划伤自己，胳膊和腿上遍布着深浅不一的伤痕，还有过跳江自杀的念头。

以上所提及的五个方面，并不是说识别危机对象只有这五个方面，也并不是只要有某个方面的迹象就一定说明有了危机。对心理危机保持敏感，不致错过对危机进行干预的最佳时机，才是最重要的。

三、危机干预策略

（一）建立良好关系

一段优质良好的关系具有疗愈的效力。我们导师从被选择成为学生的生涯导师起，便有了建立良好师生关系的基础，再则由于日常相对较多的沟通，更是有了建立良好关系的机会。当然，如果自觉彼此关系不够优质，可以求助相关同事或者学生，让危机对象暂时处在一段良好的关系中，并从中得到心理支持，或者直接转介到心理老师那里。

小菲同学，成绩优异，但人际关系不佳。她对人对事有自己的独到看法，但往往与主流价值观相悖，所以常不能融入集体。同时，她又非常希望自己被大家接纳，因此倍感苦恼。她的生涯导师也是她的班主任，了解她的情况后，给予了支持和共情，因此，她常到导师这里倾诉、吐槽。导师在了解了她的人际困境的同时，也更多了解了班级同学的人际交往情况，有意识地创造机会让别的同学以恰当的方式与小菲沟通交流，一定程度地解决了小菲的困扰。

（二）用心倾听陪伴

做一个合格的倾听者，让危机对象有一个倾诉的机会，有利于疏解情绪。同时，真诚的心灵陪伴也是一份难得的支持力量。当然，要强调的是，对于已经明确有自杀意念的危机对象，倾听和陪伴的首要目的是预防其自杀。因为自杀是一件很私密的事，必须独自完成，只要有人出现，自杀行为几乎就会中断。因此，这时的倾听和陪伴的原则是：只听不说，切忌各种规劝和规定；全程陪同，寸步不离，并及时与心理专职教师沟通，寻求专业支持。

（三）家庭教育访谈

一个问题孩子的背后往往站着一对问题父母，这话听起来或许有些绝对，但是不得不说：一个青少年个体的问题，往往是一个家庭的系统问题，个体症状常常是家庭症状的体现。因此，与家庭成员的沟通很有必要，一方面要及时反馈孩子的问题情况，对心理问题的认识及干预做必要的宣传教育；另一方面也从家长的角度更多了解孩子问题的成因，有助于学校等相关方面进一步地引导和干预。家校形成合力，共同创造一个有利于青少年身心成长的环境，这才是教校共育的目标。

（四）主动咨询求助

教师这个职业，集多种社会角色于一身，可谓压力重重。有时候碰到一个需要倾注较多精力的学生，难免会有不堪重负、分身乏术之感。稻草人是救不了火的，冰块是暖不了人的。所以，生涯导师要有意识地及时识别自己的情绪状态，主动求助，及时疏解，让自己真正成为有能量、有温度的存在，才能真正成为学生的生涯导师。同时，也多向专职心理老师学习比较专业的干预技巧。

小陈老师在工作中兢兢业业，总像个小宇宙一样，精力充沛，时常给学生带去满满的正能量。这得益于两个方面，一方面，她随时会找心理老师诉说自己内心关于家庭和工作的烦恼；另一方面，不断积极地学习提升，她学习并考取了学校心理咨询师的证书，学习家庭教育理论并积极运用于和学生及家长的沟通实践中。

四、危机转介

转介（referral）是心理危机干预中的专业术语，指的是心理咨询师根据来访者的需要及其所需要的服务，协助来访者获得所需服务的过程。比如说，当咨询师初步了解了来访者的困扰之后，评估自己的能力或者擅长领域没有办法有效地协助来访者时，应该考虑将个案转介给其他比较适合的咨询师。再比如说，当咨询师发现来访者的困扰可能需要精神科或者其他科室的医生协助解决时，他可以在征得来访者同意的前提下将来访者转介给相关人员。对于青少年危机干预工作而言，包含三种转介：首先是由生涯导师或者班主任转介危机对象到心理老师那里；其次是心理老师和干预小组在觉得超出学校心理咨询室的服务能力时，转介危机对象到相应的心理咨询师那里；再次是心理老师和干预小组根据对危机对象的初步评估，转介到相关的医院或医生那里。

危机干预和转介是需要诸多教师合力参与并共同完成的系列工作。对于生涯导师而言，敏锐地感知潜在的危机对象已是难能可贵，进一步明确危机干预和转介的流程，有助于明确自身在这一系列工作中的角色及职能，以便能安心自信地尽己所能。

（一）治疗性干预

根据危机对象的不同情况及干预者自身的专长，采用相应的治疗技术去稳定危机对象的情绪，调整其不合理认知，学习应对问题的技巧，提升心理平衡的能力。

（二）必要性转介

由于学校的心理咨询能力有限，对于需要长期心理咨询的危机对象，可以在征得家长和学生本人同意的情况下转介到相应的咨询机构。对于初步评估有明显精神症状的危机对象，由心理老师对家长进行相关的专业教育，转介到相关专科医院就诊，并要求家长反馈就诊情况以便学校备案。

（三）策略性保密

由于学校危机干预及心理咨询的特殊性，危机对象咨询内容的保密工作成为一项重要工作。对于危及自身或周围人安全的危机对象，一方面要告知班主任，便于班主任协调各科任课教师及同学做好特殊对待工作，为之创设适宜的校内环境。另一方面要告知家长，要求家长及时带孩子就诊，并在必要时为孩子办理休学。对于执意待在学校的学生，要与其家长签订安全责任协议。同时，还要上报给相关部门领导，明确告知危机对象的具体情况，以制订必要的应激预案。

（四）复学评估干预

对于由于心理危机休学后申请复学的学生，心理咨询室要收集医生的复学证明以及休学期间的治疗情况，并再做一次全面的评估，以确定是否需要进一步的治疗性干预，并随时关注其复学后的表现情况，将相关情况做好详细备案。

无论从一个学生的终身发展，还是从一个家庭的幸福指数，抑或从一所学校的顺利办学，以及从一个社会的和谐发展来看，心理危机事件都是我们必须做好防范的事项。青少年时期是心理危机干预相对较早也相对有效的时期，学校的心理危机干预机制恰是进行及时有效干预的保障，而每一位生涯导师的敏感性及专业度才是最安全最有力的第一道防线。

（执笔人：付雅辉）

第四章

高中生涯导师育人之学业辅导

第一节　文科学习辅导

小王同学毕业于一所公立初中,父母对他的学习从不过多干涉,他学习态度十分认真,成绩在年级里一直名列前茅。中考结束后小王同学顺利进入了一所重点高中实验班,然而第一个学期几次考试下来,小王却发现,虽然自己的数理化成绩仍然保持了一定的优势,但是初中阶段比较薄弱的英语与其他同学的差距更大了。小王同学尝试了各种办法,甚至将大部分的课余时间都花在了补习英语上,但是又一个学期过去了,他的成绩还是没有起色。小王同学找到了英语老师:"您的日常作业我都按要求认认真真完成了,周末我还自己做了不少课外练习,为什么我的成绩一点也没有提高呢?"

小王同学的困惑反映了一个普遍存在的问题:文理兼备的全能型学生是少数,大多数学生都存在不同程度的偏科。虽然从学生发展的层面,这是完全正常和合理的,但文理偏科一定会影响学生整体的发展,甚至危害身心健康。在实际教学中,我们发现大多数理科较强、文科偏弱的学生都不存在学习态度的问题,主要原因还是对这门学科缺乏兴趣,采用了不恰当的学习方式,不能从学习中获得乐趣和成就感。就像小王同学,他能意识到自身的不足并主动采取措施,说明他是一名踏实肯干、积极向上的学生。但是小学、初中阶段他使用理科的学习方式来学习文科,忽视了语言知识的积累,导致这门学科基础十分薄弱,语言综合运用能力也较差,到了重能力考查的高中阶段,差距就显现出来了。怎样激发这些学生的学习兴趣、维持他们的学习动力、帮助他们找到合适的学习方式,如何让优势科目更优、弱势科目不拖后腿,是每一位导师不可回避的课题。

一、说说文科学习及发展

(一) 文科学习的特点

这里提到的文科学习主要指高中阶段语文、英语、政治、历史四门学科的学习。虽然这些学科的核心素养要求各不相同,但是也不乏一些共性的特点。下面将从核心素养和学科共同特点两个方面做简单介绍。

1. 学科核心素养要求

学科核心素养是核心素养在特定学科（或学习领域）的具体化，是学生学习一门学科（或特定学习领域）之后所形成的、具有学科特点的关键成就，是学科育人价值的集中体现。由于学科不同，各学科凝练的学科核心素养也有差异。在同一学科中，为了可表述、可操作、可测评，而把学科核心素养分开来表述了3～6个，但应该把它理解为一个整体，核心素养是通过整体发挥作用的，需要从整体上去把握它。每个学科核心素养划分为3～5个水平，不同的核心素养在同一水平上进行整合，形成学科学业质量标准，以规范、指导过程性评价、学业水平考试或高考命题。学科核心素养的凝练体现了以下三条原则：反映学科本质和教育价值，内涵清晰且可教可学，对个体和社会都有积极的意义。

高中阶段各文科科目的核心素养具体要求如下：

语文学科核心素养是一种以语文能力为核心的综合素养。主要包括"语言建构与运用""思维发展与提升""审美鉴赏与创造""文化传承与理解"四个方面。其具体内容如下[①]（见表4.1）：

表4.1 语文学科核心素养及其内涵

核心素养	内　　涵		
语言建构与运用	积累与语感	整合与语理	交流与语境
思维发展与提升	直觉与灵感 联想与想象	实证与推理	批判与发现
审美鉴赏与创造	体验与感悟	欣赏与评价	表现与创新
文化传承与理解	意识与态度	选择与继承 包容与借鉴	关注与参与

英语学科的核心素养包括语言能力、思维品质、文化意识和学习能力四个维度。语言能力就是用语言做事的能力；思维品质是思考辨析能力；文化意识重点在于理解各国文化内涵；学习能力主要包括元认知策略、认知策略、交际策略和情感策略。英语学科素质教育的内容，主要是让学生通过听、说、读、写等方面的语言实践活动去发展英语语言能力，培养良好的心理品质和思想道德品质[②]。

思想政治学科核心素养包括政治认同、科学精神、法治意识、公共参与。政治认同就是要培养学生对中国共产党和社会主义的真挚情感和理性认同，使学生拥护中国共产党的领导，坚定中国特色社会主义理想信念，弘扬和践行社会主义核心价值观，这是其他素养的内在灵魂和共同标识。科学精神不仅指自然科学学习中应体现的求真务实思想，也

---

① 教育部.普通高中语文课程标准(2017年版2020年修订)[M].北京：人民教育出版社,2020：4-5.
② 教育部.普通高中英语课程标准(2017年版2020年修订)[M].北京：人民教育出版社,2020：4-5.

指坚持真理、尊重规律、实事求是等,思想政治学科培养科学精神,就是使学生坚持马克思主义世界观和方法论,对个人成长、社会进步、国家发展和人类文明做出正确的价值判断和行为选择,这是达成其他素养的基本条件。法治意识是法治国家建设的重要内容,思想政治学科培养法治意识,就是要使学生遵法学法守法用法,自觉参加社会主义法治国家建设,是其他素养的必要前提或必然要求。公共参与体现人民当家作主的责任担当,思想政治学科培养公共参与,就要培养学生集体主义精神,乐于为人民服务,积极行使人民当家作主的政治权利、履行义务,是其他素养的行为表现[1]。

历史学科核心素养包括:唯物史观、时空观念、史料实证、历史解释、家国情怀五个方面。其具体内涵如表 4.2 所示[2]:

表 4.2　历史学科核心素养及其内涵

核心素养	内　　涵
唯物史观	揭示人类社会历史客观基础及发展规律的科学的历史观和方法论
时空观念	在特定的时间联系和空间联系中对事物进行观察、分析的意识和思维方式
史料实证	对获取的史料进行辨析,并运用可信史料努力重现历史真实的态度与方法
历史解释	以史料为依据,对历史事物进行理性分析和客观评判的态度、能力与方法
家国情怀	学习和探究历史应具有的人文追求,体现了对国家富强、人民幸福的情感,以及对国家的高度认同感、归属感、责任感和使命感

2. 文科学习的共同特点

从上述不同学科的核心素养要求可以看出,虽然各学科内涵侧重不同,但仍然具有不少共同特点,具体归纳为以下四个方面:

(1) 理解性。不像理科知识比较形象、具体、自成体系,文科知识点相对零散、覆盖面广、记忆量大。和小学、初中的学习相比,高中文科课程更加丰富、难度更大,许多问题需要深入钻研才能领悟。因此文科学习更偏重于分析和理解,并在此基础上有重点地记忆。

(2) 伸缩性。在学习的时候我们常有这样的体会:理科少听一节课就可能导致后面的课无法理解;文科偶尔缺席一两节课也能听懂后面的内容。这就是文科学习的伸缩性。文科学习知识覆盖面宽、跨度长、知识量大,但是知识点相对理科更容易理解,学习灵活性更大。

(3) 自学性。俗话说:"师父领进门,修行在个人。"高中阶段的文科课程容量大,内容比较集中而且广泛。在课上当堂消化、完全吸收所学的内容往往是不可能的。课堂授课

---

① 教育部.普通高中思想政治课程标准(2017 年版 2020 年修订)[M].北京:人民教育出版社,2020:4-5.
② 教育部.普通高中历史课程标准(2017 年版 2020 年修订)[M].北京:人民教育出版社,2020:4-5.

实际上起到的是指引、示范的作用，真正要想学到知识必须通过自学去获得。

（4）实践性。由于文科涉及的是上层建筑、意识形态领域的知识，这就对文科学生提出了不能死读书而要积极从事社会实践的要求。文科学习要求学习者具有一定的社会经验和生活阅历，并在学习中关注、研究社会现实问题，尤其在当今多变的国际形势下，社会面临许多新的问题，如何看待和解决这些问题，对文科生来说既是机会也是挑战。

（二）文科学习及发展

不少导师在工作中都遇到过学生前来咨询类似的问题：是不是我现在擅长并对语文感兴趣，我大学就只能选择汉语言文学？如果不是，还能有哪些选择？数百种专业有没有必要一一进行了解？现在在学校所擅长的学科，对我们未来选择大学专业以至于未来择业有没有指导作用？要解决学生的这些困惑，有必要站在连接高中学科学习、大学专业学习与未来职业发展的视角，看到学习学习的现在与未来。与文科学习科目紧密相关的学职群，有如下4个。

1. 政史与社会、行政学职群——谋求人类社会的稳固发展

对应高中科目：政治、历史、语文、地理、英文

对应大学专业一级学科：

【01 哲学】0101 哲学类

【03 法学】0301 法学类；0302 政治学类；0303 社会学类；0304 民族学类；0305 马克思主义理论类；0306 公安学类

【06 历史学】0601 历史学类

【12 管理学】1204 公共管理类（包含 120401 公共事业管理；120402 行政管理；120403 劳动与社会保障；120405 城市管理）

适宜的职业类型：

【理论研究型】哲学历史研究人员、社会学研究人员

【应用实务型】法官、检察官、书记官、法律专业人员、民意代表、政府行政主管、文物管理师、警察、社会服务人员等

2. 人文与美学、设计学职群——以人为本的美学情怀

对应高中科目：语文、英文、历史、物理、化学、地理、美术

对应大学专业一级学科：

【05 文学】0501 中国语言文学类

【08 工学】0816 纺织类（尤指其中 081602 服装设计与工程）；0828 建筑类（尤指其中 082803 风景园林）

【09 农学】0905 农学（尤指其中 090502 园林）

【13 艺术学】1301 艺术学理论类;1304 美术学类;1305 设计学类

适宜的职业类型:

【理论研究研究型】作家或评论家、语言学研究人员

【应用实务型】语文教师、美术评论和编辑、美术教育、美术研究、建筑师、景观设计师、室内设计师、美术设计师、商业设计师、工业设计师、多媒体设计师、服装设计师、文字编辑、平面设计师、文秘、文案策划人员、记者、动漫设计师

3. 语言与教育、传媒学职群——文化传承与传播的载体

对应高中科目:语文、英文、历史

对应大学专业一级学科:

【04 教育学】0401 教育学类;0402 体育学类

【05 文学】0501 中国语言文学类;0502 外国语言文学类;0503 新闻传播学类

【07 理学】0711 心理学类

【08 工学】0809 计算机类(尤其指 080906 数字媒体技术)

【13 艺术学】1303 戏剧与影视学类;1304 美术学类;1305 设计学类

适宜的职业类型:

【理论研究型】语言学研究与教学人员、教育理论研究者、翻译研究者

【应用实务型】教学研究员、教育机构专业人员、外语教师、校长及学校主管人员、口译、新闻记者、编剧、导演、摄影师、制片人、主持人、影视文案策划、企业公关人员、外交人员、临床心理师、辅导教师、社会工作专业人员

4. 艺术、体育与休闲学职群——身心舒展的幸福使者

对应高中科目:历史、地理、文科、美术术科、音乐术科、生物、体育

对应大学专业一级学科:

【04 教育学】0401 教育学类中的艺术教育;0402 体育学类

【12 管理学】1209 旅游管理类

【13 艺术学】1301 艺术学理论类;1302 音乐与舞蹈学类;1303 戏剧与影视学类;1304 美术学类;1305 设计学类

适宜的职业类型:

【理论研究型】体育科研机构研究人员

【应用实务型】舞剧编导、剧作家、作家、美术教师、音乐教师、舞蹈老师、舞蹈家、画家、音乐家、表演工作者、导演、灯光师、舞台设计师、旅馆餐饮管理人员、休闲旅游管理人员、运动员、体育教练、体育裁判、体育教师、体育休闲事业经理、运动器材经营者、理疗师、社区康复治疗师、会展策划师

二、文科学习学法指导

（一）积累是文科学习的基础

文科学习的基础是积累。所谓厚积薄发，没有大量的知识储备，思考分析就失去了根本，变成了空谈。这一点也是文科与理科学习最大的区别。开篇提到的小王同学之所以擅长理科而弱于文科，就是因为他误用了学习理科的方法学习文科，忽视了文科学习的基础是日常点点滴滴的积累。这也是不少像小王这样的同学在文科学习中遇到的普遍困惑。文科知识的积累不是短时间内一蹴而就的，必须达到一定的量，才能产生质的飞跃。因此，怎样为学生提供知识输入的途径，打好文科学习的基础，可以从以下三个方面入手。

1. 回归课本，重视教材

有较大一部分同学会因为种种原因，忽视教材的重要性，导致基础知识不牢固、知识点遗漏、体系不完整，进而影响对知识点的深入理解和内化。近几年来，文科考查的方向是"强调基础，考查能力"。虽然试卷上很少出现课文中的原句，但万变不离其宗，题目的设置仍是从课文中的知识点衍化而来的。如果不能熟练地掌握基础知识，再灵活的头脑也不能举一反三，解决问题。

为此，导师自身在授课时首先要明确教材的基础地位，重视教材的知识点、易错点，充分发挥教材的纲领性作用。教材内容要做到烂熟于心，明确每个章节的重点、难点，熟练运用科学教学策略，使用好教材配套参考材料。在日常指导学生进行文科学习的时候，导师要突出强调教材的重要性，甚至可以要求学生对重点内容和知识点进行复述、归纳，督促他们把握住细节、夯实基础。

小张同学酷爱历史，因此在选择导师时，毫不犹豫地选择了自己的历史老师，历史学科也是他"加三"科目的首选。他在闲暇之余阅读了大量的历史书籍，但是几次测验下来，小张的成绩却并不理想，他不仅没有明显的优势，甚至好几次离班级平均分还有几分的差距。小张同学十分苦恼，就向导师王老师求助。

王老师和小张同学一起仔细分析了他这几次测验试卷后发现，他对历史事件的熟悉程度差异很大——对有些事件的前因后果如数家珍，能洋洋洒洒写上一大段；而对另一些史实则是片段式记忆，答案也是东拼西凑，甚至张冠李戴。

进一步交流后，王老师得知，小张同学熟悉的历史知识多数来源于课外阅读，兴趣也由此而生，但是对其他方面就生疏得很。因此王老师强烈建议小张同学首先要熟读课本，因为课本里的历史事件基本都是按时间发展顺序记述的，事件之间有着密切的联系，有助于小张同学形成完整的知识体系。在此基础上，针对自己不熟悉的章节适当阅读课外补充材料,加深理解。

经过这次谈话,小张同学意识到了问题所在,他及时调整了学习方法,反复阅读教材。在接下来的学习中他不仅获得了较好的成绩,而且对课外书籍里的知识也有了更深层次的认识,对历史学科的兴趣更加浓厚了。

2. 以笔记为抓手,提高学习效率

教会学生记笔记是提高课堂效率的重要手段。和理科学习不同的是,文科的学习往往课本少、笔记多、参考材料更多。在文科课程的第一节课上,老师可能这样开场:要想学好这门课大家要熟读课本,但是又不能只读课本。课堂上老师会补充大量的笔记,有的科目还会列出一些必读参考书目。之所以如此,是因为高中课程内容多、难度大,有些文科课程还需要兼具时效性,如政治、英语等。单纯的一本课本难以具体、及时地反映这些知识点,这就要求学生们抓住课堂,记好每堂课的笔记,这也是文科学习成功的关键之一。

如果说记笔记是帮助学生将课堂知识的重点归纳在一起,整理笔记则是对这些重点知识进行再加工,让统一的笔记兼具不同学生的思维个性。不少教师带领学生绘制知识图谱、思维导图,帮助学生对课本知识进行模块化整理,将大量的文本信息简化为一张图表,重点知识一目了然。还有老师提倡同学们"注书立说",即使用批注法、自问自答法、精讲大贯通等方法,在精读教材的基础上对课本内容进行"加工"。

比较普遍的做法是归纳相似和易混淆知识点、督促学生搜集整理易错题等。导师在指导学生学科学习时,可以根据不同学科的特点,要求学生准备相应的笔记本、整理本等,提出具体的笔记要求,并定期进行探讨。这些都是帮助学生积累课本知识的有效方法,既可以督促学生提高课堂听课效率,又能帮助他们对课堂内容进行反思和整合,加深印象、巩固记忆,大大提高知识输入的质量。

3. 教会学生如何有效阅读

苏霍姆林斯基在《给教师们的建议》一书中讲道:课外阅读,用形象的话来说,既是思考的大船借以航行的帆,又是鼓帆前进的风,没有课外阅读,就没有风和帆[①]。对于注重积累的文科学习来说,阅读是拓展知识面、开阔眼界的最好方法。通过大量的阅读,学生可以加深对课本知识的理解,培养发散性思维,建立知识体系。因此,如何指导学生正确有效地阅读也是十分重要的。

总的说来,有效阅读的方法可归纳为以下几种,针对不同的学科特点,可以有重点地采用一种或几种:

(1)抓住关键词。相对于文献范畴,关键词的作用即归类和检索,文科学习中的关键

---

① 苏霍姆林斯基.给教师们的建议[M].杜殿坤,译.北京:教育科学出版社,1981:166-167.

词包括文本关键词与学生自主提炼的内容关键词、情感关键词等，其作用在于帮助学生快速抓住文章的核心思想，从而更好地理解主题或主旨，完成高效的文本阅读。

在文科学习中，学生不可避免地需要处理大量的阅读材料；在答题时也需要短时间内梳理出精准的信息以完成阅读任务。抓住文本中的关键词是一个十分有效的阅读方法。如在政治学科学习中，学生需要标注好重要概念，圈划主体、对象、方式、目的等重要信息，抓住中心思想，避免将过多的阅读重心放在细节上。在英语阅读中，学生需要先找到问题中的关键词，然后到文中定位信息所在段落或句群，有针对性地反复阅读，直到正确地理解文意。在历史学科的给材料作文中，学生除了找出文本中的关键词，还要进行分类和提炼，结合文本的作者和出处等信息，完成写作任务。在语文学习中，学生可以从小说环境、情节、人物、结构乃至语言等角度提炼关键词来探究小说的诗性之美。

导师张老师在指导学生进行课外阅读小组辅导活动时，安排赏析沈从文先生的《边城》。她以环境为例，引导学生深入赏读文本的第三部分，从"青山、绿水、夕阳、白塔、黄狗、月亮、朱红色龙船、长颈大雄鸭、长颈大雄鸭"等意象和端午节赛龙船的习俗中提炼出"古朴""淳厚""和睦""安乐"等关键词；以人物为例，引导学生深入品读第四至第六部分，从人物及情感"翠翠与傩送、翠翠与祖父、祖父与顺顺、傩送与天保"提炼出"善良""质朴""自然""真实""热情""勤劳"等关键词。通过这样的关键词引导，学生既深入又浅出地读了这篇小说，既掌握了情节，又赏析了环境，鉴赏了人物，同时还把握了小说的主旨。

同时，这种阅读方式的指导充分体现了"学为中心"的理念，尊重学生的个体阅读体验，学生通过个性化阅读、探究性阅读和创造性阅读，其想象能力、思辨能力和批判能力得到了卓有成效的锻炼。

（2）绘制思维导图。学生在阅读文章时经常把注意力集中在长难句的理解上，忽视关键词，容易造成以偏概全、不能充分理解阅读材料等问题。

思维导图作为一种使知识结构和思维过程形象化和可视化的图形工具，在阅读活动中也是一个重要的工具。它利用图形呈现知识，具有很强的视觉冲击力，因而使学习的进程加快，信息保留的时间更长久，是一个行之有效的学习策略。此外，由于阅读的过程就是对信息进行组织和加工的过程，阅读的成效依赖于对信息的组织程度。通过制作思维导图，学生可以理清文章的脉络和结构，更深入地理解文本，归纳提炼中心思想，形成知识体系。与此同时，思维导图开放性的特点，让学生在绘制思维导图的过程中不断加入自己的思维和见解，从而使得每个学习者绘制的思维导图都带有明显的个人色彩。这个过程使得学生组织信息的能力得到锻炼，从而提高了他们的归纳能力。

根据文科学科的不同特点，教师可以指导学生根据内容主题制作思维导图，语言类学科还可以按照不同的文体分类绘制思维导图。总而言之,教师应该根据不同的阅读目的,结合阅读材料的特点,指导学生绘制不同的思维导图。

　　导师李老师在辅导学生学习"问题解决型"说明文时,为了帮助学生掌握"情景—问题—反应—评价/结果"四个部分组成的典型文体结构,她指导学生根据"问题解决型"的文本特点及思维导图的特点,搭建好这类型说明文的思维导图模型如图 4.1 所示:

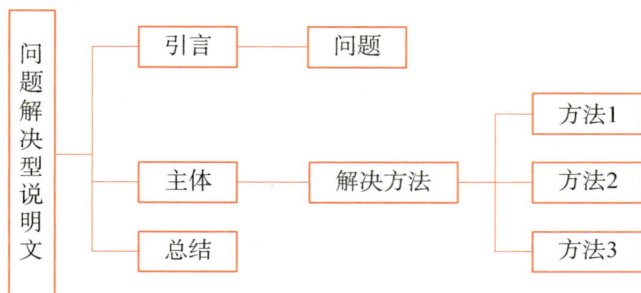

图 4.1　问题解决型说明文思维导图模型

　　基于这个思维导图,李老师又在导师组内设计了一系列的阅读活动。在学生阅读前,她通过这个图帮助学生初步掌握说明文的结构,预测阅读的内容;在阅读过程中,李老师又设计了更多的分支空格引导学生找出文章的关键词和中心思想;阅读活动后,她指导学生根据制作的思维导图复述故事。李老师引导学生充分利用思维导图的实用性特点,帮助学生深化理解、拓展思维,实践证明,这是指导学生阅读的有力工具。

　　(3) 主题式阅读。主题式阅读是一种围绕同一主题,通过筛选、提炼、整合等方法,形成符合自己认知的知识体系的方法。它可以有效避免零散阅读所造成的知识遗忘,思考重复而不深入的问题。在短时间内集中阅读相关内容,可以有效加深记忆。更重要的是,阅读之后能够建立起基本知识框架,从不同角度理解同一知识点,加深对主题的认识,从感性认识升华为理性认识。

　　《高中英语课程标准(2017 年版)》在课程内容上相较于之前的版本变化颇大,提出英语课程内容主要包含 6 大要素,增加了主题语境和语篇类型。主题语境包括人与自我(9 个子主题)、人与社会(16 个子主题)和人与自然(7 个子主题)。增加主题语境为学生提供了学习语言的意义语境,并强调文化意识。这一变化给学生学习带来诸多困扰,不少学生常常请教这一方面的问题。于是,导师刘老师先行在导师小组团体活动中进行探索,紧密结合教材单元话题,拓展延伸同主题下多文本多模态的阅读素材。在她的导师小组中,有不少学生是为了提高英语语言能力而选择了刘老师作为导师。为了提升这些同学的兴趣，刘老师充分利用多渠道的资源，比如英文报刊、影视短片等，为学生提供丰富且关联度高的语言输入素材，深受学生的喜爱。她还发动导师小组里的学生把自己日常生活中听到的、看到的、读到的同一主题的英语素材积累起来，定期进行交流和讨论，探究主题意义。

（4）整本书阅读。近年来，文科领域掀起了一股"整本书阅读"热潮，高中生因其年龄段的特殊性，心智发展相对成熟，更需要"整本书阅读"的催化来形成相应的文科素养。《普通高中语文课程标准（2017年版）》中，把"整本书阅读与研讨"作为必修课程中的第一个学习任务群，高中生整本书阅读被正式列入必修课程。在实践中，首先教师本人要有自觉阅读的意识，养成良好的阅读习惯。教师自身要有足够的阅读量，才能在指导学生时游刃有余。教师还要更多地着眼于阅读过程本身，少些功利性，注重阅读过程中的思考，不断反思总结，真正帮助提升学生的阅读鉴赏能力，养成良好的阅读习惯。

《普通高中语文课程标准》里"整本书阅读"的指导方法：[1]

（1）在阅读过程中，探索阅读整本书的路径，形成和积累自己阅读整本书的经验。重视学习前人的阅读经验，根据不同的阅读目的，综合运用精读、略读与浏览的方法阅读整本书，读懂文本，把握文本丰富的内涵和精髓。

（2）在指定范围内选择阅读一部长篇小说。通读全书，整体把握其思想内容和艺术特点。从最使自己感动的故事、人物、场景、语言等方面入手，反复阅读品味，深入探究，欣赏语言表达的精彩之处，梳理小说的感人场景和整体的艺术架构，理清人物关系，感受、欣赏人物形象，探究人物的精神世界，体会小说的主旨，研究小说的艺术价值。

（3）在指定范围内选择阅读一部学术著作。通读全书，勾画圈点，争取读懂；梳理全书大纲小目及其关联，做出全书内容提要；把握书中的重要观点和作品的价值取向。阅读与本书相关的资料，了解本书的学术思想及学术价值。通过反复阅读和思考，探究本书的语言特点和论述逻辑。

（4）利用书中的目录、序跋、注释等，学习检索作者信息、作品背景、相关评价等资料，深入研读作家作品。

（5）联系个人经验，深入理解作品；享受读书的愉悦，从作品中汲取营养，丰富自己的精神世界，逐步形成正确的世界观、人生观和价值观。用自己的语言撰写全书梗概或提要、读书笔记与作品评介，通过口头、书面形式或其他媒介与他人分享。

---

[1] 教育部.普通高中语文课程标准（2017年版2020年修订）[M].北京：人民教育出版社，2020：11-12.

4. 依托学校课程，提供丰富的学习体验

很多学校的课程设计均涵盖了语言文学、数学、人文科学、自然科学、技术、体育与健身、艺术、综合实践等各个领域，为学生的发展提供了坚实的基础。文科学习依托课本而不局限于课本。古人云"读万卷书，行千里路"也是这个含义。丰富的学习体验对文科学习十分重要，既能提升学习者的兴趣，又能开阔视野，扩展思维，再将知识与实践结合起来更能达到提升学习者综合素养的效果。导师应充分利用学校的课程设计，延伸课堂，为学生提供丰富的学习体验，拓展学生的知识面，提升学习兴趣。

每所学校都有适合本校学情的选修课课程体系和社团活动，闵行中学的导师从这个渠道入手，结合自身的兴趣和专长，尝试开设与本学科相关的选修课、指导学生开设社团，为学生学习课本以外的知识和技能提供了途径，帮助学生拓展了学习的时间与空间，提升了他们的创新思维能力。

例如，导师王老师（语文学科任课教师）在学生们课内学到《纪念刘和珍君》时，带领学生们开展了"中国革命传统作品专题研讨"，将课本里学到的爱国主义题材的课文进行梳理，指导学生体会作者浓浓的爱国主义情操，激发了学生的爱国热情。

导师黄老师（英语学科任课教师）带领学生开设了报刊阅读社团，指导学生利用社团活动时间读报、交流。她和几个口语较好的同学一起组建了英语演讲兴趣小组，利用周末时间带领学生参加其他演讲俱乐部的活动，深受学生们的喜爱。

导师周老师（政治学科任课教师）组建了校内模拟联合国，模拟开联合国大会、安理会或者经社理事会等。学生们代表不同的国家立场，出席会议并讨论世界需要解决的问题，比如核危机、难民问题、全球抗疫等，模拟各国结成联盟互相博弈合作，形成文件草案并通过的过程。

导师张老师（历史学科任课教师）利用博物馆资源，丰富学生的学习体验。暑假期间他带领学生参观上海弄堂博物馆，从历史视角解读什么是弄堂。学生体验学说"弄堂闲话"、玩"弄堂游戏"，最后搜索文献归纳弄堂的历史起源及其变化原因。通过亲身体验，学生们将博物馆展品与其背后的学科知识结合起来，导师在过程中引导学生归纳上海的人文风情，感受上海的城市气质。

（二）促进知识内化，提升学科核心素养

所谓内化，就是在教学实践中将获得的知识，经过个体的加工、接受、认可，转化成自己的观点、思想、观念和觉悟。知识内化是学习的高级阶段，是加深理解、提高应用能力的必经之路。学科核心知识内化为学科素养，一是要在情境中建立与原有知识经验的联系，

接纳知识，理解知识，能够从整体上把握知识，建构知识体系，生成素养；二是要在情境中运用知识分析问题、解决问题，深化对知识的理解，提升素养；三是综合运用学科核心知识，求新求异解决复杂的问题，形成科学精神、思辨品质和创新意识，进一步提升学科核心素养。

1. 在情境中建立与原有知识经验的联系

学科素养的生成与情境密切相关。"学科素养就是一种把所学的学科知识和技能迁移到真实生活情境的能力和品格""学科素养就是在情境中不断运用所学知识和技能解决一个又一个问题的过程中形成和提升，情境是连接新旧学科知识和能力的媒介"[①]。因此，教师在教学中一般会尽量多创设贴近学生实际生活的情境，将抽象的知识转变成实际的生活事件，引领学生将学习内容与原有的认知结构联系起来，从而使知识以整合的、情境化的方式存储于记忆中，并获得情感体验。在导师组内学生拓展学习时，更可以结合学生兴趣，开展丰富多彩的活动。

在学习完高二年级英语阅读课"The rise of chain stores in China"后，导师钟老师给她的导师组内同学布置了如下任务：请同学们以小组为单位，设计自己的连锁小店。这个既有趣又不缺乏挑战性的任务立即引起了同学们的兴趣，大家都跃跃欲试，将阅读课里学到的"环境""价格""位置""服务"等因素应用到了连锁店的设计中。

经过讨论同学们决定开一家书吧。在导师的建议下，同学们很快就行动起来：有的同学设计问卷调查小店的潜在客户群；有的同学整理调查数据寻找合适的地点；有的同学负责"装修店面"，绘制出了详细的店铺外观和内部布局……

经过共同的努力，小组成员最终打造出了一家兼具个性和实践性的连锁书吧。通过这次情景模拟活动，学生们不仅更加深入地理解了连锁店的特点和运营方式，还锻炼了解决实际问题的能力。

2. 运用所学知识分析、解决实际问题

各学科核心素养的内涵都着重强调了"分析问题、解决问题的能力"。教育的目的不是培养会背书的人，而是具有解决实际问题能力的操作型人才。因此导师必须要鼓励学生多思考、多尝试，在运用中内化巩固知识、增强技能、提升学科素养。

"上好接地气的政治课"是上海市闵行中学高中政治教师谢晓东为自己设定的小目标。没有单调的知识点重复，没有空洞的表达，谢老师借助知名社交平台开设的直播课更

---

① 张健.核心知识内化为学科素养的途径[J].华夏教师，2020(5)：35.

像是一场"海派清口",把政治、经济、价值观等宏大的词语掰开、融进青年学子的日常生活里,揉碎了讲,让每一个学生都能听得懂、喜欢听、有思考。

有一次,当某品牌共享单车退不了押金的话题冲上微博热搜后,有学生在QQ空间上转发了相关内容,并围绕互联网企业的创业模式及其利弊和同伴们展开讨论。激辩升级为"硝烟弥漫"之际,学生在直播平台评论区呼叫"蜻蜓队长"来主持公道。在谢老师看来,要做一个像"蜻蜓队长"般合格的裁判,不能光以一位"布道者"的身份出现,单向输出干巴巴的观点,要把时间留给学生,启发他们在讨论中思考。于是他专门组织了一场以"社会主义市场经济与人的发展"为主题的在线讨论。"在移动互联网新生的21世纪前10年,这个时代的企业家有怎样的特质?""相较于20世纪八九十年代以及21世纪初期,21世纪前10年的企业家考虑的主要问题是什么?"循循善诱之下,谢老师的讲解帮助学生们对课本中关于"社会主义市场经济建立与完善""社会主义市场经济本质上是法治经济"等知识点有了更深刻的理解和把握。

只有学生不将科目学习与应试或考试成绩简单画等号,真正对知识本身萌生兴趣,学科教育才能润物细无声,起到价值引领的作用。可不可以把QQ空间的一次次辩论当作政治课堂的延伸?讨论需不需要这么深入?谢老师的回答是:"如今的高中生并不像外界想象中那么幼稚。他们关心国家、关心政治,也很善于思考,视野开阔。只要不给学生设限,他们就会抵达意想不到的高度。"

3. 迁移综合运用学科知识,提高学科核心素养

教育的最根本任务是立德树人。学科核心素养是学科教育在全面贯彻党的教育方针、落实立德树人根本任务、发展素质教育中的独特贡献,是学科育人价值的集中体现,是学生通过学科学习之后逐步形成的正确价值观念、必备品格和关键能力。从学科教学角度来看,学科核心素养落地需要整合知识,协调探究,调和活动。

闵行中学每年都在高一、高二年级开展南京、绍兴等地的社会实践活动,带领同学们走出校园、了解社会。不少学科也利用这样的机会开展了丰富多彩的探究活动:例如,语文学科的导师们组织学生排演《雷雨》《孔乙己》等课本剧,受到学生和当地居民的一致好评;学生们重游鲁迅故里,参观文人故居、品绍兴特产,仿佛进入了作家笔下的世界;历史学科的导师们组织学生们参观南京历史景点,指导他们开展课题研究;学生们参观南京博物院时,看到历史书上图片里的文物真实地摆放在眼前,心情特别激动。通过实地考察,学生们获得了更加直观的体验,加深了对课本知识的理解,增长了见识,开阔了眼界,增强了民族自豪感和自信心。部分同学的论文还在"进馆有益"微课题研究评比中获奖。在个性化的核心素养培育机制的推动下,学生们踊跃参加各类高水平学科竞赛、青少年科技创

新大赛和国际发明博览会等，成绩名列上海市高中学校前茅，并持续提高。

针对高中学生的个性特长，将高中各基础学科知识内化为实用技能，通过基础学科、实践探究、开阔眼界三方面途径进行综合能力的培养。利用与学习和生活息息相关的各类研究性课题和项目，激发学生的学习兴趣，并以此为学习载体，运用跨学科、多领域合作的教学模式，实现高中学习方法的快速转型，培养学生发现问题、提出问题和解决问题的综合能力。

（三）搭建多元实践平台，提升学生社会参与度

每个人都会有自己擅长的领域，每一名学生都可以是有用之材，关键是通过教育发现学生的才能是什么，所以学生不仅要在课堂学习书本知识、在课后完成练习作业，更要参加戏剧社、辩论赛、口语角等丰富多样的课外活动，甚至走出校园，亲身实践。

2021 年 4 月 26 日，闵行中学鸣钟戏剧社的学生们带着精心排练的《红岩》，参加了由中共上海市闵行区教育工作委员会和上海市闵行区教育局共同主办、上海吕凉戏剧艺术中心承办的"红岩"——闵行区第五届学生话剧展演。同学们朴实真诚的表演将许云峰等共产党人的坚贞与勇敢演绎得真实可信、栩栩如生，展现出那个时代革命志士崇高的信仰和大无畏的精神。

在中国共产党百年华诞之际演绎《红岩》故事，对全体参演师生来说是一次难忘的经历。导师张老师（历史任课教师）和王老师（语文任课教师）在这次活动中结成了导师联合小组，他们牺牲了周末时间从学科的角度和学生们一起研读剧本，反复揣摩人物的心理活动和所表达的情绪。所有参加的师生无不感受到，排练、演出的过程是一场关于信仰的对话，是一次跨越时空的碰撞，是一种直抵内心的洗礼。

2020 年 12 月 9 日下午，第五届"青史杯"高中生历史剧本大赛闭幕仪式在上海市闵行中学举行。闭幕仪式首先以历史剧本《鼠疫》的展演拉开帷幕，这份由上届一等奖获得者顾昕晴、尚方剑创作的剧本，在闵行中学戏剧社小演员的表演下，重现了清末伍连德主持东北抗疫的那段曲折而又光辉的历史。

为了帮助学生们更好地运用表演这一艺术形式，导师林老师为同学们联系到了上海戏剧学院的老师参与排练指导。经过专业老师的指点，同学们在绚丽舞台上自如地展现历史魅力，书写青春华章。"青史杯"以历史剧本为载体，依托学术，立足实践，开创出了一条"独特"的育人新模式，从专家选题到学生创作，从剧本选择到剧目演绎，让学生在实践中体会史学魅力、艺术风采和人文精神。

无论是《红岩》还是《鼠疫》，都是以剧本为载体，开创了以高等学校、文化机构与中学合作"教育一体化"的教研新模式。这些活动的开展是真实情景下学科教学立德树人、教书育人的有益探索，主办方搭建了优质平台，让学生在艺术文化体验中体会文学魅力、艺术风采和人文精神、锻炼表达能力、提升核心素养。

"物有甘苦，尝之者识；道有夷险，履之者知。"导师要善于利用一切资源和契机，如社团活动、创新基金、校园开放日、社会考察、社区志愿者活动等方式，充分挖掘校内外资源，鼓励学生走进社会，培育学生适应终身发展和社会需要的必备品格和关键能力。这样的实践活动，不仅为学生搭建了逐梦舞台，也为他们构筑了筑梦空间，更为学生播种了圆梦的种子。

（执笔人：钟晓芸）

第二节　理科学习辅导

情景一：

M同学是班长，他在英语方面特别突出，无论是口语还是作文表达，领先其他同学一大截，在全校英语歌曲大赛上也一举夺魁。但是，他的数学成绩不理想，是一个典型的文科擅长、理科偏弱的同学。在数学学习上他虽然做到了认真听讲，努力做题，但总感觉缺把力，M同学自己也承认："我在理科学习上就是缺根筋，感觉使不上力。"

情景二：

高三毕业，M同学高考总分575分，其中数学成绩126分，综评面试后进入上海交通大学医学院，成为高考中的"黑马"。

> M同学的转变与成功并不容易，他从刚进高中的严重偏文到最后高考中突破自我，除了个人努力，导师（们）也在背后默默助力。高中阶段与初中阶段的学习不同；理科学习与文科学习也不同。普遍关心学习和成绩的高中生常常会选择自己的任课教师作为导师，希望导师能够为他们的学习提供更个性化的指导。找到适合学科、适合自己的学习方式，并付诸努力，也成为高中学生与任课教师、导师共同探索、努力的一大方面。

一、说说理科学习及发展

（一）理科学习的特点

这里提到的理科学习主要指高中阶段数学、物理、化学、生物四门学科的学习。虽然这些学科的核心素养要求各不相同，但是也不乏一些共性的特点。

1. 学科核心素养要求

学科核心素养是育人价值的集中体现，是学生通过学科学习而逐步形成的正确价值观、必备品格和关键能力。高中阶段各理科教学核心素养具体要求如下：

（1）数学学科核心素养[1]主要包括以下方面。

数学抽象：获得数学概念和规则，提出数学命题和模型，形成数学方法与思想，认识数学结构与体系。

逻辑推理：掌握推理基本形式和规则，发现问题和提出命题，探索和表述论证过程，理解命题体系，有逻辑地表达与交流。

数学建模：发现和提出问题，建立和求解模型，检验和完善模型，分析和解决问题。

直观想象：建立形与数的联系，利用几何图形描述问题，借助几何直观理解问题，运用空间想象认识事物。

数学运算：理解运算对象，掌握运算法则，探究运算思路，求得运算结果。

数据分析：收集和整理数据，理解和处理数据，获得和解释结论，概括和形成知识。

（2）物理学科核心素养[2]主要包括以下方面。

物理观念：主要包括物质观念、运动与相互作用观念、能量观念等要素。

科学思维：主要包括模型建构、科学推理、科学论证、质疑创新等要素。

科学探究：主要包括问题、证据、解释、交流等要素。

科学态度与责任：主要包括科学本质、科学态度、社会责任等要素。

（3）化学学科核心素养[3]主要包括以下方面。

宏观辨识与微观探析：能从宏观和微观相结合的视角分析与解决实际问题。

变化观念与平衡思想：能多角度、动态地分析化学变化，运用化学反应原理解决简单的实际问题。

证据推理与模型认知：通过分析、推理等方法认识研究对象的本质特征、构成要素及其相互关系，建立认知模型，并能运用模型解释化学现象，揭示现象的本质和规律。

科学探究与创新意识：认识科学探究是进行科学解释和发现、创造和应用的科学实践活动；能发现和提出有探究价值的问题；能从问题和假设出发，依据探究目的，设计探究方案，运用化学实验、调查等方法进行实验探究；勤于实践，善于合作，敢于质疑，勇于创新。

科学态度与社会责任：具有安全意识和严谨求实的科学态度，具有探索未知、崇尚真理的意识；深刻认识化学对创造更多物质财富和精神财富、满足人民日益增长的美好生活需求的重大贡献；具有节约资源、保护环境的可持续发展意识，从自身做起，形成简约适度、绿色低碳的生活方式；能对与化学有关的社会热点问题做出正确的价值判断，能参与有关化学问题的社会实践活动。

---

[1] 教育部.普通高中数学课程标准（2017年版2020年修订）[M].北京：人民教育出版社，2020：4-7.
[2] 教育部.普通高中物理课程标准（2017年版2020年修订）[M].北京：人民教育出版社，2020：2-3.
[3] 教育部.普通高中化学课程标准（2017年版2020年修订）[M].北京：人民教育出版社，2020：3-5.

（4）生物学学科核心素养①主要包括以下方面。

生命观念：对观察到的生命现象及相互关系或特性进行解释后的抽象，是人们经过实证后的观点，是能够理解或解释生物学相关事件和现象的意识、观念和思想方法。

科学思维：尊重事实和证据，崇尚严谨和务实的求知态度，运用科学的思维方法认识事物、解决实际问题的思维习惯和能力。

科学探究：能够发现现实世界中的生物学问题，针对特定的生物学现象，进行观察、提问、实验设计、方案实施以及对结果的交流与讨论的能力。

社会责任：基于生物学的认识，参与个人与社会事务的讨论，做出理性解释和判断，解决生产生活问题的担当和能力。

每个学科的核心素养既相互独立，又相互交融，是一个有机的整体，集中体现着各学科对知识与技能、过程与方法、情感态度价值观三维目标的整合。

2. 理科学习的共同特点

从上述不同学科的核心素养要求可以看出，虽然各学科内涵侧重不同，但仍然具有不少共同特点，具体归纳为以下四个方面：

（1）渐进性。理科的学习是由浅入深，由表及里，由低级向高级发展的，所以要充分掌握基础的概念，才能进行下一阶段的学习。

（2）逻辑性。理科学习逻辑性很强，学科知识之间环环相扣，紧密相连，例如，在数学中，首先要学习极限的理论，有此基础才可以学习微积分，否则，很难学好这部分内容。

（3）技能型。理科学习既需要理解，又需要动手。许多专业的课程都需要通过实验、操作运算、制图等来完成。因此，不仅要学习课本上的理论知识，还要通过实验、实践等技能性课程的训练。

（4）自学性。理科自学一定要和老师的讲课进度基本同步，要根据课程的教学进度来安排自学。

（二）理科学习的发展

不少导师在工作中都遇到过类似的咨询：是不是我现在擅长并对数学感兴趣，我大学就只能选择数学专业？如果不是，还能有哪些选择？数百种专业有没有必要一一进行了解？现在在学校所擅长的学科，对我们未来选择大学专业以至于未来择业有没有指导作用？要解决学生的这些困惑，有必要站在连接高中学科学习与大学专业学习、未来职业发展的视角，看到学习的现在与未来。与文科学习科目紧密相关的学职群，有如下 3 种。

1. 数学与信息、经管群——严密的数学思维能力

对应高中科目：数学、物理、信息技术、语文、英语

---

① 教育部.普通高中生物课程标准（2017 年版 2020 年修订）［M］.北京：人民教育出版社，2020：4-5.

对应大学专业一级学科：

【02 经济学】0201 经济学类；0202 财政学类；0203 金融学类；0204 经济与贸易类

【07 理学】0701 数学类；0711 心理学类；0712 统计学类

【08 工学】0809 计算机类

【12 管理学】1201 管理科学与工程类；1202 工商管理类；1203 农业经济管理类；1205 图书情报与档案管理类；1206 物流管理与工程类；1207 工业工程类；1208 电子商务类

适应的职业类型：

【理论研究型】数学、信息、经济、管理类等科学研究人员、大学教师等

【应用研究型】保险精算师、统计分析师、程序设计师、信息系统分析师等

【应用实操型】行政或财务经理、证券或财务经纪人、人事或产业经理、市场销售经理、税务专业人员、金融专业从业者、财务经理、保险从业者、信息管理员、软件开发工程师、网络管理工程师、电子商务设计师、多媒体设计师、电脑游戏开发人员等

2. 数理与科学、技术学职群——现实之用的专业学科

对应高中科目：数学、物理、化学、生物、地理

对应大学专业一级学科：

【07 理学】0701 数学类；0702 物理学类；0704 天文学类；0705 地理科学类；0706 大气科学类；0707 海洋科学类；0708 地球物理学类；0709 地质学类；0710 生物科学类

【08 工学】0801 力学类；0802 机械类；0803 仪器类；0804 材料类；0806 电气类；0807 电子信息类；0808 自动化类；0810 土木类；0811 水利类；0812 测绘类；0813 化工与制药类；0814 地质类；0815 矿业类；0816 纺织类；0817 轻工类；0818 交通运输类；0819 海洋工程类；0820 航空航天类；0821 兵器类；0822 核工程类；0823 农业工程类；0824 林业工程类；0825 环境科学与工程类；0826 生物医学工程类；0828 建筑类；0829 安全科学与工程类；0830 生物工程类；0831 公安技术类

适应的职业类型：

【理论研究型】物理学研究人员、地球科学研究人员、生物科学研究人员

【应用研究型】理化技术咨询服务、地震研究员、天文学研究员、地质学及地球科学研究员、生物科技专业人员、海洋测绘研究员、水文监测研究员

【应用实操型】采矿工程师、测量师、环境工程师、物料管理工程师、生产管理冶金工程师、材料工程师、材料分析工程师、材料研发员、电机工程师、自动控制工程师、通信工程师、汽车工程师、造船工程师、土木工程师、工程监工、大地工程师、结构工程师、建筑师、营建管理专业人员、工程技术与管理研究员、环境工程师、水力工程师

3. 化生与物质、健康学职群——探索生命与自然的奥秘

对应高中科目：化学、生物、数学、物理、语文

对应大学专业一级学科：

【07 理学】0703 化学类；0710 生物科学类

【08 工学】0805 能源动力类；0813 化工与制药类；0822 核工程类；0825 环境科学与工程类；0827 食品科学与工程类；0830 生物工程类

【09 农学】0901 植物生产类；0902 自然保护与环境生态类；0903 动物生产类；0904 动物医学类；0905 林学类；0906 水产类；0907 草学类

【10 医学】1001 基础医学类；1002 临床医学类；1003 口腔医学类；1004 公共卫生与预防医学类；1005 中医学类；1006 中西医结合类；1007 药学类；1008 中药学类；1009 法医学类；1010 医学技术类；1011 护理学类

适应的职业类型：

【理论研究型】化学研究与教学人员、生物学研究人员、动植物研究人员、生物科技专业人员、生态保育专业人员、病理药理研究人员

【应用研究型】理化技术咨询服务人员、遗传育种研究员、转基因技术研究员、生物科技专业人员等

【应用实操型】中小学化学教师、生物教师、实验员医师、药师、护理师、公共卫生专业人员、医事检验员、营养师、物理治疗师、职能治疗师、听力师、语言治疗师、呼吸治疗师、病理药理研究员、兽医师、生态保育专业人员、农药及肥料研发人员、牧场经营人员、畜牧业技师、动物园技师、环保技师、自然资源保育师、环境保育师

二、深入浅出的学法指导

（一）学好规则，理解概念

概念是理科学习的重要组成部分，是提高解题能力的前提，是构建理论大厦的基石，是导出数学、物理、化学等学科定理和法则的逻辑基础，理清各个概念的内涵，明白各个概念之间的区别和联系，是理科学习的基础，也是打开理科学习之门的一把钥匙。所有的形式科学，都是先有基本概念，再衍生出推论，最后解决题目。因此正确理解概念是学好理科的基础。当然在学习知识时，导师要教给同学们做到把概念回归自然。如角的概念、直角坐标系的产生、极坐标系的产生都是从实际生活中抽象出来的。只有回归现实才能切实可靠地理解概念，在应用概念判断、推理时才会准确。

1. 借助已有知识深入学习

引导学生运用旧知探索新知，可加深学生对知识的理解，沟通新旧知识的内在联系，可以发挥学生的主体作用，从被动接受变为主动汲取，既调动学生学习的积极性，又达到良好的学习效果，学生的学习能力也得到提高，好处多多。

C同学进入高中，对物理能量这一部分的知识总是掌握不了。虽然在初中对光能、电能、热能都已经进行过学习，但是进入高中后还是碰到了很大的困难。导师（正好是C同学的物理任课教师）与他沟通后，发现他对于知识的理解大多停留在对某一能量的单一认识上，没有"分子动能、分子势能""电势能"知识的支撑，因此学生的理解较为片面，而高中阶段对于知识的理解需要从相互作用和守恒角度去分析，比如动能与重力势能的转化、能量损耗等各个方面都需要考虑进去。于是导师引导他把事物看作一个整体，而不是片面、割裂地去看待问题。而且，除了机械能的守恒之外，机械能与热能、核能、电势能的转化等都可以从能量守恒的角度去分析。在导师这样的分析下，C同学对能量这一内容有了更加深入的理解，逐渐建立了能量观。

2. 利用知识间的区别和联系，构建学习网络帮助理解

概念图是美国心理学家约瑟夫·D.诺瓦克（Joseph D. Novak）教授于1984年在《学习如何学习》著作中提出来的一种教学技术，它包括概念、命题、交叉连接和层级结构四个要素，是一种用节点代表概念、连线表示概念间关系的图示方法[1]。概念图具有清晰表征概念之间关系的突出优势，可以通过绘制概念图来帮助学习者清晰地建立概念之间的连接，促进新旧知识之间的迁移和转换。作为教学工具，概念图可以提高教师的教学效果，作为学习工具，它可以提高学生的元认知学习技能，可以作为一种知识管理工具、教学工具、反思工具、交流工具、评价工具等等[2]。理科学习中的所有概念知识都不是彼此孤立的，它们之间都有联系和区别。导师可以帮助学生构建概念图，建立知识间的联系，引导学生对学科知识进行宏观上的整体把握，并把知识间的联系纳入学生的知识结构中，帮助学生同化相关知识，有利于提高学生的理解和记忆能力，对于逻辑思维和创造性思维也有很大的帮助。

G导师（生物老师）发现选择她的学生都喜欢学习生物，因此决定组织定期的学科拓展活动。其中一项便是请学生绘制各模块的概念图，然后互相交流，甚至带到教学班进行分享。例如，在复习细胞的代谢时，导师小组的同学们一起总结归纳，得到了概念、结构都比较完整的概念图（见图4.2）。几次下来，同学们反馈对概念的内涵及外延有了更加深刻的理解，每次总结概念图都像是一次整合新旧知识、建构知识网络、形成系统完整、有机交融的认知过程，这对生物学科的学习起到了非常好的作用。还有的同学将这一方法运用到其他学科学习中，取得了良好效果。

---

① Novak J D, Gowin D B. Learning How to Learn [M]. London: Cambridge University Press, 1984: 1-56.
② 刘赣洪，张静. 概念图作为教学工具的应用探究[J]. 中国电化教育，2008(10): 92.

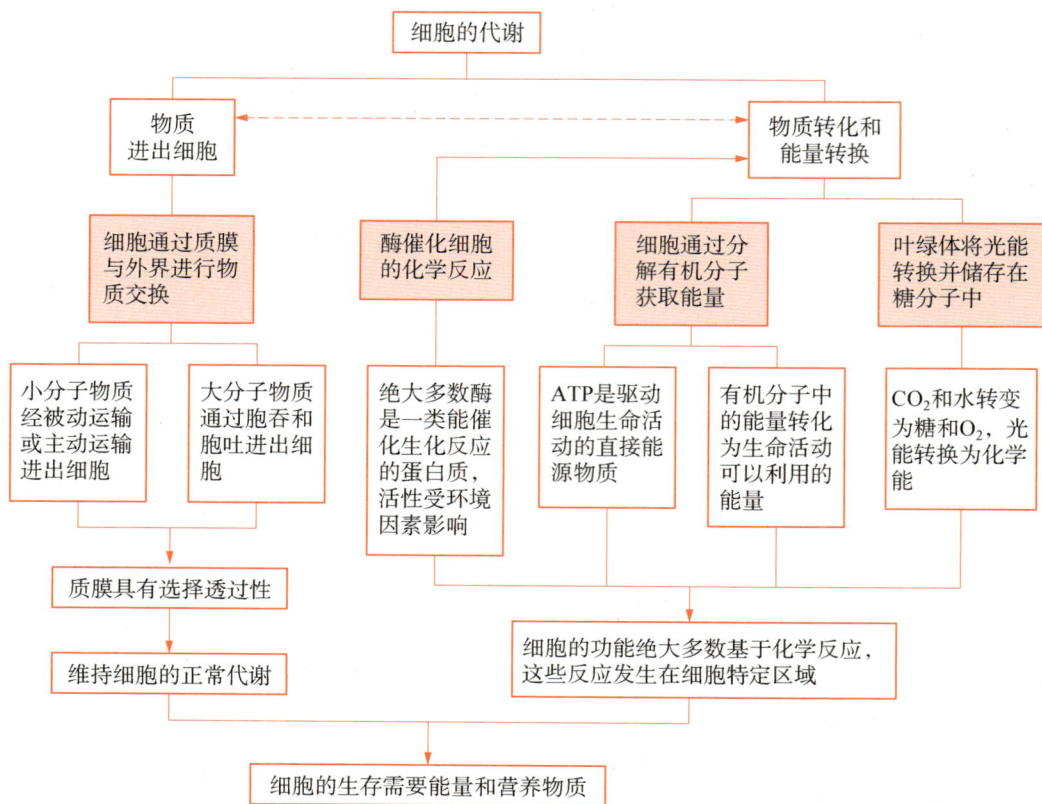

图 4.2 生物学科概念图——以细胞的代谢为例

（二）知识具象化

知识具象化就是把课程内容中看不见的、不容易理解的知识通过模型建构、数学活动、实际应用等方式转换成看得见、容易理解的知识。各学科任课教师都会不同程度地运用这一方法，帮助学生理解和掌握各知识点。导师可以根据学生所需，辅导学生进行有针对性的拓展。

1. 学习内容生活化

学习内容生活化是让学生走出知识传授的目标取向，构筑具有生活意义的课程体系价值取向，培养学生社会参与意识。例如，在学习"排列组合"的过程中，一位数学导师在辅导学生时，列举了短信拜年这一例子，班内 40 名同学在过年期间发送问候短信，每两个人互相发送一条短信，那么一共发送多少条短信？又如，高三某班毕业生 42 人，在聚会时握手，每两人相互握手，那么一共需要握手多少次？将现实生活充分融入课堂，让同学利用所学知识进行计算，让学生感受到数学的作用与学以致用的乐趣。这样，就可以将抽象的数学知识学习与生活中活动场景有机结合，提升学生的参与兴趣，并拓展学生的思维、培养学生的合作意识与责任担当意识。导师不仅是教科书内容的解释者和忠实的执行者，还是课程资源的开发者和引导者，可以在导师组内、组间开展类似"生活中的学科知识"小讲坛，由学生分享他们在生活中发现的学科知识应用案例，甚至探讨相关应用的拓展。

2. 学习方式活动化

学习方式活动化强调学生通过动手操作来感悟知识，进而理解、掌握知识。以数学为例，学习方式活动化，就是要让学生动手做数学，而不是用耳朵听数学，要让学生经历数学知识"再发现""再创造"的过程。

同时，实验也是物理、化学、生物等学科的基础，也是最重要的研究方法。导师要引导学生重视实验，用实验来加深对知识的理解。要辅导学生认真做实验，掌握正确的操作方法，仔细观察现象，注意中间过程，分析推理得出正确结论，并理解基本概念和原理。利用实验将抽象的理论知识具体化、形象化，能更好地理解理论化的知识，如盐类的水解、物质的量等内容。百闻不如一见，更不如一做，要真正掌握实验技能，必须通过自己的实践，甚至可以将教材中的实验进行拓展，探索知识的外延和内涵。

小Q同学是个典型的文科生，平时喜欢写诗，经常会给报纸投稿。高一刚进校时老师就发现其在理科方面学习积极性不高，特别是在物理、化学学科上。小Q认为高考选科不会选择物理、化学，所以上课没怎么听过，月考下来只有20分，家长都非常着急，和导师一起商量如何激发他对理、化的学习热情。

导师首先向他的物理老师了解情况，物理老师反馈小Q确实在课堂上不是很用心。同时，导师了解到物理老师的导师组里有一位小J同学，是一位对物理学习极其没有感觉，但是特别想学好的同学，当天中午，小J主动约了导师去补当天的物理实验课——测定匀变速直线运动的加速度。于是，导师请物理老师带上小Q一起。就这样，小J和小Q一起去了物理实验室，认真使用光电门传感器测量，导师又与他一起研究如何使用DIS软件测得小车运动的加速度及光电门传感器的测量原理，小Q很是兴奋，发现原来冷冰冰的、以往觉得程式化、令人摸不着头脑的物理实验可以这么有趣。就这样，物理老师带着小Q和小J一起相约做物理实验，渐渐的，两位同学都发现理化不仅仅是枯燥的计算，还有很多有趣的实验，不同的现象对应不同的原理，他也不那么排斥那些学科了。

3. 学习过程问题化

数学学习中用问题导学的形式进行设计，可以指导学生更好地面对问题、解决问题，促使其将知识与自身经验连接起来，使学习具象化，并能主动建构新的知识体系，掌握具体的学习方法。在高一进行三角学习时，有些同学看到三角公式就莫名头痛，解三角形的题目也不知道用哪个公式去解，那段时间，导师就可以带着小组一起来解决一些实际性的问题。比如，学习隧道工程设计经常要测算山脚的长度，工程技术人员先在地面选一适当位置 A，量出 A 到山脚 B、C 的距离，再利用经纬仪测出 A 对山脚 BC 的张角，最后通过计算得到山脚长度 BC。这样就把实际问题转化成为数学问题。大家在纸上画出图形，也有个形象的过程，同时也通过问题导学的形式让学生感觉到数学学习目标明确、有章可循、有法可依。

建构主义的学习观认为：数学学习过程就是学生主动地建构内部心理表征的过程①。学生的学习只有与具体的生活情境相联系，通过自身的操作活动和再现创造性的"做"，才有可能是有效的自由学习。问题化设计就是把学生作为认识的主体，让他们与周围的世界（包括教材、教师、同学和客观的现实世界）发生作用，亲自动手去解决呈现在他们眼前的问题，并在这个过程中增长他们的才干，发展他们的个性。

（三）掌握好的记忆方法

记忆是学习的基础，是知识的仓库，是思维的伴侣，是创造的前提，所以学习中依据不同知识的特点，配以适宜的记忆方法，可以有效地提高学习效率和质量。以高中化学为例，其知识比较繁杂和零散，还要掌握一些方程式和实验操作，有大量需要记忆的基本事实（元素、化合物性质、化学反应），其他理科知识也有部分较难记忆。因此，导师可以给学生介绍以下记忆方法。

1. 简化记忆法

即通过分析教材，找出要点，将知识简化成有规律的几个字来帮助记忆。例如，DNA的分子结构可简化为"五四三"，即五种元素，四种基本单位，每种单位有三种基本物质。

2. 联想记忆法

即根据教材内容，巧妙地利用联想帮助记忆。例如，记铁锰硼锌钼铜这六种微量元素，可以用谐音记忆"铁猛碰新木桶"，这样就记住了，而且不容易遗忘。

3. 对比记忆法

在生物学学习中，有很多相近的名词易混淆、难记忆。对于这样的内容，可以运用对比法记忆。对比法就是将有关的名词单独列出，然后从范围、内涵、外延乃至文字等方面进行比较，存同求异，找出不同点。这样反差明显，容易记忆。例如，同化作用与异化作用、有氧呼吸与无氧呼吸、激素调节与神经调节、物质循环与能量流动等。

4. 衍射记忆法

此法是以某一重要的知识点为核心，通过思维的发散过程，使与之有关的知识尽可能多地建立起联系。这种方法多用于章节知识的总结或复习，也可用于将分散在各章节中

---

① 王沛，康廷虎.建构主义学习理论述评[J].教师教育研究，2004,16(5)：17-21.

的相关知识联系在一起。例如，以细胞为核心，要衍射出细胞的概念、细胞的发展、细胞的学说、细胞的种类、细胞的成分、细胞的结构、细胞的功能、细胞的分裂等知识。

三、注重学生理科思维品质的培养

整个高中阶段，理科学习的目标在于提升学生理科思维品质。思维品质就是个体之间在思维活动中所表现出来的特性差别。主要表现为灵活性、深刻性、批判性、敏捷性和独创性五个方面[1]。灵活性是指思维举一反三的灵敏程度。深刻性是指大脑思维活动中表现出来的抽象程度和逻辑水平，以及活动的难度、深度和广度。批判性是指思维活动中发现问题和评判性地接受问题并找出解决问题的程度。敏捷性是反映智力活动的敏锐程度和速度。独创性即指思维活动的创造性。在现实中，除了善于发现问题、想象思考问题外，更要创造性地解决现实问题。理科思维品质是人在数学、物理、化学等学科思维方面的个性特征，它体现了个体思维水平、智力与能力的差别，是衡量一个人理科方面思维优劣、判断能力高低的主要指标。导师在平时引导的过程中，要注意以下几方面：

（一）运用多种方法对学生进行思维能力的培养

思维能力主要受人的天性影响，但更多地是来自后天的教育与培养。思维能力的训练可以改善学生的思维品质，提高学生的思维能力，只要能够运用多种方法培养，并且坚持下去，就一定能够提高学生的思维品质。

1. 推陈出新

当碰到一件事或者接触一个事物时，要主动摆脱旧的思维模式，积极赋予它新的性质，运用新的方法、新的角度去看待，就会发现新的观点、新的结论。导师可以引导学生按照推陈出新的思路，去看待身边的人、事、物和现象。

2. 聚合抽象

可以按照某个统一的标准，把感知到的有共同本质的对象聚合到一起，然后找出这些共性，深入研究它们共同的渊源。这样的训练能增强学生的创造性思维，从而培养学生的思维品质。运用这个方法，第一要对感知的对象有一个整体的认识，发现它的突出特点；第二要从感知对象的特点进行分析，分析出若干本质特征，然后抽象出其本质特征；第三要能够整体描述事物的本质特征，抽象出所有聚合到一起的感知对象的共性特征，最后归结成理论。

3. 循序渐进

这个方法符合人们认识和掌握事物的一般规律，对学生的思维能力提高很有帮助。循序渐进就是由低到高，由点到面，由简单到复杂的训练过程，这个方法可以提高学生的

---

[1] 李庆龙.培养中学女生理科思维品质的研究[J].东西南北：教育,2020(12)：90.

分析思维能力和预见能力，能提高学生思维的严密性和逻辑性，有助于推导出理想的结果。

4. 生疑提问

这个方法就是对于人们眼里模式化的事物，或者一贯的观点，去大胆怀疑，大胆实践，要运用新的观点，新的论据，重新对待，得出新的结论。一个学生创新能力的高低就是看他是否擅长质疑。导师要引导学生，每看到一个事物、一个现象、一个观点，都要问"为什么"，并且养成习惯；在生活中碰到问题时，尽可能地寻求自身运动的规律性，从不同的角度，用不同的方法或思维去看待它们，发现真相，或者推导出一个全新的结论。

5. 集思广益

此方法就是组织一个团体，比如在学校，导师小组就是一个团体，交流看法，集思广益，从而提高思维能力。此法有利于形成研究成果，具有培养学生研究能力的潜在作用。因为，当一些富有个性的学生聚集在一起，由于各人的起点、观察问题的角度不同，研究方式、分析问题的水平不同，观点和解决问题的办法也各不相同。通过广泛征求意见，在导师小组中营造积极交流的氛围，组织更多思维碰撞学习活动，学生们在参与中有意无意地学到了很多思考问题的方法，提升了思维品质，学生们的思维能力在不知不觉中就得到了提高。

一位学生在导师手册中，写下这样一段感悟：

每周五的午休是我最期待的时光，是我们导师小组在学生图书馆固定的团体讨论时间。我们会带着一周的问题来交流，给我最深刻印象的是有一次我带了一道数学向量的问题，结果那天讨论出了5种不同的解法。我经常回想起那天的讨论，尤其是每得出一种新做法时我们每个人都惊喜万分的情景。我本来不爱数学，理科不是特别好，现在我很喜欢周五的讨论时间，我感觉自己的数学思维经过与同学们的交流，有了很大的提高。

（二）导师要积极引导学生形成理科思维

1. 激发学生学习的外部动机，培养学生对理科的兴趣

导师平时要营造宽松的学习氛围，风趣幽默，理论联系实际，尽量让原本枯燥的概念定理变得通俗易懂，贴近生活，激发学生的学习兴趣，这对学生理科的学习很有帮助。同时关注某些学生，对积极思考的学生给予充分的肯定，帮助学生树立信心，在心理上更加亲近理科。

2. 导师随机渗透，促进学生的思维活动，优化学生的思维品质

这就要求导师具有培养思维品质的意识，并对思维品质的内涵和如何培养思维品质

有比较清晰的认识,敏锐地抓住契机来引导和训练学生。导师不仅要善于展现自己的思维过程,还要引导学生展现他们的思维过程。对比不同思维的差异,帮助学生发现自己思维的不足,总结思维的规律、方法和技巧。导师在遇到问题时不要急于给出答案,而是想尽办法引导学生挖掘问题的隐含条件,诱导学生深入思考,给学生思维活动提供足够的空间,鼓励学生大胆设疑,在疑问中探究,促进思维的纵深发展,推动思维品质的形成和发展。

3. 引导学生进行反思,培养学生的独创性和批判性思维

导师可以引导学生在解题时,进行多角度的印证和反思性的检验,培养学生独立思考的自主学习模式。导师也可以在适当时机利用一题多解、一题多证来激发学生的发散性思维,指导学生在理科学习的过程中,对自己的思维进行有意识的监测和调整,改善自己的思维品质。

(三) 导师要帮助学生养成良好的学习习惯

1. 养成良好的听课习惯

学生的学习离不开老师的传授和指导,导师要反复强调:认真听课是学习中少走弯路、顺利学好理科的捷径。在听课中,一定要克服消极的听课方式,而是要积极主动地学习老师讲授的知识,大胆回答老师提出的问题,不要怕出错。出错可以暴露自身存在的问题,是好事,在老师的指导下及时解决问题就是一种收获。理科是一门循序渐进、累积性很强的学科,所以要步步为营,不欠账。

课堂上还要十分重视老师所讲的典型概念和例题,老师在课堂上选用的例题大多是经典例题,是老师精心挑选、精心准备的,非常有代表性。讲解过程也要注重知识的灵活运用,学会运用一题多解、一题多思、一题多变等解题方法,有选择地记下来,在课余时间慢慢地、细细地品味。做好课堂笔记也是很重要的,导师可以根据个别同学的学习情况,有针对性地帮助他们个性化地做笔记。

J同学具备很好的理科思维,初中数学成绩特别好,反应快,喜欢挑战难题,进入高中后,他很快适应了高中教学,并且在数学上领先,紧接着他不满足于学校的教学,开始钻研难题,他甚至利用课堂时间做竞赛题,陶醉于解题的快乐中,但是在高一期末考试中,J同学竟然连班级平均分都未达到,这令他很沮丧。他的导师(也是数学任课教师)注意到他这一段时间学习状态的改变,通过细心观察和充分交流,发现他的主要问题是忽略了课堂上那些基础知识。由此和他分析了常规学习和数学竞赛的关系,并商定了日常学习策略,一段时间之后,J同学的数学平时成绩不仅重回班级的前列,并且在高二得到了全国数学联赛三等奖,成了班级的"数学小王子"。

2. 养成及时反思、总结、回顾的习惯

一是听课后反思老师课堂上讲的东西，不能以听懂为满足，下课后，要自己认真琢磨一番，看是否有"消化"不了的问题，每晚自修时，要把当天的学习内容回忆一遍。二是合理对待课外题。学理科，随着学习层次的提高，要取得好的成绩离不开做课外题，但也时常存在这样一个问题，曾经做过的与会做的习题又做错，这是什么原因呢？实际上缺少一环节，即做题后及时的总结回顾。导师可以推荐学生运用编号处理习题法，即把做过的习题都编上号，依次区分哪些是轻松解出的，哪些是花较多时间分析得出的，哪些是请教同学或老师才会做的，比较这些解题方法和思维方式的异同点，如果做不到举一反三，那就来个举三得一，即找一些接近或相似的习题三道，总结出解这种类型习题的一种方法，这样就可用这一种方法解决其他所有同类问题。

3. 学习方法的完善和思维习惯的改良

"学习有法，但无定法，贵在得法"，要想学会学习，不仅要向别人学习好的学习方法，还要善于总结自己的学习方法。学习理科，要独立思考，深入剖析题目，找到相同点和不同点，这道题用的方法是什么，这种方法适合于哪类题。如果能如此类比、融会贯通，不但可以理解具体的解题方法，还能提高灵活运用的能力。

理科解题是一种创造，但它是有理可依的创造。方法应用的熟练与否，是在日积月累中练就的功夫。对于有些题目，或许有了思路，但进行不彻底，怎样走到正确思路上来才是题目的价值，或许没有思路，解题的突破口就是题目的价值。还可以打开记忆库，搜索一下解题的方法，甚至想想正确的思路是由哪些条件引发的，自己为什么没找齐这些条件。总之，最终都可以归结为知识储备，储备越丰富，思路就越畅通。

这些思考其实人人都在做，导师的作用就是指出思考的精髓：把题目的解答提炼为本质的方法，然后补充到记忆中去。"本质"是可以应用在任何场合的，有些学生没有深入思考，得到的只是一种印象，遇到相似的题目会做，一变化就不会了。不善于思考时，翻遍几本书都没有明显的作用，善于思考时，几道题的内容都让学生感到充实。为了把剖析题目的成果铭刻于心，还需把遇到的新情况记录下来，后面写上相似的例子加以比较，这样前后呼应、举一反三，才有事半功倍的效果。如果让这样的思考成为一种习惯，日积月累，自然水到渠成。

4. 平和心态

良好的心态在很大程度上有助于学生的学习。因此，导师也要关注学生的身心状态，帮助他们以积极、友好的心态与同学和老师相处，将精力消耗降低到最小限度；同时引导他们以积极的心态对待学习，以平和的心态看待结果，以享受的心态体验学习的乐趣。

小 W 同学，各门成绩均衡，没有明显的优势学科或者弱势学科，上课认真听讲，作业

认真完成，他的数学成绩极其不稳定，时好时坏，有时会跑到班级前几名，有时又会落到班级均分下面，他自己也说不清自己的数学是好还是不好。在一次大型考试后，他的数学成绩不理想，找导师和他一起分析试卷。

分析过后发现，他前面小题会有很多基础性的错误，后面的难题有一定思路，但也没有完全思考出来，这是非常普遍的现象——基础受限，导致了思维限制。所以导师建议他回归课本，把一些基础概念基本方法过一遍，并且给他准备了每周小题过关练。在这期间，小 W 也发现了自己的问题，面对简单的问题，他并没有通过常规方法解答，而是经常用一些投机取巧的方法半蒙半猜，完全没有章法。因此，考试时就看试卷合不合自己胃口，运气好，分数就高点，运气不好，分数就一落千丈。就这样，经过一段时间的查遗补漏，小 W 的成绩终于稳定了下来，基础题很少出错，在攻克难题上也越来越有自己创新的方法。

（执笔人：钱洁琼）

第三节 科创指导

案例 A

小黄同学，非常喜欢学习物理，成绩优异。在一次导师与同学们交流科创金点子时，她提出了一个设想——是否可以通过编程，将一些抽象的物理实验，在手机上用动画的形式演示出来，将枯燥的理论和知识形象化。她的想法得到了同学们的赞赏。导师推荐她学习学校科创导师团队开设的创客课程之一"移动应用设计与开发"，并在导师的指导下，确定了科创项目——"基于手机平台的物理实验过程辅助工具"，陆续开发实现了"射猴问题仿真实验""单摆测重力加速度""简易水平仪""超失重研究""探测磁场强弱"等5个教学辅助工具，形象地演示了实验过程，让物理知识点不再抽象，让物理实验一目了然。凭借这个项目，她斩获"明日科技之星"称号。她所开发的5个实验辅助工具，在同学们中广泛传播，获得了同学们的一致好评。

案例 B

小奚同学喜欢编程，高一看到编程社团时便毫不犹豫地加入，学习了一段时间编程知识后，他看到现实中小区停车存在的问题，就想尝试通过编写一个小程序去解决这一问题。由于不确定能否实现，便和导师顾老师提出自己的创意点"小区双道停车系统"，顾老师大加赞赏，鼓励他放手去试，于是他迈出科创的第一步。接下来就是顾老师对他全过程的指导。顾老师是学校的科创导师，他认为对学生的辅导重在授人以渔而不是授人以鱼。

在项目进行的过程中，小奚每次遇到技术上的问题都向顾老师请教，顾老师并不直接回答，而是发给他一个 API 文档的网页链接或是一个硬件设备 pdf 文档相关内容的页数范围，让他自己去找寻，帮助他养成了通过看文档学习技术的能力与习惯。虽然在最开始的时候，找文档、看文档是艰辛的，但是文档知识的完备性对于打下牢固的技术基础具有重要作用。

在指导他写论文的过程中，顾老师借助各方资源帮助小奚提升论文写作的科学规范性和创意性等等。顾老师发现他偏内向不太会表达，于是便刻意训练他的演讲能力和表达能力。在演练的过程中，一开始小奚紧张得说不出话，顾老师一直鼓劲，并教了一些演讲的准备方法，比如列提纲等等，在一次次尝试和顾老师不遗余力的帮助下，小奚克服了自己的羞涩和胆怯，越来越能自如地表达，再加上采用了适合的准备方法，最终顺利地完成了演讲,并在之后的竞赛展示阶段表现出色。这个技能后来在参加浙江大学综评录取面试时起到了关键性的作用。

高中阶段,小奚是一个不折不扣的科创小达人,先后拿到上海市青少年科技创新大赛二等奖、中国(上海)国际发明创新展览会金牌等十几个奖项。高中毕业,他进入美国工科排名第五的顶尖名校伊利诺伊大学香槟分校,攻读电子与计算机工程专业。日常学习中,找文档、看文档、演讲、阅读文献是常态,让他万分庆幸的是,有了高中阶段的科创经历做基础,他毫不费力。目前,他已经在国际顶尖高科技年会 IEEE 年会上发表了论文并受邀宣读,他所主笔的数学建模论文拿到美国大学生数模竞赛二等奖。

科创是现代高中生成长的重要素养,是很多学生跃跃欲试想要完成的一件事。案例A和案例B是两个高中生小创客从小白到达人的比较典型的经历。现实中,有的同学有初步的想法,但是不知道从哪里开始;有的同学明确了想法但是受限于自己的知识基础、时间、所需的实验设备等各类资源,止步于初始阶段;也有的同学在具体实践的过程中,进展缓慢;还有的同学有了结果,却不知道如何表达、呈现……同学们遇到的困难各异,有些能够克服困难,最终完成设想,带给学生成就感、价值观、归属感,甚至有的学生在科创项目中找准了自己未来的发展方向,开始坚定自己的人生梦想,为社会做出贡献的同时实现自我价值。

毫无疑问,从一个想法,到达成一项成果,需要学生付出很多努力,更需要导师在其中做好支撑,在他们遇到困难时给予指导,为他们提供支持和帮助。同时,在学校实践的过程中,指导学生开展科创活动,更需要从学校层面①,构建创新教育体系,建设创新孵化平台,建构创新孵化模式,以形成学校优势和学生的创新惯性。

一、从金点子到选题

(一)金点子怎么来

好的点子是选题的来源,是确定选题的关键,是成功的一半。在科创中,创意在一定程度上是第一位的,研究是实现过程,技术是解决方法,都是为创意创想的实现服务的。因此,鼓励学生提出"奇思妙想"是导师在辅导科创中最重要的一步。

金点子有时候起源于好奇心驱使下没有目标、没有目的的观察,即由偶然事件触发出

---

① 学校的科创工作开展,常常起始于少部分老师、少部分学生,从一个个项目,到内外各种资源、平台的建设。本节即以闵行中学为例,探索学校层面的创新体系建设,也包括导师团队和个人对学生的指导。

来的创意：这是什么现象？为什么会这样？有什么用？在"想有所想"中善于注意，善于观察，善于辨别，善于发现。在"胡思乱想"中善于想象，善于变通，善于借鉴，善于类比，比较容易形成"金点子"。

金点子更多时候来源于学生在校园学习、家庭生活、工农业生产和社会活动中遇到的问题。比如生活中的现象或问题，当前媒体的热点问题，课堂教学中激发出来的问题，交叉学科问题，结合拓展、研究型课程引发的问题，别人的研究课题未完成部分的问题，对某个问题的不同研究方法、不同研究材料的举一反三实践等都可以成为课题研究的最初的选题——"金点子"。

（二）鼓励创想金点子，助力探索转化为选题

一个科创项目，始于一个金点子。学生在产生金点子的过程中，容易出现的问题主要有两个：一是不敢想，怕被否定和打击；二是金点子匮乏或太无厘头、无法聚焦、无法具体化、无法概念化、无法完成选题。导师在辅导中，要小心呵护学生的自尊，激发学生的好奇心，想办法提升学生的自信、激发学生探索的勇气，鼓励学生充分发挥想象，忌轻下定论和主观评判，倡导学生多提问、多讨论，想尽办法一步一步具体化，去论证、去学习、去清晰化，直至逐渐实现。由点子到明确选题，是科创训练中非常重要的一步，导师可以多提开放性问题，引导学生具体化，再逐渐聚焦，慢慢形成明确的选题和项目方案。在这个过程中，激发创新思维，呵护创新幼苗，其中，正面引导、鼓励支持是关键。

1. 榜样激励，启发创新意识

榜样的力量是无穷的，有很多学生的创新设想，便是始于榜样的启发，活生生的从小白到达人的例子会让学生增强自信。具体可以通过如下途径，为学生梳理榜样，启发创新：

（1）邀请专家、社会各界成功人士、各行各业的标杆人物、创客等做讲座，与学生互动交流他们的创新项目。

（2）通过视频、读书会等举办国内外创新人物创新故事学习会，以激发和保持学生的创新意识、情感。

（3）开设"学生科技论坛"，约定固定的时间和地点，由学生发布其科创成果，邀请资深教师、高校教授作为专家指导团成员，与学生展开充分的交流，为对科创感兴趣的学生提供成果宣讲、交流的平台和场所。

（4）现身示范引领，自己做给学生看，一步一步引领学生，身教重于言教。

在这些榜样激励、科创启蒙活动中，可以辅导不同的学生，进行刻意训练和学习。有了科创成果的学生学习如何表达，如何继续、完善；正在进行科创项目的同学学习如何克服科创过程中的难点，一步步达成目标；暂时没有找到选题的同学，可以从中点燃兴趣、学

习榜样,参考、借鉴。总之,激发学生的科创意识,培养求真、百折不挠的精神,学习科学论证、科学表达、科学思辨,碰撞创意火花,是科创启蒙活动的要点。

2. 基础课程（通用技术/信息技术）激发金点子

科创教育也可以面向全体学生,激发全体学生生成金点子。以闵行中学为例,学校科创团队的教师在通用技术、信息技术课堂中设置了 4 课时专题内容——"创意引发课",指导学生撰写创意方案。创意方案包括设计创意点子、草图绘制、创意说明。学生的创意可以是全方位、发散性的。老师在课堂中通过师生对话,共同思考,共同探求创意方案。随后,老师对学生的方案进行分专题归类并进行专题点评,互补完善。最后,可以形成一个或几个完善的创意方案。

闵行中学通用技术课金点子列举

（1）做一床可以自动控制温度的被子。这样,无论在严寒,还是酷暑,都可以很舒服了。

（2）做一双 AI 控制的鞋子,可以缓震和矫正走路方式。

（3）将人流量大的道路改为由压敏材质制成的可发电电路,人流经过时,便可以发生电流,并将其储存起来。

（4）下雨天,开着的窗户会飘雨。可否设计根据雨水自动关窗的装置?

（5）想做一个洗头机。人只要坐着,就可以自动完成洗头、吹干。

（6）父母经常因为小事吵架,希望能够做一个 AI 产品,可以自动检测分贝和语速,把语音转变成文字,记录他们的争吵内容,这样可以更有效地劝阻双方。

（7）去食堂吃饭,经常碰到去晚了想吃的菜品就没有了的情况。可否设计一个装备,可以记录各个菜品的受欢迎程度,并由此预测准备的数量?

（8）学习中特别容易疲惫。音乐播放器可否能根据人的状态,选择适宜的音乐进行播放?

（9）写作业时经常犯困。所以想设计一款笔,5 分钟内没有写字就震动,再过 5 分钟会响铃。

（10）很想念逝去的奶奶。所以,可否做一个 AI 的产品,可以还原她的音容笑貌,和她见面?

3. 指导学生带着问题进行观察、思考,直至形成选题

所谓带着问题进行观察就是针对某一感兴趣的现象或问题,按照一定思路有意寻找答案,如为什么会这样? 可以用什么办法解决? 有多少种解决办法? 哪种办法最好? 可否多方案解决问题? 可以围绕学生生活、学习身边的各类问题,进行训练。

（1）学习中的问题，如学习用具、教室、课桌椅、黑板、学习方法、学习习惯等；

（2）工作中的问题，如工作方法、工作关系、工作效率等；

（3）生活中的问题，如衣、食、住、行、工具、用具、休闲、娱乐、生活方式习惯等；

（4）环境中的问题，如水污染、空气污染、固体垃圾、噪声、生态环境、动植物等；

（5）社会热点问题，即特定时期内人们关注、议论较多且影响较大、共同关心、急于解决的问题。

还可以将问题解决与创意思考相结合，训练学生的发散思维。可以尝试两种方法，其一，缺点列举法，围绕现有的用具物品列出它的缺点，再针对缺点，提出改革设想；其二，希望点列举法，提出种种需求和希望，经过归纳和概括，寻找发明和设计的构思。列举缺点，在于发现问题；列举希望点，在于大胆创想，充分发挥创造力。其中，辅导学生打破陈规、学会质疑是关键。

4. 有针对性的个别辅导，优化选题

在前两步的基础上，应该还需要进行个别辅导和优化。比如有的选题有点大，表述不清晰，有的选题太过于虚幻不太现实，有的选题需要拓展的知识太多，有的选题做的东西太多时间不太允许，有的选题太难太过于专业超过了学生的认知范围。因此我们一般根据实际情况进行调整，优化选题。

导师引导学生进行文献检索。通过文献、资料的收集和检索、阅读，判断选题价值和合理性。要广泛参考文摘、期刊、硕博士论文、专著、典籍、手册、专利文献、科技报告等各类文献、资料等。

选题太大是学生在科创起步阶段常常出现的问题，导师可以按下面的方法进行指导。①先选一个大的方向范围，例如，能源节约问题、交通便捷问题、家用电器问题；②再选稍小的待解决的具体问题，比如有待解决不足的问题（缺点发现法），有待满足希望的问题（希望建议法）；③最后巧妙地提出解决设想并研究、了解别人已经尝试的解决方法或者得到的结果，提出自己更好的解决方案，构想如何实施，并研究出结果。

小夏是一个很喜欢观察、思考的学生。高一第二学期春夏交接之际，家里准备开空调，于是便请人进行清洁消毒，他看到拆下空调外壳、过滤网，进行清洁消毒，而散热片由于被封在空调内部，作为一个整体，要专业人员才敢拆除，因此日如一日就一直没有处理，在生涯导师一次课题辅导中，他提出自己发现的现象，导师夸赞他能够质疑现有常规做法，提醒他用"缺点列举法"发现问题。

发现问题：正值春夏之季，不少市民开始使用空调。家用空调大部分使用者都会关注空调过滤网的污染，并经常会进行清洁消毒，然自己感觉空调用久了虽然一直清洁，还是有异味，是否是那个没被拆的空调内部一直没被清洁，也存在污染。

"缺点发现法"发现问题后,就用"希望建议法"大胆提出假设和建议,空调内部也有污染源,建议找到具体是哪个部件,还有具体如何清洁是否需要让更多人知道,或者探索如何清洁。

在生涯导师的帮助下,他接触了制作空调散热片的专家,在了解空调制作和原理时,专家提到散热片是污染之源,但是被大众忽视,较少这方面的科普。室内环境污染能导致呼吸道疾病、肺病、支气管炎、肺癌。于是小夏确定了自己的课题:空调污染的源头——散热片清洁消毒至关重要。

二、建构"3+3"模式,搭建创新想法与项目开发之间的桥梁

任何一个科创项目,都是创新想法和知识拓展之间的双向奔赴。一个创新想法的达成,需要学生拓展相关知识、技能;一类拓展知识、一门先修课程、一项拓展技能的掌握,需要以一个由想法到成果的创新创意过程为实践基础。如何让更多对科创感兴趣的学生体验科创,是学校和科创团队导师一直探索的命题。在实践中发现,学生感兴趣的领域较为集中,再加上学校有比较好的社团、社团课程基础,因此,建构了系统化的课程体系与训练模式。

学校从2009年便有了单片机社团,开设了单片机课程,很多学生从高一年级开始学习单片机课程,并多次获奖。但随着项目的深化,学校科创导师团队发现,学生的作品普遍创意不够,更像是传感器的堆砌,原因是缺乏系统的知识作为基础,缺失从信息处理系统的角度来整体思考和开发。于是,不断优化、探索出"3+3"定制化模式,即以3个主要内容模块,3个主要项目开发阶段的模式,打造完成一个完整的创客路径。

(一)3个内容模块,奠定科创项目知识、技能学习基础

智能装备是学生普遍喜欢探索的领域,此领域对开源硬件开发、移动应用设计与开发、三维建模和3D打印等方面的知识和技能有一定要求。比如在一个智能浇水器项目中,实现自动浇水功能需要涉及开源硬件开发,即用单片机控制;浇水行为分析涉及大数据处理,需要涉及移动应用设计与开发,即用手机搜集、处理信息,将信号发送给单片机;浇水器的固定板和浇水装置需要3D设计和打印。基于此建构了系统化的3个主要内容模块课程。同时,在具体教学中,将三门课程按项目化学习方式贯穿整体设计。指导学生边学习边解决问题,这使得原本枯燥无味、循规蹈矩的制作课变得更具自主性、协作性和趣味性。

1. 开源硬件项目开发

嵌入式开发、电子电路、运动学和工程理论等知识是其中的核心内容。通过向不同基

础的学生全方位地介绍 Arduino、ATmega128、慧烁、STM32 这四种单片机知识，并设计制作创新项目，同时为学生创造参加各级各类科技竞赛的机会，在掌握电子技术和程序设计基本知识的同时，激发学生创造发明的兴趣，培养学生动手能力及创新素养。

2. 移动应用设计与开发

该模块主要以手机等移动设备的软件项目的设计与开发为主，同时也学习 VB、Java 语言的基础内容，学习、掌握软件开发的基本方法，并以实际生活中经常使用的信息技术为载体开展项目制作，培养学生对软件设计与开发的兴趣，训练学生的计算思维能力，锻炼学生的逻辑思维能力，激励学生成为数字时代的创造者。

3. 三维建模和 3D 打印

该模块以初步掌握电子技术和机械加工基础知识，能对简单的电子作品和机械作品进行制作或加工，能使用 Inventor 软件进行三维建模，再配合 3D 打印机创作结构，培养学生基本的机电技术素养，并提高他们的动手能力和创新能力，训练空间想象能力为目标。在提高技术能力的同时，形成一定的与技术相联系的质量意识、环保意识、安全意识等，为学生适应未来社会及其今后的发展奠定基础，提高了学生的动手能力和创新能力。

（二）3 步走规范进阶式培养

科创教育所倡导的提出问题并利用自己的创造力解决问题的过程，通常以输出为导向，最后形成作品。在制作作品过程中对学生能力的培养，以及确保学生能够自主研究至关重要。"3＋3"定制化模式中的第二个"3"指用三个阶段完成一个进阶式挑战性项目，像游戏冲关一样，增强学生的学习兴趣，完成从领学到自学的过程，这三个阶段分别为：

1. 初级任务

主要任务是一些科技基础制作，主要涉及基本结构应用与控制、入门的二维空间建构、数学和机械知识等。这个过程多采用体验参与、概念探索、意义建构、展示应用等形式，指导学生掌握基本的科学方法，养成良好的科创习惯。一般从点亮 LED 灯、跑马灯、火焰传感器、电子音乐、驱动直流电机和舵机、1602 液晶的显示、光敏电阻等开始学，到能够制作多功能自动控制电路（传感器的应用）、基本门电路、密码锁电路（数字信号与逻辑门应用）、二路抢答器（基本触发器的应用）等。

2. 进阶任务

主要任务为机器人创作，这一过程从外形到结构均在"数字化创作空间"平台上完成，涉及机械、力学、结构、材料、电子、软件、艺术等知识，在解决日常生活的问题过程中发展学生思维。如爬坡机器人的设计与创作、电子控制实验箱、全自动洗衣机控制系统设计、个性化台灯灯罩设计、光控小车、F1 电容车、液压挖掘机、遥控风扇等。

3. 自主任务

主要任务是智造家创作，需要综合运用智能电子积木、机械结构、智能硬件、开源软件、3D打印等技术。如创作2048生物减数分裂版本、智能锁、超市自助结算推车、智能台灯、自动分类垃圾箱、时间变量电子密码锁、老人远程开门器、植物类别的人工智能识别、卡车驾驶模拟器智能浇水器、智能气象站、时间序列智能锁、智能红绿灯、激光乐动琵琶、小区双道停车平台、在线学习纠错系统、基于手机平台的物理虚拟实验室等。

三、搭建科创资源平台，支撑科创实践活动开展

创客教育的目的在于培养一批动手能力强、勇于实现自己想法的小创客。所以需要的硬件、软件资源多，需要建设集合各类资源平台的创客教室。同时，借助信息技术为学生的学习、实践、师生互动交流营造便利的环境。

（一）搭建科创资源平台，建设数字化创作空间

学校倡导以科创项目的思想和模式让学生在做中学，开展基于问题或项目的学习，因此建立了数字化创作空间（Digital Creative Space），确保学生有完善的工具和实验条件，包括开源硬件项目开发实验室、移动手机开发实验室、金属加工车间、虚拟仿真实验室、网络实验室、数字音乐实验室以及机器人实验室等多种"智能控制实验室"。

以开源硬件项目开发实验室为例，其中包含了24个工作位，台式电脑24台、笔记本电脑2台、单片机开发板约40块，以及Arduino、ATmega128、慧烁、AVR、STM32等单片机型号，微软的体感Kinect传感器、泰克100 M混合模式示波器、普源20 M任意波信号发生器、热风拆焊台、万用表、台式电烙铁、稳压电源、台钻等，以及30 W激光雕刻机、电火花线切割、铣床、车床、数控铣床机械加工设备等。相当于高校或者项目研究室生产间的完整配置，确保项目的硬件环境。

在科创项目实施的过程中，动手能力非常重要。为了培养学生的动手能力，实验室里添置了不少手动工具，如圆锯、手电钻、电动螺丝刀等，并从建材市场买来木材等，在保证安全的前提下让他们动手做作品，比如单片机社和环球音乐社社员联合做的伪3D全息显示，在开家长会期间展示，引起轰动，受到家长们广泛好评。

陈同学在高一选择了学校的程序设计选修课，最初他会一点点Pascal编程，慢慢学会了VB、C语言。在单片机驱动液晶模块课上，他第一个把线路接了出来，导师发现他在接电子线路方面有特长，动手能力强。于是，就启发他尝试参与科创项目。在导师的指导下，他决定做ZigBee无线火灾报警器。

模拟电路是这个项目中的一个核心部分，需要自己做电路板。那时，学校的设备还非常有限。导师与他一起尝试用透明胶带刀刻法解决，而且使用最普通的美工刀。无论是设计板子还是刀刻，他都一丝不苟地完成。虽然刻得不是很整齐，但测试后能用。他们从

化学老师那借来三氯化铁，用于腐蚀。看到这一版设计，导师推荐他参加了智多星比赛，并通过初赛。

"赛复创智杯"前夕，他与导师探讨是否可以用更好的办法制作电路板，他们一拍即合，随即提出三个方案：热转印法、感光干膜法、感光蓝油法，并买来各种所需材料、工具。陈同学非常兴奋，不停地试验，先用热转印法试验，结果碳粉在铜箔没粘牢，失败了；又用感光蓝油试验，结果干燥的时间过长，曝光，也失败了；最后用感光干膜试验，成功了。陈同学还数次操作，总结了感光干膜的粘贴经验——用电熨斗烫五秒钟效果最好。接下来，他和指导老师一起，又克服了 Zigbee 模块中 cc2430 编程中的难点，对火焰传感器做了很多实验，实验室里经常闻到酒精和烟的气味。最终，研制成功，并获得第二届"赛复创智杯"上海市青少年创意设计大赛一等奖、少年科技智多星银星奖、创新大赛区二等奖等奖项。

（二）建设线上创新项目孵化机制，全方位支持学生科创

学校建立校级创新项目孵化机制，由学生自主申请创新孵化基金，并提交申请书，学生按计划实施创新项目，记录和积累过程性资料，每年年底进行创新项目过程展示和成果汇报、评审，学生进行答辩，并聘请专家组进行评选，对学生提供成长性建议，并以"明日科技之星"和"创新大赛"两大赛事为核心，推荐在孵项目参加各级各类科技竞赛，通过竞赛进一步提升学生的科创科研综合素质。

（三）建设校内外资源平台

学校积极利用学校、家庭、社区、高校及各种社会资源，利用学校地缘优势，如毗邻的上海交通大学、华东师范大学、紫竹高科技园区和"四大金刚"国有企业、江川社区等，建立校内外资源开发利用的校区、园区和社区"三区联动"长效机制。充分利用校区、园区和社区等的优势，发挥三区的人才库智囊团作用和名牌效应，创建校内外联合培养学生创新素养的平台。

闵行中学积极利用学校、家庭、社区、高校及各种社会资源，如与上海交通大学电子信息学院、上海大学美国德州仪器联合技术中心、上海市科技艺术教育中心合作建立"数理创新-微控制器"联合实验室，基于信息化平台，结合生涯辅导开展科创教育，还承办上海市科技艺术教育中心主办的单片机应用活动比赛，以赛促教。创新实验室成立以来已有多届学生在这里学习和研究，经历了一届又一届的传承和更新，从初始成员与导师共同创办实验室，到一届届学生开发制作自己的作品，到如今建设了成熟的基于联合实验室的科创辅导模式。

四、科创规范和成果精准论述和表达，使科创效能最大化

有学生投身科创，花了很大心力，但由于论文不规范，不会精准论述和提炼、不会演讲和表达，无法达到有效的科学成果，或者好的科研成果由于论述不到位得不到认可，一方面影响了学生的积极性，另一方面好的科研项目不能发挥最大效能。因此从科创服务于实践、推动社会发展的角度讲，成果的论述和表达很重要，同时在论述表达中也能进一步促使成果完善。

（一）系统推进，规范学生科创科研活动

学校设计科学的申报书，引领学生从申报书启动科创科研活动，并在后续的每一个环节中——从选题、方案设计、论证、修改、立项、实施，到撰写论文、答辩，推进科研活动的规范。尤其要注重关键环节的培养，如选题阶段如何进行文献综述，如何进行科学论文撰写，如何科学标注参考文献，此外，还要进行专利法科普等。在这一过程中，根据需要可综合运用团队辅导、专家指导、个别化跟踪辅导等办法。

（二）辅导科创成果表达

1. 培训学生的成果论述和项目答辩 PPT 制作及成果表达演讲

成果表达阶段需要辅导学生进行项目评审答辩、成果表达演讲等各类活动。通常，首先需要准备 PPT。对于科学研究类的项目答辩 PPT 一般包括选题由来、实验过程与方法、实验数据、结果与讨论、参考文献等内容；对于创造发明类的项目答辩 PPT 一般包括选题由来、应用原理、技术和方法、性能测试、结论、参考文献等内容。其次，需要训练学生进行演讲表达，通常建议学生撰写演讲稿，并精确表达，常辅以（脱稿）计时演练，还需要训练学生姿态、肢体语言等。必要时，可以建议学生通过录像自己观看，找寻不妥之处加以更正，一遍遍练习，一遍遍调整；也可以邀请其他同学作为观众给出听者角度的建议等等。通过反复推敲和练习可以提升表达的精准和适宜度。

已毕业的科创小达人小於在回顾自己的科创成长史时，说道：

我在导师顾老师的指导下通过前期的金点子创意、文献综述确立了要开发一款"智能气象设备"。导师全程规范我的科创过程，具体包括需要做哪些准备、大致的过程与方法、主要实现工具。于是高一整个寒假，我窝在计算机房，自己设计软件，编写运行代码。编程的过程是枯燥且重复的，一个算法的实现，往往需要一遍又一遍的出错、更改、运行、出错、更改、运行，一次次地返工，填补漏洞，才能真正完成整个软件。在这一过程中，每当遇到更改多次仍无头绪的问题进而感到崩溃时，都在线上向导师请教。每一次，顾老师都会帮我指点迷津，用丰富的经验点明我的问题所在，引导我转换思维，找到更为准确便捷的

方法。

开学时,我便连轴地带着作品参加答辩、展示、比赛。相较于前期的埋头研发,后期的展示更需要抬头表达。在一场又一场的答辩展示中,我渐渐褪去了最初的生疏与羞涩,能够自信大方地在评委和观众面前展现并介绍我的项目作品。在此期间,我的导师帮助我多次改稿,教我如何答辩,推荐我的作品参加不同的比赛,陪着我一步步成长与进步。

高中生涯的科创经验给我带来了很大的影响,我变得更为勇敢,勇于提出自己的新想法,并寻找合适的方法将脑中的想法变为现实,我变得不再羞涩,敢于自信大方地在舞台上展现自我。顾老师的指引与教导让我一步步成长,变为更好的自己,最终我荣获了闵行区"少年爱迪生"称号等。

2. 成果推广,让学生的科研发挥最大效能和影响力

在学生科创成果推广中,涉及两个方面。一方面,将学生内容形成成果推广,如采用新老学员传帮带的模式,把老学员的项目给下一届学员参考、示范;另一方面,通过参加科技竞赛,如科技创新大赛、国际上海发明展、澳门发明展、赛复创智杯等比赛,把项目设计方案向全社会公开。在闵中的毕业生中,有学生完成共享单车、智能快递箱、垃圾分类等项目,均早于社会推广、普及进程。

杨同学热爱编程,兴致来了会写代码到夜里一点。在做单片机项目时,他不满足于原有的程序例子框架和协议,便自己写无线通信的协议、单片机操作系统下的菜单管理函数等。他不仅会写单片机的程序,还会写 Windows 下的程序。他对新的科技很关注,如体感 Kinect、虚拟现实等,对手机编程也很有兴趣,微软 Windows Phone 一出来,他就开始学手机编程,写了触控统计程序、快递查询程序等,还发布到微软 Windows Phone 应用市场,有了每月几十美元的收入。高二暑假,凭借 Windows Phone 下的"快递管家"应用,杨同学在威盛举办的第二十一届中国青少年威盛中国芯计算机表演赛全国总决赛高端赛项目中,荣获手机应用开发赛一等奖(唯一的一等奖)。

📢 五、构建数字化平台,培养学生创客素养

高中生科创不仅限于课题的完成,最终指向的是科创人才的培养。通过构建数字化平台,支持学生学习与评价全过程、创新孵化全过程,培养社会需要的科创人才。

(一)数字化平台,建构基于创客学生素养模型的过程评价

借助数字化平台尝试建立学生成长电子档案。设置针对学生创新素养意识、能力提

高的评价点。记录评价过程性资料，将结果评价与过程评价相结合，让评价更趋于公平、公正，实现由"知识本位"向"人本位"的转变。评价方法上力求评价内容和评价者多元，确立学生自评与互评相结合；定性评价和定量评价相结合；过程评价和结果评价相结合的评价原则。同时，建立健全社会评价制度，加强学生和家长参与的评价机制，评价注重过程反馈、过程指导和未来发展，使评价成为学生创新素养自我提升的手段。

实践中，导师们使用闵行中学学生综合素质发展六维度指标记录评价过程性资料，使结果评价与过程评价相结合。

（二）数字化平台，培养学生知识管理意识与能力

创建面向高中学生的个性化科技类知识管理平台。以兴趣为导向，逐渐聚焦学科，让学生尝试做以兴趣学科为落脚点的科技类知识管理系统，优化教育教学效果。参照知识管理的基本理论，为学生提供个人知识管理的工具，让学生尝试借助信息技术平台做好知识系统管理。系统基本功能包括：知识点管理功能，包括输入、分类、图形显示等；个性化复习指导功能，参照心理学学习理论并结合学生学习具体情况设计复习计划；事件紧急性及重要性分类管理功能；个人时间日程管理、浏览及输出功能；个人计划执行跟踪功能；教师远程辅导功能等。同时建设智慧班级，即"虚拟班级结构、师生主页功能、班级学习博客和课程资源整合"，让教师与学生借助学习平台，共同创建教育学习资源。

高中生的科创导师一定是学生需要时能够赋能的老师，一定是能接住学生的问题、给予学生探索方向的老师，一定是愿意欣赏学生、相信学生有能力的老师，一定是本身具备科创精神和不断提升自身能力的老师；还是善于借力、顺势而为的组织者；是能够发掘资源，整合应用的管理者。总之，是一个有大局观、有视野和格局的学习型、成长型教育创新人才。学无止境，探索永远在路上！

（执笔人：顾秋辉）

第四节　学科融合——项目式学习探索

情景一：

报名参加"青史杯"高中生历史剧本创作大赛①后，无数疑问盘旋在小孙同学心中：自己并无剧本创作经验，史料搜寻、人物设计、矛盾铺设、剧情转承……这些能够驾驭吗？马上就要参加暑期澳洲游学，有足够时间去完成剧本吗？"青史杯"是全国性比赛，强手如云，耗费大量精力或许颗粒无收，这值得吗？似乎所有困惑的解决都指向同一个声音："向导师撤回自己的报名。"带着这样复杂心情，小孙找到了导师……

情景二：

几个月以后，小孙同学凭借剧本《风雪平安夜》获得了这届大赛一等奖。在升旗仪式上，她自信地侃侃而谈："'虽然天空没有翅膀的痕迹，但鸟儿已经飞过。'回望过去，最重要的已然不是那张最初期盼的获奖证书，而是自己的成长。历史于我不再只是时间、地点、人物、事件的堆积，它的温度是可以被触碰的。历史剧以历史事实为基础，将我之所见所思以富于美感的戏剧呈现，让我真切体会到了创作过程的点点滴滴。这段满是艰辛而又分外温暖的回忆，我将珍而重之地将它放在心底。时光那么浅，岁月那么长，热爱的事情还有这么多，不必妄自菲薄，不必踌躇不定，勇敢地冲着远方去吧！"

历史剧本创作是一个融合历史与语文两门学科的活动。剧本故事以真实发生的史事为基础，以推理和想象来填补史事的断裂之处，再用剧本的语言、形式呈现出来。创作优秀的历史剧本既需要扎实的史学功底，又需要较高的文学素养。小孙同学从来没有过这方面的经验，感到犹豫彷徨，萌生退意是人之常情。交流中，导师表达了对她的信心和期待，并告诉她多年以来闵中导师们都以项目化学习的方式来推进历史剧本创作，具有丰富的指导经验。她将要参加的不只是一项比赛，还是一个学习项目，将会全程得到导师们的鼎力相助。获知这些信息后，小孙不再

---

① "青史杯"高中生历史剧本创作大赛是由华东师范大学历史系主办的全国性赛事，仅接收以集体为单位的投稿，故参赛学生需向导师报名。

犹豫，全力投入到历史剧本的创作中。一个项目式学习，是一个学科融合的探索，是一个创作作品，抑或解决真实问题的跨学科学习过程。

项目化学习亦称项目学习、基于项目的学习①，因英文为 Project-Based Learning，故被简称为 PBL，是实现学科融合的好方式。其源头可以追溯到美国哲学家约翰·杜威（John Dewey）的"做中学"思想，他提倡学生直接参与活动，在现实生活中亲身接触各种事实，以留下深刻的印象，获得有用的经验。杜威的学生威廉·H.克伯屈（William H. Kicpatrick）借用管理学上的"项目"概念，首次提出"项目学习"，希望通过项目将书本知识和实践活动联系起来。

在项目化学习中，学生组建学习小组，分别担任特定的角色，运用学校内外多种资源开展探究活动，解决一系列比较复杂的问题，并以某种形式的作品汇报学习成果，开展评价反思。百余年来，项目化学习持续发展。尽管学者们的观点有一些差异，但大体上都赞同项目化学习应依托真实的问题情境，让学生在探究和解决实际问题过程中，运用相关知识，形成可迁移的思维模式，并在项目过程中实现对知识的深度理解。通常，一个项目化学习活动包括提出驱动性问题、制订方案和计划、学习实践、交流分享、反馈评价五个阶段。

一、提出驱动性问题

（一）好的驱动性问题，是起点

项目化学习的起点是驱动性问题，即 driving questions。顾名思义，它就是"学生感兴趣的，乐于投入思考的问题"②，以驱动学生投入学习。那么，怎样的问题才是好的驱动性问题呢？

1. 驱动性问题是充满趣味的开放性问题

兴趣是最好的老师，有趣的问题能够"粘住"学生，激发他们的学习动力。比如春节将近，小李家要聚餐，但每个人的要求不同：奶奶患有糖尿病，爷爷一直吃素，而爸爸身体不适，比较适合吃清淡的食物，妈妈近期在减肥，要减少碳水化合物的摄入，小李喜欢吃河鲜，姑姑对乳糖过敏，姑父和表弟则无肉不欢。请为小李家的年夜饭设计一个既能满足众人需求，又能体现节日气氛的菜单。③ 这个驱动性问题来自生活情境，能够激发学生的学

① 夏雪梅.项目化学习设计：学习素养视角下的国际与本土实践[M].上海：教育科学出版社，2018：6.
② 吴欣歆.培养真正的阅读者：整本书阅读之理论基础[M].上海：上海教育出版社，2019：138.
③ 夏雪梅.项目化学习设计：学习素养视角下的国际与本土实践[M].上海：教育科学出版社，2018：56.

习兴趣,而且这是个开放性的问题,不存在"标准"答案。满足小李家要求的菜单是多种多样的,不同的人多半会提供不同的组合。

2. 驱动性问题是具有挑战性的真实问题

蒙古崛起是中国历史乃至世界历史的重要内容。学习《中外历史纲要(上)》中"从蒙古崛起到元朝统一"后,有学生提出了两个问题:蒙古汗国三次西征征服了哪些地区?蒙古汗国的崛起如何改变了世界面貌?第一个问题的答案是唯一的,只需查阅专业历史书籍即可轻松解决。第二个问题是开放的,需要联系与这个时期相关的众多知识,涉及战争、政治版图、经济往来、文化互动等领域,须运用阅读、提取信息、概括、归纳、讨论、批判性思考和想象力等多种能力。显然第二个问题更具挑战性,更适合作为驱动性问题。

3. 驱动性问题需要运用高阶认知策略

这是判断项目化学习质量的主要标准之一。高阶认知策略主要包括问题解决、创见、决策、实验、调研和系统分析。如小张同学在新闻中看到独居老人突发疾病,因抢救不及时而不幸身亡的报道后,提出了这样的问题:如何设计基于移动通信的智能健康监测仪?他与导师深入讨论,形成了研究思路:运用高灵敏度传感器,24小时自动监测脉搏、血压、体温等人体生命体征,以辨识和分析佩戴者即时的健康状况,并在健康临界点和体征波动异常时,通过无线通信系统向家属或医院发送预警。紧接着,小张查阅资料、编写程序、购买器材、制作模型机、进行实验,并依据实验数据持续改进产品。在这个项目的实施过程中,小张运用到了问题解决、创见、实验等高阶认知策略。

(二)生成驱动性问题的辅导策略

从明确上述驱动性问题的标准,到能够提出符合这些标准的问题,中间还存在较大距离。导师首先要充分肯定学生在提出设想时的创新想法,接下来便是在这个过程中,帮助学生实现从"此岸"到"彼岸"的跨越。

1. 运用KWH量表获得驱动性问题的雏形

KWH是Know、What和How三个英文单词的缩写,分别代表"我已经知道了什么""我还想了解什么""我想运用这些知识解决怎样的问题"。确定项目化学习主题后,导师可以引导学生们通过填写如下KWH量表(见表4.3),梳理关于该主题已有的信息、希望获得的信息和希望解决的问题。如几个学生决定研究上海市老闵行地区非机动车十字路口违规左转问题,为帮助他们梳理思路,提炼出驱动性问题,导师指导他们完成了这份KWH量表,并进一步提出驱动性问题——如何化解老闵行地区非机动车违规左转问题,让路口变得安全?

表 4.3　KWH 量表示例

我已经知道了什么 （Know）	我还想了解什么 （What）	我想运用这些知识 解决怎样的问题 （How）
司机们抱怨老闵行地区非机动车违规左转现象频发； 老闵行地区的道路图； 非机动车路口转向规则； 上海非机动车交通事故数据	老闵行路口左转交通灯分布； 一定时间内老闵行主要路口非机动车通过数量与违规左转数量； 路口交通信号系统的经济成本； 违规现象与车道、时间段、驾驶员性别和年龄段的相关性	分析老闵行地区非机动车违规左转的原因； 提出解决路口违规左转的方案

2.　引导学生将具体问题提升为更本质的问题

学生们在日常生活与学习中，常会看到一些现象，经历一些事件，比如上海市民每天早晚都会定时、定点、分类倒垃圾。上海市将垃圾分为哪几个类别？每个类别主要包括哪些东西？这些都是具体的、现象层级的问题。就垃圾分类主题，继续深入思考或可提出：为什么要进行垃圾分类？大部分同学能够猜测大概是为了减少浪费，有效利用资源；减少填埋或焚烧的垃圾总量，降低垃圾处理的负担等。循着这些方向继续探索，就能够提出更深刻、更接近问题本质的问题，诸如如何建立循环经济？如何改进城市社会治理模式？如何实现社会的可持续发展？这些问题突破了学科领域，需要调动多学科知识才能解决。实现这一步，需要指导学生查阅相关政策文件、年度报告、文献资料、新闻报道等，提出现象背后的本质问题，即可探究的主题。很多时候，一个现象或事件背后可能涉及数个本质问题，导师可以指导学生根据感兴趣程度、难易程度等进行选择、确定。

3.　指导学生将事实问题转化为概念性问题

事实问题难以迁移，不能适用于更广阔的领域，不适合作为驱动性问题。导师可指导学生去除其中的细节和事实部分，将其抽象化，转化成为更上位的概念性问题。如马克思撰写了《共产党宣言》《资本论》等重要文献，是无产阶级的革命导师。但马克思并不是独自完成这样的伟业，是谁不断给他提供物质帮助和精神支持？谁是他最近亲密的战友？这些问题都是事实性问题，答案也是唯一的，那就是恩格斯。他与马克思共同撰写了《共产党宣言》，他为给马克思提供经济援助而从事自己所厌恶的商业，他在马克思过世后继续他未竟的革命事业……这些展示两人关系的事实都指向同一个概念：友谊。由此，我们就可以得到一个概念性问题：什么是真正的友谊？

二、制订方案和计划

提出驱动性问题后，就需要对项目进行深入分析，以此为基础制订方案和计划，明确开展项目化学习的内容。

（一）开展项目分析

在项目分析环节，导师需指导学生对学习项目进行拆解，理清推进项目的大致思路，以及需要做哪些方面的工作。该环节应明确：要解决这个驱动性问题需要从哪几个方面进行分析？如何开展行动？最终成果是什么？

值得提醒的是，先行确定最终成果非常重要。一般包括个人成果和团队成果两类，表现形式多种多样，视具体情况而定。它可以是实物产品，如自动给花草浇水的机械、"有声有色"的红绿灯；可以是文字材料，如项目报告、汇报PPT、历史剧本；还可以是活动，如开放日班级"鬼屋"、学生角色扮演的英国下午茶文化展示。确定好成果形式，就需要指导学生先行了解，通常这种形式的成果该如何呈现。如果是文本类，那么通常需要包括哪些模块的内容？各模块内容如何形成？如果是活动，那么通常这样的活动如何开展？这样才可以执行计划，做好项目拆解与分析。

一些学生就学校食堂餐食项目，提出了这样的驱动性问题：如何能够让学校食堂提供学生欢迎的餐食？在项目分析时，学生们提出先通过问卷了解同学们对食堂饭菜现状的看法和对未来的期待，再通过网络搜索、图书馆查阅等方式获取营养学的知识，最后综合学生的需求和营养学知识设计食堂菜谱。

导师在肯定学生们分析的基础上，提出了若干建议。其一，就搜集信息而言，除了问卷调查，还可运用采访的方式，实现"点"与"面"的结合；其二，就营养学知识而言，仅靠学生自学是不够的，还需要专业人士的指导，可从同学家长中寻找资源；其三，须协调与利益相关方的关系，学生们的项目分析仅仅关注到自身，忽视了食堂经营者和学校这两个关键因素。这一问题是真实问题，项目实施的结果也应该指向解决真实问题，项目推进过程中，最好也能召开学生、食堂、校方三方会议来交流、协调，以形成妥协、达成共识；其四，项目最终的成果是什么？一份营养菜谱、研究报告、食堂食谱改进方案还是建议书？不同的成果，呈现对象不同、体例与行文不同，能够解决真实问题的作用不同，需要在前期确定。

最终学生们确定项目成果为"食堂食谱改进方案"，可以分解为如下：

（1）了解食堂食谱改进方案的大致框架、内容、行文格式等。

（2）开展面向学生的调查，了解学生欢迎的餐食：

- 实施一份问卷调查。设计学生欢迎的食堂餐食调查问卷，并向全校学生发布。
- 实施面向学生的访谈。需要设计一份访谈提纲。
- 整理问卷调查和采访结果，形成学生欢迎的食堂食谱改进方案。

（3）从营养学的角度为食堂餐食提出标准和建议：

- 自主搜集资料、阅读书籍，初步了解营养搭配的基本知识。

- 在专业人士的指导下,掌握早、中、晚餐的营养搭配方案。

(4) 了解食堂经营者的顾虑和经营现状:

- 采访食堂经营者。了解食堂经营现状、他们对现状的认识,以及面临的困难和诉求。

(5) 了解学校管理者可以提供的支持,以及相关政策:

- 访谈学校管理者。这里包括校长和校务办主任两个层次,需要设计访谈提纲。

(6) 综合上述各方,形成方案草案。

(7) 组织召开三方会议:

- 学生、食堂、学校三方圆桌会谈,讨论学生的方案。

- 在兼容三方诉求的基础上,形成三方均认可的食堂食谱改进方案。

(8) 评估改进情况,并进一步形成完整方案:

- 实施新的食堂餐食方案,并基于实施评估修改形成完整方案。

(9) 项目评价反思:

- 学生撰写个人体会,反思项目化学习过程。自评与他评相结合,全面评价学习过程和结果。

在此基础上,小组同学讨论完成如图 4.3 所示的流程图。在这个环节,导师通常需要提醒学生,项目实施很难一帆风顺,在流程设定中,要注意预判项目中的难点、关键点,并设定"判断"结构,即需要在某一步骤进行判断,是否完好执行、达成预期、可以继续? 或者同时考虑设计、判断、执行 B 方案还是 C 方案?

(二) 制订详细方案

项目分析搭建起了开展学习活动的框架和内容,紧随其后的是制订详细方案。这个方案需要明确完成此项目要做哪些事情,重点是什么,如何安排各项事宜的先后顺序和进度,参与项目的人员如何分工,是否需要一些人力、物力、财力等资源的支持,等等。这其实借鉴了管理学领域项目管理的知识。谋定而后动,开展项目化学习之前,在讨论的基础上制订清晰的、细致的方案能够减少无效劳动,提高学习活动的效率。

学生们制订方案时,往往存在一些缺憾,如缺乏过程管理部分,参与项目的人员任务进展不一;在制订方案时只是把任务做了简单分工,但是对各方的时间进度、如何衔接、需要完成哪些任务、做到怎样的程度等缺少预设,再加上项目过程中,参与人员缺乏交流与协调,最后的成果多半只是将众人完成的部分拼凑起来;对学习过程中的难点认识不足,缺乏解决措施和预案,导致项目停滞……这些都是需要导师进行特别指导的方面。

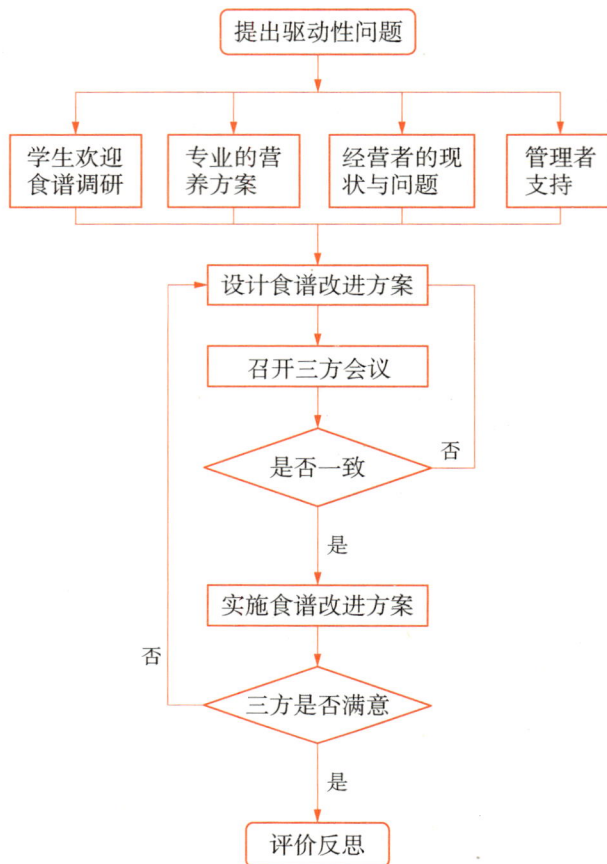

图 4.3 流程图示例

　　上述任务有的由项目组全体成员共同完成，有的由各小组分别处理；有时几个任务齐头并进，有时集中处理一项任务。项目组人员的分工和任务进度安排如表 4.4 所示：

表 4.4　项目进度安排表

	9.8	9.9—16	9.17—24	9.25—10.2	10.3—10	10.11—18	10.19—26
确定团队成员任务分工	▨						
小组1：调查问卷							
学习并制作问卷		▨					
发布问卷、分析结果			▨				
小组2：访谈							
确定访谈提纲		▨					

（续表）

	9.8	9.9—16	9.17—24	9.25—10.2	10.3—10	10.11—18	10.19—26
访谈学生、食堂经验者和校方			■				
小组3：搜集营养学知识							
自主学习相关知识		■					
请教专业人士			■				
了解市场菜价			■				
全体交流，设计菜谱				■			
学校、食堂和学生圆桌会议					■		
制订菜谱，建立监督机制						■	
评价反思							■

三、学习实践

完成项目计划后，就进入学习实践阶段，即具体怎么做的问题。现实世界中需要解决的问题往往是比较复杂的，可能需使用多个领域的多种方法才能解决。大致有五类学习实践：探究性实践、调控性实践、社会性实践、审美性实践、技术性实践。[①] 这几类实践不是截然分开的，而是存在部分交叉，其中前三类实践是每个项目都会涉及的。

在探究性实践中，学生须经历这几个阶段：基于对真实世界的观察提出问题；通过与已有知识建立联系，设计并实施探究方案；收集、分析和解释数据等信息，形成解释或设计方案；验证或评价探究成果，反思探究过程，并在此基础上对解释或方案进行修订与完善。

一个项目小组注意到市场上常有肉制食品掺假的问题，以豆制品冒充猪肉，或者猪肉变羊肉。现行的检测手段要么太昂贵，要么有毒性，于是学生们提出：如何才能快速、低成本地检测出产品中的猪肉基因？导师在肯定学生们想法的基础上，提出建议：或许不用检测整个基因组，只要检测某几个猪肉特定的基因就行了。学生们循着这个思路，通过文献研究得知外国学者研发了一种基因检测技术——环介导等温核酸扩增技术

---

① 夏雪梅.项目化学习设计：学习素养视角下的国际与本土实践[M].北京：教育科学出版社，2018：89.

（LAMP），该方法针对目的基因的 6 个区段设计引物，提高了检测的特异性、效率和灵敏度，而且检测结果能直接通过肉眼观测进行判断。获得这个关键的信息后，学生们很兴奋，但是同时一个问题摆在了他们面前：如何解决基因检测设备和技术的问题？在导师的协助下，学生们获得了使用上海交通大学生命科学研究院转基因检测平台的机会，难点迎刃而解。

相对于寻常的课内学习，项目化学习特点显著。学习活动时间跨度长，认知要求高，答案不确定，还需要较强的团队合作和社交能力，这就给调控性实践留下了广阔的空间。这类实践表现为：对学习项目充满热情，学习过程中表现出专注和坚韧；具备成长性思维，能自我激励，对自己的能力、教师和环境充满信心，对项目的成功胸有成竹；遇到困难时能够调节自己的情绪，能够情绪平稳地与人沟通；能够表现出良好的计划性，合理安排与管理时间，及时调整方案。以历史剧撰写为例，参与项目的学生对此都有强烈的兴趣，但是写作过程确实充满挑战。搜集相关文献史料、构建剧本情节、反复修改打磨，这些事一件都不轻松，难免会让学生产生挫败感。导师适时引导，多方鼓励，让学生重拾信心，继续完成剧本。现在的高中生"业务"其实很繁忙，上学、作业、补习、社交、娱乐，时间不足是常态。推动学生制订计划，提高时间管理能力，按照时间节点完成写作任务，这些都是导师的可为之处。

学生们开展项目学习时需要与他人交往，这就涉及社会性实践。这一方面指交流和沟通，通过多种方式获取信息；另一方面表现为在活动中理解和包容人的多样性和差异性，尊重他人和自己。以食堂餐食项目为例，学生们在项目学习中需要与同学、导师、食堂工作人员、学校管理人员、营养学专业人士等不同类型的人打交道。此时，良好的社会交往能力就显得非常重要。这方面导师可以给出一些建议：认真倾听他人的观点，并以身体姿态表现出来，适时给予回应；能够与不同类型的人讨论，接纳不同观点，清晰和有逻辑地表达自己的看法；遇到不懂时坦然承认，并及时向导师、同学或社会人士求助；主动在团队中承担一定的角色，有时是领导者，有时是追随者，善于合作与妥协，愿意分享资源；分享学习成果时能根据场合和听众特点，选择恰当的、有表现力的方式，并有效地与听众互动。如在这个项目实施中，导师的提示和学生们的体悟提升了学习小组的社会性实践能力。在与组员的互动中，与食堂管理人员的沟通中，在三方会谈中，他们显现出了优秀的社交能力，为项目的顺利推进提供了不少助力。

有的项目化学习涉及制造产品、交流成果等内容，需要设计思维与审美意识，这就是审美性实践。在以往的项目中，学生们设计过校服、制作过校园明信片，审美能力是这些项目所需的关键素养。历史剧本中塑造独特的人物性格，营造激烈的、引人入胜的冲突也是一种审美实践。这方面主要靠学生的感受和体悟，但若有导师的引导、启发，或可让学生悟得更快。如可以通过年龄、立场、文化背景等差异来设计剧本的冲突，冲突需由小至大，最激烈之时也就是剧本高潮之点。导师若能在这些方面适当点拨，学生创作的剧本会更具美感。

有的项目化学习还需要使用工具，这就进入了技术性实践领域。它包括安全使用剪刀、尺子、榔头等手工工具，刀叉、煤气灶等炊具，电脑、切割机等设备；操作各种系统软件、应用程序；使用思维导图、组织图等可视化思维工具；运用图表、软件等与他人交流等等。现在的学生使用实物工具的能力相对较弱，因此在开始之前，导师需强调安全使用工具的方法和规范；在过程之中，导师应仔细观察，发现不当之处及时予以纠正。总之，使用手工工具和设备等实物工具时，安全是第一重要的。相反，他们使用程序或图表等工具的能力相对较强，教师可根据学生们的情况确定是否有必要指导学生，或指导哪些学生。

四、交流分享

与常规的学科学习不一样，项目化学习是要求展示学习成果的。这个环节能够展示学生对概念的理解程度和核心知识的掌握情况，让本项目所学到的知识变得可视而且易于讨论，让整个项目变得更具真实性。交流分享活动还具有仪式感，学生得以郑重其事地庆祝自己和团队携手合作完成了具有挑战性的任务，从中感受到他人的认可，从而获得成就感。

交流成果的方式多种多样。若强调仪式感，可组织报告会、展览日，邀请教师、同学和家长参加；若只着眼于交流和分享，时间和地点安排可以灵活一些，午休、放学后于走廊、大厅、教室都可开展。除了校内交流，还可将学习成果放到网络上让更多人了解，也可把产品提供给现实生活中有需要的人。有些成果展示也可跟学校的重大活动结合起来，如开放日的新校服走秀，校园文化节的历史剧展演。

交流分享活动首先是"说"，既要说清楚，又要说得好。如何才能说清楚呢？导师可建议学生最好能写出发言稿，若没有发言稿也要想清楚自己要说哪几个方面，每个方面用哪些材料，中间如何衔接过渡。说得好是更高的要求。导师应提醒学生多从听者、观众的角度去思考。以什么方式来吸引听众？交流内容各部分之间的逻辑如何架构？要设计哪些与听众互动的环节？此外，交流者的神态、动作等身体语言也是增加表现力的重要砝码。要能做好这些方面，事先充分的准备是关键。

交流分享活动中还有做和展示的部分。以历史剧为例，直接展示剧本文字稿，显然没有把剧本演出来更吸引眼球。不过从剧本到表演，还有蛮长的距离。戏剧表演需要一定的专业素养，故导师建议剧作者与学校戏剧社合作。有了演员，还需要导演，戏剧社的指导老师是最佳人选。编剧自己来组织排练，显然力不从心，于是游说校方让此剧成为学校文化节的展示内容。校园明信片项目组的同学们想到了更别出心裁的交流方式——要在开放日"跳蚤市场"上搞一个"产品发布会",介绍自己设计的校园明信片和扇子等周边产品,并公开发售。那发布会要有哪些环节?如何开展前期宣传?海报如何设计?摊位如何布置?这些问题都需要学生们一一解决。

在交流分享中,还有一个重要的部分就是反思,谈一谈学习过程中的成功与不足之处,为以后做得更好打下基础。学生们或许有反思的意识,但是很难做到系统、全面,因此需要导师来"教"。导师可以给学生们提供开展反思的框架。大致来说,反思可以从项目主题、项目过程、个人表现等方面入手。在项目主题方面,参考文献是否权威与前沿并重?研究的设计和使用方法是否科学?分析过程与结果是否严谨?项目成果是否有创新之处,有哪些价值与意义?还有哪些亟待解决的问题?在项目过程方面,各阶段是否达成预定目标?各项任务是否有序推进?团队合作是否顺利,项目组成员们是否承担了应有的角色和责任?个人方面,自己在项目学习中有哪些贡献?表现出了怎样的偏好?通过这个学习过程,自己有哪些收获?有哪些可改进之处?这样的反思能够起到"复盘"之效,是整个项目化学习中非常关键的部分。

五、反馈评价

项目化学习的反馈评价与一般学科评价相比,更加灵活,形式更为多样,更加注重学生主体作用。要圆满完成评价反馈的任务,大体来说需要注意以下几个方面:

(1)以始为终,逆向设计。在项目化学习中,并非到结束时才考虑评价问题,而是从项目的初始阶段,即提出驱动性问题时起,就要考虑评价问题。项目设计者酝酿研究流程的同时,就要考虑几类学习实践的评价问题;考虑学习成果呈现形式的同时,就要确定评价方式和量规。

(2)共同协商,制定标准。一般情况下,评价标准是由评价者制定,被评价者没有机会提出建议。而项目化学习则不一样,评价体现出明显的民主色彩,导师鼓励、邀请学生参与评价量规的制定,评价者和被评价者能够就评价标准达成共识。这样的讨论和评价量规的研制本身就是项目化学习的重要组成部分。

(3)重视过程,全程评价。项目化学习强调过程性评价和总结性评价的结合。过程性评价从入项活动阶段就已开始,常常使用 KWL 表(见表4.5)。该表主要由"我知道了什么""我想学什么""我已经学会了什么?"三个方面组成,通过学生的自主汇报,呈现学习进展。若在学习不同阶段使用该表,能够体现学生对核心知识和概念理解的变化。这样的评价量表既能促进学生自我反思,也能为导师收集信息,改进下一阶段学习指导提供便利,体现了过程性评价侧重改进和激励的目的。当然,过程性评价还可使用其他量表,采用多种方式,此处就不再赘述。总结性评价中也常使用量表,这点在下文中再详细介绍。

表 4.5　KWL 表

姓名：_____		日期：_____
我已经知道了什么？ （Know）	我还想了解什么？ （What）	我已经学会了什么？ （Learn）

（4）多方参与，多元评价。首先，评价目标多元。项目化学习评价指向核心知识理解深度、学习实践过程表现、学习过程性成果、学习最终成果等多个目标。每个目标又可进行分解，如学习最终成果交流可从报告深度、互动、团队合作和表现性四个方面进行评价。其次，评价方法多元。纸笔测试、量规、档案袋、KWL 表、公开汇报与展示等都是可供选择的方法。最后，评价主体多元。自评和他评相结合，就他评而言，教师、同学、外部专家、普通公众都是可以引入的评价者。以学校食堂项目为例，对于学生们设计的营养菜谱，当然首先是要让全校学生来评价，学校管理部门、食堂经营者的评价也很重要，他们若不满意方案很难落到实处。因为有营养健康的问题，还需要通过专业人士的认可，因此需征询营养学专家对菜谱的看法。

评价反馈的开展离不开各类工具，较常用的是评价量表。下面就以历史剧本评价为例证，谈谈量表的制定。

在开展学习之前，师生都已非常明确，项目最终成果是要完成一个 5 000 字左右的历史剧本。那怎样来评价这个剧本的质量呢？学生们在讨论中能够提出一些粗略的建议：历史事实是否准确？剧本语言是否优美？剧本情节是否曲折动人？学生们谈到了一些关键性内容，是史学与文学两者交汇的产物，评价时应从这两个领域入手，大方向是对的。但还需要对大家提出的指标继续细化，如情节动人的标准是什么？这些方面对剧本的历史与文学水准评价的覆盖面都不够全面，因此还应该增加一些指标。这些都需要导师的协助与指导。

历史剧本评价指标的确定有赖于对剧本写作所需学科素养的确定。从历史维度来看，剧本需基于真实的历史事件，创作者首先应该收集相关史料，了解事情的来龙去脉，打好剧本的基础，这就是历史学科核心素养之"史料实证"；历史剧本的内容其实就是创作者在充分占有史料的基础上，"神入"历史场景，对历史事件前因后果、主人公在历史中的抉择，在"同情之理解"基础上进行解释，这就是历史学科核心素养之"历史解释"。从文学的维度，剧作者应根据人物情境准确运用语言，使其符合人物角色、人物个性、情境需要，这就是语文学科核心素养中的"语言建构和运用"；能够通过语言塑造性格鲜明的典型人物，展现人物形象的美学价值，能够塑造多重矛盾，在矛盾冲突中推进情节，迎来故事的高潮，这就是语文学科核心素养中的"审美鉴赏与创造"。认同中华优秀传统文化、革命文化、社会主义先进文化，理解和借鉴不同民族、不同地区的文化，开阔国际视野，这就是语文学科核心素养中的"文化传承与理解"，同时也是历史学科核心素养中的"家国情怀"。根据上述分析，师生共同商定了对历史剧本的评价量表，具体内容如下：

历史剧评价量表

以下为这个剧本的评价指标，请用数字 1～5 评价它在该条目的表现。1 表示在此领域急需提高，5 表示在该领域表现卓越。

通过多种途径搜集了多种类型的史料。　　　　　　　　　　　　（　　）

在充分占有史料的基础上，清晰知道了事件的来龙去脉。　　　（　　）

充分理解了主人公所处的时代条件和个人处境。　　　　　　　（　　）

在"同情之理解"基础上，解释了人物行为及其价值。　　　　　（　　）

根据人物设定、所处情境准确表达、运用语言。　　　　　　　（　　）

塑造的人物个性鲜明，具有典型性。　　　　　　　　　　　　（　　）

设计了多种矛盾，在矛盾冲突中将故事推向高潮。　　　　　　（　　）

剧本体现了对中华优秀传统文化/革命文化/社会主义先进文化的认同，或表现了对不同民族、不同地区文化的理解和借鉴。　　　　　　　　　　　（　　）

剧本展现了对人生命、价值的关注与理解，探讨了人与人、人与社会的关系。（　　）

上述评价量表为学生自评版本，以其为模板，通过个别措辞的改动就可以将其调整为互评、他评版本。

在项目化学习中，无论谁来评价，无论采用什么形式，评价的目的都不是为了选拔和认证，而是为了促进个人和团体的进步，这点尤需参与者们注意。

（执笔人：范江）

第五节　课题研究指导

📜 **情景一：**

"周老师，'进馆有益'优秀微论文征集活动要开始了。我想参加，您能做我的指导教师吗？"小 A 同学兴冲冲地找自己的生涯导师。

"可以啊！你准备研究什么方面的内容？"

"我喜欢书法，想申请书法方面的微课题。"

"从兴趣出发，很好。不过在确定研究内容的时候，切入口要小一些。研究书法可能以文献研究的方法为主，要收集相关的资料……"老师提出了几条主要的建议。

"好的，老师。我确定题目、列出提纲后给您看，要麻烦您指导。"

"好的。"

📜 **情景二：**

"老师，进馆有益活动的获奖名单颁布了！"小 A 又一次兴冲冲地来到导师的办公室。

"哦，得了一等奖？"看小 A 兴奋的表情，老师已经猜到了结果。

"是的。谢谢老师，没有您的指导，我肯定得不到这么好的成绩！"

"实际上我也是在研究的过程中跟着你一起学习，"老师笑着说，"恭喜你。结果很圆满，不过我觉得研究的过程才是最有收获的。对于自己感兴趣的领域，你可以继续探索研究。我们可以约个时间，一起讨论下。对已经取得的成果进行总结，思考未来如何推进。"

　　小 A 同学取得了"进馆有益"优秀微论文征集活动的一等奖，这在学生中当属凤毛麟角。实际上，上海的高中学生大多对研究性学习有浓厚的兴趣，不少学生将研究性学习作为自己生涯探索的重要组成部分。指导学生进行研究性学习和课题研究，是导师最重要的工作内容之一，也是导师培养学生研究意识和能力的重要举措。

一、指导学生选题

（一）选题的来源

课题研究从哪里来，如何从感兴趣的话题入手确定课题研究的主题，这是学生普遍面临的困惑。

1. 基于个人兴趣的选题

高中生课题研究的目的，主要是让学生在自己感兴趣的领域进行初步的研究，通过探索去发现、确认自己的学业兴趣、职业兴趣，初步了解研究的方法和论文撰写的要求。兴趣应该是高中生课题研究最重要的内驱力。

获得"进馆有益"优秀微论文征集活动一等奖的小 A 同学，他从小就十分喜爱中国传统文化，尤其对书法艺术情有独钟。在进入高中之前，他就在网络上搜索并收集书法拓片的照片，寒暑假在家长的带领下，赴国内多个博物馆实地欣赏书法作品。当开展研究性学习活动的时候，他马上决定将书法艺术作为研究的方向，由于他对碑派书风很感兴趣，在学习中又了解到碑派书风受到西周青铜铭文的影响，于是最终确定研究题目为"西周青铜器铭文的产生与发展及其对碑派书风的影响"。在兴趣的驱动下，他大量查阅资料开展研究，乐在其中。可见，带着兴趣开展课题研究能最大限度地激发学生的积极性和潜力，使课题研究持续推进并取得成果。

2. 观察日常生活选题

从日常生活中寻找研究主题，有利于学生将研究做小、做实，更针对现实、更接地气，避免蹈空和大而无当，同时也培养了学生关注社会现象的意识和参与社会发展的主动性（见表 4.6）。

"进馆有益"优秀微论文征集活动一等奖的获得者小 B 同学，她研究的课题是"疯狂的路口——左转情况调查与改进对策"。这个选题和她的日常生活密切相关。

在每天上学的路上，她都要经过一个交通繁忙的十字路口。她发现，这个路口的交通秩序非常糟糕，经常出现交通堵塞或碰擦事故。她不由得思考这其中的原因。

经过观察和分析，她发现机动车和非机动车的左转是造成安全隐患最重要的原因，而在左转隐患的背后，是交通信号灯和交通标志的设置存在缺陷。因此，她将路口车辆左转的安全隐患作为自己的研究主题，聚焦如何针对左转隐患对交通信号和交通标志的设置进行改进，最终完成研究论文并获得了可喜的成果。

表 4.6 学生基于日常生活选题示例

研究领域	选题名称
卫生	抗疫期间各种皮肤消毒液的比较研究
消费	当代高中生对网络付费项目的选择
竞技	中国汽车赛事文化发展探究
教育	普通高中劳动教育课程开设情况调研——以上海市闵行区为例
基层治理	小区"居民自治"现状调研与分析
曲艺	在新媒体发展下的传统相声
经济	新冠肺炎疫情下的地摊经济

3. 拓展学科学习选题

导师可以建议学生从感兴趣的学科入手选择想要研究的课题,从而形成科创类项目进行探究(见表 4.7)。

表 4.7 学生拓展学科学习选题示例

学科基础	研究选题
信息科技	基于 Arduino 的环保智能加湿器设计
物理	新型 $Li_{2.72}Na_{0.28}La(PO_4)_2$ 锂超离子导体制备及其在固态电池领域的应用研究
化学	不同生物材料吸收甲醛效率研究
信息科技	基于 Boids 集群算法的鱼群行为模拟与分析
生命科学	上海访花昆虫时空格局研究
物理	对于纳米微粒制备超疏水材质的研究
信息科技	基于信息隐藏和无损压缩的云端图像管理
信息科技	面向盲人的互联网图片注释工具
物理	DIS 技术在杨氏双缝干涉实验中的应用——一种基于 Tracker 和 Arduino 的高中物理光学实验教具设计
生命科学	黑纹粉蝶蛹的滞育越夏研究
体育	探究有氧运动对青少年认知功能的影响
信息科技	区块链技术在社会公共事务中的应用
化学	基于免疫胶体金试纸条检测技术的居家食品安全刃素调查研究

(二)选题指导

学生初步确定选题之后,并不意味着研究性学习可以马上推进。因为学生缺乏研究经验，在选题方面会面临一些普遍性的问题，需要导师进行有针对性的指导。从学生课题研究的现状来看，选题方面存在的主要问题是：选题太大，不够切实，缺乏新意。

1. 选题要小

选题首先要小。比如在近几年"进馆有益"优秀微论文征集活动中，学生初拟的题目大多存在大而无当的问题，如"物种保护现状与分析""中华民族的服饰文化"。这些题目涉及的研究范围太广，研究起来难度很大。因此，可以建议他们把研究的范围缩小，聚焦到一个容易开展研究的点上。老师们可以指导学生思考：能否在关键词上增加一些修饰性的词语，从而缩小研究的范围；能否增加一个副标题，将研究内容细分并聚焦，例如，将物种的保护聚焦到某物种上，将某个课题聚焦为长江刀鱼的濒危与保护；将民族服饰文化聚焦到某种特定的服饰上，如汉服或部分少数民族服饰文化研究。由此，将选题做小、做精，使研究更具备可操作性。

2. 选题要实

选题除了小，还要倡导实。实，是指研究的课题能够针对学科学习或社会生活中实际遇到的问题，扎扎实实地以解决问题为导向，将研究落到实处。对于学生来说，开展理论层面的研究未尝不可，但更应该关注学习与生活中需要解决的实际问题，通过开展相关的探究加深对问题的认识和理解，并通过反思与改进探索解决问题的办法。

小 C 的获奖课题"闵行区养老机构养老护理人员现状调查与对策思考"，研究的是一个老龄化社会亟待解决的实际问题。研究的缘起是小 C 的祖母在养老院中生活，她在日常探视的过程中听到部分老人对养老护理问题的抱怨，如护理员年龄偏大、经常更换、服务质量低等。同时，她也发现福利院里的护理员因人数不够，上班时间长，工作非常辛苦。特别是照料生活不能自理的老人，工作难度和强度非常大，家属不理解还会产生误会，言语上对养老护理员非常不尊重。这些现象引发了她对养老护理的关注，由此产生了开展相关研究的想法。和导师交流后，导师认为这个选题很有价值，鼓励她去附近的养老机构进行实地考察和问卷调查，根据数据对养老护理人员的现状进行分析与思考，由此开展的研究更有说服力。她听从导师的建议，通过调查了解养老护理存在的薄弱环节，在此基础上提出了自己的合理化建议：要通过提高收入、完善激励机制、给予优惠政策等方式提高护理队伍的稳定性；要建立定期培训机制，大力培养专业人才，以提升护理队伍的专业性；要营造良好的社会氛围来提升服务人员的社会地位。此类研究基于日常生活，具有现实针对性，体现了课题研究的社会价值和现实意义，在学生的课题研究中也是应该倡导的。

3. 选题要新

选题也要有新意。新意，一方面体现为研究的主题有新意，是社会发展或学科研究的前沿。另一方面,新意可以体现在研究思路、研究视角等方面。别人已经研究过的问题,如果没有新的资料、新的思路、新的观点,那么就不应该做重复的工作。学生的研究性学习不能苛求新意,但不要与前几年各类研究性学习活动优秀论文的研究方向"撞车",也尽量避免与其他同学的研究选题雷同,在思路、视角上应该有新的突破。在这方面,指导教师应该有自己合理的判断并为学生提出建议。

　　小 D 兴趣广泛,在确定课题选题时,他初步列出了 3 个研究主题:互联网新零售、石库门文化和河道治理,但不知道研究哪一个主题更好。和导师交流之后,小 D 觉得从自己购物的实际经历和从事零售业的父母口中了解到互联网时代给零售业带来了巨大影响,他对这个课题研究的兴趣更浓厚一些。于是,他确定了"'互联网＋'时代零售初探"这个主题,并以阿里巴巴旗下的盒马鲜生为研究对象,走访了上海多家盒马门店,分析新零售与传统零售的区别,同时对新零售未来的发展趋势也进行了预测。他的研究敏锐地把握了时代的脉搏,给人以耳目一新的感觉,最终的研究论文也获得了优异的成绩。

二、指导学生实施研究和运用研究方法

　　在确定了研究主题之后,学生就要进入课题研究的具体实施阶段。在这个阶段,作为导师首先要指导学生制订研究计划。比如研究目标是什么,研究内容有哪些,研究分为几个阶段,研究任务如何分工,使用哪些研究方法等。导师要指导学生充分预设研究中可能遇到的问题,充分考虑研究涉及的重要细节,写出一份安排合理、具备可操作性的研究计划,为研究的顺利实施保驾护航。

　　在研究实施阶段,学生会遇到的主要问题是选择怎样的研究方法,如何合理运用研究方法。从研究的实际情况来看,学生在研究方法的运用方面是比较薄弱的,需要导师进行悉心的指导。以下对学生最常用的几种研究方法进行介绍与分析。

(一) 文献研究法

　　文献研究法主要指搜集、鉴别、整理文献,并通过对文献的研究形成对事实的科学认识。文献研究是任何一个研究的重要环节,因此学生在开展课题研究时首选的方法就是文献研究法。

　　学生在文献研究法的使用上会存在一些问题。在文献获取的来源方面,不少学生对于文献权威性和专业性的辨别不太注重,往往会将百度上搜索而来的文章作为主要文献。同时,学生常常满足于获得少数几篇文献,而不太考虑文献之间是不是存在近似的情况,缺少获取多元角度和观点的意识。在文献的引用方面,学生不善于根据自身研究的需要

去提炼文献中的内容和观点，有时候会出现引用的资料与研究的主题不完全匹配的情况。

因此，导师要在学生研究开展的过程中对文献研究加以指导。首先，要指导学生多方面收集文献，特别是要收集学术性比较强、权威性比较高的文献，通过"中国知网"来收集文献是一个最常见的途径。其次，要引导学生把收集的文献进行仔细的阅读，了解文献的主要观点和结论，梳理不同文献之间研究视角、方法和观点的差异。最后，要指导学生根据自身研究的主题提炼不同文献中的观点为己所用，为自己的研究思路和方法提供借鉴，或者支撑自己的论证和结论。

以学生小 E 的"进馆有益"活动一等奖获奖论文《外滩的记忆与未来》为例，在导师指导下她查阅了大量文献，获得了大量关于外滩历史的翔实资料。她收集的文献来源于正式出版的书籍和期刊等，有一定的权威性；文献的主题涉及多个方面，如政治、经济、文化、建筑等，如《我国金融产业集聚中地方政府行为研究——以上海外滩金融集聚带为例》《从上海外滩近代建筑看近代"海派"建筑风格》《外滩——一个符号的所指变动与空间政治》等。这些文献从不同方面呈现了外滩在上海城市发展的历程中的重要地位与影响；对于文献的引用有取舍，不仅仅针对外滩历史的记忆，也引出对外滩未来发展的思考，论文的观点表达有理有据。文献法的合理运用使小 H 的研究论据有力、逻辑清晰，质量上乘。

（二）问卷调查法

问卷调查法是国内外社会调查中较为广泛使用的一种方法。问卷是指为统计和调查所用的、以设问的方式表述问题的表格。问卷调查法就是研究者用这种控制式的测量对所研究的问题进行度量，从而搜集到可靠资料的一种方法。

学生在开展课题研究的时候，对问卷调查法情有独钟，几乎每个社会人文方面的课题都会设计问卷调查，但在运用中也存在不少弊端。首先是问卷调查的必要性。有些课题未必需要进行问卷调查，调查的价值不大。比如调查是否要保护濒危动物、如何保护濒危动物。大众都认为应该保护濒危动物，不做问卷也能知晓这一观念的普遍性；而对如何保护的问题，由于不了解、不熟悉，因此被调查者只能说一些众所周知的套话。这样的问卷调查实际上没有多大意义。其次是问卷设计的科学性。比如有的问卷中的题目有 40 多道，还有不少问答题，这会使被调查者没有耐心完成，获得的信息很可能是失真的；有的问卷设计比较随意，题目和选项有雷同或自相矛盾之处，对问卷进行数据分析就会比较困难。最后是问卷的发放和统计。有的问卷调查样本太小，比如只收集了 30 多份问卷，就想对高中学生的日常休闲方式进行归纳和总结，这样的调查无疑是缺少信度和效度的，没有统计学意义。有的问卷发放的对象不合理，没有考虑调查应该针对怎样的群体、是否需要覆盖不同的群体,因此结果容易出现偏差。还有的调查都已完成,但不善于分析和提炼,导致调查没有形成有价值的结论。

因此,导师要指导学生合理适切地运用问卷调查法。首先要判断是否有必要使用问卷调查。如果缺乏调查的意义或难以获取有效的信息,或者有些研究在问卷和访谈之中更适合访谈,那也就无须进行问卷调查。在问卷设计的过程中,导师尤其要深度参与。首先,应该指导学生进行一些预先的调查,如访谈、考察等,根据调查的结果设计问卷中的问题和选项。导师也要对学生设计的主要问题和选项进行把关,从科学性的角度出发,剔除一些无效或雷同的问题,仔细分析题目的顺序和选项的设置。在问卷的发放方面,指导学生根据研究需要有针对性地发放给相应的群体对象,保证样本的针对性和覆盖面。在问卷的统计方面,指导学生从问卷中梳理出有价值的信息,得出客观科学的调查结论。经过导师指导,学生的问卷调查在信度和效度上都能有所提升,问卷调查法的运用因而具备一定的科学性。

以研究课题"闵行区养老机构养老护理人员现状调查与对策思考"为例,作者在导师的指导下对闵行区5家养老机构的289名养老护理员进行了问卷调查,了解了养老护理员的年龄构成、文化程度、持证情况、工作年限等基础信息,也从问卷中分析出养老护理员队伍不稳定、总量缺乏、年龄结构不合理、服务质量不高和社会地位低下等现状,最后提出了提高队伍稳定性、杜绝养老机构"用工荒",提升队伍专业性、提高服务人员的质量,营造良好社会氛围、提升服务人员社会地位等对策与建议。整个研究通过问卷调查法获取详尽的数据,对数据进行科学分析之后得出研究结论,研究逻辑清晰,研究结论具有现实意义,最终获得学校创新孵化基金的一等奖。

(三)访谈调查法

访谈调查法简称为访谈法。访谈法是社会调查中最古老、最常用的方法之一。它是调查员通过与调查对象进行交谈、收集口头资料的一种调查方法。

学生在研究过程中运用访谈法通常存在以下问题:访谈对象雷同,导致收集的数据雷同;访谈的问题过于简单,缺少有效追问,访谈结果肤浅;访谈中不注意访谈对象的隐私和感受,导致访谈对象不愿意配合;等等。本来访谈相比问卷能获得更多深层次的认识与理解,但操作不当反而使调查误入歧途。

因此,在访谈法的运用方面,需要教师进行认真细致的指导。比如在访谈之前,可以指导学生进行一些事先的准备工作,如文献查阅等,从而对访谈涉及的人物和话题有更全面的了解。在访谈的具体实施方面,导师可以在访谈对象的选择、访谈问题的设计、访谈过程的预设、访谈结果的梳理等方面指导学生。教师要做的，不是亲自代劳，而是启发学生自己去修改完善，在实践中逐渐领悟研究方法的作用。

在一项由导师与学生共同完成的"武康大楼的前世今生"课题中，师生以上海著名的建筑武康大楼为研究对象，在查阅资料的基础上，他们决定进行现场考察和实地访谈。导师和学生一起思考与设计如何进行访谈。首先考虑访谈的对象，预设的访谈对象可能有游客、大楼居民和大楼附近的商家等。其次考虑访谈问题的设计，对于不同的对象，访谈的问题也应该不同。比如对游客，可以询问他们为什么来参观武康大楼；对居民，可以询问他们与武康大楼的渊源或生活细节等。比如有同学准备访谈武康大楼的居民，设计了以下问题：您是什么时候搬到武康大楼的？您觉得武康大楼有什么与众不同的地方？在武康大楼日常的生活中有什么让您印象深刻的事？

访谈需要有事先的准备和预设，但在访谈过程中，会有不少现场产生的内容。这些往往是访谈中很有价值的部分，需要迅速捕捉与有效利用。因此，导师要指导学生在访谈的过程中根据对方的陈述加以追问。比如在武康大楼实地的访谈过程中，有居民提到大楼现在的保护措施很严格。导师就迅速追问：具体有哪些措施？违反会有什么后果？于是居民就说到大楼里的装修要报备，经过文物保护部门审核后在大楼物业的严格监督下才能进行。居民会收到居委下发的温馨提示，房间里的砖墙与门窗都不能随意改造，必须维持现状或由物业在文物保护部门的指导下进行修补。如果违反这些规定要承担法律责任。通过追问，同学们了解了大楼维护的很多细节，对传统建筑的保护有了更直观的认识。追问的目的是让访谈对象把笼统的回答具体化，使访谈者从中获得更多有价值的信息。

访谈完成后，要指导学生对访谈记录进行整理。访谈本身存在随意性，有些陈述也未必很有价值，因此访谈记录不必一字一句都呈现在文本中，可以择其重点加以梳理与整合。访谈记录应条理清晰，鲜明呈现访谈的主线与最有价值的信息。最后，将访谈中获得的信息进行提炼，成为研究结论的重要得出依据。

（四）实验研究法

所谓实验研究法，是针对某一问题，根据一定的理论或假设进行有计划的实验，从而得出一定的科学结论的方法。

实验法在人文学科和理工学科的研究中都可以使用，但在理科方面的使用更为常见。实验法的一般步骤为：确定实验课题、进行实验假设、设计实验方案、进行实验操作、处理实验数据和撰写实验报告。对于学生来说，平时进行实验的机会并不多，对实验法的运用缺少经验,学科专业导师的指导就显得尤为重要。

　　学生小 F 对化学颇感兴趣,因此申报了一项研究课题"水样中化学耗氧量的测定"。在化学教师兼生涯导师的指导下,他设计了实验方案:在学校池塘中取水作为样本,运用高锰酸钾法测定含氧量。他按照导师的指导一步一步进行实验,但得出的数据却让他大跌眼镜。实验的几组数据有较大差异,明显存在实验偏差。他只能向导师求助。经过导师的检查和分析,发现在实验中由于仪器反复使用而又没有清洗干净,而且有一份试剂因为长时间放置导致溶质析出,影响了实验结果的准确性。导师指点迷津之后,小 F 认识到实验过程中有许多细节需要特别关注,不可有一丝的大意。他在第二次实验中避免了以上情况的发生,终于得出了有数据支撑的合理结论。

　　以上介绍了四种主要研究方法,当然,适切地运用研究方法,对指导教师来说也并不是一件轻而易举的事。导师要抱着学习的心态,和学生一起探索。但从优秀论文中能欣喜地看到,学生对研究方法的适用条件和实施方法有了初步的了解,也能在实践中合理地运用。这将为学生将来进入大学打下良好的基础。

三、指导学生分析研究结果和撰写论文

　　经过前期的研究实施,学生最后要撰写研究论文。有时候,学生查阅了大量的资料,也收集了不少数据,但不知道如何将研究过程、研究成果鲜明地呈现在研究论文中。在这一方面,教师的指导也是不可或缺的。我们发现,学生在论文撰写方面主要存在以下三方面的问题:论文内容的详略安排不得当,重点不突出;论文的行文逻辑不顺畅,条理不清晰;论文不注重学术规范。

(一) 重点须突出

　　学生在研究中积累了大量的过程性资料,但在撰写论文的时候就会面临取舍的困难。不少学生的论文面面俱到,篇幅很长但重点不突出。实际上,论文的整体架构和详略安排,体现的是撰写者对研究重点的把握和呈现。学生在这方面存在的不足需要得到导师的指导。

　　如小 A 完成的研究性学习论文《西周青铜器铭文的产生与发展及其对碑派书风的影响》,虽然涉及青铜器铭文和碑派书风两个大问题,但从研究论文的撰写角度来说,铭文的产生与发展前人已有论述,不需过多展开。而影响是前人较少关注的,也是作者参观了国内多个博物馆的书法馆后找到的研究切入口。这无疑是论文的重点所在,也是研究的新

意所在。因此导师在阅读了学生初稿的基础上，提出了突出重点的建议，指导学生在论文撰写时在详略上做好安排，将影响作为主要内容呈现。最终论文篇幅的详略有了合理的安排，也取得了较好的效果。

（二）逻辑要清晰

研究论文的撰写特别注重行文的逻辑，但是逻辑不严密在同学的论文中是普遍存在的现象。具体的表现有：没有紧扣题目展开论述、概念没有界定或界定不合理、对现象的因果分析不到位、论文推进中缺少层次的推进、行文前后顺序的安排不合理、资料的引用和观点表达之间不匹配、对策分析没有针对原因等。

当然，这些问题的解决非常有难度，因为这是学生思维水平和能力的客观呈现，很难在短期内有明显的提升。但作为指导教师，可以做的是向学生指出其中一到两点最明显的逻辑漏洞，帮助学生理解这些错漏，然后指导学生对论文进行修改。修改的过程导师也要仔细把关，甚至还要和学生一起对主要观点的表述进行字斟句酌。这样的过程对学生提高思维水平有重要的促进作用，教师对研究性学习的指导能力也会在这个过程中得到提升。

（三）学术求规范

在完成论文撰写的过程中，还有一个十分关键的问题，那就是研究论文的学术规范。在学术规范要求越来越严格的今天，导师也必须培养高中生具备学术诚信、学术规范的意识。

学生进行课题研究，首先要保证研究论文的原创性，不能够对已有的研究成果进行抄袭，这是研究性学习最基本的底线。导师要严格把关，保证课题研究的学术诚信。

相对于抄袭，学术不规范在高中生的课题研究中更容易出现。学生在撰写研究论文引用文献资料时，最应避免的是不注明出处。其中，直接引用的情况相对较好，间接引用不加标注的情况相对突出一些。导师要指导学生将引用文献的情况如实罗列，保证研究论文撰写的学术规范。在参考文献的标注方面，学生也不太懂得具体的要求，如期刊、书籍、学位论文等标注的规范，导师也应该进行相应的指导。

四、指导学生利用各类平台发表成果

学生的课题研究是从兴趣出发，但也需要成果的发表来形成良性的激励。作为导师，要充分了解学生研究性学习可以通过哪些平台和途径进行成果发表。以下介绍目前高中生可以参与的主要研究性学习评比活动。

（一）"进馆有益"上海中学生优秀微论文征集活动

"进馆有益"上海中学生优秀微论文征集活动是目前上海高中生参与研究性学习活动的重要平台。活动推动走进文博场馆等资源性学习实践探究活动的深入开展，引导中学生积极参与社会实践活动，把学习书本知识与社会探究、社会服务结合起来，提高协作能力、自主学习和解决问题的综合能力。活动要求参与学生走进本市的各种场馆和实践基地，在专家和学校老师的指导下参与研究性学习，将研究成果撰写成微论文，在上海市学生社会实践平台博雅网上提交并参与评审。每年评出等第奖若干。

组织参与"进馆有益"活动的场馆数量众多，涉及的学科领域广泛，尤其是在人文社会学科的研究方面给予学生广阔的空间。爱好社会人文学科的高中生可以积极参与活动，通过研究和微论文写作发表成果。导师可以作为学校的指导教师，与场馆的指导教师通力协作，共同为学生的研究性学习指点迷津。

（二）上海市青少年科技创新大赛等

上海市青少年科技创新大赛创办于 1982 年，是全国青少年科技创新大赛的地方赛事，是上海市中小学各类科技活动优秀成果的集中展示平台，每年举办一届，已经连续举办了近四十年，现已成为面向全市中小学生开展规模最大、层次最高的青少年科技教育活动。上海地区每年有数万名师生参与。大赛主题为"创新·体验·成长"，大赛的根本宗旨在于推动青少年科技活动的蓬勃开展，培养青少年的创新精神和实践能力，提高青少年的科技素质，鼓励优秀人才的涌现。

除了科技创新大赛之外，还有上海市青少年"明日科技之星"评选活动和国际创新与发明展等科创竞赛活动。这些竞赛的创新成果主要涉及数学、物理、化学、生命科学、信息科技等学科，鼓励学生依托学科知识开展科学研究和科技创新。对理工学科和科技创新有兴趣的学生可以在这些竞赛中一展身手，相关学科背景的导师也可以积极参与指导工作。

（三）各类期刊和学术论坛

学生的研究成果除了以上的平台，部分有一定质量的论文也可以由导师推荐，在一些期刊上发表或在学术论坛上进行交流。

2017 年的寒假，闵行中学选派了 6 位学生由学校导师带队去美国加州大学伯克利分校实验室体验学习。2018 年 3 月，闵中学生的科研论文在美国工程材料学专业期刊 *Computational Materials Science* 的官网上正式发表，题目为"Study of the effect of osmotic pressure on the water permeability of carbon-based two-dimensional materials"（中文名《碳基二维材料渗透膜中孔径和渗透压对水渗透性影响研究》）。这篇论文由学校 6 位学生与美国劳伦斯伯克利国家实验室的青年科学家历时 18 个月共同完成。这是闵中学子高中阶段的科研探索第一次以论文形式在国际性刊物上发表。2020年，闵行中学导师指导学生研究的课题"浅水波方程的一些新解"和"人工神经网络在潮汐预报中的应用"得到上海交通大学导师的进一步指导，最终被编入第三十一届全国水动力学研讨会论文集。这些研究成果的发表是对学生课题研究实践的充分肯定，带给了学生满满的成就感。

（四）学校创新孵化基金

校外的竞赛和平台参与的学生毕竟有限，为满足更多的学生参与课题研究和创新活动的需求，闵行中学早在2011年就创立了参与面更广的"创新孵化基金"项目。"创新孵化基金"研究的主题不限，分为文科、理科两个大类，学生可以根据自身兴趣组建研究团队进行项目申报。项目每年申报一次，研究期限为一年，成果呈现方式可以有结题报告、研究论文、发明项目等。结题时，学校会邀请各学科资深教师组成专家评审组，对学生的研究成果评审后颁发各类奖项。

"创新孵化基金"项目开展十年以来，闵中学生参与课题研究的热情得到充分的激发，研究的水平也在不断提升。在导师的进一步指导下，相关课题参与校外竞赛评比和平台展示，真正起到了"孵化"研究成果的重要作用。

（执笔人：钟明）

第六节　自主学习意识与能力培养

在学校生涯规划课程的学习和导师的引领下,小徐同学确定了从事科学研究的人生目标。为此,他把整个上海市只有 70 多人入选的"上海市中学生科技创新后备人才培养计划"(简称"英才计划")作为首个目标,并通过精心准备、层层闯关,成功入选。

在参与"英才计划"的过程中,他自学了同济大学第七版的《高等数学》、张筑生的《数学分析新讲》、David C. Lay 等的《线性代数及其应用》、高等教育出版社《数学物理方法》的复变函数部分等数学知识;也学习了哈尔滨工业大学的《理论力学》、郭硕鸿的《电动力学》等物理知识。在项目进行的过程中,他不断学习 Mathematica、SimWise、MATLAB、STAR-CCM＋等软件,初步掌握了 VB、C、C＋＋等计算机语言,掌握了科研中常用的方法,接触、体会了科学研究的全过程,初步掌握了选题、师生交流、物理建模、查阅文献、论文写作、查新、论文答辩等科学研究中各个环节所采用的方法。最终,完成"风力辅助波浪能滑翔器高效推进装置的设计研究"项目,获得第 35 届上海市青少年科技创新大赛"青少年科技创新成果"一等奖,并被评为"2019 年英才计划物理学科冬令营"优秀营员。

此外,在导师的引导和推荐下,小徐不断参与各类学科竞赛,源于自身在理科方面自学的积累,他分别获得了第 36 届全国中学生物理竞赛省级三等奖、2019 年全国高中数学联合竞赛三等奖、2019 年上海高中生物学竞赛二等奖与 2019 年上海市中学生劳动技术竞赛实体设计项目三等奖等奖项。

得知中国科技大学在全国面向高二学生招生的消息后,他凭借之前的积累成功获取复试资格,同时导师也为他量身定制了冲刺计划,做出了细致的安排,功夫不负有心人,小徐顶住压力,稳定发挥,最终被中国科技大学的少年班成功录取,成为 2020 年上海唯一一名入选少年班的学生。

小徐同学的成功看似水到渠成,但其实并不容易。除了他个人的努力和导师付出的心血,最为重要的是小徐同学在科学研究和学科竞赛口,不断培养出的自主学习能力。高中新课程的理念明确提出"具有强烈的好奇心、积极的学习态度和浓厚的学习兴趣。能够自主学习、独立思考,形成良好的学习习惯和适合自身的学习方法[1]"。自主学习能力,是导师可以着力对学生进行培养的一项重要能力。

---

[1] 教育部.普通高中课程方案(2017 年版 2020 年修订)[M].北京:人民教育出版社,2020:3.

一、自主学习概述

自主学习的思想最早出现在古希腊教育家苏格拉底提出的"产婆术"中。自主学习是一种自我监控，是学习者在学习时主动设置明确合理的学习目标、确定合适的学习方法、自觉监控自身学习过程、自我评价与反思学习结果的一系列过程[①]。核心要素如表4.8所示。

表4.8 自主学习的核心要素

科学的问题	心理维度	任务条件	自主的实质	自主过程
为什么学	动机	选择参与	内在的或自我驱动的	自定目标、自我效能感、价值观、归因等
怎么样学	方法	选择方法	有计划的或习惯化的	使用、放松等
何时学	时间	控制时限	定时而有效的	时间计划和管理
学什么	行为表现	控制行为	意识到行为和结果	自我监控、自我判断、行动控制、意志等
在哪里学	环境	控制物质环境	对物质环境的敏感和随机应变	环境的选择和营造
与谁一起学	社会性	控制社会环境	对社会环境的敏感和随机应变	选择榜样、寻求帮助等

（一）自主学习的特征

自主学习是能动的。自主学习与其他学习的最大区别就是学习者不是消极地、被动地从事学习活动，而是自觉地、主动地、积极地从事学习活动。整个学习过程，主要依赖于学生的自我监控、管理和调节，不需要外界的管理和强迫。

自主学习是相对独立的。所谓相对独立性，主要是与过分依赖老师的学习及完全独立的自学相区别。自主学习将对老师的依赖性降到最低，在学习过程中，尽可能由自己做出判断和选择，相对独立地开展学习活动。同时，相对独立并不等同于绝对独立，由于年龄、认知水平和阅历等的限制，完全独立的自学对于学生来说是较难实现的，而且也是没有必要的。因此，自主学习是教师指导下的相对独立地学习。

自主学习是适度超前的。自主学习倡导学生超前学习，这种超前学习是学生对知识进行自我构建的过程，教师根据学生超前学习中存在和提出的问题进行教学，有效促进学

---

① 庞维国.自主学习——学与教的原理和策略［M］.上海：华东师范大学出版社，2003.

生头脑原有认知结构对新知识的同化和顺应[1]。

自主学习是高效优化的。自主学习的目标是使学生通过各种措施使学习达到优化，学习效率得到提高。

自主学习的所有特征，最后的指向都是学习的高效优化。从一般意义上讲，学生的自主性越强，学习过程越相对独立，学习越适度超前，自主学习的过程就越优化，学习效果也会更好。

（二）影响自主学习的因素

高中生的自主学习，是在教师的指导下，自主地确定学习目标和学习内容、选择学习策略、制订学习计划、自发监控学习过程、主动对学习结果进行客观评价的一种学习方式，既包括课堂上跟着老师的思路积极思考，积极参与课堂讨论，也包括课前和课后根据学习任务制定合理的学习目标和学习计划、选择合适的学习内容和学习策略、自我监督学习过程、自觉对学习结果进行评价和反思。导师应该把对学生自主学习的指导和自主学习能力的培养，作为工作中的一个重要部分，并在学习任务或者实践活动中，把握机会帮助学生发展自主学习的能力，让自主学习真正成为学生的一种习惯（见图 4.4）。

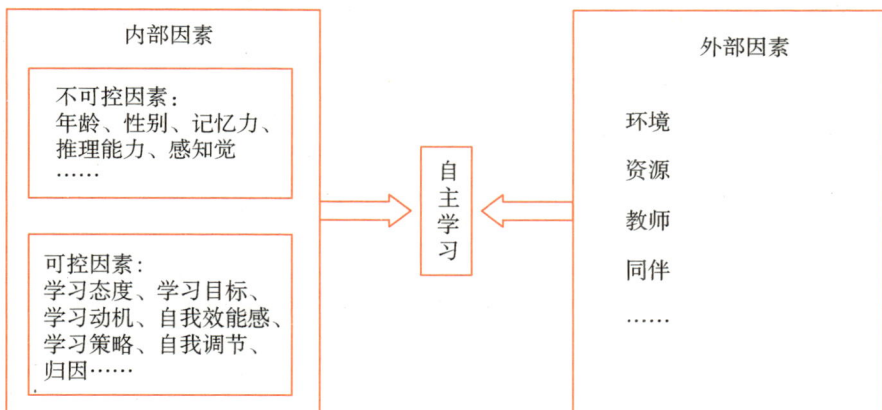

图 4.4　影响自主学习的因素

二、协助学生设置合理的自主学习目标

（一）学习目标的合理、合适设置

不同的自主学习目标对学生的学习有不同的影响，自主学习能力强的人首先应学会

---

[1] 同化和顺应，是皮亚杰从生物学移植到心理学和认知论中的概念。同化，是指对所获得的信息进行转换，以使它符合现有的认知方式。顺应，是指外部环境发生变化，原有认知结构无法同化新环境提供的信息时所引起的认知结构发生重组与改造的过程。简言之：刺激如数的过滤或改变，叫作同化；内部图式的改变，以适应现实，叫作顺应。

制定合理的学习目标。总体而言，近期目标更能激发和提升学生的自我效能感和自我调控能力；具体的学习目标与笼统的学习目标相比，更能促进学生的学习；在目标设置的高低方面，设置具有一定难度但是经过努力可以实现的目标与设置过高或过低的目标相比，对学习的促进效果更明显。

同时，学科的特点，以及学生的自我效能感、对自身评价的方式、情绪、学习动机都有可能影响学生对于自己的期望，以及目标的达成。因此，根据多方因素，设定适合自己完成的目标，至关重要。

要制定一个切实可行的目标，必须做好五件事：

（1）明确地知道自己的目标是什么。

（2）将目标分割成具体的小的目标。

（3）充分认识到可能会出现的不利状况。

（4）考虑周全，并对可能出现的困难有所准备。

（5）正确认识自己的成功，适当肯定自己，目标完成后奖励一下自己。

学生由于认知能力有限，可能无法自己独立设置合理的学习目标，导师应适时地提供帮助，引导其设置合理的学习目标。

（二）辅导策略——帮助学生制定合理、合适的学习目标

在高中阶段，学生的学习目标主要是升学目标，以及具体到每一学科的学习目标。对于升学目标，导师可以根据学生一个学期或者一年的几次大型考试，结合学校往年的升学状况，对学生进行一个比较客观的阶段诊断。然后，引导和帮助学生自主制定一个目标，最好是在学生最好成绩的基础上稍微高一些，既有一定的挑战性，又有通过努力能够实现的希望。也可以帮助学生设立多级升学目标：①最理想目标：超水平发挥时能达到的目标；②最现实目标：正常发挥时能达到的目标；③最低限目标：无论出现什么意外情况，也应奋力达到的目标。

每过一个阶段，可以半个学期或是一个学期，鼓励学生将现有的成绩与既定的目标相比较，一方面回顾目标设置得是否合适，是否有必要进行修改；另一方面，对学生努力的程度进行评价，看是否达到了要求，这有利于目标的调整和动机的激发。

为了达到升学目标，导师可以辅导学生进一步将其分解到具体每门学科的学习目标上去，对于优势学科是否还有提升的空间，对于相对薄弱的学科，如何查漏补缺，搭建知识体系，答题技能的提升等，从而引导学生制定阶段的学习目标及侧重点，并及时反馈、总结与调整。

如果学生对自己的期望明显高于或低于导师的预判，教师应与学生及时进行沟通，认真倾听学生的自我分析，站在学生的角度了解其自我期望与导师预判有差异的原因，并共

同研究是否需要及时调整学习目标,或者是否能较快克服导致落差的因素。

小黄同学在高中第一学期期中考试中获得全校第一名的好成绩。当导师与他沟通未来目标时,小黄表示自己并不聪明,且各科表现平平,未来能考取华东师范大学就已经很好了。

导师帮助她分析了各科特点、长处、薄弱环节,最终尝试把复旦大学、上海交通大学作为努力方向,并将目标分解成四个阶段:高二地理、生物等级考,以查漏补缺,将夯实基础为主要策略,力争开门红,得 A+;高三第一学期参加英语考试,按照学校课程进度,保质保量完成每个环节,课余着重对薄弱环节加强练习,力争春季考就能取得理想的成绩;高三第二学期5月的物理等级考,对核心概念与模型逐个过关,力争会的不错;最后的语文、数学高考的自主学习模式与英语、物理差不多,并酌情调整。

在高二地理、生物等级考双 A+ 后,小黄同学获得了信心,沿着之前的规划全力以赴,并在每个阶段都取得了理想成绩,最终顺利考入上海交通大学。

三、辅导学生学会自我激励

(一)自我激励是自主学习的关键内驱力

导师应帮助学生学会激发自主学习的动机与自主意识。学习动机指的就是学生所具有的推动学习行为活动开展的内部驱动力,是激励和指引学生进行学习的一种需要,学习动机的有无是评判学生学习是否自主的重要依据。自主学习强调学习是主动、独立以及自我监控的,是建立在学生内部动机基础之上的"我要学"。若学生具有较强的学习动机,则对学习就会表现为强烈的主动性与倾向性,若学生的学习动机较弱,对于学习则缺乏积极性,呈现消极的学习状态。学习动机对于学生的自主学习有着直接的作用。

学习动机有两个基本成分:学习需要和学习期待。首先,应了解学生当前的动机现状,先满足学生的缺失性动机;其次,要让学生了解学习的性质,认识到学习的意义,产生学习需要;再次,要使学生获得成功的体验,产生学习期待;最后,要善于利用反馈激发学生的信心。同时,老师也要了解"耶克斯-多德森定律"(见图 4.5),认识到学习动机与学习效果之间的关系,并不是学习动机越强,学习效果就越好。要根据学习任务的难度,引导学生建立适度的学习动机。

(二)辅导策略——合理引导,激发学生学习动机

1. 培养学生学习的责任感

学习责任感,是指学生对于学习的一种认识,表现为在学生的认识中把学习当作是自

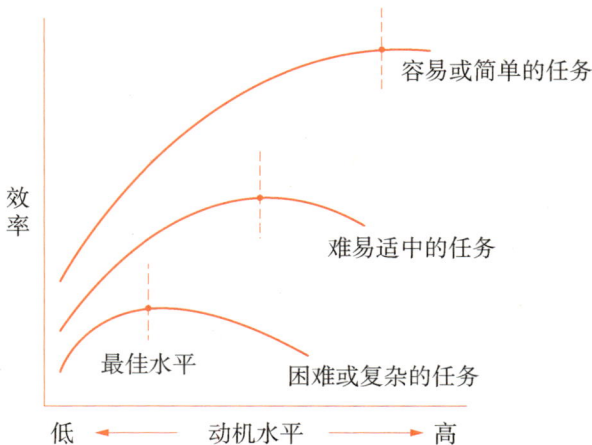

图 4.5　耶克斯-多德森定律

己的事情，是自己作为一个学生的本职工作，就像是农民种地、工人做工一样，学生的任务就是学习。学习也是学生自身存在以及价值得以体现的途径。学习责任感也是学习动机的最本质决定因素。有一部分学生在对学习的认同上存在着误区，因而难以从根本上对自己的学习产生兴趣，也势必会影响学习的动机。在学习责任感的提升方法上，可以加强关于学习价值与意义的交流探讨，也可以树立学习榜样和典型等，帮助学生形成正确的学习价值观念，让学生担起自己的学习责任，从而能够更加积极主动地进行学习。

2. 提高学生的自我效能感

班杜拉认为自我效能感指的就是人们对完成一件事或一项活动所表现出的自信程度。因此学生学习的自我效能感其实是指学生在学习活动开始之前，对自己能否胜任或完成该活动所表现出来的自信心，自我效能感对于学生自主学习的动机有着很大的激励作用。提高学生的自我效能感对于激发学生动机，促进学生自主学习有着非常重要的意义。

我们可以帮助学生增加学习中的成功体验。成功的体验是对学生自主学习效果的一种积极正面的反馈，不仅是影响学生自我效能感的核心要素，也是学生自主学习动机形成与增强的最重要条件。对于一个个体而言，决定其坚持不懈地从事某项活动的因素是个体必须能够感知到他所做的努力都是有效的，对于实现活动目标都是有利的，当人们感到自己的努力对于实现自己的目标根本没有任何成效的时候，就会因其动机的彻底消失而最终放弃这一活动。在学习活动中，一般说来，当学生完成了一些自己认为比较困难的任务之后，对学习就会充满自信，其自我效能感也会得到增强。由此来看，在自主学习过程中让学生不断获得关于学习的成功体验，是增强学生学习动机的最有效和最直接的方式。因此，要采取各种方法来增加学生的成功体验。如：导师要深入了解学生，发现与挖掘每个学生的优点，鼓励与引导学生利用自己的优点来促进自己的学习；此外，也可以引导学生在学习中进行自我比较，即将学生自己现在的成绩与过去的成绩进行比较，只要有进步就可以看作成功。通过增加学生获得成功的机会来增强学生的学习自信心，从而提高学生的自我效能感，增强学生自主学习的动机。

小马在刚进入高一时，成绩并不是十分突出，但文学素养、口才、组织能力方面表现不错。课余，小马积极参加学校组织的各类讲座，以及《史记》的专题研究，诗文创作班选修课的学习，进一步挖掘在文科方面的兴趣，并且不断积累。特别是在学校高一年级的朗诵比赛、高二年级的演讲比赛中，小马表现优异，并在代表学校参加市里的演讲比赛中，获得了市实验性示范性高中组一等奖的好成绩。

一系列比赛获奖，让小马信心大增，尤其是在实际比赛中获奖，让他对自己的信心有了质的提升。小马曾经分享"这些比赛大大增强了我的自信，整个人精气神不一样了，让我具备了一名自信高中生的品质。此外，对学校怀抱的是一种荣誉感和一颗感恩的心，可以说是强烈的荣誉感推动着我度过了这难忘的三年。当你对学习产生感情的时候，就会有一种强烈的愿望想让自己变强，以自己的一点能力为它做些什么，这种情感会让你产生很大的动力。有了动力，或许其他什么都不再重要了。"此后，小马的成绩取得了长足的进步，在高三取得了校长直荐①复旦大学的名额，并顺利通过面试，被复旦大学新闻传播学院录取。

3. 增强学生的学习意志

学习意志与学习动机之间存在着交互的作用。学习意志对于学生的学习动机有维护与增强的作用。在学生的学习过程中，难免会遇到各种各样的学习困难以及复杂的学习情境，意志控制水平不同的学生在面对这些干扰时会表现出不同的学习行为，意志控制水平低的学生极易受到干扰和影响，对于学习困难往往觉得束手无策；而意志控制水平高的学生则能够很好地对学习干扰进行调节，对自己的学习充满信心，学生能善于自觉地调节控制自己的学习活动，使它服从于一定的学习目的，而不只靠外力的推动，相信通过努力自己可以实现学习目标。

因此，在自主学习的过程中，教师应该注意学生学习意志的培养。如在平时教学活动中有意对学生的学习意志进行训练；对于学习任务进行个性化的选择，根据学生实际情况的不同安排难度不同的任务，做到避免因任务难度过低造成轻视，起不到训练意志的效果，也要避免因为任务难度过高而影响学生的学习积极性。

---

① 校长直荐：在这一轮教育综合改革前存在的一种高校自主招生路径，即给部分中学直接推荐的资格。受到直推的学生无须参加笔试，可以直接进入面试环节。

四、引导学生自主建构个人知识管理的能力

（一）个人知识管理是提升学习质量和效率的有效手段

个人知识管理（PKM）的宽泛定义由美国的保罗·多尔西（Paul A. Dorsey）教授提出："个人知识管理应该被看作既有逻辑概念层面又有实际操作层面的一套解决问题的技巧与方法。"[①]其实质是个人在一定的信息技术工具辅助下，采用适合自身特点的方法手段对知识进行获取、加工、存储，交流与分享、应用以及创新的连续的活动。旨在将获取的新知识内化，解决问题，并通过或显性或隐形的方式传递给他人，实现知识的最大价值。

学生提升自主学习能力的一个重要环节就是提升个人知识管理的能力，帮助同学们在自主学习的过程中有意识地进行知识管理，将知识管理的理念、方法和手段融入其中，从而促进有效学习进而提升学习的质量和效率。

甘永成在经济发展与合作组织（OECD）对知识分类的基础上，提出了个人知识逐步深化的六个层次：

Know-what（客观事物的知识）；Know-how（技能和能力知识）；Know-why（规律和原理知识）和 Know-who（社会关系知识）；Mentor（交流、传递隐性知识）；Publish（以网页、文章等形式传播知识）；Innovation（知识创新）[②]。

从而我们可以得到学生进行知识管理的一般过程，归纳为图 4.6：

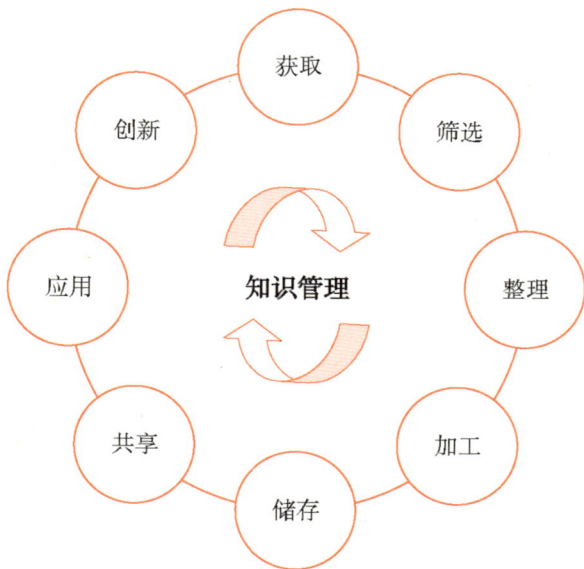

图 4.6 知识管理的一般过程

---

① Dorsey P A. What is PKM? —Overview of Personal Knowledge Management[EB/OL].（2004 - 09 - 09）[2021 - 11 - 23]. http://www. millikin. edu/webmaster/seminar/pkm. html.
② 甘永成. e-Learning 环境下的个人知识管理[J]. 中国电化教育，2003(6)：19 - 24.

（二）辅导策略——培养学生构建知识图谱的能力

构建知识图谱可以遵循如下方式：利用思维导图记录知识结构或问题解决方案；利用概念图来记录核心概念及其衍生概念。

1. 利用思维导图存储知识结构

思维导图（Mind Map）是20世纪60年代由英国人托尼·巴赞（Tony Buzan）提出的一种记笔记的方法，他认为传统的笔记方法有如下四种缺点：埋没关键词；不易记忆；浪费时间；不能有效刺激大脑。[①] 而思维导图呈现的是大脑思维的过程，有明确的思维和概念的线索、脉络，学生能借助其存储知识的结构和思维过程，对提高知识记忆和思维发散能力有莫大的功用（见图4.7）。

2. 利用概念图存储核心概念及其衍生知识

概念图（Concept Map）是20世纪60年代康乃尔大学的约瑟夫·D. 诺瓦克（Joseph D. Novak）博士根据奥苏贝尔的有意义学习理论提出的一种教学技术，用来组织和表征知识。它通常将某一主题的有关概念置于圆圈或方框之中，然后用连线将相关的概念和命题连接，连线上标明两个概念之间的意义联系。[②]

通常某个主题的概念图有四个基本组成部分，分别是概念（Concept）、命题（Propositions）、交叉连线（Cross-links）和分级结构（hierarchical frameworks）。其中，概念（也是图中的结点）是事物或事件的规则属性，用专有名词或符号进行标记；命题是两个概念之间通过某个联系词而形成的意义关系；交叉连接表示两个概念之间的某种关系；分级结构是概念的呈现方式。

基于某个主题生成的完整概念图蕴含了两个层次的内容：一是信息层面的内容，二是知识层面的内容。信息层面的内容是指概念图本身所能表示的信息或资源，如同一本书的索引，综合地概括了这个概念所包含的所有子概念、事物或者事件。知识层面的内容是指概念之间的命题和连线所表达的联系和意义，学生通过这些命题产生联想，进而得出各层概念之间所隐含的知识内容，是概念图知识层次的内容。概念图这两个层次的内容对学生掌握主题核心概念、厘清知识结构有很大的帮助，制作概念图一般遵循如下的步骤（见图4.8）：[③]

（1）选定主题，设定核心概念。核心概念要求概括性强，同时又利于学生进行思维发散。

（2）理出相关的次级概念。针对核心概念，尽可能全面地理出能衍生的次级概念、理

[①] 赵国庆，陆志坚."概念图"与"思维导图"辨析[J].中国电化教育，2004(8)：43.
[②] 杨凌.概念图、思维导图结合对教与学的辅助性研究[J].中国电化教育，2006(6)：59-60.
[③] 杨淑莲.概念图在促进非良构领域知识化中的应用[J].中国电化教育，2004(8)：46.

辽与西夏
- 辽
  - 契丹族耶律阿保机（916年建国）
  - 定都上京，后改国号为辽
  - 与北宋长期对峙，大部分时间维持和平局面
  - 职官设置：南北面官负责契丹等游牧民族事务
  - 负责以汉为主的农耕民族事务
- 西夏
  - 党项族（1038年建国）元昊
  - 定都兴庆府，国号大夏
  - 宋初仍保持半独立状态，1038年元昊脱离宋朝称帝
  - 制度：基本模仿北宋

辽夏金元的统治

② 西夏 金 北宋
115；女真族完颜阿骨打
1127；靖康之变，北宋灭亡

③ 西夏 金 南宋
岳飞抗金
1141；绍兴和议

① 西夏 辽 北宋
1038；党项族元昊
916；契丹族耶律阿保机
1044；宋夏和议
1055；澶渊之盟

④ 蒙古 南宋
1206蒙古铁木真（成吉思汗）
-1276；攻占临安
-1279；南宋灭亡

金朝入主中原
- ——制度：基本沿袭唐宋，同时保留女真民族的管理系统，猛安谋克
- ——12世纪后期金世宗在位，进入鼎盛时期——"大定之治"
- 之后，制度日益腐化，走向衰落

从蒙古崛起到元朝统一
- ——1206-成吉思汗，建立蒙古汗国
- ——1260—1271-忽必烈即位，兴建大都，定国号为元
- ——1276-元军占领临安
- ——1279-元朝统一，南宋灭亡（文天祥就义）

制度【巩固统一】
- ①修四通八达的驿道，设驿站——便于联系
- ②地方施行行省制度——元：中书省—省制

皇帝
御中台（监察） 中书省（行政） 枢密院（军事）
管理全国行政事务

地方设中书省，简称行省

四等人制
蒙古人 色目人 汉人 南人

元朝民族关系

辖区辽阔，军权大集中，提高行政效率，巩固多民族国家的统一，是我国省制的开始，也促进边疆少数民族政治、经济和文化的发展
西藏：宣政院；台湾：澎湖巡检司

社会贫富差距带来的阶级矛盾日益严重

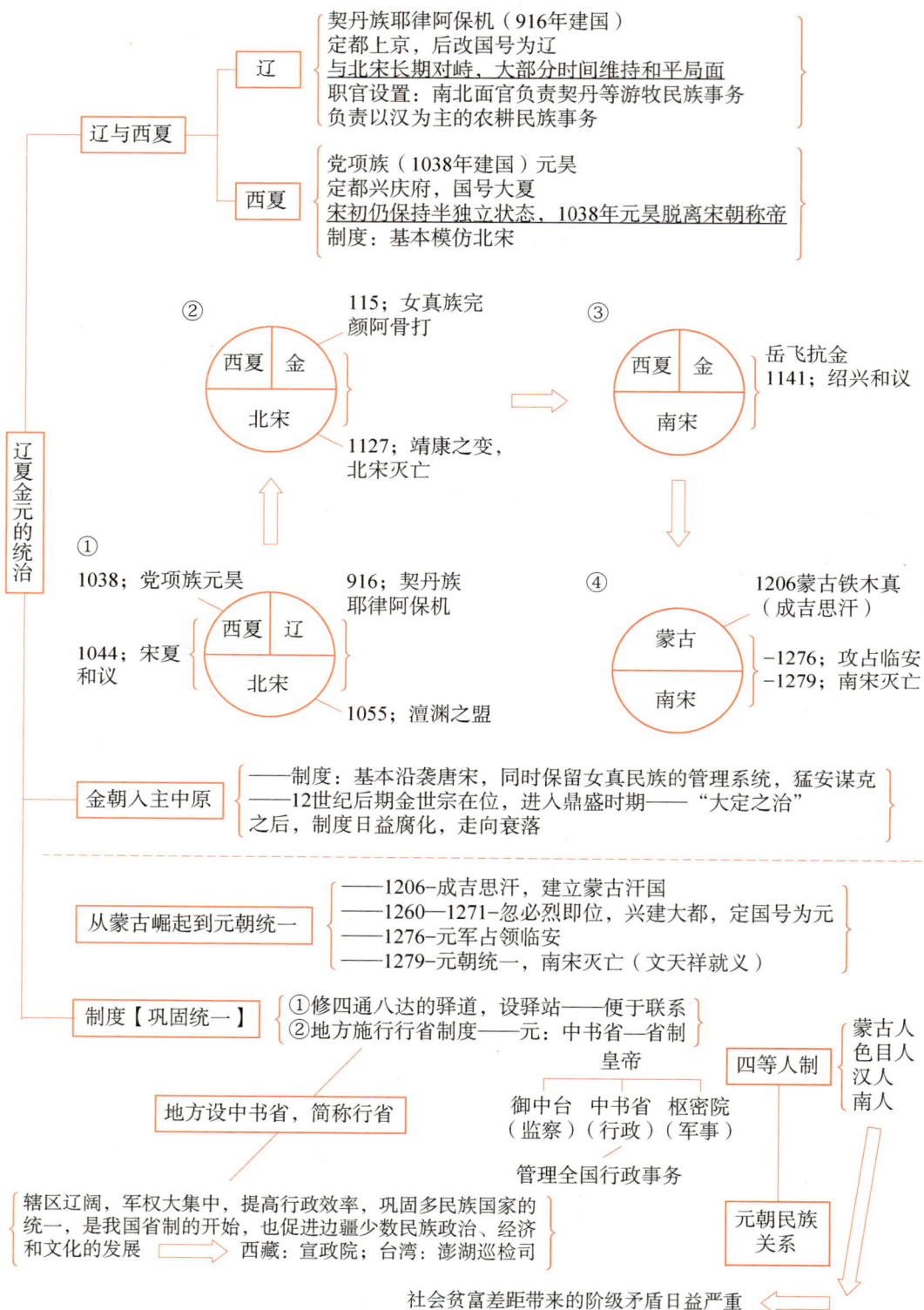

图4.7 运用思维导图进行高中历史知识管理示例

微生物培养技术知识概念图：

1. **按成分：** 天然培养基、合成培养基、半合成培养基

2. **按物理形态：** 固体培养基、液体培养基、半固体培养基等

3. **按功能：** 选择培养基、鉴别培养基等

环境中的微生物 ——菌种来源—→ 微生物培养 ——选择培养—→ 微生物分离

微生物培养

主要事项
- 环境上的要求：（消毒）
- 器具上的要求：（灭菌）
- 操作上的要求：（酒精灯火焰附近）
- 物品存放要求：（防止因接触产生污染）

无菌操作

要求

目的
- 消毒
- 灭菌

区别
- 纯净培养、消除污染、抑制杂菌生长
- 常用方法：
- 常用方法：

1. 条件：
2. 结果：

生产、利用

纯化的目的微生物（菌种）

保存

抑制杂菌生长

关键

微生物纯化：抑制杂菌生长、提纯目的微生物（菌种）

纯化 ——挑选菌落接种于新培养——得到单个菌落

方法
- 用选择培养基进行
- 平板划线法——连续划线
- 稀释涂布法——梯度稀释

培养基

分类 —成分—→ 碳源、氮源、水、无机盐、生长因子

配制原则
① 目的明确原则 ② 营养协调原则 ③ PH值适宜原则

制作过程
1. 计算→称量→溶解→调pH值→灭菌→倒平板
2. 制作培养液→调pH值→分装→包扎→灭菌→搁置斜面

pH值、氧气、渗透压、温度等

选择培养基
- 原理：允许（满足）特定的目的微生物生长，同时抑制、阻止杂菌生长。

微生物鉴别
- 方法：鉴别培养基
- 原理：鉴别培养基中加入特殊化学试剂（指示剂）与微生物代谢产物发生特殊反应（**颜色反应**）

微生物计数
- 稀释涂布（菌落）计数法
- 显微镜直接计数法

接种
- 平板划线法
- 稀释涂布法
- 穿刺接种法
- 暴露接种法

取样（制培养基）→梯度稀释→涂布接种→培养（鉴别菌种）观察

计数时间把握
菌落稳定后才计数

有效值：30~300（个）
减小误差：重复试验取平均值

公式：（C÷V）M

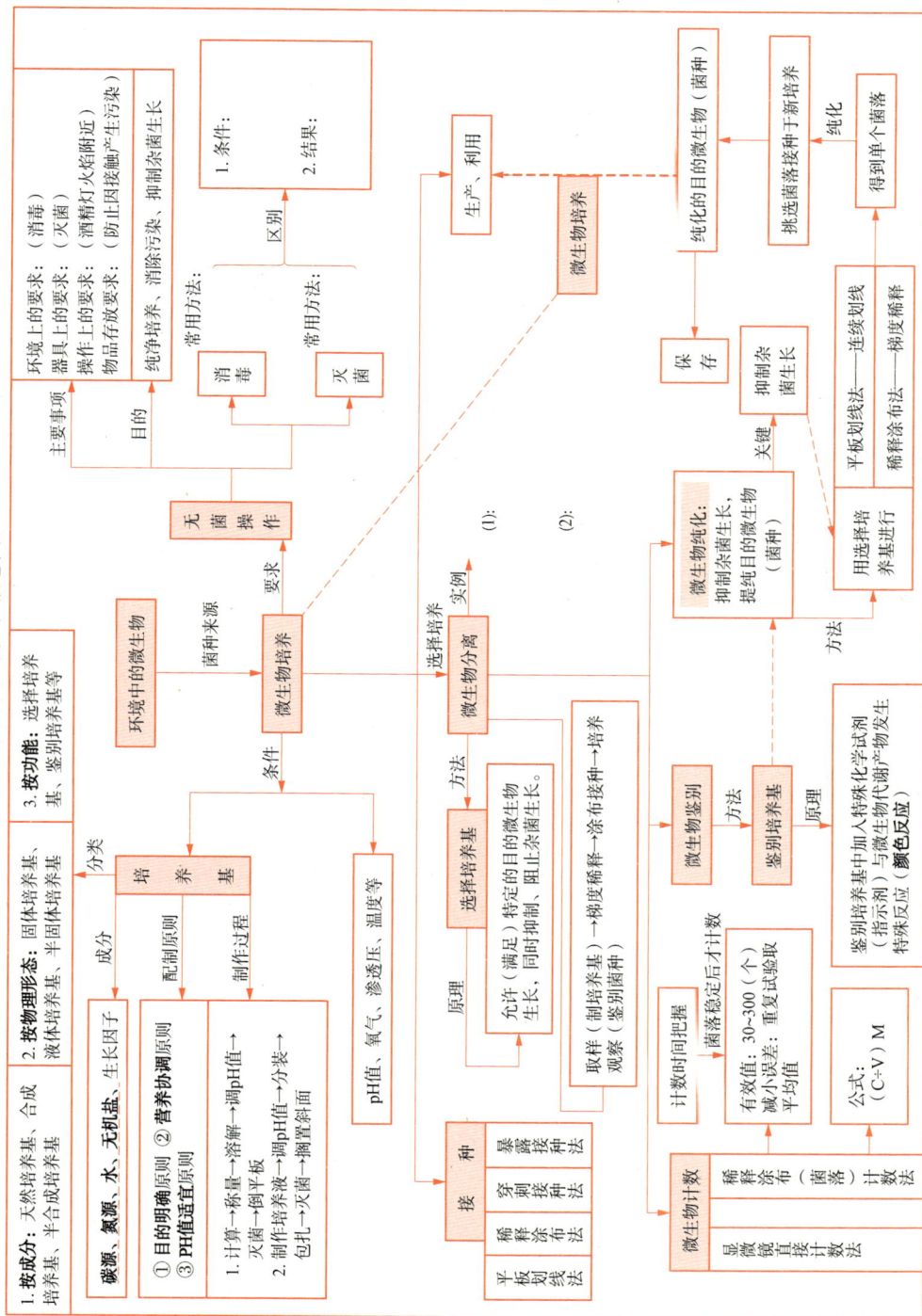

图 4.8　运用概念图进行高中生物知识管理示例

225

论、事物或事件。

（3）扩展次级概念的内容。对次级概念进行进一步挖掘，直到最后的具体概念或描述性内容。

（4）按层级依次排序。将衍生概念按照概括性程度按由高到低依次进行层级排序，概括性程度相同的概念在同一层级，具体和描述性的内容或概念在最底层。

（5）层级概念间连线形成关系。根据概念的逻辑或附属性质，将各个层级的概念进行连线。在不同层级概念之间的连线上，用逻辑或描述词语表述概念和概念之间的关系。

（6）形成交叉关系。在同层级的概念间依据逻辑关系形成交叉连线并描述彼此的关系，最终形成概念、事件之间的"关系网"。

（7）扩展并完善。概念图的制作不可能一次完成，因为通常并不能穷尽所有相关的概念，需要后续的扩展并完善，对于一些不准确的地方，还需要进行修改。使用 Word、PPT 或概念图制作工具都能实现。

小李同学，文科见长，数学较为薄弱，虽然十分努力，但高一高二成绩在班级排名始终比较靠后，个人和家长都十分着急。

小李学习数学还是很认真的，态度端正，但数学基本知识和方法理解得不够透彻也不够熟练，因而成绩始终起色不大。在高三阶段，导师（也是小李同学的数学任课教师）除了始终对其鼓励保持信心之外，提出建议——学习利用思维导图和概念图的方法，进行各版块的知识整理，帮助其厘清概念，扫清知识盲点，归纳知识点、基本思想和基本方法，从而能从容应对各类题型。他们决定利用十一假期月考前的时间进行第一次尝试。第一步，以函数版块为重点，先由小李同学根据自己的认知初次完成一份知识图谱；第二步，让小李针对近期作业和练习中函数版块的错题进行重做，从而检验初次的知识图谱是否对错题中的知识点和方法都能涉及，对于有缺失的部分在知识图谱中进行增加和修正，对于已整理仍出错的题，在思维导图中特别标注，并利用附页将错题进行归集；第三步，由学科老师对小李整理的知识图谱进行诊断，查看是否有遗漏的主干知识和通性通法，从而再对知识图谱进行优化。通过几次不断的优化，小李同学初步掌握了对版块知识进行知识图谱整理的一般方法，并在之后的数学月考中取得了 120 多分的良好成绩，这给了小李巨大的信心。之后，小李又陆续整理了三角、数列、解析几何、立体几何等重要版块的知识图谱，在期中考试、一模、二模考试中都保持了 120 多分的成绩，并在最后的高考中取得了 129 分的好成绩。相信小李在今后的学习中继续使用知识图谱进行高效学习。

五、加强学生对学习时间的计划和管理

（一）学习时间的计划和管理是自主学习能力培养的核心环节

学生为了高效完成自己的学习目标，提高学习效率，需要对学习时间进行科学管理。通过对大量的学生跟踪调查发现，是否能够自主学习很大程度上取决于这个学生是否能合理分配自己的时间。同时，时间的分配与自控能力、学习目标预设、成功和失败的原因有着密不可分的联系。

学习时间的管理是相对独立于学习过程的一个环节，但对高中生自主学习而言却起着十分重要的作用，对高中生提升自主学习水平和对其未来发展均具有重要意义。合理的时间分配能够帮助学生高效地学习，取得更好的成绩，合理地分配好时间能够提高对学习的兴趣；反之，不合理地分配时间则会降低学生对学习的热情，继而影响学习效率。

（二）辅导策略——提高学生对学习时间的计划和管理能力

1. 重视对学习时间的计划

时间计划指的是根据学习需要自觉系统地安排最佳学习时间，合理地将学习时间分配给各个科目。学生在自主学习开始前对于学习时间的整体计划会提高学习效率，提升自主学习水平。然后，大多数学生的学习时间通常是基于习惯，而不是基于计划。因此，导师要有意识地指导学生对学习时间进行专门计划，学会珍惜时间，培养合理利用学习时间的意识。

第一，要指导学生学会分清主次、懂得取舍。想要高效地利用时间，最基础的是要学会在有限的时间内做合理的规划，将单位时间划分出来，具体到某一个学科上。而在划分时间做规划的过程中，就需要分清主次，学会取舍。例如，在为某一科目的学习做计划时，就要提前理清这个学科的基础知识、重点内容、难点内容、高频考点和易错点等多个方面的知识，然后有条理地对其分配时间，把重要的内容放在前面复习，抑或是给其分配更多的时间，不太重要的内容则放在后面或分少些时间。在有限的时间里要去做最重要的事情。

第二，导师应该指导学生，实事求是地结合自身实际情况为自己的学习制定计划，高效分配时间，即结合自己的实际情况，比如各科的学习情况、学习成绩，自己在某一科目上的优势和劣势等，而不是盲目跟风，按照别人的进度来学习和复习。时间分配要与自己的学习能力相匹配。每个学生的学习能力是不同的，对知识的接收、消化能力也都有差异，因此在时间分配的过程中，要根据自己的学习能力来定。对于已经将某学科基础知识掌握得相对扎实的同学来说，可以将更多的时间分配在该科目的重难点上；如果基础较弱，要先着重打好基础，再拔高；如果相对比较粗心，可以更多地去看易错题等。

2. 重视对学习时间的管理

时间管理指的是按照学习时间计划管理自己的学习时间，监督、调控并保证在规定的学习时间内完成学习计划。学习时间的管理是对学习时间计划实施过程中的监督。重视对学习时间的管理，才能使高中生在学习过程中不断调整学习状态，提高有效利用时间的意识，促使在规定的时间内完成学习任务。

可以利用时间管理技能量表[①]（见表4.9），对学生时间管理进行有效的测量，并指导学生对照量表，不断掌握良好的时间管理策略与技能，养成良好的时间管理习惯。

表4.9 中学生学习时间管理技能量表

题号	题目	总是这样	经常这样	有时候这样	较少这样	从来没有过
1*	我写作业的时间往往超过预定的时间					
2*	我每天的学习任务很多，效率都很低					
3*	我完成作业所需要的时间总比别人长					
4*	即使是两三分钟就可完成的事，我也要花很长时间才完成					
5	我会选择学习效率高的时间段来学习					
6	我总是把最重要的学习科目安排在学习效率最高的时间段去做					
7	我会根据自己的情况，选出每天精力最好的时间去做最难的作业					
8	我会利用课间时间写作业、预习或者复习					
9	在坐车时，我会利用时间看书、背课文或者背单词					
10	睡觉前，我会花点儿时间背课文、背单词或者看书					
11	中午休息时，我会花点儿时间学习					
12	我会防止将与学习无关的东西摆放在桌子上干扰学习					
13	学习之前，我会将桌上的物品整理好，提高学习效率					
14	我会将学习用品分类摆放好，减少学习时找东西的时间					

① 井贤严，邹秋红，王礼申.中学生学习时间管理技能量表的初步编制[J].中小学心理健康教育，2018(30)：8-12.

（续表）

题号	题　目	总是 这样	经常 这样	有时候 这样	较少 这样	从来没 有过
15	我会保持我的课桌、书桌是干净整洁的					
16 *	作业或者事情很多的时候,我会有不知道要怎么办的感觉					
17	我通常会先做比较重要课程的作业,再做其他作业					
18	我会将一天要做的事情写在本子上,防止自己忘记					
19	我会把老师布置的作业写在纸上,防止自己忘记					
20	我会制订每天的时间日程表,对照着日程表来做事情					
21	我会准备纸条或者本子记录容易忘记的事情					

计分规则:总是这样=5　经常这样=4　有时候这样=3　较少这样=2　从来没有过=1
注:标 * 号是反向计分题。

六、优化学生评价提升学习效能

　　学生评价是教育评价的基础和重点,《深化新时代教育评价改革总体方案》指出:"改进结果评价,强化过程评价,探索增值评价,健全综合评价。"学生评价要求不仅要关注学生的学业成绩,还要发现和发展学生多方面的潜能,了解学生发展中的需求,帮助学生认识自我、建立自信,以促进学生发展为目标。

　　在平时的学生评价中,大部分还是以学习成绩为依据对学兰进行诊断性评价和结果性评价。相对而言,过程性评价比较欠缺。因此,导师要在了解学生的基础上对学生自主学习进行评价,并尽可能采用多元化评价的方式,树立以发展为本、以质性的评价取代量化的评价、重视过程的评价理念,向学生提供明确的、及时的、经常的反馈,同时合理利用外部奖励,有效运用表扬,对学生表达明确的积极的期望,促进学生向积极的方向发展。

　　由于导师所带的学生在自主学习的各个维度都多少存在一定差异,教师在对学生的自主学习进行评价时,应适当考虑其自主学习现状,引导其建立积极的自主学习动机、确定合理的自主学习内容、选择合适的自主学习策略、制订详细的自主学习计划、全程监控自主学习过程、适时调节自主学习状态、全面评价自主学习结果,从而能进行个性化指导。

　　此外,多用积极的评价来鼓励学生。教师对于学生学习的评价对于学生学习的自信心也有一定的影响。在学生的自主学习的过程中,会遇到很多的挫折,如果学生总是不断地遭遇挫折，并且在教师那里得不到肯定，学生就会觉得自己无法再继续进行学习，其学习的信心就会受到削弱，学习的积极性与自主性便会受到影响。因此在教学中教师应该多进行积极的评价，在学生遇到学习挫折的时候能够适时地进行评价激励，维持学生学习的积极性。这就要求教师在对学生学习进行评价的时候不能只看到学生学习的一个方面，应该根据学生以及学习任务实际情况的不同进行多样化的评价，制定多样化的学习评价标准，对于学生多一些鼓励而少一些批评。

学生档案袋制是一种不错的评价和激励方式，也能将学生档案作为一种可视材料进行呈现，收集学生在三年自主学习过程中的各种经历和成果。学生每学期对照目录把自己的自主学习经历证明材料（报告、体会、证书、奖状等）放入其中，每次整理的过程由导师指导学生一起完成。这个整理过程是导师参与记录学生成长点滴的过程，为导师提供了全方位了解学生的机会，有利于导师为学生撰写写实性学期评语，呈现过程性评价和综合评价相结合的结果，并成为进一步指导学生自主学习的可行途径。

（执笔人：华佳齐）

第五章

高中生涯导师育人之生活指导

第一节　健康生活探讨

　　小刘同学非常不喜欢上体育课，跑步跑两圈就累得气喘吁吁，打排球经常拖小组的后腿，没打一会儿，手腕就涨得通红，腿脚酸疼。几次体育课让她对体育逐渐丧失兴趣。于是，经常以身体不舒服为理由，请假不去上。在教室里一个人默默地看书、写作业。由于长期缺乏运动，小刘身体素质不佳，经常感冒生病。到期末了，体育考试没有通过，她十分焦虑，不知如何是好。

　　"身体是革命的本钱"，健康的身体是学习和工作的基本保障。健康，是强健体魄和完美人格的结合体，一个人只有在身体和心理上同时保持健康的状态，并具有良好的社会适应力，才是真正地拥有健康。有效的健康管理能帮助青少年保持旺盛的生命力，确保精力充沛地完成各项学习任务，拥有积极心态和良好的精神风貌。青少年的健康状态与他们的审美认知，以及饮食、运动、休息等方面的认知和习惯息息相关。作为导师，需要给他们疏导困惑，引导他们树立科学的价值观念，培养合理的健康习惯。

一、健康生活与美

（一）外貌焦虑：时代与青春期的烦恼

　　青少年处在对自己的身体发育、外貌特点最关心的时期，他们经常要在镜子前消磨许多时间，试图冷静而客观地观察和评价自己[1]。内外各种因素常常导致一些高中生对自己的外表不满意，因脸上长痘而烦恼，因高矮胖瘦、不完美而自卑，一度产生"外貌焦虑"。同时，他们往往会因自己的形体获得同伴好评，而倾向于产生对自我的肯定评价，并由此产生积极的自我体验——愉快、陶醉、自信，行为也偏向活泼、开放；反之，会因形体差而倾向于产生否定的自我评价以及消极的自我体验——焦虑、烦恼、自卑，行为偏向拘谨、退缩[2]。

　　同时，也有一些青少年盲目认同和追捧帅男美女形象，产生错误的审美价值观，采用

---

[1][2]　卢家楣.青少年心理与辅导——理论和实践(第三版)[M].上海:上海教育出版社,2016:193,201-202.

各种方法拼命节食，控制体重从而导致神经性厌食症、食欲不振、营养不良、心理抑郁等，严重影响学生身心健康，极端表现为"躯体变形障碍"①。如果导师发现学生出现严重的心理症状，需求助专业的心理老师。

（二）导师辅导策略

1. 实施团体辅导，调整审美认知

体貌烦恼作为青春期的烦恼之一，采用"高中生不要花心思在外表上，学习才是最要紧的""长得好不好看现在并不重要"等说教并不能发挥任何作用。导师应积极理解学生的心理感受——对美的追求和对他人正向评价的关注是青少年正常的心理需求。导师可以组织团体辅导活动，引导学生树立积极的审美观念，培养乐观自信的心态。

团体辅导的第一步为开展小调查，让学生给自己的容貌打分，了解学生的自我评价；第二步，让学生互相聊聊他们对自己身材、长相的看法或烦恼，学生在倾诉过程中情绪得到释放，并能从同龄人的角度获取多种看待问题的视角，还能让学生对有烦恼的同学提意见，互相获得支持和帮助；第三步，让学生讨论，古今中外不同文化中的审美标准，如中国唐代以胖为美，古代希腊人以面部各部分比例对称为美等，引导学生认识到美没有固定标准，而是一定时代背景和文化中价值观念的体现；第四步，分享榜样故事，讨论世界最丑女孩美国得克萨斯州女孩 Lizzie 和女演员李嘉琦等人是如何打破大众的外貌审美获得发展，帮助学生调整认知观念；第五步，优点轰炸，让学生互相夸夸对方的优点，帮助学生重塑自信，提高他们的自我认同感和自尊感；最后一步，总结收获，确立正确的审美观念和自我认知。

2. 个别反馈，塑造自信心态

对于有外貌焦虑的学生，可以在日常生活中观察他们的一举一动，在不经意间进行反馈，可以说"你笑起来很好看""你的眼睛很有神采""你走路的样子很有朝气"等。导师对学生的积极状态进行肯定，会让学生收获惊喜和自信，导师也可以就他们表现好、积极的方面进行反馈，帮助学生建立对自己全面、积极的认知。

小 A 同学对自己的身材非常不满意，极其关注自己的外表。为了减肥，每天节食，导致精神抑郁，不愿意与别人交谈，也不愿意参加任何活动。导师发现了这一问题，不断地找她谈心，进行心理调适，对她进行心理疏导，让她接受自己，找到自己的优点。经常对她说，"你笑起来的样子很好看""你的声音很好听"。在班会课上开展"优点轰炸"游戏，让学生互相夸奖对方的优点，小 A 同学被很多同学夸奖，"你性格温婉，温柔大方""待人热

① 躯体变形障碍症：身体外表并不存在缺陷或仅仅是轻微缺陷，而患者想象自己有缺陷，或将轻微的缺陷放大，并由此产生心理痛苦的病症。

情真诚,善良正直""多才多艺,文艺青年一枚""喜欢独立思考,思想见解独到"等。导师还鼓励小 A 参加演讲比赛,小 A 同学的写作文笔和独到的思想立即展现出来,随后导师对她进行演讲技能的指导,让她在讲台上从容地表达自我。演讲比赛获得了不错的成绩。通过这些活动,小 A 同学逐渐建立起自信心,在新的领域发现了兴趣和热爱,不再那么关注自己的外表。

二、健康生活与饮食

(一) 培养健康的饮食习惯

饮食是学生营养健康的根本保障。高中生的生长速度、学习能力、劳动效率均与营养状况密切相关。但是很多青少年有着不健康的饮食习惯——偏食挑食,用吃零食来排解消极情绪,以汉堡包、方便面等垃圾食品代替正餐,喜欢吃腌制食品,喜欢喝含糖饮料,抑或为了减肥只吃很少的蔬菜,吃减肥药,长期采用生酮饮食。不良的饮食习惯会导致营养失衡、身心失调,产生肥胖、贫血、易疲劳、视力下降、记忆力差等问题。因此,帮助学生培养健康的饮食习惯,至关重要。

(二) 导师辅导策略

1. 组织小组座谈会,热议健康饮食话题

导师可以就"秋天第一杯奶茶"[①]等网络热词,组织一次以"健康饮食"为主题的小组座谈会。和学生一起讨论如何科学饮食,以及科学饮食可能会带来的困惑及其解决办法。引导学生各抒己见,罗列出健康零食清单,汇总关于科学饮食的意见,共同制定健康饮食公约。或者让学生就一些被大人苦口婆心教育的饮食注意事项自主探究,开展课题调研。诸如:奶茶究竟有多么不健康? 市面上各家奶茶的"不健康"指数如何? 是不是饮料都非常不健康? 无糖物品是不是真的无糖? 生酮饮食是否是健康饮食,是否可以长期进食? 等等。

2. 组织营养午餐会,自我指导健康饮食

导师可以组织学生了解健康饮食的科学指标,以及营养搭配指南,组织学生一起在学校食堂吃饭,评判自己的餐盘是否健康。如果有不爱吃的食物,可以怎么办? 如果在假期,还可以组织云上营养午餐会,老师和同学们一起在群里打卡拍下自己的餐盘饮食,在相互交流中,一起养成健康饮食的习惯。

---

① 秋天第一杯奶茶,是 2020 年 9 月出现的一个网络热词,成为年轻人应季玩的一个梗,代指要红包、秀恩爱、送温暖之意。

3. 家校沟通，合力形成健康饮食习惯

学生的一日三餐、日常饮食，更多由家长安排，有时会由饮食引发亲子矛盾。建议家长用平和的语气给孩子讲解垃圾食品的害处，积极正向地鼓励引导孩子；家长自身要以身作则，自己减少吃零食喝饮料的频率；家长在家的膳食安排要注重饮食均衡、营养搭配，多为孩子提供鱼、肉、蛋、奶和果蔬，如果孩子偏食厌食，家长要想办法改善烹饪的味道，把健康的食物做得好看好吃，激发孩子吃饭的兴趣；家长还可以邀请孩子一起烹饪，通过和孩子一起做食物，可以让孩子对健康食物产生兴趣。

小Z同学的父母都是医生，对孩子的饮食极其关注，提出了很多要求，比如必须饮食清淡，坚决不允许喝饮料，坚决不允许吃快餐、垃圾零食，在他们看来薯片这些零食都是没有营养的，是坚决不能吃的。如果发现孩子喝了奶茶，吃了炸鸡汉堡，就会把孩子训斥一顿，家长甚至控制给他零花钱，导致小Z跟同学相约出去玩耍很没有面子。小Z非常逆反，与父母的矛盾逐渐升级，每天不肯吃饭，或者随便扒几口就不吃了，没过多久，小Z变得身形消瘦，没精打采，连最喜欢的体育课都不去上了。

导师了解到这一情况，与小Z同学进行交流，问他为什么不吃饭，他有点激动地说："妈妈烧的东西很难吃，烧来烧去就这几个菜，没啥胃口。"导师给他出主意："那你要吃啥？你点菜呀，让你妈妈烧。"他说："我要吃的他们都觉得重口味、不健康。买包薯片、买点零食都不肯。"导师随即联系其家长，耐心地与家长交流："让孩子放弃自己的口腹之欲，吃爸爸妈妈认为清淡有营养的，哪怕最近食欲不振也不能吃自己想吃的……这么大的孩子没有零花钱，在同学面前太没面子了……孩子感觉他对生活完全没有控制权、在家里没有任何成就感。"起初，家长始终认为是孩子的问题，经过多次交流，家长逐渐改变了与孩子的沟通方式，积极正向地鼓励引导孩子，首先多做一些孩子喜欢吃的菜，满足一下孩子的欲望，吸引孩子吃饭的兴趣；其次，对孩子为了排解情绪、与同学交往适当吃零食表示理解，对孩子偶尔的"犯戒"给予一定的宽容，对孩子一周或一个月的健康饮食遵守进行奖励，家校合力，引导孩子养成健康的饮食习惯。经过一个月的努力，小Z与父母的关系得到缓解，每天都能正常吃饭了，对垃圾食品也不再那么痴迷了。

三、健康生活与运动

（一）体育运动有待加强

体育锻炼对青少年身心健康和社会发展的重要性不言而喻，体育运动有助于青少年的生长发育，提高青少年的免疫力，调节青少年的情绪，改善其心理和生理状态，还可以培

养青少年的团队合作精神、集体主义精神。但是在我国，青少年的体育锻炼状况不容乐观。调查显示，只有少部分学生可以做到国家规定的每天体育锻炼1小时，甚至有20%的男生和36%的女生每天锻炼时间少于20分钟[①]。

青少年日常的运动量基本上由学校体育课程承担，但部分学生以学业紧张为由，对体育运动缺乏兴趣，敷衍了事，参与不够；课余自我锻炼意识薄弱，自我锻炼的方法欠缺，仅有极少部分学生有运动习惯。在假期期间，没有学校的组织管理，学生体育锻炼基本上得不到落实。由于缺乏锻炼，青少年体重超标率、肥胖率、近视率逐年上升，这会导致他们将来患慢性疾病如高血压、心血管疾病等的可能性大幅度增加。因此，学校和老师要足够重视对高中生体育运动习惯的培养。

（二）导师辅导策略

1. 鼓励学生参加学校各类体育活动，积极锻炼

首先，导师要鼓励学生充分利用学校的体育运动资源，积极开展体育锻炼。如闵行中学重视学生的体育运动，安排每周4节体育课，开设14项体育专项课程，如田径、足球、篮球、排球、羽毛球、游泳、棒垒球、板球、武术、体育舞蹈、健美操、瑜伽、形体与舞蹈等，供学生根据自己的兴趣爱好进行选择。每日大课间锻炼，开展广播操、武术操、冬季长跑等活动，通过每日常规锻炼增强学生体质。

其次，导师可以鼓励学生以个人或团队参加校园里的体育赛事，如体育达人秀、田径运动会、足篮排班赛、冬练系列赛等活动，响应"人人有项目，周周有活动"的号召，培养学生对体育运动的兴趣，在团体运动中培养团队合作精神和积极向上的良好心态。导师还可以每周与学生进行一次集体锻炼，一起跑步、打篮球、打排球等，组织兴趣运动比赛，提高学生对体育运动的兴趣，定时督促学生坚持运动。

在开篇案例中，小刘同学正是在自己选择的排球专项课程上遇到了挫折，进而几近放弃。一天，导师途经班级教室，看到了孤身在教室看书的小刘，便和小刘攀谈了起来。小刘坦言自己对体育运动缺乏信心，总觉得自己表现不如别人，因而缺乏对体育运动的积极性。导师向小刘了解排球课上的训练项目，以及小刘自己在其中的感受后，发现她其实只是在个别训练项目上有点应付不来。导师和小刘谈起，就在前不久，小刘如何在学习中克服困难的例子，鼓励小刘这只是一个小小拦路虎，打过了便能顺利前行。同时，导师邀请体育老师对小刘的排球运动进行方法指导，最终她得以顺利过关。此外，每天放学后，导师陪着小刘一起练习排球、跑步，坚持两个星期后，小刘身体素质逐渐改善，排球技能逐渐提高，终于通过了期末考试，小刘逐渐树立起对体育运动的信心。

---

① 廖青，刘琛.青少年体育锻炼现状及建议[J].山东青年，2013（7）：97 - 97,100.

2. 开展运动主题交流会，让运动成为生活的一部分

导师可以组织运动主题交流会，指导学生了解体育锻炼的意义，学习科学锻炼的方法。可以师生共议各自喜欢的运动，交流喜欢的理由和收获，相约一起体验不同的运动；也可以将交流会设置在学校操场、体育馆等处，以运动与讨论相结合的形式进行；可以组织导师小组之间的运动友谊赛；还可以动员同学们一起观看体育赛事，共议竞技比赛相关议题；还可以引入校外导师，与学生一起运动（如打篮球、瑜伽），辅以事关学生成长的各种主题的交流（如如何开展研究性学习，某行业职业探索交流等）。

事关科学锻炼，可以邀请学校体育老师参与指导，也可以在导师组内开展各种资源学习，交流分享经验。如果导师个人便是一位运动达人，那么导师便是很好的榜样和学习者；如果导师是一位正在形成运动习惯的人，那么导师和同学们便可以形成"运动共同体"，一起制订运动计划；也有的老师将自己的孩子加入进来，组织运动类活动。在运动中锻炼体魄，在互动中融洽关系，在探讨中增长见识。

3. 制订运动计划，自我监督习惯养成

健康的行为和习惯是通过日常不断实践养成的，导师可以指导学生制订运动计划，引导学生思考适合自己的行动计划，迈出健康养成的第一步。

步骤一：写下运动目标，可根据计划的时间来确定，如一个星期的目标或者一个月的目标。

步骤二：确定一位陪伴者，可以是父母、老师、同学，每天督促和鼓励自己按约定执行。

步骤三：制订切实可行的行动计划。

可用表5.1进行记录。其中，运动计划可由运动目标进行拆解，以循序渐进为原则进行制订；自我评估可以从难易程度、运动前后的身心感受、是否出现不良反应等方面进行记录；陪伴者评估可以从是否自主完成、是否按计划完成、过程中有哪些发现等方面进行记录。

表5.1　我的运动计划——第××周

运动目标：　　　　　　　　　　陪伴者：

	星期一	星期二	星期三	星期四	星期五	星期六	星期日
运动计划	跑步半小时						
运动计划执行情况							
自我评估							
陪伴者评估							

4. 打卡记录，加强自我健康管理

学生可以以学校自创的《闵行中学学生体能发展自主练习小贴士》[①]为基础，积极开展自我锻炼，课外练习有章法，运动过程有记录、有指导。鼓励学生利用手机 App，如健康打卡闹钟、小日常、Keep、薄荷健康、咕咚等，一旦完成每日的任务之后即可及时打卡，通过不断打卡的方式帮助学生养成每日运动的好习惯，学生还可以设置运动目标，随时查看自己每日的行走步数，通过这样的方式激励学生每日坚持运动，逐渐养成良好的运动习惯。

四、健康生活与休息

（一）休息普遍不足

如今的高中生学习和生活较为忙碌，繁重的学业任务，加上社团活动、学生会活动、比赛、表演等会让一些学生忙得不可开交，再加上电子产品对精力的消耗，如果缺乏时间管理的能力，就会产生休息不足的现象。长期晚睡、熬夜，早上起床困难，上课没精打采，下课经常趴在桌子上休息，再加上一些阶段性情绪、压力等，部分学生会产生失眠的问题；如果假期作息没有规律，加上长时间上网，也往往没有时间充分休息……未成年人正处在快速成长阶段，睡眠不足会导致新陈代谢紊乱，影响生长发育，甚至会导致轻微的神经衰弱，造成注意力、记忆力、组织能力、创造力和运动技能下降，影响自控能力，导致分神，甚至出现多动症和脾气暴躁。

同时，很多学生认为睡觉就是最好的休息，一到假期就睡懒觉，好躺沙发，结果越睡越想睡，越睡越睡不醒。事实上，睡眠的确是有效的休息方式之一，但主要适用于睡眠不足者和体力劳动者。对于高中生而言，首先需要确认是否睡眠不足，是否因太长时间玩手机、打游戏、刷剧等而"剥夺"了睡眠时间；其次，身为"脑力劳动者"，高中生需要知道，日常状态下，由大脑皮层极度兴奋、身体低兴奋形成的疲劳疲惫，需要的不是睡眠，而是放松神经。睡眠可以起到一定功效，但是过多反而无益。尝试改变活动内容，从一些兴趣爱好、运动中找回生活的热情，参与社交活动，享受一些无聊的时光等，都是极好的方式。总之，积极放松神经，而非消极放松、报复性睡眠，才是更好的休息。

（二）导师辅导策略

1. 开展读书活动，创建个人"休息盒"

可以将如何科学、有效休息作为读书会的选题。推荐学生阅读《深度休息》《精力管理》等书籍，要求学生写读书笔记，在读书会上进行分享交流，并在实践中探索适合自己的

---

① 《闵行中学学生体能发展自主练习小贴士》视频由闵行中学体育组录制，通过动作示范介绍一些简单易行的室内运动动作，说明每项动作的练习要点、练习方法和练习功效，指导学生进行有效的自主锻炼，增强体质、促进健康。

休息方法，创建个人"休息盒"。

创建个人"休息盒"，是导师黄老师看过《深度休息》一书后，尝试带领学生做的一个活动。书中列出了经英国杜伦大学开展的"休息调查"得出的最有助于休息的十大活动（从排名第十依次到第一）：正念、看电视、空想、洗个舒服的热水澡、舒心地出去走走、什么也不做、听音乐、我想要独处、走进大自然、阅读，并阐述这些方式能够有助于休息的原理和更好的做法。在书的最后，作者总结了 12 个休息处方，如允许自己休息、时刻关注那些没有意识到的休息时刻、将你认为浪费掉的时间定义为休息时间、在你的日志中加入休息时间、创造一个休息盒……

创造一个休息盒，即首先列出自己能够有效休息的各种活动和方式，然后准备一个盒子，在这个盒子中存放好这些与有效休息相关的物品，如一篇个人很喜欢的诗/词，画有30 分钟放松训练的图片集，自己穿着运动装跑步的照片，甚至一双运动袜子……

黄老师组织同学们准备自己的"休息盒"，并相互分享。喜欢看电影的小丁同学在盒子中准备了一张看电影清单，准备把想看的电影写在清单上；喜欢盲盒的小雅准备了一个盲盒收纳盒，并且给自己制订了每个月一个盲盒的小计划；喜欢行走上海的小乐列出了一直想去但没有去的各具特色的上海街道；喜欢西点的芝芝准备了一个手动打蛋器，准备有时间就自己做西点……之后，黄老师组织同学们在微信群里分享自己打开"休息盒"积极休息的经历。

一段时间后，小乐私信黄老师：主动休息了两次后，才发现自己之前好像有一种"高中生不配休息"的潜意识。现在我特别想告诉自己，你也是一个人，你值得拥有自己的休息时间。

2. 制订睡眠习惯养成计划，保障睡眠时间

保障睡眠是积极休息的基础。导师可以指导学生根据自己的实际情况，制定睡眠目标，用日记的方式记录实行情况，写下具体的内容，思考和总结如何改善睡眠。建议学生可以先记录两周，再根据实际状况及时调整计划（见表 5.2）。

表 5.2　良好睡眠习惯养成计划

	内　　容
睡眠目标	晚上睡觉时间：_____点 晚上睡觉时长：_____小时 午休睡觉时长：_____小时（根据实际情况）

（续表）

内　　容
行动记录   1. ＿＿月＿＿日：午睡＿＿小时，晚上睡觉＿＿小时   2. ＿＿月＿＿日：午睡＿＿小时，晚上睡觉＿＿小时   3. ＿＿月＿＿日：午睡＿＿小时，晚上睡觉＿＿小时   4. ＿＿月＿＿日：午睡＿＿小时，晚上睡觉＿＿小时   5. ＿＿月＿＿日：午睡＿＿小时，晚上睡觉＿＿小时   ……
事件记录   影响休息的原因：＿＿＿＿＿＿＿＿＿＿＿＿＿＿＿＿   采取的有利于休息的方法：＿＿＿＿＿＿＿＿＿＿

3. 家校协同，保证学生充足睡眠

学生在家的休息状况需要家长协助监督。在亲子关系紧张的家庭，由于孩子的叛逆心理和独立意识的增强，家长可能对于孩子何时完成作业，完成作业后在做什么，何时休息等情况都不了解。如果孩子的休息状况出现了明显问题，则需要导师及时进行家校沟通，缓解亲子关系，要求家长关注孩子在家的状态，尽量督促孩子夜间10点半就寝。

4. 个别辅导，深入了解问题的原因

对于长期精神疲倦、明显休息不足的孩子，导师要进行个别辅导，深入了解问题背后的原因，了解学生遇到了什么问题，有什么消极情绪，是否学业压力过大，与父母关系如何等，针对学生问题进行具体辅导。如果是难以处理的问题，导师可以求助其他教师，如班主任或心理老师。

（执笔人：黄梦杰）

第二节　生活休闲探索

小 J 在班里好像无法和同学融洽相处。他对同学们交谈的话题总是一脸茫然，对同学们玩的游戏一无所知。他听不懂老师上课说的网络词汇，也不了解别人谈起的热门事件和人物。

导师问起他的课余生活，他的回答永远是在写作业，偶尔出去跑步。不喜欢上网，不习惯阅读，没有时间也不愿意出门，对学习之外的生活没有一点了解，更不知道自己喜欢什么。这样的他甚至开始隐隐拒绝外界的一切，包括新的事物、思想，以及来自导师和小组同学们提出的一些真诚的建议。

每天他都重复着相同的生活，经历着无法融入别人的孤独。与其深入交谈后，他坦言有想过改变，但真的这样去做的时候却发现不知道怎么改变，又或者为什么要改变。他不明白学习之外，独属于自己的休闲的意义，因此也无法明白自己生活的意义是什么。

生活的意义，除了工作与学习，获得更好的生活物质条件之外，还有什么？

什么也不做的放空或沉思，什么也不需要考虑的一次阅读，和家人一起愉快地做一次饭，这些算不算是生活的意义呢？或者说，在人生有限的时间里获得身心意义上的休闲，是不是就虚度了人生呢？这个困惑对于处于忙碌生活中的每个人，尤其尚未完全成长起来的学生而言是普遍的。休闲有什么意义？休闲有哪些方式？如何在有限的时间里让自己休闲？这些问题都需要导师对学生进行指导。

一、青少年休闲现状

（一）"报复性休闲"

从学生的实际情况来看，休闲需求的旺盛与休闲时间的匮乏，造成了学生中普遍存在的"报复性休闲"现象。像小 J 同学一样的学生其实并不在少数，虽然小 J 本身的表现比较极端，但在导师与他交谈的过程中，得到最多的信息反馈还是没有时间。课堂课后的知识与作业几乎占据了他的大部分时间。因为繁重的学业压力，空闲时间有限，在很大程度上成为青少年不主动休闲的重要原因之一。但不主动休闲，并不表示不需要、不渴望休闲。

作为班主任兼导师，笔者曾在班上（总人数 37 人）做过一个简单的睡觉时间调查。每天能在 22:30 左右睡觉的学生大约只有四五个，占比大约是 13.5%。剩下的学生未能尽早入睡，询问原因是否因为学校课业过多，2/3 的学生回答是否定的。对学生进行访谈后发现，学生之所以不愿意用睡眠的方式让自己得到休息，是因为他们在休闲层面有着其他方面的需求，睡觉之前他们会花一定的时间看小说、网络社交、看短视频等，而且这种需求是相当强烈的。

比起传统的睡眠，他们或许更希望得到一种能给身体或精神在平淡、重复生活之外的更强烈的刺激和快感，从而获得某种短时性的愉悦，或者说至少可以盖过繁重课业所带来的压力和负担的休闲活动。他们希望得到一点不同于日常生活的波澜和变化，并对此有着强烈的需求。在"没有时间"和不会积极休闲中，最终造成了报复式放松与懊悔的恶性循环。

这种报复式的休闲扰乱学生的作息时间，身体上没有得到足够的休息和放松，影响正常的学习生活，短暂的快感换来的是自我实现的缺失、精神上的懊悔。真正的休闲是学会和自己相处，获得更多的幸福感，保持内心的安宁，使人获得价值和意义感，使人得到更好的发展。青少年要学会科学地休闲，学会掌控自己，选择积极健康的休闲方式，选择合适的休闲时间，让身心都得到休息和放松。

（二）休闲模式单一化、低质性

休闲活动本身应该呈现多元化、多样性的基本特征。休闲活动可以包括娱乐消遣、体育健身、教育发展、怡情养性、旅游观光、消费购物、户外冒险、社会活动等多种类型。然而，近年来，学生日常的休闲模式较为单一，网络休闲活动占据了相当大的比例，表现为网上冲浪、观看短视频、刷微博微信、刷剧等。不可否认，这些网络活动都不需要耗费太多精力和思考，在某种程度上能让大脑和身体得到休息。但是，单一的网络休闲活动会限制青少年的思维，长期沉溺于虚拟世界，会使学生缺乏现实感，对世界产生片面的认知，影响学生在现实中的亲子关系、人际交往以及处理实际问题的能力，甚至消磨学生意志，降低对学习的积极性。

青少年处于学习和发展的黄金期、人生观和价值观塑造的关键阶段，应当参与多元的、高质量的休闲活动，平衡安排个人休闲、家庭休闲和社会休闲，发展自身兴趣和能力，开阔知识视野，加强社会互动，提升综合素质，促进自我实现。休闲本身的目的不仅仅在于使人得到短暂的休息，更是希望人能得到高质量的休息，甚至在这种休息中获得持续性的意义感，使得个人生命更具有价值，更充实和丰富。

有一段时间，董老师发现班级里有不少女孩追星，在休闲时间，大多会以观看综艺、打榜支持等方式追星，所以董老师（语文老师）就有意识地在课堂上将与学生休闲生活有关的内容融入文本解读中，尤其鼓励学生进行日常随笔写作，以及在正式写作中选用自己感兴趣的内容。此外，还以"要不要追偶像"为话题，进行了一次课堂写作，引发了热议。

小雅是董老师班上的学生，也是董老师的辅导学生之一。课后她主动找董老师，对自己的追星行为与意图进行了交流，她不仅对明星偶像有着由衷的喜爱，更重要的是，她喜欢看他们表演的状态，更喜欢了解这些光鲜亮丽的人物背后超出他人多倍的努力，以及面对任何境遇都勇往直前的勇气，这些感受曾经一次次影响她，让她学习积极面对学习和生活中的困难。于是，导师引导她借助随笔和课堂演讲的机会将这些思考整理成文字。

这些思考与收获持续激励着小雅在各个方面取得优异的成绩。班级合唱比赛时她担任了指挥，站在舞台上闪闪发光的她令人惊艳，她和导师分享，每次练习，她都想象如果偶像在场，会给她提什么意见和建议；各项比赛中她全力以赴，收获了多个市级奖项。

小雅对明星所产生的感叹并不是一时的，相反，正是因为其本身是一个乐于投入，任何事情都积极面对并为之付出努力的人，才会和大多数只关注明星光鲜表象的年轻人有所不同。就她的休闲方式而言，一方面，从喜欢的人和作品中得到了休息和放松，另一方面，她在这些人物中看到了自己，反观到了自身的生命状态，并进一步为之努力和完善。这样的休闲无疑是高质量的和富有意义的。

二、积极自我休闲，学会与自己相处

（一）自我休闲的多个维度

1. 身体的休闲

就传统意义而言，休闲的首要对象就是人的身体，在这个层面上，身体的休闲与一般意义上的休息基本吻合。在人们越来越关注身体健康，乃至不少理论学派试图阐述身体对人本身所具备的重要意义的当下，消除身体上的疲劳，让身体得到放松和舒缓，无疑是休闲概念首要的内容之一。

一个人能够自由掌控自己的身体，尤其是能够使身体得到必要的休息和放松，某种程度上意味着对个体自由与意义的主宰，是一种自我意识觉醒的体现。就像当下的年轻人开始拥有个性化的身体放松理念——运动健身以拥有强健完美的体魄才是良好的身体休闲，自由支配时间从而保证充足的睡眠，享受必要的"躺平"状态，不规定和强迫身体动起来，不用刻意控制体重等等，都是让身体获得休息，让身体得到放松的重要途径和方式。

2. 精神的休闲

神舟十二号飞船于 2021 年 6 月 17 日成功发射后,三位宇航员开始了为期 3 个月的太空之旅。在繁忙的太空作业之外,宇航员们也少不了各类休闲娱乐活动,其中最受欢迎的休闲活动是瞭望舱舱外的太空景色,在眺望浩瀚的宇宙星空,俯瞰美丽的蓝色星球,以及欣赏每天多达 16 次日升日落的过程中,所有太空环境带来的身体负担仿佛都被消除了。

这是宇宙自然为人类带来的无与伦比的精神享受与审美体验,是精神休闲的一种方式。精神的休闲让我们的精神得到放松纾解,心灵得到慰藉,产生一种舒适与自在的感觉,也就是在精神上得到休息。

精神上的休闲与身体的休闲是相辅相成、息息相关的。因为身体上的休闲可以使精神得到放松,同样,精神的休闲也能帮助缓解身体的疲劳,就像现代社会并不仅仅重视身体健康,也越来越关注心理健康一样。许多重症病例也表明,良好的心理状况更有利于病情的缓解甚至痊愈。

精神的休闲还与人的生活态度乃至理想追求紧密联系在一起。古希腊哲学家亚里士多德说:"休闲可以使我们获得更多的幸福感,可以保持内心的安宁",所以他认为"我们需要崇高的美德去工作,同样需要崇高的美德去休闲。"借用学者庞学铨的定义来说,精神层面的休闲"是个体在相对自由的状态下,以自己喜爱的方式进行所选择的活动,并获得身心放松与自由体验的生活。这样的休闲是生活的组成部分。人的生活离不开休闲活动,休闲是一种具有特定内容和形式的生活"①。

(二) 导师辅导策略

休闲的安排可以从不同的形式着手,以自我关注,发现自我的舒适感、意义感、价值感为前提,可以适当辅以一定的挑战性,尝试不同形式的休闲活动,发掘自身的多种可能性,从而更好地认识自我乃至他人和世界。

1. 师生沟通,尝试主动休闲

案例中的小 J,正是因为没有认识到休闲的重要性,将所有时间全部用在学业上,看似很积极,但实际上学习的动机是盲目而不明确的,缺乏对自我的认知和发现,所以最终对学习本身也产生了质疑。在这种情况下,他自身的情绪状态,与周围同学的人际关系也出现了各种各样的问题。因此,他需要转变对休闲的认知,从个人喜欢的活动开始,尝试把主动休闲视为首要目标。

---

① 庞学铨.休闲学研究的几个理论问题[J].浙江社会科学,2016(3):110-119.

针对本节开篇案例中提及的小 J 的情况。导师首先与小 J 进行了一次较为深入的沟通。导师请小 J 一起梳理当前的生活状态——诸如作业完成情况、睡眠情况、整体感受等；同时和小 J 分享导师个人的休闲经验，邀请小 J 尝试主动休闲——选择休闲方式、频率等，并制订计划、实施计划，同时记录日程，增加休闲情况的记录。以一周为单位，并约定和导师每周以短消息的形式分享一次。

在这个对比的过程中，小 J 意识到了自己最大的问题在于对生活方式的改变抱有比较负面的态度，发现过去有很多不合理安排以及由此导致的低效率问题；也制订了每周日下午沿着家旁边的公园走一圈的计划，他从新的休闲尝试中感受到了身心状态的舒适感觉；目睹着公园里的一草一木一花一景，不由得感叹原来自己家周围的环境如此美好；环顾着公园里运动的老人、中年人、小朋友，感悟到了生生不息的氛围。他和导师分享时感叹到：忽然感觉对生活有了不一样的期盼，感觉未来有了更多积极的可能。

2. 开展读书会，促进精神休闲

阅读是贯穿人一生中非常重要且具有意义的活动。但当下的学生常常被限定阅读范围，再加上阅读载体更加多元，阅读信息更加丰富，学生常常容易对这些问题陷入迷茫状态：阅读的意义到底是什么？什么样的阅读才是适合自己的？阅读对于人的休闲又有怎样的影响？针对这些问题，导师可以带领学生进行一次全新的阅读尝试，学习在阅读中获得独特的休闲体验。

首先，和平常的读书会不同，导师组织的读书会首要原则是自由、舒适，也就是要让学生选择自己喜欢的书籍，以自己喜欢的方式进行阅读。比如可以将喜欢安静阅读的学生安排到一起，喜欢边阅读边交流的学生安排到一起，组成不同的阅读小组。但由于读书会的基本目的是与自我交流，所以导师可以先进行一次全体不被打扰的独自安静阅读的尝试。

其次，读书会的最终目的是休闲与自我发现，所以阅读本身不需要有明确的目的。具体而言，在读书会阅读之后的交流部分，导师可以让学生分享自己在完全放松状态之下阅读的心理状态，并以此为基础反馈对书本内容信息的接收情况，即使没有吸收什么有用的信息也不必气馁，因为根本目的是希望学生能找到一种自我休闲的方式，鼓励学生自我察觉和自我反思。

最后，导师应当指导学生对每一次阅读做好自我记录和反馈，分享阅读中的感受，比如一本书没有读完是什么原因，书读完了但是没有收获是为什么，非常投入地读完一本书且有共鸣又是怎样的体验等。在完成这样的记录之后，学生可以在下一次读书会的时候，分享与过去以小组交流或小组分享为形式的阅读相比，有怎样不同的感受和收获，进一步深化学生自我休闲的意识和感悟。

只有在这样不断尝试和比较、不断觉察和反馈的过程中,才能帮助学生逐步养成自我休闲的习惯,发现自我休闲的积极意义。

3. 制订个性化休闲计划,丰富业余生活

作为导师,可以事先搜集和了解学生喜欢的休闲方式,提供多元的休闲方式,比如体育健身类休闲有散步、瑜伽、踢毽子、跳绳、转呼啦圈、跳皮筋、长跑、健身操、街舞以及各种球类运动等,修身养性类休闲有读书、听音乐、弹奏乐器、画画等,娱乐消遣类休闲有看电影、看视频、看电视、上网、打游戏等。

在给出多元休闲方式之后,导师可以让学生根据个人偏好,制订三份对比参照的休闲计划表:

第一份是没有休闲安排的日常时间表;

第二份是有规律的休闲安排的日常时间表,并有配套的执行记录;

第三份是自由选择休闲与否的日常时间表,自由决定打卡方式和记录与否。

以一周为周期,分别执行三个计划表,然后给出相应的反馈。

需要注意的是,导师后续主要反馈和交流的方向并不局限于计划的执行程度,而要关注学生在休闲过程中的自我体验,以及自由度改变下的自我体验与自律性变化,从而帮助学生了解自己的个性特点。比如有些学生可能由于缺乏自律性,会倾向于选择更灵活的自我休闲方式,但同时也让学生意识到可以通过休闲提升自我自律性。再比如自律性非常强的学生往往可能精神压力会比较大,因此导师可以指导学生找到让自己最能放松的休闲方式,去更好地得到身体和精神上的放松,从而获得更好的身心体验。

三、丰富家庭休闲方式,享受与家人相处

(一) 家庭休闲是高中生身心发展的重要支柱

除了进行自我对话的休闲之外,家庭休闲也是休闲活动的重要组成部分。高中生的时间大部分被学习占据,周末假期充斥着较为繁重的学习任务,加上青春期的心理发展变化带来亲子关系的紧张,都会缩减家庭休闲活动的频次。不少家长忙于工作,疏于陪伴孩子,与孩子共同参与的休闲活动少之又少。随着互联网信息技术的发展,家庭休闲活动呈现电子化的特征,周末闲暇时间可能一家人都在刷手机、看视频、打游戏,家庭成员沉浸在自我的网络世界中,实际拉开了彼此之间的距离,导致父母与孩子之间缺乏情感交流。

实践证明,家庭成员的休闲方式、参与程度、参与时间、对休闲的认知程度等,对个人未来的发展均具有重要影响[①]。家庭是学生生活最重要的场所,家庭生活质量直接影响

---

① 陈静.家庭休闲教育对新时期优良家风建设的重要意义[J].洛阳师范学院学报,2020(9):75-77.

学生的身心健康发展。良好的家庭休闲活动把娱乐、学习、创造结合起来,促进学生摆脱不良的生活习惯,形成良好素质,享受生活乐趣,提升自我,愉悦身心,培养积极健康的人生态度;促进家庭成员之间的沟通和情感交流,有利于孩子形成健康的人格,让孩子逐渐学会相互信任、相互宽容,促进积极的社会互动和人际交往;家庭成员以平等的身份地位参与家庭休闲活动,使家长与孩子平等沟通、相互学习、取长补短,有利于建立良好的亲子关系,形成民主平等的家庭关系与和谐稳定的家庭氛围。

(二)导师辅导策略

1. 亲子活动:一起做美食

鼓励学生与家长共同策划、参加一些休闲活动,如一起运动、旅游、做家务、参加志愿者活动、做美食等。例如,指导学生思考,做美食之前,如何做好美食制作计划,喜欢吃什么美食,准备做哪些美食,需要哪些材料,去哪里购买,怎样做这些美食。学生先自主思考这些问题,然后回家与父母交流,向父母询问经验方法,完善美食计划。计划完毕,和父母一起准备材料、制作美食。在制作美食的过程中,学生和家长或许会对某个具体步骤产生分歧,需要双方沟通交流、相互学习。学生与家长共同体验休闲,能增进亲子感情,使他们身心得到放松,收获成就感。学生还可以把制作好的美食带到学校与老师和同学一起分享,互相交流制作美食的体验和感受。导师对学生的劳动参与给予鼓励和表扬,培养他们的自信心和积极的人格。

在每年年末的学校迎新活动中,导师刘老师注意到团队中有几位学生对班级活动有些茫然,不知道如何融入那些唱跳或表演节目的准备中,和这些学生聊天交流后,发现他们在家庭中与父母的相处模式也比较被动,休闲放松的形式也都倾向于独处的安静方式。导师首先肯定了这种休闲方式,但在进一步交流的过程中发现,实际上他们在与人交往中或多或少存在困惑和困难。而后导师给出了一个新的提议,尝试将班中不擅长表演的同学组织到一起,为班级迎新做一次后勤工作,举办一次冷餐会。而冷餐会上的食物,就由这些同学和他们的家长一起制作完成。有趣的是,这些同学中确实有几位对烹饪有自己的心得,很擅长做点心和西餐。因为是自己感兴趣的事情,与家人的沟通就顺利很多,家长也非常支持,班里的其他同学对他们带来的食物也是大加赞赏。

事后导师将这些同学聚集到一起,让他们互相交流在这次活动中的收获。他们表示通过这个尝试,不仅与家人、同学之间的感情加深了,更重要的是,他们看到了自己身上具备的独特价值,更愿意肯定自己,也更加自信了。

2. 共赏一部电影,促进亲子交流

导师可以倡导学生与家长共同欣赏电影,透过电影感悟时代变迁、人生百态。鼓励学

生采取一次策划一个主题的方式,由学生和家长选出自己感兴趣的影视作品,并在观看前给予一定的提示和观感指导,比如各自认为重要的关注点和有触动的片段等,帮助双方更好地投入作品之中。作品观赏结束后,学生与家长分享观影感受,通过讨论或在家庭群中写评论的方式,友好地交流或者吐槽,也可以制作相关卡片表格,做一些打卡记录,一方面促进家人之间的感情交流,另一方面更容易表达不同年代作品的记忆点与观点,也能积累并更深入地理解每个年代不同的状态与生活体验。

打卡表格示例如表5.3所示:

表5.3　打卡记录表

日期:	观影主题:	
作品一:	观影重点:	吐槽/点评:
作品二:	观影重点:	吐槽/点评:
共鸣:		差异:

四、拓宽社会休闲的范畴,升华休闲意义

(一)走向更广阔的社会空间

要想获得更广泛的活动空间,就要走进社会,在社会活动和人际交往中发展兴趣,增长知识,服务社会,在社会休闲活动中收获意义和价值感。高中生一般在学校组织下参与社会实践活动,培养动手实践能力和知识应用能力,但是在闲暇时间,高中生自主参加社会休闲活动的积极性不高,活动范围较狭窄,活动形式单一。此外,高中生在闲暇时间喜欢参与同伴活动,通过同伴交往获得安全感、亲密感和社会支持,同伴关系对青少年的社会适应和情感发展具有重要作用。但是在传统教育观念的影响下,学校很少关注青少年的同伴交往活动,对学生同伴活动的时间支持和空间支持较为欠缺,导致学生的同伴交往需求没有得到满足。

(二)导师辅导策略

1.组织社会实践活动

导师可以组织一些富有意义和高质量的社会休闲活动。首先,导师可以与学生共同讨论和策划,确定活动主题,明确活动意义,根据学生的兴趣选择活动场地和活动形式,诸如志愿者活动、冬夏令营、社会调查、非物质文化体验、环境与动物保护、参观博物馆、欣赏

美术馆展览等，还有学校社团活动，诸如 MZ-Rush 行走上海[①]、摄影采风等，这类活动能让学生更直观地接触社会与自然。引导学生做好活动准备，如阅读相关书籍、文章和电影等，提前了解背景知识。其次，明确活动任务，让学生带着一定的任务和目标去体验和参与，根据场所性质开展活动，如实地打卡、完成任务单、填写活动记录、完成手工制作、小组探究科学问题等。活动要符合学生的兴趣，让学生获得良好的休闲体验感。活动结束后，组织学生讨论交流，分享活动体会和收获，还可以开展后续的拓展阅读和课题研究。通过社会实践活动，学生能够接触更为广阔的人群和世界，了解到不同于日常生活的方面，一方面能在一定程度上提升自我能力和认知，另一方面获得不同于日常的幸福感与意义感。

　　钟老师是一名语文老师兼导师，他发现学生对社会考察、文化考察抱有浓厚的兴趣。因此，决定指导学生开展"且读且行"的人文考察与研究活动。在一年的导师工作中，钟老师开展了三次文化考察活动，分别探访了武康大楼、观复博物馆和四行仓库。

　　三次行前都进行了必要的行前准备。对于武康大楼，钟老师指导学生自行查询相关信息，并将近期的媒体报道提供给学生阅读；对于观复博物馆，钟老师将博物馆的微信公众号推送给学生，让学生提前了解建馆理念和重要展品；对于四行仓库，钟老师让学生去影院查阅与淞沪抗战有关的资料并观看影片《八佰》。这些准备工作的目的是帮助学生了解考察对象背后的历史与文化，同时也产生探究的兴趣。

　　学生通过实地探访，走近武康大楼，感受大楼的精致设计与历史沉淀；进入观复博物馆，体味中国古典文物的典雅风格和深厚内涵；亲眼看见四行仓库墙上的令人触目惊心的弹孔，感知历史现场的残酷与震撼。学生在实地考察中触摸历史、观察现实，在情感与思维的激荡中对考察对象及其承载的文化与历史产生了强烈的共鸣。

　　探访归来，钟老师指导学生带着实地探访所发现的问题进行深度阅读和研究。武康大楼探访活动后，指导学生阅读《漫步上海老房子》和《与邬达克同时代》两本书，帮助学生在了解武康大楼的基础上由点及面，走近上海建筑史上的杰出建筑师和优秀历史建筑。观复博物馆参观归来，推荐学生阅读观复博物馆创始人马未都先生的《马未都说收藏》，引导学生了解中国古代文物的特点和发展历史。四行仓库探访回来，推荐学生阅读《一寸河山一寸血》中关于四行仓库保卫战的章节并观看纪录片《生死地·淞沪抗战纪实》，让学生从真实历史的记录中加深对四行仓库保卫战的了解。

---

① MZ-Rush 活动：由上海市闵行中学学生模仿美国真人秀节目 *The Amazing Race*，在上海地区民间 TAR 爱好者活动"城市飞奔"策划团队的帮助下，依托闵行中学"创新孵化基金"，从 2011 年末开始发起的一项大型校园综合素质拓展户外活动。

2. 开展同伴娱乐活动

高中生喜欢在闲暇时间与同龄人一起游戏娱乐，在同伴交往中获得信任、友谊和支持。因此，导师可以组织同学们开展团体游戏活动，比如三人两足、你划我猜、抢凳子、盲人走路等，组织集体运动，比如打篮球、打排球、跳皮筋、接力赛等小组型运动，帮助学生放松心情、缓解压力，同时培养学生的团队合作精神、增进同伴友谊。导师还可以鼓励学生自行开展同伴娱乐活动，与好朋友约定周末、寒暑假一起进行放松活动。

导师陈老师发现，所辅导的学生会有许多不同的兴趣方向，也会有不同的专长，这造就了指导的契机。比如在团队中，学生 A 喜欢看机战类动漫，对其中的机械有非常深入的研究，甚至准备将机械作为未来的专业选择之一。而班级中的其他学生，尤其是男生们也有相当一部分对这类动漫有兴趣，但只是停留在浅的层次，对相关的大学专业也一知半解，没有更深入的探讨。导师就借助这个契机，和学生 A 一起策划组织了一次机械同好研究会，一方面让学生 A 有机会展现自己的兴趣特长，另一方面还组织了模型组装活动，让有兴趣的同学亲自动手，真正了解机械的魅力，同时还与学生 A 对未来的发展做出各种畅想，不仅促进了学生之间的感情交流，同时也为未来生活提供了依据和启发。

（执笔人：董青崖　黄梦杰）

第三节 财商培养

W是一位家境优渥的女同学,日常有很多零花钱。她性格活泼,为人和善。课间,教室里总会传来她开朗的笑声,同学们也喜欢围着她聊天,讨论她新买的东西,其中有很多都是女孩子们喜欢且价格不菲的物品。她很大方,经常会请客,也会将自己的好东西分享给同学,因此身边有很多朋友。

突然有一段时间W同学变得不快乐了。她的父母对她的零花钱进行了控制,她不能买那么多自己喜欢的东西了。而且,她的朋友们也经常说她是富二代,不需要努力学习,只要继承家业就可以了。这让W同学很苦恼,一个个问题在她的脑袋里打转:自己的好人缘到底是不是因为自己有钱? 自己是不是不应该这么挥霍? 学习,到底是为了什么?

> 财商和日常生活息息相关,从早上起床到晚上睡觉,每个人都有很多与金钱打交道的机会。如果一个人不能很好地看待金钱,培养财商,做好自己的经济选择,就很容易感到纠结、郁闷和烦恼,比如W同学。与"钱"好好相处,学习理好自己的财,这一能力可以通过导师的辅导获得提升。

一、财商之金钱观

(一)理性化和功利化、盲目性并存的金钱观

金钱观是人们对金钱的认识、看法及态度的总和,是人们获取、使用和支配金钱的内在依据[1]。在消费文化的影响下,高中生的金钱观也逐渐成人化和功利化。有关调查显示,大部分中学生认识到金钱不仅是物质交换的手段,还象征着权力、地位、成功及尊严等,重视金钱的功利性功能成为中学生金钱认知的主要特征[2]。多数学生认为拥有较多金钱能让自己产生兴奋、满足、愉悦的情感体验,但同时他们也认识到金钱不一定能换来幸福和快乐。在金钱的使用上,对中学生而言,满足人际交往是金钱的重要用途,以金钱为纽带的请客、娱乐等消费成为中学生人际交往的主要方式。部分中学生为了彰显个性

---

[1] 杨淑萍,冯珍婷.中学生的金钱观研究[J].教育科学,2013(1):60-65.
[2] 杨淑萍,冯珍婷.中学生的金钱观研究[J].教育科学,2013(1):60-65.

与尊严、寻求同伴认同,对个性打扮、品牌着装的金钱消费较为追求。可见,中学生的金钱观相对理性,但同时表现出功利化、盲目性的特征。

财富能让人们的物质需求得到满足,但却难以满足人们的精神需求,无法购买无价的友情、爱情等。在自我实现方面,在一定额度内,财富的不断累积会使人获得更为强烈的幸福感,但在累积到一定程度之时,财富发挥的作用微乎其微。高中生要树立正确的金钱观,明白金钱价值不等于人生价值,金钱是满足和实现生活部分目标的手段,但不是生活的全部和终极目标,生活除了金钱还有很多更为重要的东西。

(二)导师辅导策略

1. 分组探究金钱观[①]

导师可以带领学生围绕"金钱是什么? 金钱能做什么? 金钱应该如何获得? 金钱应该如何使用?"四个问题,分小组展开自主探究。每个小组承担一个问题的探究,搜集资料、整理分析资料,形成观点,在团体辅导会上分享探究成果,最后每人写一份关于正确对待金钱的心得体会。

金钱是什么? 引导学生思考金钱的两面性,讨论古今中外有关金钱的名言,如"钱有两戈,伤尽古今人品""有钱能使鬼推磨""金钱并非是万恶之源,对金钱的贪图,即对金钱过分的、自私的、贪婪的追求,才是一切邪恶的根源"。金钱能满足人们的物质需要,为我们追求更高的精神生活奠定基础,但金钱又会激发人的贪念,令人堕落,甚至损人利己。追溯金钱的起源,金钱不是天生的,它是商品交换发展的产物,金钱的本质就是一般等价物。

金钱能做什么? 导师还可以让学生列举金钱能买到的东西、金钱不能买到的东西。如果导师是政治老师,那么可以联系政治课本中的知识——货币具有流通手段、贮藏手段、支付手段和世界货币的职能,从学科的角度进行拓展探究(见表5.4)。

表5.4　金钱的职能

金钱能做什么	金钱不能做什么
金钱可以买到房子	买不到家
金钱能买到珠宝、首饰	买不到青春
金钱能买到书籍	买不到智慧
金钱能买到虚名	买不到尊敬
金钱能买到谄媚	买不到忠诚
……	……

---

① 冷敏.《经济生活》中的金钱观教育[D].南京:南京师范大学,2017.

金钱应该如何获得？导师可以引导学生学习通过诚实劳动、合法经营获得财富的劳动者，通过智慧和创新获得荣誉、对社会有突出贡献的人物，同时让学生讨论通过不法手段、损害他人利益获取金钱的不良现象，让学生树立正确的金钱观，学会用正当手段、诚实劳动获取金钱，遵守法律法规。

金钱应该如何使用？可以让小组成员调查自身的消费状况，发现学生消费存在的问题，引导学生定期总结自己的消费状况，调整消费习惯，做到量入为出、适度消费，先把钱用在最需要的地方，再考虑其他消费。在自主探究的过程中，进一步明确正确的金钱观，学会树立正确的金钱观，学会驾驭金钱，做金钱的主人。

还可以结合个别沟通，与学生探讨积极、健康的"金钱观"。

本节开篇案例中的 W 同学在友谊与金钱的关系上产生了困惑，对于同学认为她是富二代，因而无须努力的论调，产生了苦恼。导师与 W 同学一起畅聊古今中外广为流传的友谊故事。W 同学领悟到，真正的高质量友谊总是发生在两个独立的人格之间，它的实质是双方互相由衷欣赏、相互支持。那种靠零花钱维系的友谊不是以彼此信任相互促进为基础，而是以吃喝玩乐或物质交换为纽带，建立起一种俗气且易碎的友谊，这种友谊是不长久的，有时甚至是不健康的。同时，她评估觉得目前和很多同学的友谊，并不是只靠金钱和物质维系的。更何况，目前她所支配的金钱，全部由父母供给。她由此释然，决定和朋友真诚地沟通她目前的状况和担忧，她当下对金钱的认识和今后的消费计划，邀请朋友监督和见证。

2. 推荐阅读相关读物

导师可以向学生推荐一些涉及金钱观问题的科普读物，如《致富心态》，让学生撰写阅读心得，开展读书交流会，让学生交流阅读收获。运用书中通俗易懂的故事引导学生区分积极的金钱观和消极的金钱观，提高学生的分辨能力。向学生推荐动画片《巴菲特神秘俱乐部》，这是一部以巴菲特为人物形象原型而创作的大型财商教育动画系列片，每一集通过有趣的故事传授财商观念和理财经验，在教给孩子们"价值投资"的同时，也教育他们做人的准则：不能见利忘义、贪小便宜、听小道消息，获取利益要符合道义准则，最好的投资就是投资自己。导师可以组织学生集体观看，让学生分享观看收获和体会，也可以让学生在家自由观看，然后在团体辅导会上分享最让自己印象深刻的故事，通过每个人的视角，学习不同角度的金钱观。

周老师结合阅读读物，围绕"假如给你 500 万元，你会怎样安排这笔钱"，通过填写表格，与学生展开讨论。

设计表格如表 5.5 所示：

表 5.5　"假如给你 500 万元"安排表

安排的项目	金额（元）	理　　　由
1.		
2.		
3.		
4.		
5.		

同学们的答案五花八门，但是主要还是一部分消费，一部分投资理财，还有一些学生想做慈善。小 Z 同学提及，他想把 500 万元全部存起来，存到他大学毕业，然后取出来创业。他的想法引起了导师的注意。小 Z 同学显然还是很有自己的想法，但是如果把 500 万元全部存银行，也有可能无法实现财产的保值和增值。导师告诉小 Z 同学：在通货膨胀的年代，纸币始终在贬值，每一天都在流失价值，所以，需要理财，跑赢通货膨胀。导师告诉小 Z，即便你现在没有 500 万元，你可以以从现在开始学习投资理财，为你今后的创业积累经验，到了大学，还可以申请大学的创业基金，通过融资的方式实现创业梦想。

二、财商之消费观

（一）中学生的非理性消费习惯

随着家庭经济水平的提高和社会生活的变迁，现在中学生的消费结构已不是单一型，而逐渐走向多元化，除了购买学习用品和满足基本生活需要之外，他们的消费还用于电子产品、娱乐、交往、服饰、时尚等多个方面。首先，中学生在饮食方面的消费仍比较大，他们每天习惯于买零食，将自己喜欢的零食带到学校来吃，还有一些中学生借生日、假日之机，与同学一起外出就餐。在日常生活中，还有一些学生喜欢追求时尚，追赶时髦，像成人一样在衣物服饰上追求款式，并且还相互攀比，手机、电子产品频繁更换。另外，在中学生的消费中，人情交往也是学生消费的主要部分，例如，在生日聚会时送礼物，过节送卡片。同时，受攀比、从众、逆反、好面子等心理影响，青少年的消费总额在不断增长。此外，还有学生有网购的习惯，一旦成瘾容易导致消费超支。导师可以帮助学生在平时生活和学习中不断提高自己的消费效益，养成适度消费和合理消费的习惯和能力。

（二）导师辅导策略

1. 培养记账的习惯

由于盲目消费，在不太重要的项目上消费过多，容易导致学生在重要项目消费时捉襟见肘。导师可以指导学生培养记账的习惯，坚持将每天的消费记录下来，写在账本上，或者借助手机 App 如支付宝、AA 记账、网易有钱、松鼠记账等进行记录。每周或每月进行总结，将支出进行分类，如学习用品、饮食、行车交通、人情交往、电子产品、娱乐、衣服饰品等类别，计算出自己在各类目上的消费金额。然后，进一步分析每个消费项目是"一时想要"还是"真正需要"，以及自己需要在哪些项目上保障消费，在哪些项目上减少消费，在哪些项目上避免消费，从而调整下一个周期的消费。

2. 制订消费计划

首先，指导学生盘点自己手上已有的资金——将手中的现金、支付宝余额、微信钱包、QQ 钱包等财产进行统计。然后，指导学生整体规划资金，多少资金用于存储，多少资金用于投资，多少资金用于消费，多少资金留出作为弹性支出。如表 5.6 所示：

表 5.6　资金状况统计表

_____的资金状况

时间：_____

资金总额	
存储资金	
投资资金	
可支配资金	
弹性资金	

针对可支配资金，制订消费计划，比如以下表格（见表 5.7）。每月需要减少的消费项目、每月必须避免的消费项目，可以结合记账记录进行分析，并列出。

表 5.7　消费计划表

_____的消费计划

时间：_____

必须保障的消费项目		需要减少的消费项目	必须避免的消费项目
内容	计划金额		

制订好了消费计划以后,导师还要及时了解学生对计划的执行情况,询问在执行过程中的困难和心得,并根据实际情况,不断进行评估,及时调整消费项目,甚至可以调整消费计划表格,使消费计划更加合理和符合自身实际。

小 L 同学特别喜欢汉服,购买了各种类型的汉服,还经常去拍一些身穿汉服的艺术照,可见小 L 同学在汉服上花了很多钱和精力。小 L 同学刚开始单纯因为好看而买了一套汉服,结果并不适合自己,有的汉服是在淘宝店购买的,非常廉价,没穿两次就坏了,但是因为便宜所以她会买好几套。很快,她学会了总结经验教训,淘宝购买汉服的经验越来越丰富,但是也越买越多。

导师首先肯定了小 L 同学对汉服研究的成果,肯定了汉服在传承中华优秀传统文化中的价值和作用,然后在老师的指导下,小 L 同学对自己购买的汉服以及和汉服相关的消费进行了统计,计算出一共花费的数目。小 L 同学发现原来数目非常巨大,而且因为对汉服的消费,小 L 同学压缩了很多别的消费项目,可见小 L 同学没有合理分配消费项目,没有做到适度合理消费。于是导师指导小 L 想一想,如果把这些花费在汉服上的钱进行合理分配的话,会不会有不一样的效果?

导师告诉小 L 同学,适度消费汉服无可厚非,消费时我们应该注重进行消费项目的安排,形成合理的消费结构,这样才能满足各方面的消费需求,否则买了汉服,但是没有了其他消费,会不知不觉影响到自己生活的很多方面。

然后,导师尝试让小 L 同学假设这些钱并没有花出去,而是进行合理分配,她会怎么使用呢? 小 L 同学列了一个表格如下(见表5.8)。

表5.8　小 L 同学的金钱分配表

消费项目	消费数量(元)	消费效益
质量好、款式好的汉服	300	满足对汉服的喜爱,更注重品质
给爸爸妈妈买礼物	300	孝顺父母,增进情感
买辅导书、其他阅读类书籍	200	提高学习成绩、拓展课外知识面
看电影	100	娱乐休闲
给好朋友买礼物	100	增进同学间友谊
买零食	100	解馋

三、财商之创收

(一) 从小培养孩子创造财富的能力

"能创造财富是一种荣耀与价值。"培养学生创造财富的意识和能力有助于培养他们的自信心和独立性。众所周知，犹太人会做生意，会赚钱，究其原因，这与犹太人良好的理财教育密不可分。犹太小孩从小就被父母"逼"着去赚钱，父母从来不会给孩子多余的一分钱，孩子想要更多的钱就要自己想办法去挣，帮助父母做家务会得到报酬，为父母的生意提供协助也会得到工资。犹太人父母会想方设法鼓励和指导孩子去找到兼职工作，发现商机，把自己的产品推销出去，从而获得自己的收入。如今的高中生在生活上衣食无忧，基本上衣来伸手、饭来张口，父母定期会给予孩子充足的零花钱、生活费，很少对孩子的赚钱能力进行培养，导致孩子的独立生存能力较差，对现实生活缺乏足够的认知，可以适当培养学生的创收意识和能力，为他们渴求自立、自主的愿望，增加一些探索和尝试的空间。

（二）导师辅导策略：从创收到经营

导师可以组织学生开展团体辅导，讨论中学生可以采取哪些途径获取收入，置换、转让、兼职、做小生意等都是很好的创收方式。借助校内及周边活动，导师可以辅导学生尝试经营活动乃至创收。比如导师可以辅导学生一起探讨如何根据物品的市场价格、物品的新旧程度、市场热度等因素确定价格；讨论如何推广和销售物品，可以通过微信朋友圈、QQ空间、咸鱼App等渠道宣传推广物品；探讨如何撰写宣传文稿，介绍物品的特色、功能、新旧程度、出售价格、获取途径等；指导他们如何与客户沟通，引起客户的兴趣以至激起购买欲望。讨论结束后，让学生制订一份二手物品转让方案，并大胆付诸实践。结束后组织一次总结交流会，让学生分享各自的创收经历、收入成果和感受。这一实践能让学生获取成就感，体验赚钱的辛苦，提高解决实际问题的能力和独立生存能力。

此外，对可回收垃圾，如废纸、塑料瓶、牛奶盒等，回收到废品收集站去卖，也能获得收入，培养学生积少成多的习惯。现实中，也有个别懂商机的学生通过代购挣钱，储存限量商品，然后进行销售，获得收入。

在闵行中学"Openday"校园活动[1]中，导师带领学生团队开展了一套系统的"闵中熊"营销项目。在团队的共同努力下，创收破万。

第一阶段：进行小组讨论，设计调查问卷，设置十个左右"Openday"营销项目，比如鬼屋、美食、益智游戏、剧本杀等，对这些项目进行市场调查，因为主要是在学校内部进行项目营销，所以主要调查访问各班学生，最后决定"Openday"上的营销项目——"闵中熊"。

第二阶段：对该项目的小组成员进行角色定位，明确每个角色的岗位责任。有首席执行官（CEO）、营销总监（CSO）、运营总监（COO）、财务总监（CFO）、采购总监（CPO）等。

---

[1] 闵行中学"Openday"校园活动，是闵行中学一年一度开展的展示学生个性和特长的狂欢活动，这一天，科技、体育、艺术、人文、自然科学等各种活动全面开展。

明确每一岗位的职责：

（1）首席执行官：企业重要决策均由首席执行官带领团队成员共同决定，如意见相左，由 CEO 拍板决定。

（2）营销总监：企业的利润是由销售收入带来的，销售实现是企业生存和发展的关键，营销总监的地位不言自明。营销总监所担负的责任是：开拓市场，实现销售。

（3）生产总监：设计闵中熊具体形象。

（4）采购总监：选择和联系合适的淘宝商家进行闵中熊的生产，控制生产的数量和交货的时间。

（5）财务总监：管好现金流，按需求支付各项费用、核算成本，按时报送财务报表并做好财务分析；进行现金预算、采用经济有效的方式筹集资金，将资金成本控制到较低水平。

第三阶段：具体操作。

（1）生产总监设计闵中熊样品形象，大家相互讨论，最后确定形象。

（2）采购总监挑选淘宝店家中性价比较高、信誉较好的商家进行第一批闵中熊的生产定制。

（3）营销总监制订营销计划，大家讨论，CEO 拍板决定，大家最后决定将第一批生产好的闵中熊作为样品在教师办公室、学校 QQ 群、各班班级进行多点宣传和广告投放，以吸引更多顾客，并且采取支付定金的方式进行预售，这样既解决了前期生产成本，又降低了销售风险。

（4）财务总监制作财务报表（见表 5.9）。

表 5.9　利润表

销售产品名称	销售日期	销售数量	销售价格	利润
闵中熊（白色）				
闵中熊（棕色）				
营销成本扣除				
净利润				

第四阶段：反思和总结。指导学生反思实践操作过程中还有什么可以完善的地方，例如，可以赋予闵中熊一些附加值，比如有校长签名的闵中熊。

四、财商之投资理财

（一）中学生对投资理财了解粗浅

中学生对一般的投资理财知识会有些许了解，大部分学生都听说过银行存款、股票、债券、基金等投资理财工具，但是对具体的理财产品的认知稍少，例如，银行销售的风险和收益不同的理财产品，还有就是网络上的一些诸如余额宝等理财产品，这些具体产品学生不是很了解，也不知道这些理财产品有何利弊，风险如何，如何选择。因此，作为导师应该帮助学生具体了解一些常见的理财工具，让他们能够区分这些理财产品的特点和优势，具备风险-收益意识。

（二）导师辅导策略

1. 开展银行理财产品调查活动

银行不仅可以开展存贷款业务，还有很多中间业务，包括代理买卖各种理财产品，这些理财产品种类繁多，投资风险和投资收益各不相同，如果学生能够对这些理财产品深入认识，对投资理财能力的培养会很有帮助。

导师可以指导学生设计调查活动任务单，具体如下示例。

任务单一：各大商业银行存款利率和贷款利率调查。

任务单二：各大商业银行代理的基金型理财产品调查。

任务单三：网上银行代理的基金型理财产品调查（见表5.10）。

学生通过银行理财产品的调查活动，可以深入了解具体的理财产品的风险和收益，体会风险和收益成正比的投资风险机制，并且能够在调查的基础上理性选择投资理财产品，切实提高投资理财能力。

表 5.10　银行理财产品调查表

	理财产品名称	投资门槛（认购金额和年限）	类型（股票型、债券型、货币型、指数型、混合型）	风险（大、中、小）	年化收益率
___银行	1.				
	2.				
	3.				
	4.				
	5.				

2. 组织模拟炒股活动

可以带领学生模拟炒股。导师事先需要教授学生一些关于炒股的基本知识、方法、原则。对炒股缺乏了解的导师可以求助政治老师或者有炒股经验的其他老师。

做好准备后,导师可以利用模拟炒股软件组织学生模拟炒股,获得炒股的投资体验。为了让模拟炒股更具有趣味性和竞争性,导师可以组织一部分感兴趣的学生在暑假利用模拟炒股软件进行模拟炒股,具体操作如下:

(1)选择"叩富网"作为模拟炒股平台,下载相关软件。

(2)模拟炒股启动资金设置为 100 000 万元。

(3)制定模拟炒股情况记录表格(见表 5.11)。

表 5.11　模拟炒股情况记录表

购买股票名称	购买数量	买入单价及时间	卖出数量	卖出单价及时间	盈利额	总计

(4)撰写模拟炒股研究性论文报告。

导师指导学生撰写模拟炒股研究性报告。首先,让学生明确研究性报告的结构包括题目、作者、摘要、正文、参考文献;其次,帮助学生梳理论文的逻辑体系,一般按照是什么、为什么和怎么做来进行撰写。针对模拟炒股的特点,应该在第一部分介绍股票和炒股的相关理论知识,第二部分介绍组织实战模拟炒股的经过和结果,第三部分进行反思和经验总结。

学生在导师的指导下,初稿就已经在格式和逻辑框架上有了很好的基础和表现。在此基础上指导学生对模拟炒股的经过进行详略得当的描述,突出重点,并且需要理论联系实际阐述模拟炒股的经过,而不是平铺直叙,并且反思和结论应该有一些创新之处。

学生认真撰写了研究性报告,并说到了自己的收获:

通过研究更加深入了解了课本中有关股票的知识,将一些理论知识,比如四个投资原则融入生活实践中,更好地理解它们;

在模拟实践中亲身体验了炒股的刺激与乐趣,掌握了操作技巧;

在模拟炒股中了解了炒股中的负面和正面心态,学会分辨这些心态,并学会将好的心态用于炒股中,并学会把它们运用于生活与学习中;

除了有关炒股的金融知识,我们通过观看新闻,了解了国家的政策变动,了解了货币的有关金融知识,将狭隘的知识面不断拓宽。

(执笔人:周莺　黄梦杰)

第四节　新冠肺炎疫情期间生活指导

2019 年底，新型冠状病毒肺炎疫情（简称新冠肺炎疫情）突然来袭，正常生活戛然而止。随后的一个学期，全上海、中国的所有学生都开始了线上学习。小 Q 同学和其他的中小学生一样，学习状态发生了很大变化。每天早上 8 点，他都在做同一件事情：提前拿出了在家打印好的材料，准时打开电脑/电视机，进行线上学习，电脑和网络成了每天学习必不可少的工具。他基本上能自觉地将一天的学习安排好，但有时候很难抵抗住网络及游戏的诱惑，这也成了线上学习过程中极具挑战性的一件事。

> 2020 年注定是不平凡的一年，一场突如其来的新冠肺炎疫情肆虐全球。当钟南山院士确认病毒人传人时，大家对未知疾病的恐惧达到了顶点。很长一段时间，惊恐情绪蔓延，正常的生活被疫情打乱。随后，广大教师和学生不得不采取新的方式上课、沟通，由此带来了各种不适，需要做出相应调整。长期封闭在家，业余生活单调乏味，与父母密切相处，使得亲子矛盾被不同程度放大。有的学生父母在抗疫前线，对疫情的恐慌、对父母的担心空前巨大。导师的辅导工作随之发生变化，如何关注疫情期间孩子们的各种变化，必要时做出及时的指导和沟通，把疫情对孩子们生活、学习的影响降到最低，成为导师工作面临的重大挑战。

一、疫情引起的心理变化

（一）疫情下的负面情绪是正常的

从新冠肺炎疫情暴发、武汉封城开始，在前期很长一段时间，人们每天都在刷新对这种迅速传播又极具杀伤力的病毒威力的认识。一部分学生整日关注疫情消息，不停地刷微信、朋友圈，查看疫情的进展情况，微信群里蔓延着各种负面信息，导致失眠、焦虑等负面情绪堆积。寒假生活被疫情打乱，生活的不便使很多人都感到无助和痛苦。

再接下来，新学期开学，学生在家上学，持续了将近一个学期。他们一方面需要努力让学习不受影响，尤其是高考在即的学生；另一方面，很多学生不能适应在家学习的节奏，学习效果大打折扣，导致乱了阵脚，一度失控，对学业产生焦虑。

再接下来，临近复学，他们一方面对重新开启的学校生活充满期待和兴奋，另一方面对自己能否跟上学校正常的学习节奏感到紧张和担忧。正常复学后，不少学生出现开学综合征，有些学生很难适应紧张的学习状态，甚至出现厌学、注意力下降等问题。疫情期间居家学习造成学生学习两极分化，自律能力不足、居家学习效果不佳的学生在复学后会产生更大的心理压力。

再接下来，疫情防控常态化。学生逐渐适应学校生活，在学校除了日常的学习，还要配合疫情防控工作，测体温、戴口罩、保持社交距离等，一定程度上分散了学生的精力。同时，全国范围疫情态势的波动和变化，影响学生的出行、生活甚至升学规划，部分计划出国留学的孩子，做出放弃出国的决定。

在这个过程中，学生们无不感受到：这个世界，唯一不变的，就是一直在变。同时，疫情也让大家逐步认识到，疫情之下产生的各种负性情绪是正常的，当下及未来的世界是充满变数的，自己能做的就是与这些随时可能来的变化以及由这些变化产生的负性情绪共生，一起前行。

（二）导师辅导策略

1. 开展小组辅导：理性分辨网络信息

网络上有太多的信息，真假难辨，错误的信息只会让信息接收者感到困惑、焦虑，并产生错乱，这种"危险和失控"的信号又促使人们不停地关注疫情，甚至在大数据算法之下，有的学生一天之内主动、被动接收到的真假疫情信息不计其数，由此形成恶性循环。这一现象在疫情刚刚暴发的很长一段时间较为严重。

导师可以指导学生从可靠渠道了解新冠病毒，尤其对于高中生，他们已经具备一定的学科专业知识的基础，完全可以通过各类资源认识新冠、了解疫情；也可以向学生讲解，大数据时代，纷繁复杂的网络信息如何进入我们的视线，以及我们的生活正在受到大数据多大程度的影响；还可以建议学生更多从可靠的信息源获取信息，比如首先选择政府机关、医疗机构、专业协会发布的消息，专业权威人士（如钟南山院士）借助可靠媒体（如新华社）和平台发布的最新信息和建议，各大电视台会播放一线官方报道和防护知识[①]等等。也可以召开视频会议，围绕一些当下热议的话题，进行小组辅导，让学生学会甄别真假信息。

疫情期间，曾经有一段时间，双黄连口服液可预防新型冠状病毒的谣言散布，导致出现了排队抢购双黄连的情况。人民日报官方微博紧急辟谣。孙老师关注到这一信息，组织导师组内同学开展了一次"信息真假辨辨辨"的线上沟通[②]。围绕这一社会现象，孙老

---

① 方晓义.家安心安　新冠肺炎疫情下的家庭心理自助手册[M].北京:北京师范大学出版社,2020:44-48.
② 活动设计参考的是上海市闵行区教育学院德研部徐晶星老师的讲座"理性,我们必不可少的'疫苗'"。

师组织学生们在线展开信息确认，并最终总结出判断信息真假的方法：

(1) 读一读：是否标题党，是否断章取义。

(2) 辨一辨：5W方法 when、where、who、what、why，辨别是否可信。

(3) 查一查：信息是否抄来抄去。

(4) 找一找：信息发布源头在哪里，是否可信。

(5) 等一等：谣言经不起时间检验，如果信息有误，系谣言，会有辟谣，可以稍做等待。

(6) 用一用：通过中国互联网联合辟谣平台，进一步确认。

同时，大家形成共识：作为一位有责任心、有智慧的小公民，在事件没有弄清楚之前，要认真思考，不轻易相信、不轻易转发、不围观起哄，身体力行制止谣言的传播，劝告身边的家人、朋友，始终保持谨慎和镇定。

2. 传递正能量给学生

导师可以通过网络将更多的正能量传递给学生，或引导学生减少关注负面消息的时间[1]，更多关注正面消息。导师可以组织同学们通过简易的方式，分享抗疫期间正面积极的视频和图片。在疫情期间有无数感动着全中国人民的事情发生，比如很多一线的医务人员，尤其是很多90后的年轻人，冒着生命危险冲在最前头去支援武汉；同时武汉人民在这样的危难时刻互相鼓励、互相帮助，各地的工人们齐聚武汉在几天之内搭建起多个方舱医院；在方舱医院内很多病友们一起跳起了广场舞，互相鼓励积极对抗病毒；方舱医院里即将参加中考高的孩子面对病毒依旧忘我学习；同时不断有病人康复出院、疑似病例减少、确诊人数减少的好消息传来。这么多真实的感人事例无不显示了祖国以及全国人民积极配合，共同努力对抗疫情的决心，这不仅给予全国人民抗疫的信心和勇气，对学生来说也是一种非常正向的激励，身在疫区的人们都如此顽强地与病毒做着斗争，我们非疫区每一位公民就更应该积极地对待病毒。

3. 个别化心理疏导

疫情来临，个别学生的心理出现了过度恐慌，导致正常生活受到影响。导师可以与学生共同学习疫情之下负性心理应激反应[2]的生成机理及其积极作用，以及应对指南。还可以推荐一些资源如国家卫健委发布的《应对新冠病毒肺炎疫情心理调适指南》，学习常用的心理调适方法。也可以通过手机、网络及时与学生进行沟通，对有需要的学生进行心理疏导。鼓励学生坦然面对因疫情带来的情绪变化，学习情绪调整方法，调适心情，做自己情绪的主人；与学生保持联络，鼓励他们有问题多与家人朋友倾诉，将负面情绪转移。

---

① 方晓义.家安心安　新冠肺炎疫情下的家庭心理自助手册[M].北京：北京师范大学出版社，2020：44-48.
② 心理应激反应是个体在面对各类紧张性刺激物（如疫情）时，普遍出现的一系列包括生理、心理、情绪和行为上的综合变化，参考自方晓义主编的《家安心安　新冠肺炎疫情下的家庭心理自助手册》一书。

居家学习的最初一段时间里，L同学状态欠佳，作业质量下滑。导师兼学科老师与L同学交流过后，发现其父母均是医护人员，一直冲在抗疫前线。他一方面担心家人及自己的健康，另一方面又被各种疫情期间的负面消息困扰，每天都在焦虑和担忧中度过。他经常一个人在家，焦虑每天伴随左右，以至于没办法让自己静下心来学习，甚至影响到了睡眠。同时，他又担心自己的状况会影响爸爸妈妈的工作，让他们分心，所以没有和任何人说起自己的不适。这样的状况持续了一段时间，他自己也很是着急，担心"这将是一个被废掉的学期"，学习从此一落千丈。各种焦虑夹杂着，他每天都度日如年。

导师完全理解L同学自己一个人承受这么多压力的心理感受，同他商量如何做调整。比如，每天中午12点，约定通一次话，沟通导师所教授学科的作业情况；约定在L同学每天睡觉之前，通过微信语言留言，相互分享当天感觉不错的事情或者时间段；在导师群里发起了在线晚餐活动，每位同学分享自己的晚餐，相互鼓励。再后来，针对L同学在化学学科学习比较吃力的情况，请导师组里的M同学约定时间，给L同学辅导功课。导师群里的W同学得知L同学的状况，时不时为L同学点下午茶，给他送惊喜，陪他云上共进午餐。

就这样，在L同学自己的持续努力下，在导师和同学们的帮助下，他的状态慢慢恢复。

4. 寻求心理咨询

让学生多关注自己内心的想法，如果一旦负面情绪过多导致烦躁不安，可以告诉学生把这种心情写下来或者向父母、朋友倾诉，有必要时也可以给他们提供专业心理援助的联系方式，比如上海市12320心理咨询热线、闵行区未成年人心理咨询热线4001041990。对在学习方面感到焦虑的学生，可以和各科任课老师取得联系，给予其学科方面的沟通辅导。

总之，导师一定是正面积极地引导，让学生们对未来充满希望，对科学充满信心，随着医疗的进步，病毒终将被战胜。

二、疫情引起的学习生活变化

（一）作息时间和学习状态变化

疫情期间，学生们开始每天居家线上学习，这种新的学习方式使得学生的学习和生活状态都发生了变化。原本规律的学习作息时间被打破，学生们始终待在家里，部分学生由于缺乏自制力，熬夜晚睡、早晨起不来，导致白天缺席网课或者网课时状态不佳，还有一部分同学选择回看，不按照老师规定的时间上课，由此造成学习进度被打乱。

线上学习期间,学生们从原本的在校内有老师监督,有同学互相探讨,班级中有较紧张的学习氛围,变成了学生一个人独自在家学习、无人监督,也不知晓其他同学的学习情况。学习环境上的变化也会使学生产生焦虑心态,导致无法专注学习,网课效率低下。学习积极性下降,作业完成率和准确率下降,成绩出现大幅度下降。其次,在线课堂会由于网络、时空等无法控制的一些因素,导致出现网课无活力、沟通反馈有障碍等问题。

（二）导师辅导策略

1. 线上个别交流

疫情期间,对导师来说最佳的沟通方式依然是在个别有问题的同学进行线上沟通,比如通过微信、QQ、短信或语音电话,了解学生在家的具体状态,发现问题并找出原因,提供解决问题的办法,如严格设置闹钟、保证晚上睡眠时间、制订学习计划、每日自我反思和评价等,积极督促学生养成严格的作息习惯,针对学习难点进行个别辅导。

寒假之初,小张主动发了一张寒假学习安排表给导师,安排了从早到晚 17 项任务内容。这引发了导师的思考:如此缜密的安排,一旦被临时打乱,将如何调整?小张说,他假期没有别的安排和干扰,生活很固定,不太会出现变动。

寒假伊始,疫情暴发,导师第一时间联系他。果然,由于补习调整为以线上方式进行,他非常不适应,而且生活节奏完全被打乱,整个人很焦虑。那段时间,导师与小张聊了很多关于适应力的话题:如柯达公司的破产,随着科技的变革,打败它的不是同行,而是跨界的手机。还有当时的社会热点:盒马和云海肴共享员工的新闻等,环境的变化、社会的变化、科技力的提升等,都需要人、公司、社会、国家适时做出调整。

经过一段时间的调整,他又发了一张时间表给导师,增加了休闲时段,还独创"看心情学习"时段。

慢慢地,小张逐渐适应了网课时期的学习。

2. 家校联系

导师要利用网络与家长建立长期且稳定的沟通,知晓学生在家的学习状态,对学生的学习进行必要的管理和督促,并让家长确保学生上课时网络通畅。导师要适时召开家长会,尤其有针对性地召开部分学生的家长会,与家长共同探讨学生出现的问题,及时分析问题、解决问题。建议父母从环境上多营造类似于教室的氛围,比如固定一个房间用来上网课,在这个房间内尽量不出现与学习无关、会导致学生分心的用品。

3. 借助榜样引导学生

导师要定期召开线上会议,借助身边同学榜样的力量,引导学生共同进步。向学生们展示抗疫以来很多真实、感人的刻苦学习的例子,激发学生们的学习动力。方舱医院里感染上新冠病毒的高三学生在医院里埋头学习,农村没有网络的孩子寒冬腊月在户外借着隔壁邻居的网络上网课,这些孩子的学习热情和强大的内心对学生来说可以起到一个极好的榜样作用。

三、疫情期间业余生活的变化

(一)业余生活单一化

在校时,每天都有合理的学科安排以及适当的户外运动,课间还有很多的机会与同学、老师进行沟通交流,校内的各种社团选修课也是非常丰富精彩的。而线上教学期间,每天 24 小时在家,缺乏户外运动,没有机会面对面与老师同学进行交流,部分孩子借着网课的机会,沉迷于网络游戏,不仅导致学习退步,身体状态、精神面貌、视力等各方面也都在退步。

(二)导师辅导策略

1. 制订生活作息计划

导师利用线上交流会,鼓励同学们分享自己网课期间在家的日常作息安排,共同探讨如何养成合理的作息习惯、劳逸结合,给自己制订一个合理的计划,落实到每天,并坚持每天打卡,保持正常生活规律,在一段时间后分享自己坚持打卡的收获和经验。

2. 分享业余生活安排

导师在线上班会中,让同学以图片、视频的形式介绍自己居家学习期间的生活和娱乐方式,鼓励学生在疫情期间培养良好的兴趣爱好、保持健康的生活方式,如读书、听音乐、弹乐器、画画等,做一些简单的室内运动,比如可以和父母在家里做仰卧起坐、打乒乓球、跳绳等等。

疫情期间,W 同学沉迷于网络,作息日夜颠倒,每天花很多时间在网络游戏上,导致作业要写到凌晨,第二天早晨爬不起来,网课效率低下,甚至缺席网课,亲子矛盾日益增多。其他同学也出现了不同程度的同类状况。

导师李老师开启线上会议,和同学们一起探讨在线学习期间该如何做好生活作息安排,提供了一些良好的室内运动的方案,如每天安排上午下午晚上各一次不同强度的室内运动,和同学们一起参与,并倡导大家把视频发在导师群里。

之后,和 W 同学的父母保持联系,了解他每天的学习状态。慢慢地,W 同学的状态得到了改善。

四、疫情导致亲子关系变化

（一）亲子矛盾不断被放大

高中生处在青春期，在这个自我意识逐渐强烈的时期，原本就比较容易叛逆，容易和父母产生矛盾，而在疫情这个特殊时期，更是因为每天和家长在一起，夹杂着各种疫情期间的负面情绪，以及因父母的过多关注，自身的缺点被不断放大，而导致亲子之间矛盾冲突不断。"都几点了，还不起床""你再睡，别人的成绩就该超过你了！""一天到晚抱着手机，有时间还不如去背背单词""钉钉作业记得打卡"。这些关于学习、关于生活的对话在居家生活中出现频率非常高。然而，有一些家庭的父母和孩子通过疫情这一段时间的相处，增进理解，家庭氛围反而得到了很大的改善，这说明是父母和孩子相处的方式才是真正对亲子关系产生决定作用的因素。

（二）导师辅导策略

1. 正确引导父母，给予合理的建议

导师应该多和父母单独沟通，给予他们亲子教育方面的建议，比如：少唠叨、多聆听，尽量创造机会拉近与孩子的距离，建议父母可以和孩子在饭后聊聊一天的学习生活。还可以建议父母培养与孩子共同的爱好，比如定期和孩子一起听音乐、做运动，参与到孩子的兴趣中，以此来寻找共同话题、培养亲子关系。另外，与孩子沟通时，建议父母们一定要控制好情绪，有话好好说，千万不能随意地拿出家长的权威、强势地去与孩子沟通。对于青春期的孩子，还要给他们充分的私人空间，尤其在网课期间不能随意地进入孩子学习的空间，尊重他的个人学习习惯和隐私。一旦在网课期间发现孩子有进步的地方，一定要抓住时机表扬孩子，让孩子感到自己被肯定。积极的鼓励、适当的照顾、多宽容、少责骂都是培养良好亲子关系中的重点。

丁同学在疫情期间因为过多使用电子产品，导致和父母之间冲突不断，父母甚至为了监督丁同学一个人在家时的学习情况，在他房间安装了一个摄像头，随时监控他的行动。亲子矛盾因此不断升级，家长和孩子都向导师寻求帮助。导师通过电话分别和家长、孩子进行了沟通。首先对于家长给予了以下的一些建议：与孩子进行沟通，把父母的想法和目的说明白，使孩子能理解父母的意图；避免在情绪激动时进行沟通，父母要控制自己的情绪，以平等的方式和孩子交流；多陪伴孩子，有时间多和孩子做一些户外运动，增进亲子关系；多和孩子聊天，尤其是聊一些孩子们感兴趣的话题；充分信任孩子，不要让孩子有一种时时被管控、被监督的感觉。对于丁同学的情绪，导师首先进行了安抚，其次也给出了一些建议：换位思考，理解父母，理解他们的压力和焦虑；增强自律，作为一名即将成年的

高中生,应该具备一定的自律性,用行动证明自己的确长大了,不需要父母时刻管控,自觉完成作为学生该完成的学习任务;不沉迷于网络游戏,多为父母分担家务。在沟通后,亲子之间的紧张关系得到了一定的缓解。

2. 组织线上家长学习群

家长在家工作、孩子在家学习期间,很多家庭的亲子矛盾升级,部分父母的焦虑程度加剧。导师可以推荐一些在线学习资源,邀请家长选择感兴趣的话题,学习如何看见孩子,看见自己,以更好的状态,陪伴孩子一起度过这段特殊的时光。以闵行中学为例,学校一直重视家庭教育,并建设了"家长 Class 平台",定期邀请校内外专家分享有关高中生学习、生活的各类话题。疫情期间,学校发力建立"家长 Class 平台",邀请学校骨干教师开设亲子沟通系列直播讲座,如表 5.12 所示。通过班主任、导师将这一资源推荐给家长,陪伴每一位孩子和每一个家庭。导师还可以组建网上家长学习群,传递一些合适的亲子教育学习内容在群里,帮助家长在家庭中营造学习型家庭氛围。

表 5.12　闵行中学"家长 Class 平台"疫情期间开设主题

时　间	主　题	主讲教师
2020 年 3 月 20 日(周五)	高质量陪伴,从心开始	刘河舟
2020 年 3 月 27 日(周五)	良好的沟通是成功的一半	王颖卓
2020 年 4 月 3 日(周五)	知己知彼,百战不殆	许灵均
2020 年 4 月 17 日(周五)	你的孩子"听话"吗	刘河舟
2020 年 5 月 22 日(周五)	成长的支撑力	刘河舟
2020 年 6 月 12 日(周五)	青春期孩子的正面管教	王　娟
2020 年 7 月 4 日(周五)	平常心对待孩子考试的那些事	葛庆华
2020 年 9 月 11 日(周五)	别让孩子输在幸福感上	刘河舟
2020 年 12 月 11 号(周五)	让爱更有智慧	宋　月
2020 年 3 月 14 日(周六)	做情绪的朋友	葛庆华
2020 年 4 月 4 日(周六)	看见孩子,看见自己	王　娟
2020 年 5 月 2 日(周六)	科学管理,指导孩子有效规划开学生活	付雅辉
2020 年 6 月 6 日(周六)	青春期亲子关系　从"心"出发	葛庆华
2020 年 9 月 18 日(周五)	走进高中生——关于高中生的心理疾病和应对	葛庆华
2021 年 3 月 5 日(周五)	"内卷"时代做一个心平气和的家长	王　娟
2021 年 9 月 10 日(周五)	好习惯成就美好未来	罗加宝

（续表）

时　　间	主　　题	主讲教师
2021 年 11 月 19 日（周五）	跟高中生沟通的话风	王　娟
2021 年 12 月 18 日（周六）	有效助力孩子自我统筹管理能力的养成	金寅仪
2022 年 1 月 7 日（周五）	青春期孩子需要父母"给力"！	葛庆华

五、疫情期间对社会的关注与理解

（一）生动的一课

对于每个学生来说，所有发生的一切都可成为一部生动的教科书。如何通过这场疫情，让孩子们学会观察、学会思考并从中获得成长，这也是导师可以去思考的一个问题。疫情是引导每个孩子去更好地认识这个世界的最生动的一课。在这场疫情中，我们能看到很多不同的应对方式，有些人面对病毒垂头丧气、焦虑恐惧，有的人和衷共济、齐心协力，有的人挺身而出、临危不惧。疫情引发的社会问题让人愤慨，如地域歧视、小区不让医护人员回家、超市卖"天价"白菜和口罩等。人与人之间的选择为什么会有如此大的差异，是因为我们每个人对待事物的态度不同，我们要引导孩子学会从容面对病毒和突来的灾难，学会干预作为、解决所面临的问题，学会分辨是非、培养独立思考的能力，学会思考个人选择与国家命运的关系，进一步树立人类命运共同体意识，共同承担社会责任。这是作为一个独立、成熟的人非常重要的品质。

（二）导师辅导策略

1. 鼓励学生了解社区疫情防控

在疫情期间，有很多基层工作人员（包括教师）都积极地参与到了社区的疫情防控中。导师可以鼓励学生，以观察者的身份，充分了解基层工作人员的防疫日常，并探讨新时期的社会治理。

2. 引导学生思考责任与担当

作为导师，可以利用线上交流会引导学生思考责任、担当、自律、感恩等问题。利用网络资源，给学生们展示疫情期间青年社会志愿者的各项活动，和学生们一起探讨作为一名年轻人，在国家遇到困难、需要我们的时候，我们可以承担什么角色，如何用自己的力量抗疫。通过讨论，学生们以录制加油小视频、写信、绘画、向慈善机构捐款等方式为疫情第一线的医务工作者和志愿者助威加油。

导师还可以引导学生讨论疫情期间发生的社会问题，如地域歧视、农民工和游客返乡遭拒、小区不让医护人员回家、超市卖"天价"白菜和口罩等。引导学生在多种价值观冲突中,学会思考个人选择与国家命运的关系、个人利益与公共利益的关系,树立正确的价值观,进一步确立人类命运共同体意识,共同承担社会责任。

2020 年新冠肺炎疫情暴发,师生居家在线上课。疫情期间,线下指导无法开展,于是,林老师将导师工作转移到了线上。她与学生约定,每周进行一次线上交流。疫情期间,肖战事件①闹得沸沸扬扬,林老师意识到这是一个很有讨论必要的事件,应该引导学生进行了解和是非判断,于是便在 QQ 群中发送了肖战事件介绍的链接,让学生在阅读后发表自己的观点。好几位学生对该事件并不陌生,他们大多批评肖战的粉丝盲目追星,也对肖战工作室毫无诚意的道歉进行了评论。不过也有人认为肖战粉丝的做法情有可原。林老师顺势引导他们思考,你如果是肖战的粉丝应该怎么做,你如果是肖战应该怎么做。经过讨论,学生一致认为作为粉丝喜爱明星无可厚非,但不能有过激行为;明星不能躲在粉丝后面,也应承担正确引导粉丝的责任。

在疫情期间,也有极个别年轻人在网上发表一些不实言论,导师可以引导学生们探讨,在如今的网络时代,网民都可以充分发表言论的状态下,年轻人该如何成为一名负责任的网民,在遇到一些有争议的新闻时,能否不加思考地去转发、传播未经核实的新闻。

(执笔人：孙婷婷　黄梦杰)

---

① 肖战事件：始于 2020 年 2 月 24 日,因为某位写手在同人文网站 AO3 发布《下坠》一文,将肖战定义为有性别认知障碍的发廊妹,并插图肖战女装画像,由此引发了肖战唯粉的强烈抵制,进行了有组织的不断投诉举报行为,最终导致《下坠》作者弃号,作品被下架,随后引起众怒,引起了一场网络混战,甚至导致 AO3 被封,肖战一下子成为"网络公敌"。

第六章

高中生涯导师育人之生涯何导

第一节　自我认知与发展赋能

情景一：

M同学要参加上海市实验性示范性高中生演讲比赛。作为全校作文竞赛的第一名，写好一篇演讲稿是难不倒他的，但几次演练下来，导师指出，他的不足主要体现在仪态举止等方面。其中，最需要克服的弱项在于姿势僵硬，缺乏自如的身体语言，显得拘谨局促。导师建议他试着放松下来，做到洒脱自如。面对老师的指正，M同学脸红了，说道："老师，我感觉自己就是放不开，如果那样就不是我了，即使勉强地去做了，表现出来也会是生硬的。"

情景二：

几周以后，M同学上场了，他显得沉稳自信。青春期充满磁性的声音富有感染力，身体语言的配合也自然妥帖。他的演讲酣畅淋漓，引来台下阵阵掌声。走下演讲台，他露出了欣喜的笑容。

最终，三位同学获上海市实验性示范性高中生演讲比赛一等奖，M同学位列其中。

> M同学的成功并不容易。从僵硬局促到沉稳洒脱，除了他个人的努力，导师在背后也付出了许多心血。无数个像M这样的学生，正处在对自己的能力、兴趣、行为风格、价值观等进行探索和认知的重要阶段，导师的有效助力，能够帮助他们一步步遇见更好的自己。

一、能力的发现与培养

（一）多样的孩子，多元的能力

当导师面对自己所指导的8～10位学生的时候，会发现学生之间在能力方面的差异是明显的。比如，有的学生擅长语言表达，文科学习有优势；有的学生擅长数理逻辑，理科学习很优秀；有的学生组织能力很强，擅长人际沟通；有的学生擅长体育，在运动场上是健将……多样的孩子，表现出的是多元的能力。美国当代著名心理学家和教育学家加德纳于 1983 年在其《智能的结构》一书中提出了多元智能理论：智能是多元的，每个人身上至少存在八项智能——语言智能、数理-逻辑智能、音乐智能、空间智能、身体-运动智能、人际交往智能、自我认识智能和自然观察智能。随着研究的深入，他后续又鉴别出更多的智能类型，如存在智能、博物馆智能等。

多元智能理论的提出是对传统智力观的颠覆，它启迪我们每个人的智力都有独特的表现方式，不能用一个简单的标准去衡量一个学生的能力，更不能形成结果性评价。因此，导师在开展指导工作时，应该充分认识到学生能力的多元性，看到学生在各个方面的潜能与优势，并且在日常交流中因材施教，尽可能地开展个性化培养。

（二）优势的智能，劣势的智能

根据多元智能理论，每个个体都在某种程度上拥有不同方面的智力，但其外在表现各异。个体间差别主要在于这些智能在每个人身上的组合方式、表现形式和发展程度各不相同。[1] 因此，在某一个阶段，一个学生身上会表现出优势智能和劣势智能。如果进行有针对性的指导，每个人都能使自己某一方面的智能得到提升。

因此，对于优势和劣势智能，首先要进行理性的分析。有时候，优势和劣势评判的标准未必准确，带有主观性和随意性；有时候，优势和劣势只是现状，优势智能未必能一直保持，劣势智能方面也未必没有潜力可挖。因此，导师不宜轻易下定论，要指导学生以发展的眼光来看待这两种智能。其中，优势智能是个人特长所在，是个人专业选择与职业发展的根基，导师应指导学生积极发展优势智能。

T 同学，学校单片机社团成员，成绩一直不太理想。在老师和家长看来，他在学习上的努力程度还远远不够。他把大量的时间花在了单片机社团上，有时甚至会整天泡在实验室里。导师找他聊天，他坦陈自己在学业上有很多缺漏之处，他也非常清楚应该要尽力去弥补。但是，非常喜欢单片机研制的他觉得自己在实验室里最有成就感，也对自己将要参加的市级比赛信心满满。

对于他的情况，学校导师团队进行过一次大讨论。大家的意见虽有分歧，但大多数人认为既然 T 同学在科创活动中表现出了极强的能力，学校和教师就应该支持他发展自己的特长。导师与家长沟通后，了解到家庭也正准备让 T 同学通过科创竞赛申请海外高校。因此，T 同学在导师团队的支持下，更投入地参与科创活动，果然在市级比赛中荣获大奖。步入高二高三，他参与科创的脚步一直没有停歇，又获得了含金量更高的国家级奖项。高三毕业前夕，凭借在科创比赛中获得的佳绩，他成功申请就读加拿大高校。

---

① 郭福昌.多元智能在中国[M].北京：首都师范大学出版社，2004：12.

T 同学的例子,说明学业成绩不是评价学生智能的唯一标准。当国际化的升学通道为学生的个性化发展创造了有利的条件,当教育者以多元开放的心态来看待学生的生涯成长、以积极的态度来促进学生优势智能发展时,学生的潜力挖掘和能力发挥会给所有人带来惊喜。

(三)能力与效能感

效能感又称自我效能感。著名心理学家班杜拉对自我效能感的定义是"人们对自身能否利用所拥有的技能去完成某项工作行为的自信程度"[1]。当人确信自己有能力进行某项活动,他就会产生高度的"自我效能感",并有动力去进行。效能感的高低,往往影响着人对自我能力的评价。

在学生指导中我们发现,成功的经历普遍会带来自我效能感的提升。因此,导师在工作中要创设机会、创造情境,让学生有可能获得成功体验,从而求得高度的自我效能感,使之成为生涯发展的促进因素。

同时我们也发现,挫折或失败对不同学生的自我效能感影响程度不同。究其原因,有的学生相信能力是可变的、可控制的,因此挫折与失败带来的是反思和激励,进而进一步提高他们行动的动机和效果;而有的学生则认为能力有一种固定的、不可控制的特质,因而挫折失败会造成自我效能感的显著降低。导师要指导学生在面对挫折与失败时正确评价自己的能力,减轻自我效能感的负面影响。

(四)能力的发现

1. 测评

要正确评估学生的多元智能,测评是一种基本的手段。比如哈佛大学的布莱顿·希勒(Branton Shearer)按照多元智能理论,根据标准的心理程序开发的 MIDAS 多元智能发展测评系统就是一种常用的工具。该测评提供的量表可以对学生在八种智能方面的状况与表现进行科学的评估。测评报告能详尽地分析学生的多元智能发展分布和有效学习风格,并根据多元智能特殊的分布情况,帮助导师有针对性地提升学生优势智能和弥补劣势智能。

2. 自我评估与他人反馈

在能力发现的过程中,除了测评工具,学生自我的评估和他人的反馈也是重要的辅助手段。导师可以指导学生根据多元智能的分类,结合自己在日常学习和生活中的典型表现,对自身在不同智能方面的优势和劣势进行评价。他人反馈可以来自导师、班主任、任

---

[1] 周文霞,郭桂萍.自我效能感:概念、理论和应用[J].中国人民大学学报,2006(01):91.

课教师、家长、同学等。

导师可以模拟网络中流行的"夸夸群"来开展导师组内互评辅导活动。可由每一位同学作为主角，轮流接收来自其他同学的夸赞。每一位负责夸赞的同学都要真诚且有理有据地说出其他同学的优点和特长。还可以借助一些工具，如多元智能饼图（见图6.1），请同学之间相互反馈。

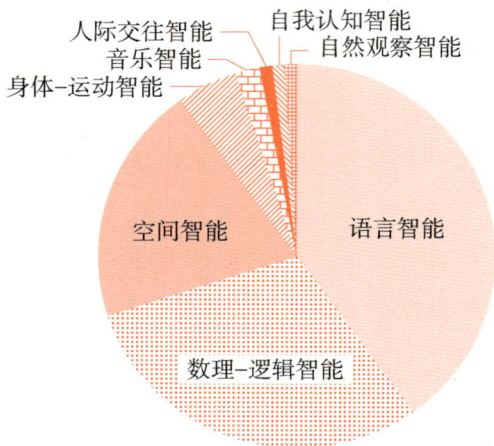

图6.1　A同学多元智能饼图示例

导师也可以阶段性地请父母、班主任、同学对学生进行客观评价，并将他人的反馈进行整理，和学生的自我评估、测评的报告进行分析比对，以多方的视角对学生进行沟通辅导。实践证明，学生往往对自己的优势有过高或过低的认知，他人反馈是学生对自己形成理性、客观认知的重要路径。

（五）能力的培养

1. 找到发挥的空间

在能力发现的基础上，导师要指导学生找到能力发挥的空间。一方面，可依托学校提供的多元平台，促进学生发挥优势智能（见表6.1）；另一方面，导师也可以利用自身所拥有的资源或是整合学生家庭和社会的资源指导学生开展个性化的实践活动。

阅读、学科竞赛、科创活动、学生社团、社会实践、校园活动、班级工作、家庭活动等都是学生能力发展的空间。导师可以向学生系统介绍校内外适合其能力发展的平台、机会，与学生共同探讨个人能力发展计划，并陪伴学生一步步达成。在这个过程中，学生可能会遇到各种各样的问题，甚至是发展的瓶颈，导师要及时沟通、积极肯定，助力学生的能力发展与目标达成。

表 6.1　基于多元智能发展的校园平台示例

多元智能	校园平台示例
语言智能	演讲社、模拟联合国社
数理-逻辑智能	数学竞赛、理化竞赛
音乐智能	音乐社、合唱团
空间智能	摄影社
身体-运动智能	篮球社、田径队
人际交往智能	社会实践小组活动
自我认识智能	心理社
自然观察智能	生物社

正如在演讲台上实现翻转的 M 同学,他在语言智能方面是有长处的。但是,由于没有参加过大型的演讲活动,他对自己的演讲才能缺乏自信。导师从其他同学的反馈中得知,在日常放松状态下,M 同学在讲台上面对众人讲话毫不怯场,善于表达自己的观点并能够在情绪上感染听众。因此,导师与 M 同学沟通,决定从日常轻松状态开始训练。于是,导师先邀来平常和 M 同学玩在一起的"好哥们"。在他们面前,M 同学的紧张感缓解不少,肢体语言有所改善。导师让"好哥们"给他提建议,他们半开玩笑半认真的点评让 M 同学听起来很受用,渐渐接受一些意见以改善自己的表现。在朋友们的陪伴下,M 同学的演讲越来越顺、越来越自然,慢慢找到了演讲的最佳感觉。

最终的成功让他意识到,原来自己在演讲方面是有才能的,演讲比赛给才能的发挥提供了契机,导师的引导和朋友的帮助促进了才能的发挥。

2. 教会学生复盘

在个人成长的过程中,反思是一项重要的能力。在指导学生开展实践活动的过程中,导师要教会学生复盘。具体可以用采用如下五个步骤进行:

第一步,回顾目标。探讨在活动之初参加这项活动的目标是什么,有着怎样的预期。

第二步,回顾过程。探讨活动的全过程都是怎样的情形,是否出现了没有意料到的情况,在活动的全过程中,个人主要做了哪些方面的努力和调整?

第三步,评估结果。探讨是否达成了目标,哪些行动比较有效,哪些举措未能达到预期,面对意料之外的境况,反应是否及时。

第四步,分析原因。探讨成功与否的原因何在,其中,哪些原因是内部可控的,可以通过进一步努力掌控,哪些是外部不可控的。

第五步，后续发展对策。探讨哪些方面的能力需要更进一步发展，哪些方面是成熟经验可供后续参照，如果后续再遇到类似情况，可以有怎样积极有效的应对。

复盘的过程是一个学生审视自身能力表现的过程，导师要引导学生总结成功的经验，发现存在的不足，思考改进的方向。经常性的复盘有助于学生养成总结与反思的良好习惯，帮助学生客观评价自己的能力表现，有效促进学生能力的提升。

二、兴趣的体验与发展

（一）兴趣与心流体验

在学生生涯发展的过程中，兴趣是非常重要的引领。兴趣是个人力求接近、探索某种事物和从事某种活动的态度和倾向，是个性倾向性的一种表现形式。兴趣在人的心理行为中具有重要作用。一个人对某事物感兴趣时，便对它产生特别的注意，对该事物观察敏锐、记忆牢固、思维活跃、情感深厚，更愿意投注时间和精力。心理学家米哈伊·奇克森特米哈伊（Mihaly Csikszentmihályi）曾提出"心流"的概念，他将心流定义为一种将个人精神力完全投注在某种活动上的感觉，心流产生的同时会有高度的兴奋及充实感。[①] 这种由全神贯注所产生的心流体验最重要的来源就是兴趣。

在学生身上，也能明显地发现这一点。当学生在学习自己感兴趣学科的时候往往没有倦怠感和挫折感，他们愿意为之付出时间和精力，乐此不疲。当学生出于兴趣参加一项活动的时候，他们有极强的积极性和主动性，不需要教师和家长进行督促。反之，当学生对某项学习或活动缺乏兴趣的时候，就很难产生心流体验。

因此，导师在指导学生时要关注学生的兴趣，鼓励学生做喜欢的事情。此外，要引导学生去做一些有难度的事情，只有在挑战与能力相当的情况下，学生才能进入心无旁骛的状态，获得心流体验。

（二）多样的孩子，多元的兴趣

和能力一样，学生在兴趣方面的差异也是明显的。兴趣的多元，使每个学生产生心流体验的领域和情境不尽相同。

霍兰德职业兴趣理论提出，个人职业兴趣特性与职业之间有一种内在的对应关系。兴趣可分为研究型（I）、艺术型（A）、社会型（S）、企业型（E）、传统型（C）、现实型（R）六个维度，每个人都是这六个维度不同程度的组合。同样，大学专业、职业也都是六个维度不同程度的组合。以霍兰德职业兴趣理论作为参照，会发现学生兴趣的多元性。如研究型的学生善于思考，喜欢逻辑分析和推理，更乐于参与学科竞赛和研究型学习的活动；艺术

---

① 契克森米哈赖.心流：最优体验心理学［M］.张定绮，译.北京：中信出版社，2017：15.

型的同学乐于创造,渴望表现自己的个性,更乐于参与文学艺术方面的活动;社会型的学生更乐于助人,喜欢和人打交道,更乐于担任班干部或实践活动的组织者;企业型的学生具有领导才能,做事有较强的目的性,更乐于在学校或班级中负责管理和监督的工作;传统型的学生细心有条理,不喜欢冒险和竞争,更乐于承担记录、统计等方面的工作;现实型的学生动手能力强,偏好于具体任务,更乐于沉浸在技术技能提升类活动中。总之,导师发现学生多元的兴趣,可以创设不同的岗位,让学生在实践中获得心流体验。

（三）兴趣的挖掘

1. 在心流体验故事中找到兴趣

对于兴趣的挖掘,分享心流体验故事是行之有效的方式之一。导师可以安排自己所指导的学生相互分享个人的心流体验故事。重温这些故事,既可以帮助学生在复盘的过程中确认自己的兴趣,又能够从别人的分享中找到类似的经历或体验,从而进一步挖掘自己的兴趣点。具体可以采用如下三个步骤进行:

第一步:回忆并分享心流体验。回顾近期的学习和生活,将自己获得心流体验的典型故事分享给同学。

第二步:分析产生心流体验的原因。诉说者自己分析其中的原因,同学加以补充,互相启发。

第三步:确认自己的兴趣。通过对心流体验产生原因的分析,再排除客观因素和偶发因素的影响,从而找到心流体验背后的兴趣指向。

2. 教会孩子了解生活兴趣与职业兴趣

兴趣是一个宽泛的概念,实际上对个人来说兴趣可以分为生活兴趣和职业兴趣(见表6.2)。

生活兴趣是个人在日常生活中的喜好,如旅行、看书、逛街、看电影、跳舞、听音乐、做运动等。作为导师,我们要引导学生培养生活兴趣,因为这些兴趣对于培养个人的审美趣味、丰富业余生活有重要的意义。当一个人兴趣广泛并且情趣高雅的时候,他的生涯成长之路会有更多的充盈感和幸福感。

职业兴趣是兴趣在职业方面的表现,是指人们对某种职业具有比较稳定而持久的心理向往。对于职业兴趣,导师更有必要引导学生去充分了解与挖掘。对于高中学生来说,职业兴趣只是一个萌芽,存在很大的不确定性。导师可以带领学生开展职业体验,帮助学生对自己感兴趣的职业领域进行初步的探索,使学生在实践中了解职业、体验心流、找到兴趣,从而为将来的专业和职业的选择奠定基础。可以借助如下兴趣分析表,引导学生了解自己的生活兴趣和职业兴趣。分析过后,可能会发现两者高度一致,也可能完全不同。导师可以与学生进一步沟通,两者之间是否相互助益、补充,以及两者在现实生活中的时间分配、在短中长期发展中的计划安排等。

表6.2　生活兴趣与职业兴趣分析

活动类型	最感兴趣的三种活动	感兴趣的原因
休闲活动		
职业活动		

（四）兴趣的发展

1. 匹配找到校园内外的兴趣发展空间

明晰了兴趣对于生涯发展的重要性，导师应该指导学生找到校园内外的兴趣发展空间。校内的学生社团是学生发展兴趣的重要平台，如文学社、模拟联合国社、心理社、戏剧社、创意美术社等学生社团（见表6.3）。同时，学校也可以依托社会资源，组织开展文化考察、高校体验、企业探访等主题活动，为学生提供丰富体验。导师可以引导学生在校内外的各项活动中找到自我兴趣发展的空间，或者组织导师组内有相同兴趣的同学共同开展一个项目，或者组织导师组内有不同兴趣的同学发挥各自优势，合力共同开展一个项目。在实践中，进一步发现和发展自己的兴趣。

表6.3　基于霍兰德兴趣类型的校园平台示例

兴趣类型	校园平台示例
研究型	课题研究、心理社
艺术型	戏剧社、音乐社、创意美术社
社会型	志愿者服务、模拟联合国
企业型	班级管理、大型活动组织
传统型	文字编辑、管理班级公众号
现实型	科创活动

2. 兴趣与能力的合力

在培养学生兴趣的工作中，导师还要关注学生兴趣与能力的匹配问题。兴趣与能力有时候未必匹配，学生因为感兴趣投入了大量的时间和精力做某一件事情，但有可能因为能力上的不足而收效甚微。因此，导师要引导学生认识到兴趣与能力的匹配问题，可以将能力测评和兴趣测试的结果进行比对与分析,再结合生涯实践进行反思与调整,最大限度形成兴趣与能力的合力,以助推生涯目标的达成。

　　Q同学是2014届的一名学生,他非常喜欢汽车。上小学时,他就能轻松说出马路上奔驰而过的汽车品牌、发动机型号、车辆性能等;到了高中,Q同学对汽车的热爱几乎已经达到了痴迷的程度——每节课都会偷偷画汽车模型,凡是不用上交的试卷空白处,以及课本上都会被他画上各种型号的汽车。

　　由于把过多的时间关注在汽车方面,他的学习热情不怎么高,成绩也一直不怎么好,父母都很担心他考不上大学。了解到情况后,导师特地找Q同学进行了一次长谈——如果想在汽车领域有好的发展,同济大学的车辆工程专业很不错,可以多一些了解,看看是否可以作为自己的升学目标。Q同学的眼睛一下子就亮了起来,他查阅了很多资料,发现自己的现有学业水平和同济大学的要求还有些远,但也不是不能达到。

　　于是,为了实现他的汽车梦,他开始发奋学习,上课认真听讲,作业认真完成,经常向老师提问,课外收集与汽车工程相关的资料用来学习。在兴趣的指引下,他在数理逻辑方面的优势得到更充分的发挥。经过两年多的努力,Q同学最终如愿进入了同济大学车辆工程专业,实现了自己的梦想。

　　Q同学正是从兴趣出发,将兴趣和能力形成合力,在生涯发展方面找到了适合自己的方向,并投入时间与精力,最终如愿以偿达成目标。

三、行为风格的探索与调整

(一)多样的孩子,多样的行为风格

　　行为风格是一个人的行为特点,是个体在过去的生活和工作经历中逐渐形成的相对稳定的行动方式和行动倾向。

　　行为风格与性格有密切的关系。人的性格是多样的,美国伊利诺伊州立大学人格及能力测验研究所卡特尔教授经过长期研究,提出16种人格特质:乐群性、聪慧性、稳定性、恃强性、兴奋性、有恒性、敢为性、敏感性、怀疑性、幻想性、世故性、忧虑性、实验性、独立性、自律性、紧张性。[①] 人格特质不同,行为风格也不同,行为风格的多样性也由此产生。

　　对于导师来说,只有准确深入地了解学生的人格特质,才能理解学生的行为风格。人格测试是了解学生人格特质的重要工具。很多学校会在高一入学后即开展卡特尔16项

---

① 衣新发.卡特尔心理健康思想解析(校园版)[M].杭州:浙江教育出版社.2015:28.

人格因素测试(16PF)。导师可在心理学专业教师的指导下,通过该项测试报告初步了解学生的人格特质和行为风格,从而为后续指导学生进行行为风格的探索与调整奠定基础。

（二）高中学生的行为风格

高中生的行为风格存在个体差异性,但也有一些共性的特征。

稳定性弱。表现为:心理和情绪不稳定,行为前后反差大;思维敏捷,但容易偏激,行为容易走极端;遇到挫折易退缩,克服困难的毅力不够。

有恒性弱。表现为:兴趣广泛多样,许多事情都愿意尝试,但持续性不强,经常三分钟热度。

敏感性和怀疑性强。表现为:在人际交往中敏感多疑,容易感情用事,易固执己见。

幻想性强。表现为:富于想象,但做事不够脚踏实地。

自律性弱。表现为:不能自制、不守纪律、自我矛盾、松懈、随心所欲。

紧张性强。表现为:有挫折感、常缺乏耐心、心神不定,时常感到疲乏。

对于行为风格方面的共性问题,需要导师在工作中重点关注,通过团队辅导或个别指导的形式引导学生关注、分析和调整。

（三）行为风格的发现

1. 读书会里话人物行为风格

导师可以推荐学生阅读不同类型的经典著作,并组织读书分享活动(见表6.4)。小说和人物传记是其中重要的类别。无论是现实中的人物还是虚构的人物,由于经历、性格等方面的差异,表现出的行为风格是各不相同的。在导师辅导中,以读书会的形式,让学生根据卡特尔16项人格因素中的某一种或几种分析小说人物的行为风格,从而对行为风格形成正确的认识。在此基础上,引导学生分析自己的行为风格。

表 6.4 读书会里话人物行为风格——《红楼梦》示例

姓名	行为风格类型	相关细节
贾宝玉		
林黛玉		
薛宝钗		
史湘云		

2. 请爸爸妈妈填写一份行为风格表单

对于行为风格,学生自我的认识是一方面,还可以通过他人的反馈来获得更清晰的认识。反馈者一般是和学生相处较多的亲人、朋友、师长和同学等。其中,学生的父母对孩子的行为风格有较为全面和深入的了解,可以让他们填写一份根据卡特尔16项人格因素设计的行为风格表单（见表6.5）。

表6.5　行为风格之父母评估反馈

行为风格	父母评估（符合程度）	主要表现
外向、乐群		
聪明、有才识		
情绪稳定		
好强固执		
轻松兴奋		
有恒心、负责任		
冒险敢为		
细心敏感		
怀疑、固执己见		
富于幻想		
精明世故		
忧虑悲观		
不循规蹈矩		
自主独立		
自控自律		
紧张、易有挫败感		

（四）行为风格的调整

当学生对自己的性格特点和行为风格有了正确的认识之后，导师可以引导学生对不利于个人成长和人际交往的行为风格进行调整。

1. 谈谈同学交往之间的那些事儿

高中阶段的学生在同学交往中往往会出现矛盾和冲突。这种情况往往和其中一方或双方不良的行为风格有密切的关系。对此，导师可以开展团队讨论和个别交流，引导学生思考：诸如哪些行为风格在同学交往中不受欢迎？问题出在什么地方？有改进的办法吗？

小R是班级的文艺委员。有一天，她很不高兴地向导师倾吐自己内心的郁闷。原来，她组织同学参加歌咏比赛，请负责伴奏的小T同学带乐器，但小T同学却不听从。她担心排练无法正常进行，急得想哭。导师安慰了她，向班级其他同学了解情况后，发现原来是小T同学每天晚上都要在家练习古筝，如果还要背着古筝到学校排练，她需要每天都背着古筝往返家校，十分不便。小 R 只是从影响班级排练角度出发，批评小 T 不支持班级工作，于是引起小 T 的不满，进而发生冲突。

导师和小 R 进行了一次长谈，首先让小 R 进行换位思考，认识到小 T 同学的难处。然后，指导小 R 分析自己的做法有什么不妥之处。小 R 认识到自己做事以自我为中心，没有去考虑别人的感受。正确的做法应该是理解对方的困难。和对方一起商量解决问题的办法。在导师的引导下，小 R 去向小 T 同学道歉，得到了小 T 同学的谅解，并商量找学校音乐老师帮忙，借用学校的古筝参加排练，比赛当天，再带来自己的古筝演练。最终，演唱和伴奏大获成功，班级获得学校歌咏比赛的一等奖。

从案例中能看出，学生对自己的行为风格往往缺少反思的意识，也没有调整与改善的想法和动力。导师的引导让学生认识到了自己在行为风格方面的问题，通过调整改进了人际关系，也促进了个人的成长。

导师可以引导学生填写日常同学交往反思表（见表 6.6），通过梳理与反思思考性格调整的方向。

表 6.6　同学交往中的行为风格反思

我最喜欢的同学交往片段			
情境	同学的言行	我的言行	学习点

我最不喜欢的同学交往片段			
情境	同学的言行	我的言行	学习点

2. 向榜样学习

在行为风格的调整方面，导师可以鼓励学生向榜样学习，通过模仿与借鉴促进行为风格的改变。

榜样可以是同学、教师、家长、朋友这些身边熟悉的人，也可以是社会名人等杰出人士。学校导师设计了如表 6.7 所示的活动引导学生向榜样学习。学生可以根据自己对榜样的了解归纳出值得学习的行为风格，并且思考自己如何向榜样学习，调整自己的行为风格。

表 6.7　向榜样学习

榜样是谁	一句话评价榜样的行为风格	反映行为风格的典型故事	我的调整计划

四、价值观的澄清与选择

（一）多样的价值观，多样的人生

每个人都有自己的价值观。价值观对人们自身行为的定向和调节起着非常重要的作用。价值观决定人的自我认识，它直接影响和决定一个人的理想、信念、生活目标和追求的性质。

价值观也是多元的。著名的美国职业规划大师舒伯总结出 15 种最普遍的职业价值观：美的追求、安全稳定、工作环境、智性激发、独立自主、多样变化、经济回报、管理权力、帮助他人、生活方式、创造发明、上级关系、同事关系、成就满足、名誉地位。每个人都怀着不一样的价值追求，而不同的学业职业也有着自身不同的特点，提供不一样的价值回报。导师应该帮助学生了解并树立正确的价值观，从而使学生更好地面对人生的选择，在学业和职业上获得更大的满意度。

（二）高中生的价值观

价值观包含不同的方面。对于高中生来说，道德价值观和职业价值观最值得关注和引导。

有学者对高中生道德价值观进行了调查。结果发现高中生道德价值观各维度从高到低依次为：个人美德、创新性、和谐、集体主义、社会公德、利他主义。[1] 可见，高中生的道德价值观更重视个体道德修养以及自我进步，注重和周围人的和谐相处，这也是民主、平等思想的体现，是个体走向自我成熟的体现。同时，在社会公德和利他主义方面的薄弱说明高中生对他人对社会的责任意识相对淡薄。

有学者对高中生职业价值观进行调查，数据显示，在 11 项影响职业选择的价值取向中，选择人次最多的前三项依次是薪资待遇、个人志向兴趣、工作稳定。选择人数最少的三项是社会贡献度、工作有挑战性和专业对口。从调查结果来看，相当一部分的高中生在其职业理想和职业取向上有着功利倾向。他们更看重的是工作的薪酬和性价比，对职业的社会贡献度的关注最少。他们更看重职业给予个人的生存价值，而对可能推动社会发

---

[1] 孙卫卫. 高中生道德价值观问卷编制及现状研究[D]. 石家庄：河北师范大学．2016.

展的社会价值稍有忽视。① 导师在与学生互动中，可以做适当引导。

（三）价值观的澄清

当今社会的价值观呈现出纷乱芜杂的局面。一方面，爱国、诚信、敬业、友善等核心价值观一直被倡导；另一方面，虚无主义、功利主义、个人主义、物质主义等错误的观念或明或暗地存在于学生周围。因此，指导学生进行价值观的澄清是导师面临的一项重要而紧迫的任务。

1. 家谱图里的价值观传承

家庭是影响学生形成个人价值观的一大因素。帮助学生树立正确的价值观，家谱图可以是一种可以采用的工具。

步骤一：学生列出祖辈父辈所从事的职业，绘出一张家谱图。

步骤二：学生对祖辈父辈进行访谈，梳理他们所奉行的职业价值观。

步骤三：分析祖辈父辈的价值观。是否有家庭一贯传承的职业价值观？ 自己与这些家庭重要成员的职业价值观，有着怎样的关联？

也可以从家谱图中了解祖辈父辈人生发展中的重要故事，分析其中的道德价值判断及其对自己的影响。

2. 一起分析热点事件中的多方价值观

帮助学生澄清价值观，导师可以带领学生共同分析讨论热点事件中的多方价值观，深入辨析多种价值观的正确与否和高下之别。比如 2020 年的新冠肺炎疫情使钟南山院士成为举国关注的公众人物。有网友发现钟院士的门诊挂号费高达 1 200 元，这一情况在网上引起了热议。有网友质疑钟老的挂号费之高属于医德有亏，有网友攻击钟老逆行武汉是为了获得经济利益。此种观点无疑是站在功利和拜金的价值观之上的恶意揣测和道德绑架。当然，大部分网友还是驳斥了这些说法，指出以钟老的学术地位完全有资格获得这样的报酬，而且钟老对于工作和事业的态度不是以收入作为最重要的考量标准。在这样的多方价值观分析中，导师引导学生倾听理性的声音，甚至可以调查了解医疗服务价格是如何制定的，来进一步分析是否合理，提醒学生警惕偏狭的观念和价值观。

（四）价值观与选择

在大学报考时，学生的职业价值观对他们选择学校和专业起到重要的作用。有的同学坚持自己的内心追求，选择了符合自身职业价值观的求学之路。

---

① 汤莉莉.青少年的职业理想与职业取向研究——以杨浦区东光明中学高一、高二学生为样本的调查研究［D］.上海：复旦大学，2008.

11 项影响职业选择的价值取向为：薪资待遇、社会地位、个人志向兴趣、专业对口、社会贡献度、能发挥个人优势、工作有挑战性、有工作自由度、单位提供有利于个人发展的平台、工作稳定、工作轻松。

Z同学是一名品学兼优的学生，以他的成绩在高考志愿填报中是享有很大的自由度的。但这份优越性却让他犯了难，父母家人都希望他的首选忘愿是上海的一所重点大学，但是教育部推出的"强基计划"却深深吸引了他。强基计划主要选拔培养有志于服务国家重大战略需求且综合素质优秀或基础学科拔尖的学生。吸引Z同学的是强基计划中的西安交通大学的核物理专业。爸妈一听首先就反对，这个专业首先是有危险，其次是苦和累，更大的一个问题是以后十有八九回不了上海工作，说不定会到哪个偏远的大漠或山沟里，家人想见一面都难上加难。

但是，Z同学觉得无论是国防还是核能源开发利用，都需要以核物理研究为基础。核物理研究是有利于国家发展的事业，从事这样的工作会让自己感到无上的光荣。最后，在导师的鼓励与支持下，他坚持了自己的想法，也说服了父母，走上了核物理学习和研究之路。

青少年正处于价值观的发展与形成阶段，由于年龄的限制，还没有形成非常稳定成熟的价值观，所以难以清晰地知道自己想要什么，或是还没有考虑过这样的问题。此时更需要有人来引导他有意识地思考和培养正确的价值观，这样才能明确方向，把个人的学业发展、兴趣爱好、专业选择、职业定向与国家社会的需要结合起来，理性地做出权衡，积极行动，实现内心的愿景。导师的指导工作，正有这样的重要意义。

（执笔人：钟明）

第二节　大学和专业探知导航

在闵行中学 2017 届 7 班中，有这样三位同学，他们在生涯规划方面各有各的困扰。

小栋同学，典型的理科生，短头发、戴着一副眼镜。就算在上课时窗外飞过一架飞机，他都会根据肉眼看到的大小去推算这架飞机的飞行高度。数理化作业是他每天都会优先完成的功课，同学们在这三门学科中碰到任何问题也都会去问他。同时，他的动手能力很强，班级的教学机和电视机只要出现问题，大家都会请他来帮忙。但是，面对文科大量需要识记和积累的东西，他感到很痛苦，甚至在文科考试前出现过因为背不出课文而大哭的情况。他非常羡慕同寝室的小周同学。

小周同学非常擅长学习文科，有着极强的阅读理解能力、表达能力和记忆能力，是班级各项活动的主持人。但是，他对劳技课、信息科技课以及数学的几何题都非常头疼。此外，动手能力是他的弱点。

小宗同学一进校就加入了创意美术社团，并在社团中小有名气。因为在市区的各项比赛中屡获佳绩，班级的黑板报和涂鸦墙也都由他一手设计。不过，小宗同学的文化课不太好，所以他早早地就将参加美术高考作为自己的升学路径，并且一直往这条路努力着。

有一天晚上，三人躺在宿舍的床上夜谈起来。小栋同学说："我以后肯定是想学理科的，大学是不是也分文理？大学的专业也是和现在一样吗？有数学、物理、化学专业吗？我从来没有了解过，我一看到文科就头大。"小周说："不一定的，大学的学科比现在多多了，现在的学科只是和大学的专业有关而已，大学有综合性大学，也有分文理的大学，你理科好，有很多专业可以选择。不过，我的问题是，大学专业实在太多了，我爸爸要我学这个，妈妈要我学那个，我自己也不知道学什么。"小宗听后说："我应该就比较简单，应该就一直画画，反正我的学业成绩也不太好，我就看哪些学校的美术专业好。不过有时候，我也挺困惑，我一直画下去，那未来工作做什么呢？目前，我只想得出美术老师和广告设计这两个。"

三位同学有着类似的困惑：是不是现在擅长什么学科，或对什么学科感兴趣，大学就只能选择相应的专业？如果不是，那么数百种专业有没有必要一一进行了解？现在在学校所擅长的学科，对未来选择大学专业以至于未来择业有没有指导作用？还有，到底专业优先还是学校优先？所有的类似问题，都指向对大学、专业的了解。高中是为高等教育做准备的学段，除了在学科知识学习上奠定好的基础，也同时需要为下一阶段的选择、发展做充分的了解和恰当的选择。同时，我是谁？我接下来可以学什么？我未来可以做什么？这三个问题也是自我意识觉醒的高中生普遍面临困惑和问题，解决这些问题都需要先了解大学和专业。

一、大学和专业探索及其意义

（一）大学和专业初探

1. 了解大学分类

我国的高校数量众多，根据教育部最新一次（2020年6月）的权威数据统计，全国高等学校共计3005所。其中普通高等学校2740所（包括本科院校1258所，专科院校1482所），成人高等学校265所[①]。

按主管部门类别划分，可将我国的大学分为教育部所属高校、其他部委所属高校、地方所属高校、军队院校四种类型。按照院校类型划分，可将我国大学分为综合类、工科类、农业类、林业类、医药类、师范类、语言类、财经类、政法类、体育类、艺术类和民族类等。按照院校特性，可以分为一流大学建设高校、一流学科建设高校、独立学院、民办高校、中外合作办学大学以及内地与港澳台地区合作办学大学等。

2. 了解大学专业

我国大学专业数量众多，2020年教育部发布的《普通高等学校本科专业目录》将大学的专业分成12大学科门类（不含军事学），92个专业类，703个具体专业[②]。其中，12大学科门类包括哲学、经济学、法学、教育学、文学、历史学、理学、工学、农学、医学、管理学、艺术学。

3. 了解学职群

学职群是一个从高中学科、大学专业和未来职业衔接的角度所做的分类。基于同一学职群内的学科、专业和职业间有较大的关联，可以将众多的大学专业分成七类，分别是数学与信息、经管群，数理与科学、技术学职群，化生与物质、健康学职群，政史与社会、行政学职群，人文与美学、设计学职群，语言与教育、传媒学职群和艺术、体育与休闲学职群[③]。

---

① 钱静峰，白茹. 大学，人生的大概率底色[M]. 上海：上海交通大学出版社，2021：2.
② 钱静峰，白茹. 大学，人生的大概率底色[M]. 上海：上海交通大学出版社，2021：29.
③ 钱静峰. 是时候聊聊生涯了[M]. 上海：上海交通大学出版社，2016：106-114.

（1）数学与信息、经管群。该学职群对应严密的数学思维能力，包括以下一级学科：

【02 经济学】0201 经济学类；0202 财政学类；0203 金融学类；0204 经济与贸易类

【07 理学】0701 数学类；0711 心理学类；0712 统计学类

【08 工学】0809 计算机类

【12 管理学】1201 管理科学与工程类；1202 工商管理类；1203 农业经济管理类；1205 图书情报与档案管理类；1206 物流管理与工程类；1207 工业工程类；1208 电子商务类

（2）数理与科学、技术学职群。该学职群对应现实之用的专业学科，包括以下一级学科：

【07 理学】0701 数学类；0702 物理学类；0704 天文学类；0705 地理科学类；0706 大气科学类；0707 海洋科学类；0708 地球物理学类；0709 地质学类；0710 生物科学类

【08 工学】0801 力学类；0802 机械类；0803 仪器类；0804 材料类；0806 电气类；0807 电子信息类；0808 自动化类；0810 土木类；0811 水利类；0812 测绘类；0813 化工与制药类；0814 地质类；0815 矿业类；0816 纺织类；0817 轻工类；0818 交通运输类；0819 海洋工程类；0820 航空航天类；0821 兵器类；0822 核工程类；0823 农业工程类；0824 林业工程类；0825 环境科学与工程类；0826 生物医学工程类；0828 建筑类；0829 安全科学与工程类；0830 生物工程类；0831 公安技术类

（3）化生与物质、健康学职群。该学职群对应的专业主要探索生命与自然的奥义，包括以下一级学科：

【07 理学】0703 化学类；0710 生物科学类

【08 工学】0805 能源动力类；0813 化工与制药类；0822 核工程类；0825 环境科学与工程类；0827 食品科学与工程类；0830 生物工程类

【09 农学】0901 植物生产类；0902 自然保护与环境生态类；0903 动物生产类；0904 动物医学类；0905 林学类；0906 水产类；0907 草学类

【10 医学】1001 基础医学类；1002 临床医学类；1003 口腔医学类；1004 公共卫生与预防医学类；1005 中医学类；1006 中西医结合类；1007 药学类；1008 中药学类；1009 法医学类；1010 医学技术类；1011 护理学类

（4）政史与社会、行政学职群。该学职群对应的专业主要谋求人类社会的稳固发展，包括以下一级学科：

【01 哲学】0101 哲学类

【03 法学】0301 法学类；0302 政治学类；0303 社会学类；0304 民族学类；0305 马克思主义理论类；0306 公安学类

【06 历史学】0601 历史学类

【12 管理学】1204 公共管理类（包含 120401 公共事业管理；120402 行政管理；120403

劳动与社会保障；120405 城市管理）

（5）人文与美学、设计学职群。该学职群对应的专业主要秉持以人为本的美学情怀，包括以下一级学科：

【05 文学】0501 中国语言文学类

【08 工学】0816 纺织类（尤指其中 081602 服装设计与工程）；0828 建筑类（尤指其中 082803 风景园林）

【09 农学】0905 农学（尤指其中 090502 园林）

【13 艺术学】1301 艺术学理论类；1304 美术学类；1305 设计学类

（6）语言与教育、传媒学职群。该学职群对应的专业主要研究文化的传承与传播，包括以下一级学科：

【04 教育学】0401 教育学类；0402 体育学类

【05 文学】0501 中国语言文学类；0502 外国语言文学类；0503 新闻传播学类

【07 理学】0711 心理学类

【08 工学】0809 计算机类（尤其指 080906 数字媒体技术）

【13 艺术学】1303 戏剧与影视学类；1304 美术学类；1305 设计学类

（7）艺术、体育与休闲学职群。该学职群的目标职业是身心舒展的幸福使者，包括以下一级学科：

【04 教育学】0401 教育学类中的艺术教育；0402 体育学类

【12 管理学】1209 旅游管理类

【13 艺术学】1301 艺术学理论类；1302 音乐与舞蹈学类；1303 戏剧与影视学类；1304 美术学类；1305 设计学类

学职群可以应用于学生对大学、专业的探索，以及选科和志愿填报之中。如探索大学专业时，可以将同一类学职群中的专业一并考虑；如选科的时候，不需要从几百个专业中准确定位到某一个想要报考的专业才能选择，而是可以从七个学职群中先定位一两个最感兴趣的群，有一个大方向，既方便了选择，又为进一步了解和最终定位专业赢得了时间；志愿填报的时候，如果因现实情况所限，难以如愿报考到自己最想要的那个专业，可以考虑在同一学职群内选择次级想选择的专业。因为同一群内的学科、专业和职业在对应能力和兴趣倾向上有共性，且学职衔接，在同一群内跨专业就业相对容易，代价较小。

（二）大学和专业探索对生涯发展的意义

在高中期间很多学生会把自己的兴趣作为自己未来大学和专业选择的依据，也有学生会从长辈的建议或擅长的学科出发，思考自己未来大学和专业选择。

一方面，采用科学、有效的方法探索大学和专业能够促进个体的自我认识，有利于增强自信、挖掘潜能、提升自我。同时，大学和专业的探索过程也是一个不断学习的过程，导师可以引导学生将个人的需求与社会的需求匹配起来。

另一方面，导师通过引导学生进行大学和专业的探索，让学生着手去了解自己感兴趣的大学和专业，了解大学的分类和特色，了解专业学习的内容、培养方向、就业特点等，试着思考是否和自己设想的一致，是否为自己的心之所向。同时，通过同学对大学和专业的介绍，可以形成相互借鉴的氛围。通过探索，引导学生开始认真思索，我爱什么，我要什么。从而进一步转化为个人主动发展的动力和未来生涯发展的信心。因此，尽早了解大学专业是高中生的必修课。

二、典型学生困惑之"每个专业都是学什么的"

（一）对大学及大学专业比较陌生从而在选择上比较盲目

高中生对大学及大学专业往往比较陌生，很多同学都是在高考完之后，才开始匆匆忙忙地了解。有时候，并不了解大学的分类和性质，对各个专业是学什么的也不是非常了解。往往进入大学后，才发现与自己的想象相去甚远，喜欢的专业并不是自己想的那样，也有的时候会发现自己的"加三"科目和专业的要求并不匹配。正如本节开篇中的案例那样，在与学生交流的过程中，不难发现学生对于大学是陌生的，对于大学的专业也知道的不多。有很多学生认为大学和高中阶段一样，学习的还是语数外政史地理化生，只不过是在高中知识内容上的升华。还有的同学知道会按照专业的不同学习不一样的内容，但是具体学习哪些知识也并不清楚。

其实，大学和高中最主要的区别绝不仅仅在于课堂中的学习，也不在于是否掌握了一门专业技能，而是将学习的知识作为职业选择或进入社会的桥梁。应该引导学生寻找到适合自己的方向，从而更积极地在学习中习得符合专业要求、社会要求的素养。

（二）导师辅导策略

1. 教会学生探索什么

有很多学生会想着通过各种途径去了解自己心仪的大学、专业，但是在实际做的过程中，不知道从何下手，也不知道可以从哪些方面进行了解。

在对大学进行探索和了解[①]时，可以从大学定位、办学条件、优势学科、毕业生就业质量、地域特征等各个方面进行了解。大学定位，诸如该学校是知识传授型、科学研究型还是社会服务型；办学水平诸如办学层次（本科还是专科）、学校类型、办学主体（公办还是民办）、是否为国家重点建设大学、大学综合排名、重点学科数量、硕士点数量、博士点数量、

---

① 钱静峰，白茹.大学，人生的大概率底色[M].上海：上海交通大学出版社，2021：7-8.

师资队伍、国际交流资源、图书资源等；优势学科如是否有世界一流建设学科①、国家重点学科、学科评估②A/B的学科等；毕业生就业质量③如就业率、国内升学率、出国留学率、主要就业区域、主要就业行业、平均起薪、就业满意度；地域特征如气候、饮食、交通、风俗文化、高校数量、热门行业、就业机会等。

在对专业进行探索和了解④时，可以从学习内容、培养目标和要求、专业排名前十的大学、报考条件、发展前景等诸多方面进行。学习内容，诸如开设的公共基础课、专业基础课、专业主干课都有哪些；培养目标和要求，诸如培养目标、学制与学位、知识要求、能力要求等；报考条件，诸如选科要求、文化知识要求（如是否在单科成绩、外语、专业特长方面有要求）、身体条件要求（如是否对视力、身高、体重、性别等有要求）；发展前景，诸如深造机会、主要就业方向、主要职业、平均起薪、就业机会等。

2. 教会学生学会搜集相关信息的方法

导师可以引导学生通过多种方式了解专业招生的信息，在辅导的过程中引导学生为自我评估和实践体验做好准备。

（1）推荐书籍：

《2021年上海高考指南》，作者：上海市教育考试院，出版社：人民教育出版社，出版时间：2021年5月。

推荐理由：《上海高考指南》一书是由上海市教育考试院集全院之力，在深刻洞悉当年高考政策、仔细筛选考生疑问的基础上，摘编而成的指导性工具用书，是不少考生和家长的迎考宝典。

（2）网络资源：

"上海招考热线"：http://www.shmeea.edu.cn。

推荐理由：由上海市教育考试院主办，提供网上报名、考试咨询及考试相关的各项政

---

① 世界一流建设学科：即国际一流学科，是指拥有一流学科、产出一流学术成果，有一流的教学，培养出一流的人才，为国家工商业创新、人力资源形成、文化建设、环境建设做出突出贡献的国际层面的学科。2017年9月21日，教育部、财政部、国家发展和改革委员会联合发布《关于公布世界一流大学和一流学科建设高校及建设学科名单的通知》，公布了42所世界一流大学建设高校、95所世界一流学科建设高校，共计465个世界一流学科建设学科（其中自定学科44个）。2022年1月26日，《教育部　财政部　国家发展改革委员会关于深入推进世界一流大学和一流学科建设的若干意见》发布，确定了新一轮建设高校及学科范围，公布的名单共有建设高校147所，具体较前一轮有所调整。
② 学科评估：是教育部学位与研究生教育发展中心（简称学位中心）按照国务院学位委员会和教育部颁布的《学位授予和人才培养学科目录》（简称学科目录），对具有博士硕士学位授予权的一级学科，以第三方方式进行的整体水平的评估。评估分学科赋予不同权重，从师资队伍与资源、人才培养质量、科学研究水平和社会服务贡献与学科声誉四个方面进行。从2020年首次开展，至今已完成四轮。相关信息，在中国学位与研究生教育信息网有公布。
③ 就业质量报告：各高校均发布当年就业质量报告，可在学校官方网站、公众号查询。
④ 钱静峰，白茹.大学，人生的大概率底色［M］.上海：上海交通大学出版社，2021：33-34.

策查询等信息，信息发布及时、权威。

（3）刊物：

《上海中学生报·高招周刊》。

推荐理由：由上海市教委直属的上海市教育考试院与上海教育报刊总社的《上海中学生报》联合出品，是上海高考政策的官方权威发布平台，提供高考政策、招生信息、专业介绍、志愿填报等权威信息。

（4）各大学官方网站。有些时候，一个专业在一所大学有着自己的历史背景和发展脉络，因此有着自己的特色。因此，当对大学、专业进行深度探索和了解时，尤其在明确了目标大学后，会发现各大学官方网站发布的信息更加精确。

（5）人物访谈。人物访谈是能够更加生动和深入地获取信息的一种方式。大学里的老师、学生都是很好的访谈对象，他们能够以客观信息和主观感受相结合的方式向学生介绍大学和专业。

（6）实地探访。实地探访即亲身走进大学及其院系，感受其物理和人文环境，能够获得与自身偏好、感受更为相关的第一手信息。

3. 组织大学专业探索团队辅导活动

可以将大学专业探索的主题列为团队辅导的主题。由学生选择自己感兴趣的大学、专业，分组进行探索，并约定时间进行分享、交流。值得提醒的是，在学生探索之前，最好先让学生大概了解大学、专业的全貌，并在此基础上做出选择。

在导师制的实践中，导师可以利用毕业生集中返校探望的机会，集中组织与学弟学妹们的见面交流活动，可以根据专业大类进行分类，有针对性地开展辅导，还可以在年级导师之间协同安排。如闵行中学高一年级在2021年末，在毕业生回校期间，集中组织了一次毕业生和学生面对面的交流活动（见表6.8），让同学们根据自己确定的专业方向或者大学，和毕业生一起交流，获得了比较好的效果。

表6.8　闵行中学毕业生回校交流活动一览表

序号	姓名	性别	毕业年份	毕业去向（大学，专业）
1	乔某某	男	2021	上海交通大学，生物科学，强基
2	李某某	女	2021	上海交通大学，生物医学工程
3	郑某某	女	2021	上海交通大学，法学试验班
4	朱某某	男	2021	同济大学，土木与环境
5	张某某	男	2021	天津大学，分子科学与工程

（续表）

序号	姓名	性别	毕业年份	毕业去向（大学，专业）
6	丁某某	女	2020	上海科技大学，生物科学
7	徐某某	男	2021	南开大学，数学
8	沈某某	男	2021	华中科技大学，电子信息与通信
9	郭某某	女	2021	华东政法大学，法学
10	顾某某	女	2020	华东政法大学，法学
11	凌某某	女	2021	华东政法大学，法学

三、典型学生困惑之"我适合哪些专业"

（一）如何判断适合哪些大学专业

面对种类繁多的大学专业，学生往往不清楚有哪些专业适合自己，甚至连专业大类都无法确定，这可以说是在当前高中生中较为普遍的情况。俗话说，知己知彼才能百战百胜。因此我们需要从现在开始就通过各种工具了解自己，也需要通过各种途径了解大学的专业，从而找到两者的契合点。

中学阶段给学生积极开展生涯规划教育能帮助学生认真地思考自己的未来，从而确定自己适合的专业方向，并让学生有机会去想象自己未来到底应该做什么，拥有什么样的工作以及什么样的生活。学生对这些都了解之后，才能更好地了解自我，确定自己的发展目标，有目标地去学习。

（二）导师辅导策略

1. 引导学生借助学职群进行自我评估

学职群是一个从学科、专业和职业衔接的角度所做的分类。同一学职群内的学科、专业和职业有较大的关联，因此可以将学职群作为学生专业探知的参考依据。

在导师辅导的过程中，可以设计这样一个活动：

学职群自我评估

在系统地了解完七个学职群之后，你是否对大学的专业有了新的认识？原来大学有那么多的专业，和我们现在高中时期学习的科目也如此有关联。那我们现在就来试一试，看看你更适合哪个学职群的专业。请回答下列问题：

我擅长的学科是：_____

我感兴趣的学职群是：_____

在感兴趣的学职群中，我更偏向于哪一学科大类：_____

_____

在偏向的学科大类中，我最喜欢的一级学科是：_____

_____。

2. 引导学生借助生涯测试工具进行评估

霍兰德职业兴趣测试是由美国职业指导专家霍兰德根据他本人大量的职业咨询经验及职业类型理论编制的测评工具。在导师的辅导中，可以运用这样的测试工具帮助学生从自己的兴趣出发，明确大学专业的方向。霍兰德认为，个人职业兴趣特性与职业之间应有一种内在的对应关系。根据兴趣的不同，人格可分为研究型（I）、艺术型（A）、社会型（S）、企业型（E）、传统型（C）、现实型（R）六个维度。每个人的性格都是这六个维度不同程度的组合。

通过测评，学生能够发现自己的霍兰德类型及其适切的专业/职业，学生可以以此为据，进行进一步的了解。不过需要注意的是，我们每个人都有霍兰德兴趣类型提到的六个方面，只是程度不同而已。

闵行中学 2017 届 7 班的小栋同学，他的研究型（I）值最高，其次是现实型（R）和企业型（E），他的霍兰德职业代码是 IRE，根据测评结果，对应的职业有化验员、化学工程师、纺织工程师、食品技师、渔业技术专家、材料和测试工程师、电气工程师、土木工程师、航空工程师、行政官员、冶金专家、原子核工程师、陶瓷工程师、地质工程师、电力工程师、口腔科医生、牙科医生等。

确定了职业的大方向之后，导师进一步与小栋同学确定方向，小栋同学对于物理、化学和工程类专业比较感兴趣，于是在导师的指导下，进一步研究了化学工程师、电气工程师、土木工程师、地质工程师、电力工程师等职业及对应的大学专业，结合当下成绩，初步确定了自己的目标大学是上海理工大学，并决心为此努力。

📢 四、典型学生困惑之"大学专业和我现在的学习有关系吗"

（一）高中学科知识是大学专业学习的基础

为高等教育阶段的学习做准备，是高中教育的一大任务，大学各专业的知识也是在高中学科基础上的进阶与深入。当前的选科为学生基于个人学科优势选择大学专业提供了借鉴和参考。但与此同时，对学生来说，也需要学习如何做出适合自己的决策。

在高中生日常学习中，经常会产生诸如"学这个有什么用""学这个和未来有什么关系"等之类的困惑。一位学生干部在学生干部例会上是这样分享的：

　　闵行中学 2020 届高三的小徐同学，小的时候想做《新闻联播》主持人，后来读了李大钊先生的一句话"铁肩担道义、妙笔著文章"，就想做记者，想传递更多的声音。这虽然是确定的目标，但是她并不清楚，在高中期间"加三"科目应该选择哪些，这一选择对未来的专业选择又有哪些影响和作用。

因此，引导学生将大学专业的选择和自己目前的学习情况联系起来，可以从自己的优势学科出发，在学职群中确定专业的大方向，也可以从自己的兴趣出发，来试图确定需要哪些基础知识作为铺垫，进而明确自己努力的方向。

（二）导师辅导策略

1. 引导学生通过学职群聚焦选择

导师在辅导的过程中，可以引导学生确定几个和自己发展意向相符的学职群，并引导学生探索并理解各学职群内容，及其对应的大学专业，从中选择自己感兴趣的专业进行探索（见表 6.9）。

表 6.9　按照学职群进行大学专业聚焦与选择

学职群	相关专业
数学与信息、经管学职群	
数理与科学、技术学职群	
化生与物质、健康学职群	
政史与社会、行政学职群	
人文与美学、设计学职群	
语言与教育、传媒学职群	
艺术、体育与休闲学职群	

2. 组织学生进行访谈

在确定了方向之后，可以借助导师的资源，通过访谈大学同专业或专业大类的学长学姐，进一步了解该专业的具体信息，从而判断是否适合自己。在访谈的过程中，可以参考表 6.10，也可以参考前文添加学生自己想问的问题。

表 6.10　专业访谈记录

1. 您所就读的院校与专业名称是什么

2. 请介绍一下您所学专业的基本情况（包括学习内容，本专业对能力、品质、素养的要求，往届学长们的毕业去向等）

3. 大学阶段，关于未来发展，您有哪些规划和打算，目前正在做哪些准备

4. 请问您当初为什么会选择这个专业

5. 您满意自己的选择吗

6. 如果给您一次重新选择的机会，您会选择什么专业，为什么

7. 对高中的生涯教育，您的建议是什么

8. 对正在读高中的学弟学妹，您最想说的是什么

3. 引导学生学会订立目标

在确定了专业的方向，完成了相关访谈之后，接下来可以订立自己的目标专业，甚至是自己的目标大学了。

学生可以在导师的辅导下，试图完成表 6.11 的填写。

表 6.11　我的专业选择意向与规划

1. 我想报考的专业是什么（可以至多写三个）

2. 哪些大学在这个专业的培养上有优势

3. 我目前可以考取上述哪所大学

4. 我的目标是考取上述哪所大学

5. 我为了达到这个目标，现在可以做些什么

闵行中学 2020 届高三的小徐同学，在导师的推荐下，获得了在上海生态环保节担任学生记者的机会，这是她第一次以记者的身份参与一项社会活动。在活动中，她提前准备采访问题，在现场采访中努力锻炼自己的表达能力和临场应变能力，之后还撰写了活动的新闻稿。在整个过程中，获得了一定的职业认同感，觉得自己对这个职业是感兴趣和热爱的，更加坚定了未来的职业志向。活动结束后，她查阅了专业目录，确定了复旦大学、中国传媒大学、厦门大学等学校的新闻专业作为自己的目标。高考结束后，结合分数，她报考了厦门大学新闻专业，并最终被录取。

（执笔人：谢晓东）

第三节　行业职业探索导航

情景一：

酷爱文学的小F同学一直有一个文学梦。然而，家长认为这个梦想不切实际，所以希望她能够报考师范类专业。高二时，她结识了考入上海戏剧学院艺术管理专业的学长，了解到上海戏剧学院有一个戏文专业，可以学习戏剧创作，便对此产生了浓厚的兴趣。然而，她对于这个专业将来从事的职业领域及发展前景一无所知，问了身边很多朋友都表示不了解，于是又陷入了迷茫……

情景二：

高考放榜，小F的成绩恰好介于上戏与上师大提前批师范专业之间。如果填报提前批，她必定能被录取。经过与家人、老师的沟通，她决定放弃相对稳妥的师范类专业，向自己的梦想发起冲击。最终，因几分之差与上戏失之交臂，但她被上师大新闻传播学专业录取。

回学校领档案那天，她滔滔不绝地向老师讲述着自己的职业规划，她说在等待录取通知书的这些日子里，运用高中生涯课上所学到的一些行业职业探索方式，全面了解她即将学习的专业，觉得似乎之前对它缺少了解，因而也就没有好恶判断和偏好。现在，她希望自己在网络与新媒体领域发展，利用自己的文笔优势从新闻采编做起。她觉得，这个专业很有挑战，对未来的专业学习满怀期待。

从彷徨到坚定，再到对未来的确定与无限憧憬，小F在行业职业探索上做出了许多尝试与努力，最终才确定了一个与个人兴趣、能力、个性特点更为匹配的发展方向。在这一过程中，导师所提供的指导和支持使她一步步明确了未来的职业理想。更可贵的是，在此过程中所学到的方法，积累的经验能够引领学生踏上自主探索之路。

一、行业职业探索及其意义

（一）行业职业初探

行业职业探索的前提是对行业、职业有最基本的了解，导师首先要对行业、职业有一个比较清晰、准确的了解，在此基础上鼓励学生多渠道地搜集、整理相关信息，通过团队合作、交流分享等形式使他们对行业职业有大致了解，为进一步的探索做好准备。

1. 行业及其大致分类

行业是指从事国民经济中同性质的生产或其他经济活动的经营单位或者个体的组织结构体系的划分。根据我国统计局最新修订的《国民经济行业分类》[①]，我国有 20 个行业门类，97 个大类，473 个种类和 1380 个小类。其中 20 个行业门类如表 6.12 所示：

表 6.12　国民经济行业分类

A	农、林、牧、渔业	K	房地产业
B	采矿业	L	租赁和商务服务业
C	制造业	M	科学研究和技术服务业
D	电力、热力、燃气及水生产和供应业	N	水利、环境和公共设施管理业
E	建筑业	O	居民服务、修理和其他服务业
F	批发和零售业	P	教育
G	交通运输、仓储和邮政业	Q	卫生和社会工作
H	住宿和餐饮业	R	文化、体育和娱乐业
I	信息传输、软件和信息技术服务业	S	公共管理、社会保障和社会组织
J	金融业	T	国际组织

了解行业不仅需要知道行业名称，还要大致了解这个行业是做什么的。一个行业又可以划分为多个细分行业。如金融业又细分为货币金融服务、资本市场服务、保险业、其他金融业等。每个细分行业还可以再细分，不同的细分行业前景不同，对人才的需求也有很大不同。在高速发展的现代社会，行业发展可谓瞬息万变，有的行业目前还充满着机会，未来就可能饱和、衰退。这些都是导师们需要予以关注的。导师可以通过互联网渠道，如艾瑞网、199it、易观网、企鹅智库等了解行业相关信息。学生也可以通过百度、搜狗、必应、知乎、Google 等平台，利用关键词搜索自己需要了解的信息。

[①]《国民经济行业分类》于 1984 年首次发布，分别于 1994 年和 2002 年进行修订，2011 年第三次修订，2017 年第四次修订。该国家标准（GB/T4754-2017）由国家统计局起草，原国家质量监督检验检疫总局、国家标准化管理委员会批准发布，于 2017 年 10 月 1 日实施。

2. 职业及其大致分类

职业是个人所从事的服务于社会并作为主要生活来源的工作。2015 年最新的《中华人民共和国职业分类大典》[①]把我国的职业分为 8 个大类、75 个中类、434 个小类、1481 个职业。其中，8 个职业大类如表 6.13 所示：

表 6.13　《中华人民共和国职业分类大典》职业分类

第一大类	国家机关、群众团体和社会组织、企事业单位负责人	第五大类	农、林、牧、渔业生产及辅助人员
第二大类	专业技术人员	第六大类	生产制造及有关人员
第三大类	办事人员和有关人员	第七大类	军人
第四大类	社会生产服务和生活服务人员	第八大类	不便分类的其他从业人员

与行业相类似，随着社会的发展，产业结构的调整，一些新职业不断涌现，也有不少职业正在衰退、消失。据不完全统计，目前我国现存职业 20 000 多种，已经消失的职业多达 3 000 多种，新兴职业主要集中为现代制造业和现代服务业，对知识和技能都有着较高的要求。

（二）行业职业探索对生涯发展的意义

高中阶段是学生人生观、价值观、世界观形成与发展的关键期，也是职业生涯的重要探索期。在此阶段进行行业职业探索首先可以开阔学生的视野，通过探索体验积累经验，增强分析、解决问题的能力，激发起学习的内在驱动力。其次，行业职业探索可以让学生从多角度了解、分析和评价不同的行业职业生活，并在参与各种实践体验活动的过程中发现自己的专长，进而从自身兴趣、能力、价值观及人格特征等角度发现自己的职业意向，提升生涯选择和决策能力。此外，行业职业探索能够培养学生正确的职业意识、择业意识、社会意识，加深学生对自我和社会的了解，引导学生树立正确的人生观、价值观和就业观，为学生的终身发展和幸福奠基。

二、探索困境之主动意识不强

（一）主动探索才能决胜千里

虽然行业职业探索是高中生涯发展和规划中的重要内容，但对于大多数学生而言，探索的自觉性和主动性普遍不高。相较于选科、择校和专业决策，许多同学认为择业是大学

[①]《中华人民共和国职业分类大典》编制工作于 1995 年初启动，历时 4 年，1999 年初通过审定，1999 年 5 月正式颁布。2010 年逐步启动了各个行业的修订工作。2015 年 7 月 29 日，国家职业分类大典修订工作委员会召开全体会议审议、表决通过并颁布了新修订的 2015 版《中华人民共和国职业分类大典》。2021 年 2 月 26 日，人社部副部长李忠在国新办举行的发布会上表示，2021 年将启动新一轮的修订。

毕业以后的事，不必太早考虑，或是到高三选专业的时候听听父母、老师的建议就好。当然，也会有少数学生有比较明确的专业和职业发展倾向，会有意识地收集相关信息，主动寻找与自身兴趣、能力相匹配的职业发展领域。然而，更多学生对行业和职业选择问题还没有足够的认识，没有明确的职业目标，过分看重学业成绩，不能将学业成绩与未来发展联系起来，这些学生往往缺乏探索的方向和动力。作为生涯导师，只有充分激发学生对于行业职业探索的主动意识，调动学生的探索热情，才能使探索之路畅通无阻。

（二）导师辅导策略

1. 明确三年探索规划

根据舒伯的生涯发展理论，个人的职业发展与其生命周期、年龄阶段息息相关。每个年龄阶段都有其具体的发展任务。高中阶段处于职业规划的探索期，学生对未来的职业开始了解和尝试体验[①]。导师应该根据学生所处年级和年龄阶段的心理变化，确立长期规划，推进探索实践。

高一年级：唤醒学生的探索意识。高一学生刚刚由初中升入高中，在生理和心理年龄上处于青春期的转变期，普遍有了明确的自我意识，看问题也开始趋向理性。这一阶段的行业职业探索的目标是唤醒探索意识，初步认识感兴趣的行业、职业，正确认识和评估自身的个性、兴趣和能力。同时，导师必须使学生意识到个人的职业定位不能单纯从自身的兴趣和爱好出发，而是必须关注社会政治、经济、文化的发展和变化。在此阶段，静态信息的搜集整理、职业兴趣和能力的测评、参加生涯人物讲座都是行之有效的探索形式。

高二年级：深度了解行业职业。结合高一阶段对行业职业的了解和自身个性特征的理性认识，进一步缩小行业职业选择范围，从实际的工作出发深入了解职业。可以通过参观知名企业、进行生涯人物访谈、参加社会实践、从事志愿者服务等丰富多彩的活动，使学生在真实情景中获得更为真切的体验，将感性认识和理性认识相结合，将职业选择方向与现有的学业相联系，为进一步的决策规划做好充足准备。

高三年级：制订职业规划方案。高三学生面临升学压力，探索的目标是要制订职业规划方案，以做出方向性的选择。虽然这一选择往往并非学生最终所要从事的行业职业，但在个人职业生涯中是非常重要的，它有助于提升学生的自主探索与自我规划能力，为学生的终身发展服务。导师需要指导学生利用课余时间对自己的决策搜集各种相关信息，与家人有效沟通，根据实际情况理性选择与自身相匹配的职业领域。在此阶段，一对一的个别指导就显得尤为重要，导师要在学生生涯决策的关键环节为学生提供个性化的辅导和全方位的支持。

---

① 庞诗琪.舒伯生涯发展理论评析及其启示[J].科教文汇，2018，11（下）：33-34.

2. 确定探索方向、领域

自我探索是行业职业探索的出发点，导师应帮助学生更好地认识自己的兴趣、能力、行为风格和价值观，从而寻找到与自身特质最为匹配的行业职业领域，这一点在本章"自我认知与发展赋能"一节已有涉及，此处不再赘述。

导师可以利用职业测评工具如霍兰德职业兴趣测试、兴趣岛测试、气质类型测评、MBTI测试、个人特质清单等帮助学生对自己兴趣、能力、行为风格进行科学评估。此外，还可以创设职业情境活动让学生寻找发现自己的职业兴趣，为进一步的探索缩小范围、找准方向。

如职业画像活动，通过PPT呈现不同职业和一些描述性格的词汇，让学生思考特定职业人员所具备的大体性格特点，并与这些形容词进行匹配。

具体过程如下：

（1）性格匹配。首先在PPT上呈现六种不同的职业和可供选择的描述性格的形容词（见表6.14）。

表6.14 六种职业的性格描述形容词

职业	销售员	数学家	律师	货车司机	画家	档案员
可选形容词	浪漫的、严肃的、严谨的、豪爽的、耐心的、坚强的、能说会道的、灵活的、果断的、冲动的、安静的、刻板的、害羞的、温柔的、灵活的、不善言辞的、活泼的					

（2）逐一呈现职业，请学生选出自己认为最合适的形容该职业的两个形容词，然后进行投票。

（3）由学生逐一对各个职业的性格特点进行分析。

这一活动能够让学生更好地了解职业和个人性格的匹配度并促使学生思考自身所适合的未来发展方向。

学生只有明确了职业理想，才会主动探索，有针对性地做出知识技能准备、心理准备以及职业规划，并在学习与生活中努力提高与职业理想相关的素质和能力。这也是激发高中生主动探索意识刻不容缓的原因所在。

3. 利用兴趣引领探索、实践

高中起始年级的学生虽没有清醒的行业职业探索意识，但他们正处在对外界事物充满好奇的年龄阶段。每个学生对某些学科、某些领域或是某些特定职业的人物都有着自己的兴趣偏好。导师可以充分利用学生的兴趣偏好引导学生对相关行业职业领域做更广泛而深入的了解。比如，参加一次兴趣领域的行业展会，感受该领域最前沿的行业发展趋势。阅读一本自己感兴趣的名人传记，看一部传记电影，了解"偶像"的奋斗历程，从而加深对相关行业职业的了解。再如，可以通过名片设计活动帮助学生想象未来的生活状态,唤起学生对未来职业的向往和期待:试想十年后的一次同学聚会,大家交换着自己的名片,你希望自己的名片上写着怎样的工作,印有什么头衔。在名片交流分享之后,还可以引导学生思考和讨论为了实现这一职业理想,"现在的我"需要做出怎样的准备和规划。

此外,青少年心理发展特点决定了他们倾向于以兴趣为导向决定自己的行业职业探索领域和方向。不过,青少年的兴趣爱好具有很大的不确定性。如何让学生的兴趣从外控的、不稳定的感官兴趣发展到内控、相对稳定的自觉兴趣并进而成为一种稳定的志趣?导师的激励是关键。导师应该在充分了解学生的兴趣、能力的前提下,鼓励学生发展自己的兴趣爱好,寻找合适的平台让他们展现自己的才华和能力,从而获得更多正向的激励,为之后的探索和努力提供不竭的动力。

小 S 喜欢平面设计,业余时间在网上进行自学。为了获得设计灵感她会经常网购动漫周边产品、参加各种展会、上街摄影、采风、搜集素材……这些在家长眼中就是玩。在她母亲看来,学设计是文化课不理想的情况下的无奈选择,而且设计这条路既烧钱又很难获得成就,为此母女二人也经常发生冲突。

生涯导师结合该生高一入学时的生涯测评结果与她进行了深入的交流,鼓励她不断发展自己的兴趣,同时建议她整理一些作品用于学校 Openday 的文创周边展示。在获得老师和同学的一致认可之后,她主动承担了班刊的装帧美化工作,高二时通过竞选加入了学生会新媒体工作部,承担了校园海报制作的工作。课余,她还在网易 LOFTER 和微博申请到了平台认证,参加了上海市第十六届示范性中学学生会主席论坛年度徽章设计活动并荣获优胜奖。她的装帧设计书籍《真的了不起》还在当当网上正式发售。这些正向的激励坚定了她的平面设计探索之路,母亲在欣慰的同时也表示愿意尊重她的选择,放手让她试一试。

再如,本节开篇案例中的小 F 同学,进入高中以来学习成绩一直不是很理想。因为文理偏科严重,花了很多时间学习数理化却没有起色,连自己擅长的语文学科都开始起落不定,更不用说抽出时间继续追逐自己的文学梦想了。在导师和语文老师的鼓励下,小 F 利用暑假将自己初中以来陆陆续续创作的小说进行了整理和修改,并向出版社投了稿。没想到不久之后作品就发表了,当她拿到第一笔稿费的时候,喜悦之情溢于言表。之后,她陆续参加了校内外的一些征文、作文竞赛活动,还主持了班刊的编辑工作……忙碌的课余生活并没有挤占太多学习的时间,反倒让她更加自信从容地面对高中生活,也更坚定了未来从事文字工作的决心。

三、探索困境之路径不够明晰

(一)明晰路径便可事半功倍

行业职业探索往往知易行难。经过一段时间的生涯辅导教育,学生对行业职业探索的重要性应该很容易认同。接下来的问题是:如何探索?行业职业探索并不是简单地知道行业分类,熟悉职业名称,真正地深入了解需要一定的路径,而学生的探索渠道往往比较单一局限,这就需要导师的点拨与引导。

就探索内容而言,每一个行业与职业都有其特殊性,行业的标准、规范,职业的待遇、工作特点、入行条件、职业前景等信息都是学生在进行行业选择和职业准备时需要去了解的。就行业而言,除了行业分类之外,上文所提及的行业的发展前景、行业的细分领域、行业中的标杆企业(人物)、行业的人力资源需求状况都是我们需要了解的内容。以职业为例,对于自己感兴趣的职业,我们还需要了解该职业的核心工作内容、能力和技能要求、职业收入、职业标杆人物、职业发展前景、发展通路等。学生对行业职业的认知容易流于表面,这就需要导师带领学生深入地了解与探索。

再从探索途径,也就是获得行业职业相关信息、加深对行业职业了解的方式来看,学生对于行业职业的了解渠道往往局限于网络信息检索、父母及亲朋好友的介绍。这些渠道所获得的认识虽必不可少但往往太过狭窄,而且因为缺乏真切体验,学生无法形成对行业职业的深度认知。导师应尽可能地指明更多的探索途径,帮助学生广泛而深入地参与行业职业探索。

导师应指导学生不断开拓探索广度、提升探索深度,使学生全方位多角度了解行业和职业,获得感性和理性认识,从而找准适合自己的行业职业领域。

(二)导师辅导策略

1. 举办行业职业嘉年华

在信息技术日益发达的今天,信息的获取对学生而言是相对便捷的,导师的工作在于帮助学生将这些静态的信息进行加工整理并最终转化为自己的认知。比如,对于高一新生可以让他们在自我探索后,对自己的职业理想进行分析,并将结果记录在"我的职业探索单"上,如表 6.15 所示:

表 6.15 "我的职业探索单"示例

我的职业探索单

姓名:_____ 职业:_____

职业的基本信息	职业内容	
	市场需求	

（续表）

我的职业探索单		
	匹配专业	
	收入情况	
	工作环境	
	工作强度	
对从业者的要求	能力	
	个人身体素质	
	个性特征	
	学历	
	其他	

学生各自填写完"我的职业探索单"后可以在生涯课堂上进行交流分享。这一活动的目的在于引导学生对职业进行全方位的了解，让学生对职业的认识不纯粹停留在职业的种类上，引导学生认识到选择某种职业的理想与现实意义，职业选择与自身条件的关系等。

行业职业探索嘉年华活动还可以是观看一部行业杰出人物的纪录电影，撰写观后感，大家分享交流。也可以组织一次小型辩论会，如"究竟应选择冷门专业还是热门专业"或是推荐学生阅读《你的降落伞是什么颜色》《新职业风暴——未来最具影响力的新职业》等书籍。在学生搜集、掌握了一定的信息之后，用头脑风暴的形式让学生填写下列表单以引导学生进一步思考行业兴衰背后的原因，从而把握未来社会发展的方向，使自己的发展能够适应新时代的激烈竞争。

正在或已经消失的职业：＿＿＿＿＿＿＿＿＿＿＿＿＿＿＿＿＿＿＿＿＿＿＿

衰退、消失的原因（可一一对应）＿＿＿＿＿＿＿＿＿＿＿＿＿＿＿＿＿＿＿

我所知道的新职业：＿＿＿＿＿＿＿＿＿＿＿＿＿＿＿＿＿＿＿＿＿＿＿＿＿

兴起的契机：＿＿＿＿＿＿＿＿＿＿＿＿＿＿＿＿＿＿＿＿＿＿＿＿＿＿＿＿

这些活动旨在激发学生对某一行业或职业领域的兴趣，进而引导学生对这一行业职业领域有更加全面深入地了解，并在此基础上形成理性的思考、准确的判断。

2. 完成生涯人物访谈

生涯人物访谈活动是比较常规且适合学生获取职业信息的渠道。为了保证生涯人物访谈活动的质量，提高访谈的有效性，需要科学、合理地设计访谈活动的每一环节。访谈前期指导学生根据自己的兴趣确定访谈职业类型，指导学生寻找适合的访谈对象，与被访者商量访谈的具体方法，指导学生设计好访谈问题。

访谈问题主要可以包含以下五个方面：①进入该职业的方法；②该职业的工作内容；③该职业的回报；④该职业的发展前景；⑤对进入该职业者的建议。

每个方面的问题，又可以具体转化为不同的问题，如第一个方面"进入该职业的方法"，可以设计成以下几个小问题：①您是哪所学校什么专业毕业的？②该专业背景与现在的职业需求相适配吗？③您是通过什么途径找到现在这份工作的？④从事这份工作需要具备什么样的学历要求？⑤您觉得做好这份工作需要具备哪些知识、技能和经验？问题不需要面面俱到，可根据实际需求有所侧重。

访谈结束后的信息整理与分析同样不可忽视，导师需要引导学生进行多层次、多维度的思考：①将自身对该职业的认识与访谈人物的介绍进行对比，找找主观认识与现实之间的差异；②思考自己是否适合或愿意从事这一职业，如果愿意，思考从事这个职业需哪些能力、品质，目前选科、选专业有没有需要注意的地方，如果不愿意从事这一职业，这也是一个发现，有助于明确自己的想法。除了思考，也需要根据访谈记录，整理好相关资料，完成生涯人物访谈报告，导师还应对学生完成的报告给予及时的反馈和评价。

3. 组织模拟职场招聘

高中生学业压力大、任务重，深入企事业单位实践的机会较少，而模拟职场招聘可以帮助学生获得间接职业经验，进一步了解行业职业信息，尤其是有关不同行业、职业对从业人员能力素质方面要求的信息。前期，可以建议学生观看一些职场招聘类节目，如天津卫视的《非你莫属》，深圳卫视的《你好，面试官》，江苏卫视的《职来职往》，腾讯视频推出的《令人心动的 offer》等。这些电视节目可以帮助学生了解应聘的基本形式和流程。导师可以拟定 3~5 个岗位，发动学生浏览各大招聘网站或走访人才市场，了解相关岗位的聘用要求并就此编写自己的简历。在模拟招聘会上，学生可以衡量自身实际情况与职业要求的匹配情况，选择合适的岗位投递简历，由专业人员对简历进行筛选并进行现场面试，最终通过现场打分确定成功入职者。模拟招聘可以让学生更加深刻地体会职业生涯规划中人职匹配的重要性，明确自己可以从哪些方面为职业理想的实现做准备。

4. 搭建职业体验平台

职业体验是职业探索最重要的一种形式，体验者可以较长时间地投入真实的或模拟的职业环境中去，了解工作的性质和内容，明确在工作中需要承担的责任和角色，进而构建自己对职业的认知。受限于资源和精力，学生走出学校，踏上真实工作岗位的机会相对较少。导师可以根据学生的切实需要不断地开发、整合校内外的资源，为学生的行业职业探索搭建更多的平台。

（1）丰富多彩的社团活动。学生社团是在学校的管理和指导下，由相同兴趣爱好的学生自愿组成,按照制度章程自主开展活动的学生组织。有些社团可以与职业门类相对接,如经贸社、文学社、戏剧社、创意美术社、模拟联合国等。在社团活动中,社团作为一个组织,被视为社会的缩影,社团活动中的许多工作与社会相关职业的相关联。例如,社团的部门设置、人员分配与企业支撑的人力资源相对应,社团的组织活动工作与企业的策划部门相对应。因而,导师可以依靠社团平台渗透职业体验,通过广泛开放的社团活动和细致分工的社团组织来挖掘学生的兴趣点,将其作为职业体验的切入口,集中打造一批激发职业兴趣、锻炼职业能力、强化职业个性、符合职业规划基本要素的学生社团,使之成为开展职业体验的实践平台。

小 L 当前是百度的一名专门负责巴西市场的产品推广师。他的职业探索经历就开始于高中时的社团活动。刚上高中的时候,他和大多数同学一样,对学习的目标以及未来都感到很迷茫。偶然的机会他看到世界青少年模拟联合国大会的比赛,折服于小选手们的精彩表现,心生向往。于是,小 L 报名参加了学校的模联社团,与志趣相投的老师、同学一起探讨国际领域的话题。高二的时候,小 L 跟随该社团代表学校参加了全国中学生模联大会并取得了优异的成绩。见识了来自世界各地同龄人的卓越表现,"渐渐的,我似乎感觉到了内心的某种召唤,我想要去看看这个大千世界的不同面"。于是,高三他决定报考外语类专业,为了解世界各国不同的文化打下扎实的语言基础。大学期间他辅修了广播电视编导专业并积极参与学校的媒体工作和社会实践。大三下半学期,他申请到巴西交流学习。在探索过程中,小 L 逐渐形成了比较明确的职业理想——面向国际市场的工种,做一名文化推广人。毕业后他经过面试,顺利进入了百度。小 L 的探索之路仍未停歇,高中社团活动经历为他打开了这扇职业探索之门。

(2)校园岗位的开发利用。校园中有许多岗位同样可以作为学生职业探索体验的平台。如心理咨询室预约接待工作、学校活动宣传海报设计、学校创意周边的开发设计、微信公众号运营、校史室参观讲解、校广播台播音等等。导师可以借助学校的这些资源平台,指导学生根据自己的兴趣特长选择适合的岗位,通过发布招聘启事,竞争上岗,就业指导等形式使学生广泛参与,让更多学生在校园岗位实践中收获宝贵的职业体验。除了一些常设的校园岗位之外,学校每次大型活动,也需要大批具有专业特长者的协同合作。以闵中 Openday 为例,从策划、宣传到组织、管理……每个环节都是职业探索的机会。

(3)志愿服务和公益劳动。高考综合改革以来,志愿者服务已被纳入高校招生综合评价体系。《上海市普通高中学生综合素质评价实施办法》要求高中期间,每位学生参加志愿者和公益劳动不少于 40 学时。志愿者服务是每一位学生的必修课,也是学生真正走出校园,走进真实职业岗位进行职业体验的绝佳机会。通常,学校会安排学生在高一暑假期间完成这40学时的服务。不少学生仅仅出于完成任务的最低要求,岗位选择随意,服务投入程度低,缺乏自觉的总结反思……走马观花、浅尝辄止的参与无法使学生获得应有的职业体验。

对此,导师可以与班主任、年级组一起优化志愿者服务活动的方案与管理,提高学生的参与度。比如,可以通过QQ群或微信平台发布志愿者服务岗位,学生可以根据不同的项目和自身特点选择适合自己的志愿服务项目,写明申请理由和自己的优势,在审核、认证、通过之后进行上岗培训,提出明确的服务要求。学生通过角色体验,可以获得对相关职业最直观、感性的了解。完成服务后引导学生梳理自己的职业认知和感悟,递交一份较有深度的《职业体验(服务)报告》,将所思、所想、所得用文字记录下来,并反思体验过程中遇到的问题,如印象深刻的一件事,自己完成得最出色的一个任务,遗憾之处,未来是否想要从事相关工作,等等。此外,导师还应该及时地开展服务评价,与志愿者服务基地老师沟通,通过学生自我评价和团队成员评价相结合的方式激励学生更好地参与志愿者服务,主动地进行职业生涯探索。

文章开头提到的小F和同班的小S都喜欢语文,两人不约而同地将语文教师作为自己的职业理想。然而两人的性格截然不同,小S认真踏实严谨,乐群性高,具有极强的组织管理能力,语文成绩也稳列年级前茅。小F性格独立,心思细腻敏感。在学业方面投入程度不够,课余一直坚持写小说,然而语文成绩却总是起起落落。两人曾共同承担班刊的编辑工作,也各有作品发表在校外的刊物上。

高一暑假,两人又不约而同地选择了闵行图书馆志愿者服务岗位。短短五天两人的感受却截然不同,小S觉得工作环境安静不受打扰,在帮助图书管理员完成书籍分类整理和图书编目工作之余还能看看书、做做作业,感觉很不错。小F却觉得按部就班、一成不变的工作太过沉闷、无聊。在偶然得知上戏开设有戏文专业之后,导师建议其借助学长的资源到上戏进行实地走访,通过学长联系已进入职场的该专业毕业生进行生涯人物采访。采访过程轻松而愉快,尤其是受访者描述自己的日常工作内容、状态和环境让她心驰神往……这也促成她最终放弃师范选择更具挑战性的专业。导师应鼓励学生近距离地走进行业职业,在真实的职业环境获得感性认识,从而明确自己的心之所向。

丰富多彩的校内外实践活动为学生的行业职业探索提供了多样化的途径,导师在带领学生探索过程中的具体辅导策略也是灵活多样的,需要遵循的原则是以学生为主体,从体验活动方案的制订与完善,体验活动过程的指导、启发与激励,到聚焦职业体验的总结、提炼和经验反思都应尊重学生的实际需要,面向学生的未来发展。

四、探索困境之观念与认知冲突

（一）化解冲突方能畅想未来

职业生涯情境化行动理论强调，职业生涯探索不仅是个体自己的事情，还是其成长中一项与重要他人共同建构的任务，"个体在探索时会考虑到对家庭的责任，其不仅表现为对于父母的责任，也包括对于父母的关爱、来自家人的期望以及对于父母意见的听取"。[①] 对于绝大多数中国家庭而言，在升学和择业上，父母的意愿对孩子有着重要甚至决定性的影响。高中生学业压力大是一个不争的事实，有些家长只重视文化课的学习，对于文化课以外的探索实践活动则认为是娱乐而一律不予支持。也有部分家长会依据个人经验，建议孩子走一条自认为相对熟悉和舒适的发展道路。孩子在生涯抉择中更倾向于从个人兴趣、能力出发，家长与孩子意见的不一致容易造成亲子之间的矛盾冲突，进而影响孩子探索的主动性、积极性。

除了代际观念冲突外，另一种冲突来自学生的认知。在行业职业探索的过程中，随着对某一行业和职业认知的不断深入，学生会不断地获得新的认识和体验。当这种认识和头脑中固有的经验认识相冲突的时候，学生会对原先的选择产生怀疑和否定。此外，中学生特有的身心发展，更易于受世俗价值观的影响，在探索体验的过程中，不可避免地会对行业职业产生偏见，如"读书无用论"，认为学校学习到的大部分知识在工作中都派不上用场。又如"轻视体力劳动"，认为体力劳动收入低、没面子。这些观念和认知偏差也会影响学生探索的热情。有研究表明，高中生的职业理想价值更多立足于自身以及家庭等小范围领域，尚未上升为社会、国家规划职业的较高层面的价值取向。[②] 因此，如何化解矛盾冲突，帮助学生不断调整观念与认知是摆在导师面前的一道难题。

（二）导师辅导策略

1. 家校协同，全力支持

在指导学生进行行业职业探索的过程中，导师一方面可以借助家长的资源开拓探索渠道，如邀请家长到班级甚至学校开设生涯人物讲座，谈谈自己的职业成长经历。在条件允许的情况下，组织学生到家长任职的企业、工厂参观访问，安排学生到家长所在单位、公司跟岗实习，了解父母的工作环境和工作状态。另一方面，也可以将学生在行业职业探索中的一些成果通过微信公众号、校园网站、家长会等平台或场合向家长展示，让家长全面了解学生的兴趣、特长与真实需求。导师可以通过促成双方的了解、交流，为进一步的沟

---

① 曲可佳,邹泓.大学生职业生涯探索的发展过程及影响因素——基于扎根理论的研究[J].青年研究,2012 (6)：13-23.

② 姜茜.城市高中生职业理想调查[D].长春：东北师范大学,2012：18.

通打下良好的基础，这也是化解冲突、寻找共识的必经之路。另外，家庭教育指导也可以促进家长拓宽思路，帮助家长理解与尊重孩子的个性和需求，发掘孩子在生涯发展方面的多种可能性，从而做出相对合理的选择。

小 Z 对音乐有着浓厚的兴趣，他的职业理想是成为一名音乐人，为此他自学吉他，尝试编曲，学习成绩始终处于中下游水平。家长认为小 Z 因学习音乐而分心，导致学业成绩不理想，因而坚决反对他在音乐方面的探索实践。小 Z 感到很焦虑和痛苦，甚至一度离家出走，去北京寻找自己的音乐梦想。

了解到这一情况后，学校依托心理咨询团队，邀请小 Z 的家长参与到生涯辅导过程之中。小 Z 的家长表示，他们之所以反对小 Z 从事音乐行业是因为觉得没有相关资源，也不熟悉这个行业，更不确定他是否具备相关能力。心理老师和音乐老师分别从个性特点、兴趣、智能、大学专业选择、未来职业发展以及专业人士的评估等方面，为小 Z 父母做了科学、理性、全面的分析。最后，双方达成一致意见，同意小 Z 在音乐之路上继续尝试。

在探索过程中，导师还要注意价值引导，组织学生开展反思或讨论，鼓励学生在对行业职业做出深入了解的基础上，全面而理性地分析利弊，克服偏见，调整认知，形成健康积极的职业价值观。

2. 个别辅导，有效建议

每个学生都是独一无二的个体，有着各自不同的特点和需求。面对人生的重大选择，学生更希望得到来自家长、老师、朋友的支持。行业职业探索是一个持续不断的认清自我、开阔眼界、深度体验、调整自我认知、寻求最优化解决方案的过程，在此过程中，生涯导师应该成为学生最强大的后盾。

小 Y 同学一直梦想成为一名中医师，父母考虑到学医太过辛苦，希望女孩子能够报考师范类专业，将来当老师，工作稳定且轻松，小 Y 因此很苦恼。于是主动找到了自己的导师……

针对小 Y 同学的纠结，导师结合小 Y 的选科情况、兴趣、能力测评报告、学业表现以及高中以来的社会实践活动评价等过程性资料与她一起分析讨论。根据霍兰德职业兴趣类型测试，小 Y 的职业类型偏于社会型、研究型两类。这两个类型综合的心理特点表现为：有责任感、有爱心、有奉献精神；讲求科学实际、动手能力强、吃苦耐劳。教师和医生都是适合的职业。小 Y"加三"科目选择了地理、生物和政治，因为她在理科方面很不擅长，选择生物也是出于高二就能够参加等级考试的考虑，以便高三能够集中精力提升语数外。三门学科中，小 Y 学得最为轻松的科目是政治，经常取得满分的成绩，而生物一开始就学得很吃力，如果要从事医学领域的相关工作的话，化学和生物学知识是基础。

高二暑假，小 Y 到江川儿童城参加了志愿者服务，辅导学生完成假期作业，组织小朋友做游戏，看护儿童就餐、午睡……其间她开朗热情的性格，耐心细致的工作态度赢得了小朋友的喜爱和工作人员的一致好评，也因此获评优秀志愿者。结合这些具体情况和父母的期待，导师建议小 Y 可以对教师这个职业和师范类专业做进一步的了解……最终，小 Y 选择了师范类专业作为自己的第一志愿，虽然最后没能考取上师大，但她还是果断选择了上海政法学院的思政专业，她表示本科毕业后会继续深造，打算考出教师资格证后回母校应聘政治老师。

整个高中阶段行业职业探索经验的累积，最终可以汇总成一份"我的职业生涯规划书"，这并非是要求学生在高中毕业前就做出自己的职业决策，而是通过全面的梳理、客观理性的分析为即将到来的专业填报提供参考。更重要的是复盘三年的探索历程，从中强化职业探索的意识和自觉，为未来生涯发展铺就一条畅通的道路。

（执笔人：竺海燕）

第四节　选科指导

Q同学从小有着学医的梦想。进入高中后，在知道大部分高校临床医学专业要求"理化"双选后，便执意要选择"物理、化学、生物"三门理科作为他的"加三"科目。后期经过导师与Q同学对选科政策、选科因素的多方了解和权衡分析，最终决定选择"物理、生物"作为未来高校专业选择的主要参照，并将"化学"改为"地理"①。

但是，高三伊始，对当时唯一坚定选择的科目——物理，他却打起来了退堂鼓，向父母单方面宣布要改选"政治"，且情绪激动，不容父母质疑……面对这么突然的决定，父母感到很意外，导师觉得他的决定似乎也欠妥。向来文质彬彬的Q同学面对父母和导师的疑惑，涨红了脸大声说道："我绝对不选物理了，让我选物理就是让我往火坑里跳！"

面对Q同学，导师觉得他这看似突然的决定似乎是酝酿已久的抉择，但究竟是什么原因使得他能做出如此巨大的改变呢？

高考新政出台之后，类似的选科纠结、选科矛盾绝非个例。选科对于未来学业成绩的权衡、专业的选择、未来的前途发展等方面都起着举足轻重的作用。高考改革在为学生拓宽选择和发展空间的同时，也为他们带来了挑战。能否合理地做好选择，是学生高考成功的第一步。在这些选择的背后，需要学校的引领、导师的指引以及家庭的参与才能做出科学的决策，为学生的未来发展助力。

一、选科的考量因素

在选科过程中，学生往往会出现如下的状况：道听途说，认为哪几科的组合未来好就业就选哪些组合；盲目从众，班里选哪科的人多就选哪科；好逸恶劳，认为哪几科学起来最轻松就选哪几科；情感冲动，为了某好友或某位任课老师而选择某些科目；不闻不问，完全服从家长的安排……凡此种种的选科行为都是不理智的。合理的选科应是学生在充分了解个人内在因素，并综合考量各种外在因素后做出的理性抉择。

在新高考"3＋3"的选科中，对于每一个学生来说，没有最好的组合，只有最适合的组

---

① 上一轮选科政策下，对于上海考生而言，地理学科成为选科"新宠"。

合，所以一定要指导学生结合自身情况以及外部因素进行合理分析和理性选择。那么，导师在指导学生选科时应提醒他们注意考虑哪些因素呢？

（一）学科学习兴趣

兴趣是推动人们认识事物、探索真理的重要动力，是人们认识和探索外界事物的基础。因此，无论选择什么科目，兴趣是第一考量因素。如果学生对某一学科感兴趣，他就会有求知欲和动力去尝试了解和探索这门学科，即使遇到困难，也会积极应对，想方设法地去解决问题，并且体验到问题解决过程中产生的满足感和成就感。反之，如果学生选择了自己不喜欢的科目，那么一旦遇上问题，他就会出现畏首畏尾、胆怯害怕、抱怨埋怨的情绪，这对后续的学科学习都会产生反作用。因此，指导学生选择自己愿意学、乐于学的科目，将有助于学生获得学习的主动性和可持续性。

（二）学业能力

兴趣是人类认知、探索活动的动力，但却不一定能达成所愿。在选科的过程中，有兴趣并不意味着一定能将这门科目学好，所以在选科的时候务必指导学生考虑现有的学业能力水平和学业潜能。须指出的是，等级考试的最终计分采用的是学生在全市同科学生中的位置而非卷面的得分。因此，学生不仅要了解该学科在班级、年级、学校乃至全省（区、市）的位置，还需要根据历年数据知道全市范围内哪些学生选择了该科目。所谓知己知彼方能百战不殆，唯有明晰这一点，才能初步估算出自己在这门学科上的竞争力。如果学生或导师不明确学生的学业能力水平和学业潜能，那么建议听取任课老师的意见，结合学生自身的学习体验，来做评估。

（三）学校资源

每个学校都有自己的优势学科，不同学科又有着不同的师资配备。等级考的竞争对手是全省（区、市）学生，即使学生的学科成绩在全校名列前茅也并不意味着该生就是全省（区、市）加选该科目的前 5%，即 A+。因此，选科时指导学生把学校学科优势明显、师资配备齐全的科目作为考量因素之一，提升学生的学科成绩竞争力。此外，该学科在本校的课程设置、学业水平考察方式是否合理也将影响学生在考试中能否发挥出色。因此，建议导师与学生一起对上述情况做充分了解，学校的资源是学生取得优异成绩的利器。

（四）学科均衡

高考是一场全局性的战役，需要老师与学生一起周密而慎重地部署。高考改革从"＋1"到"＋3"①意味着更多的投入，但学生的精力总是有限的。过往，许多同学选择地

---

① 2014 年 9 月，根据国务院发布的《关于深化考试招生制度改革的实施意见》，上海作为首批试点地区，出台了高考综合改革试点方案，从当年秋季入学的高一学生开始实施，把原先"3＋1"高考方案，即"语数英"大三门以及"物化生政史地"六门学科中选一门，改革为"3＋3"高考方案。

理、生物的原因是能在高二第二学期就参加这两门学科的等级考试,这样在高三就能实现"3＋1",集中精力学习语数外三大门学科。但是,高二第二学期参加等级考试意味着我们必须和一些多学了一年的学长们进行较量,这对每个学生的心智以及应对高考的心态提出了更高的要求。如何合理均衡地分配好各科精力投入,统筹规划高考复习是制胜的前提。如何指导学生在高考这场比赛中"博弈"是每位导师需要思考的问题。

(五) 高校专业要求

不同高校的不同专业对于选考科目的要求是不同的。同时需要注意的是,同一个专业在不同高校的选考科目要求也会有所不同。如根据《2020年拟在沪招生普通高校专业(类)选考科目要求》,同样是临床医学专业,上海交通大学医学院、复旦大学医学院、武汉大学、四川大学是物理、化学均需选考;而南京大学则是化学、生物均需选考。所以学生在做选科抉择的时候一定要先对每个学校各专业的选考科目要求进行一定的了解。

二、选科的意义

(一) 未来职业选择的基石

实行新高考政策,有利于学生在高中阶段进行生涯规划,有利于培养学生的学科优势,因材施教,扬长避短,为社会输送不同类型的人才。高考自主选科后就不再分文理科,这样有利于减轻学生的学习负担,培养学生的学习兴趣。不能否认的是,所选科目与未来学习专业往往会直接挂钩。因此学生如能根据自己的兴趣爱好来进行选科,相信对未来选择的职业方向会有更大帮助,并且能激发学生的学习兴趣。

学生根据兴趣爱好来选择专业,更有利于学生在选择填报志愿时,选择相应专业更有口碑的院校。每个人擅长的学科不同,未来选择的专业是根据自身所擅长的科目和心中的喜好来决定,所以在高中阶段进行选科就是为了给每个学生一个大方向,规划自己的未来。因此,选科的首要原则是从学生自身出发,如对兴趣爱好、能力等多方面进行分析,结合外部因素,综合考量,找准切入点,最大限度地发挥学生的学科潜质。

新高考改革让学校、家长和学生意识到职业规划的重要性,需要及早精准定位学生的职业生涯,选择学科,使其有努力的方向。

(二) 高校专业选择的前提

截至2020年6月30日,根据教育部发布的《普通高等学校本科专业目录2020新版》,全国高等学校共计3 005所,专业703种。看到这些庞大的数据,家长和学生难免惶恐。而且,高考所选科目是对应专业和学校,同样的专业、不同的学校选科要求还会有不同。导师应尽可能全面了解学生的兴趣爱好、能力潜质,结合现有的学业能力水平,综合考量外部和内部要素,给予学生合理建议,比如尽量文理兼备,不建议选择3文或3理。多数情况下,"历史＋政治＋地理"这个组合将来报考大学专业选择受限,而"地理＋生物＋政治"这个组合与大学专业招生要求难以衔接。

因此,只有在提前了解目标院校招生专业对高中学科的要求下,才能避免临到报考时才发现自己所学科目与招生要求不符。

（三）高考各科目等级性考试成绩的保证

选科影响学生的高考成绩、未来专业选择和就业前景等。对于成绩优异的"学霸"来讲,无论选择哪科,成绩都会很好,选科对他们没有影响。但是由于各科目等级性考试成绩以等级呈现,按照获得该次考试有效成绩(即缺考或未得分的考生除外)的学生总数的相应比例划分等级,按比例赋值,而非卷面成绩。因此,所选科目等级性考试成绩,还与选考人群相关。对于绝大多数同学来说,不同的选择,最终便可能是截然不同的成绩等级,进而对高考成绩排名造成显著差异。

三、选科决策关键之探索个人学科潜能

（一）探索个人学科潜能

在选科时,指导学生选择自己擅长的学科是非常重要的。选科一般在高一阶段进行。此时学生的各科成绩一般是各科学习潜力的体现,是可以在高考中取得更好成绩的基础。但是,如果现阶段的学科成绩平平,或者各学科之间不相上下,那么从学科的角度可以指导学生从个人学科潜能的角度去思考。但有些时候,也会出现有的同学高一时某学科成绩很好,但在后续学习中却越来越力不从心,导致事倍功半,而有的同学则恰好相反。这一现象便和学生的学科潜能相关。

学科潜能包括学科学习能力和思维能力。每一门学科的内容由表及里包括学科知识点、学科思维方法、学科思想三个层次。学生具备某学科的学科思想、适应学科思维要求是有效进行学科学习的保证。任何学科都有其学科思维特点,有一定的学科学习规律。想要把这门学科学好,学生应遵从学科规律,以这个学科要求的方式进行学习。如果认为记忆就是文科学习的主要方式,运算和运用公式就是理科的主要学习方式,那么就是忽视了各学科的规律,学习只会停留在表面和局部。比如历史学科的学习,如果只用记忆的方法来学习历史,那么至多是了解书本上的知识点,很难培养历史学科的核心素养。没有核心素养,学生不能以学科视角去思考问题,是不可能在高考中取得好成绩的。因此,导师有必要和学生兼顾分析学科成绩和学习潜能,做出理性选择。

（二）导师辅导策略

1. 组织"学科代言人"主题活动，在同伴讨论中发掘学科潜能

学生中总会有一些有学习天赋的学生，他们在某个或多个学科上有着不一般的能力。他们可能不仅在某一学科考试成绩上遥遥领先，而且能在竞赛中屡获奖项。更让人羡慕的是，他们似乎又学得很轻松。这些人我们通常称为"学霸"，他们不一定是课代表，但是他们却正在为某一门学科代言。问问学生，提及开设等级考试科目的6门学科，他们的脑海中首先想到的"学科代言人"是谁呢？组织学生填写下列表单，选出小组的学科代言人。

选出各学科代言人后，由各代言人自我陈述是否具备代言人的特质，再邀请其他同学就自己的学科情况进行联系比对思考，从而逐步确定各自的优势学科。也可以请有幸当选的学科代言人谈一谈：你是否会将你所代言的学科作为"加三"学科之一，为什么？引发其他同学的思考（见表6.16）。

表6.16　"学科代言人"活动

学　科	代言人	入　选　理　由
思想政治		
历史		
地理		
物理		
化学		
生命科学		

这一活动可以联合多位不同学科任教导师的学生团队共同举行。过程中，有的学生在和各科"学霸"对比过后，感觉自己的各科学习潜能都较弱，此时，要提醒学生，横向对比各学科情况，重点考虑自己相对有潜力的学科。此外，有些时候，学生表达出的学科潜能，也和学生的学习策略和方法有关。导师要协助学生进一步识别和调整。

2. 个别谈话，联动任课教师

当学生或导师不明确学生的学业能力水平时，建议导师联动任课教师，与学生一起倾听任课老师的意见，结合学生自身的学习体验，来做评估。

3. 组织学习体验探索

进入高中，学生必定参加过丰富多彩的选修课、拓展型课程，也可以和他们一起分析其中的学习体验。访谈参考表格如表6.17所示。

表 6.17　学习体验探索之选科

姓名：　　　　　　课程：　　　　　　相关学科：

1. 你认为你在学习期间最大的收获是什么

2. 在学习过程中，你能投入其中并发现乐趣吗

3. 你能够积极完成老师布置的各项任务吗

4. 你愿意继续深入探索这门课程吗

5. 你的学习成果是什么（此处可粘贴小课题论文、作品图片、奖项证书复印件等）

指导老师评价　　　　　　　　　同伴评价

四、选科决策关键之兴趣与能力的平衡

（一）权衡兴趣与能力

选科究竟是以"个人兴趣"为主，还是以"个人学业能力"为主，这始终是萦绕在学生、家长和导师心头的难题。俗话说："鱼和熊掌不可兼得。"但是在对自己的未来前程有着决定性作用的选科面前，我们总是希望能指导学生兼顾自己的兴趣和能力，达到均衡选择。一方面，个人兴趣能保障学生选择自己愿意学、乐于学的科目，有助于学生获得学习的主动性。另一方面，个人的学业能力所在才是等级考取得相对高分的关键。

（二）导师辅导策略

1. 个人谈话：厘清学能与兴趣

在导师辅导策略中，一对一的个别交流谈话无疑是最有效的辅导策略之一。不同背景、不同学习能力的学生对于选科有着不同的想法和顾虑。因此，导师如果能在比较了解

学生的学业情况下，与学生做几次面对面的交流，了解学生的困惑点，并给予必要的指导和帮助是最行之有效的方法。

本节开篇案例中的 Q 同学从医的梦想使他坚持要选择"物理＋化学＋生物"。导师在知道了他的基本情况后，一开始仅做观察。经过一段时间的观察和综合因素的权衡，导师感觉三门理科的选择有点难度。此时，导师找到 Q 同学，与他一起商量权衡：如果选择三门理科的组合，到高三还有"3＋2"科目的复习，这样进入高三阶段他的学习压力和任务是十分繁重的。在经过思量后，Q 同学决定放弃化学，改选地理。

随后，Q 同学全身心投入学科学习中。学科的进一步学习让他也逐渐探索到了物理和生物学科之间的交叉点，在与导师进一步的沟通过程中，他也进而确定将生命科学专业作为他未来的专业选择方向。与此同时，Q 同学通过努力在高二生物、地理等级考中取得了满分的好成绩，这更为他注入源源不断的学习动力。高三的物理学习虽然也遇到不少困难，但是由于集中了学习精力，他也取得了满分。最终，Q 同学以等级考三门 210 满分的优秀成绩成为同学们仰视的典范。

案例中的 Q 同学，从三门理科的选择变成两理一文，既保证了学科学习节奏，也保证了学科均衡，兼顾了个人兴趣和学业能力，这些都是取得优异等级考成绩的重要保障。

2. 组织辩论会

组织学生开展一场辩论会，去厘清对于一些事件的看法和态度，无疑是一个有效的途径。导师可以在辩论会的前期指导学生搜集资料，参阅其他同学提供的资料，根据辩题整理和组织材料，撰写辩词等。在辩论会上，学生代表不同的立场各抒己见，如将选科时究竟应以兴趣为主还是以能力为主的辩题观点充分表达出来，也可以借由对方辩手所提供的论据对自己的认知误区进行调整。这样的辩论使学生整体辨别能力增强。俗话讲"真理越辩越明"，辩论可针对"选科"这个学生关心的问题展开，贴近同学们的生活，现实性强，使同学们有话可说。辩论双方使出浑身解数，全面深入地分析问题，给全体同学展现事物的方方面面，而坐在观众席的同学则在思想的冲突中展开激烈的思考，最终明白问题的实质，学会分析问题，提高辨别能力，为后面的有效行动奠定基础。同时，辩论会上学生的充分展示也可增强导师对同学们的了解，为后期的导师辅导提供便利。

3. 完成"最优选科方案"，均衡选择

指导学生按照表格填写自己的"选科方案"，充分了解任课老师、家长、同学的意见，并认真做好记录。最后，确定自己的选科方案。活动参考表格如表6.18所示。

表 6.18 "最优选科方案"

"加三"科目		现有学业水平	兴趣	优势	潜能	其他考虑因素
学生个人评估	科目 1					
	科目 2					
	科目 3					
	备选 1					
	备选 2					
	综合					
任课老师意见						
家长建议						
同学建议						
最终选科方案						

　　Z 同学从初中开始就爱做化学小实验,平时一说起化学实验,他总是津津乐道。进入高中后,接触了高中化学课,他发现原来他在家爱做的那些科学小实验里大部分都是高中化学的知识和内容。遨游在化学知识的海洋里,他如痴如醉——化学课上他总是思想高度集中,积极与老师互动;下课后他总是围在化学老师边上进一步思考发问,或者交流实验心得;他的化学笔记总是密密麻麻字迹工整。

　　对化学的兴趣逐步促进他在学科上做进一步的探索。课余时间,他积极钻研大学化学知识,备战化学竞赛,可惜在高一参加"白猫杯"高中生化学竞赛中并未能斩获奖项。他一再分析,和化学老师交流,觉得自己还是对化学学科感兴趣,也具备相当的学科潜力。于是,他决定选择"化学 + 物理 + 地理",在高二完成两门等级考,全力备战高三化学竞赛,为高考综评助力。

　　最终,他在高三参加"白猫杯"高中生化学竞赛并获区二等奖。同年的化学等级考中,在普遍反映试题难度较高的情况下,Z 同学仍获得了 A+ 的好成绩。他最终也被一所全国 985 院校的化学专业录取,继续他的化学探究之路。

　　从 Z 同学的案例中我们可以看出,兴趣对于学生的学习和活动都有着积极的影响。但是高中课程容量较大,对于资质平平的学生来说,必须在高一做好全盘的布局谋划,均衡选择,才能在高中后阶段有足够的精力和时间去实现自己心中的梦想。

五、选科决策关键之观念与认识冲突

（一）明确选科决策人

在选科时，我们总会遇上一些难以抉择的时刻，不知道选择哪门科目是最适合的。导师应指导学生和家长在选科时，本着兼听则明、偏信则暗的态度，多方面了解，向专家咨询，获取专业建议，避免走弯路，但是谨记的一点是学生本人是选科决策人，最终的决策应尊重学生个体的意愿，最终选择什么都应从学生的实际情况出发。

家长在选科过程中有着无可取代的重要作用，但是由于家长和学生之间存在的一些观念和认识上的矛盾，要提醒家长切忌越俎代庖，受攀比心理、盲从心理等因素的影响，而忽略学生的实际情况和需求，不顾学生的学习能力，将自己的意愿强加给学生，这样反而会阻碍学生的发展。

（二）导师辅导策略

1. 家校联合，与家长沟通

选科对于一个家庭来说无疑是一件大事，导师不妨邀请家长来一起聊聊在选科的过程中是如何积极指导学生进行理智选择的。

（1）家长主动积极地了解相关选科的最新政策，与时俱进，防止与学生出现认知上的代沟。

（2）家长和学生在家找适当的时间坐下来共商共量，一起商谈，分析问题。

（3）家长秉持民主协商的态度，协助孩子决策。

（4）家长可适当向学生表达自己的看法，借助自身资源及亲朋好友的资源，帮助学生去了解某一个行业的动态。

2. 组织成长主题团体活动，打造"学习共同体"

组织以成长为主题的团建活动。通过一系列的户外或室内的小组团体游戏活动，营造积极向上、轻松自由的氛围，增进导师小组团体成员之间的相互信任度和默契度，组员们可以回顾自己的成长点滴，树立自己的成长自己主宰的信念，打造小组团队的"学习共同体"，互相帮助学习，为日后的学习活动、选课抉择的同伴互助等活动奠定基础，发挥团体的力量以增强自我的成长力。

3. 聆听职场人士的声音

闵行中学的生涯讲堂一直以来邀请各行各业的专业人士为学生介绍行业前沿、发展及动态、行业的就业前景等。每一位受邀演讲的主讲人都是从自身职业出发，结合个人成长体验，向同学们诉说自己真切的人生体会和生涯思考，行业领域涵盖了航空航天、工程学、互联网和纳米技术等。学校通过生涯讲堂这一鲜明校园文化品牌，促进学生们萌发生涯意识,为选科奠定基础。

六、选科决策关键之综合因素考量

（一）考量选科的综合因素

在选科的过程中,兴趣和能力固然是最重要的考量因素,但是作为导师,也应该指导学生考量选科的综合因素,如学校资源、学科难度、学科均衡等。

如果学生在选科时觉得自己哪科都差不多,那么选择所在学校的优势学科也不失为上策。这就需要导师对学校的优势学科有所了解,才能对学生做出合理的引导。如果不了解的话,就通过比较师资力量,以及与同类型高中比较平均分、高分比例,来明确学校的学科优势。此外,各个学科的学科特点不同,每个人对于各科的难度感觉也都不同。

（二）导师辅导策略

1. 学科学习之我见主题活动

组织小组团队成员按照自己的学科优势科目,做学习心得总结。前期做资料搜集,找寻相关任课老师进行学科难度及内容分析,并对与学科相关的行业进行探索等,然后在小组里汇报。汇报的学生能更加明确某个学科的要求,听取汇报的学生也能从汇报者的分享中获得自己所需要的信息,比对自己的实际情况,为选科的综合因素考量打下基础。

2. 学长访谈

指导学生采访一位自己熟识的学长(本校或外校,已毕业或正奋战高三的学长均可)。通过表格访谈了解他们当初在选科阶段的心路历程,完成记录,参考表格如表6.19所示。

表 6.19　学长访谈

受访人	院校	选科

选科考量的因素:

1.

2.

3.

…

（按重要程度排列）

选科过程中有无调整和变更? 如果有,原因是什么?

（续表）

选科过程中主要倾听和采纳了哪些人的意见？ 1. 2. 3. ··· （按影响大小程度排列）
现阶段的学习状况以及感受（如已毕业可填写考试结果以及现在所学专业） 学业水平、兴趣、每日投入的精力等
我收获的经验与体会
采访人　　　　　　　　　　　　　　　日　期

3. 家校合力：共同关注，合理决策

本着信息共享、平等合作、目标一致、相互尊重等原则，导师与家长共同关注和探讨学生的实际情况，综合考量选科的各项因素，帮助和指导学生做出最科学合理的选科决策。

七、选科决策关键之中途换科

（一）中途换科成本高

导师一定要注意提醒学生：选科要谨慎，避免中途改变。新高考政策下，选科后上课方式有所改变，很多高中实行走班制。如果中途改变，不仅浪费时间精力，也会使本就不固定的同学关系发生变化。此外，与最初就选择某一科的同学相比，如果中途加入，还要赶学习进度。由此可见，中途改科的成本还是很高的。

高中学生处于性格的敏感时期，有时遇上一些挫折他们是没有能力独立去解决的。他们在乎外界的评价，一旦遭遇挫折容易退缩，但是在获得肯定和指导后，他们通常愿意积极调试，并且朝着决定的方向去努力。中途换科，代价巨大，所以学生务必要在选科决定之前做好大量的调研工作，综合权衡利弊，才能做出科学理智的决定。

（二）导师辅导策略

1. 个别谈话：了解换科的前因，调整认知

导师在进行个别谈话之前，调整好情绪，尽可能引导学生多多说出自己的想法以及换科的原因，理解学生换科背后的动机，以及动机所反映出的学生需求。

本节开篇案例中的 Q 同学在高三时，由于"加三"班级的重组，对新任课老师的不适应，以学科难度的激增，使他打起了退堂鼓，想把当时唯一坚定选择的科目物理，改成政治。高三伊始的焦虑感以及对于学科的无力感，加上好友的建议，使他毅然通知父母要改选政治。因为态度和措辞失当，他的这一决定在家里引发了轩然大波。家长及时联系导师。导师在了解情况后，马上联系相关任课老师，包括前任和现任的物理老师，对 Q 同学的学习情况做一个大致的了解，找到了他的情绪冲突点实则是因为现任物理老师一句轻视他的言辞。于是，导师与 Q 同学进行了一次长谈，谈起了他的志向，他在物理学科上的付出，他之前取得的成绩，如果改选政治后他所要面对的各种问题，又巧妙地疏导 Q 同学对于任课老师那句言辞的情绪，帮助他重拾信心，并与他交流学习方法。

导师分析，Q 同学是在压力之下，由于学习方法不得当和考试焦虑的问题，对自己的选科产生了质疑。科学地疏导学生的情绪，与学生的感受共情，并积极给予学业指导，Q 同学的学科自信一点点就恢复了。

2. 学长讲堂

毕业的学长们是导师手中的重要资源。因为学长当年的学习情景和经历与现在的大部分学生相仿，因此请他们来和学生们一起聊聊他们的高中学习和生活，往往能达到事半功倍的效果。

同时，学生更愿意去聆听这些经历相仿的"过来人"说说选科那些事，听他们说说他们过去选科的困惑和抉择，以及选科的抉择对他们现在的影响，甚至优秀的学长还会去反思自己在高中阶段可能存在的不理智抉择对当下的一些负面影响，以自己的亲身实例来指导学生做出更适合自己的抉择。

此外，已经在大学读书的学长，对选科和大学专业的学习有更进一步的体会和领悟，也可以作为交流的一大重点。

文静内秀的 Y 同学以等级考 207 分（政治满分）、高考总分 599 分的高分成为年级的高考状元，被复旦大学中国语言文学专业录取。她毕业后回来为学弟学妹们做分享时说，当初在选科时，她毫不犹豫地选了历史、地理和化学。选择的原因是她对于这三门学科都

比较感兴趣，三科成绩都不错。但是，导师在综合考量了她的实际情况，并结合本校的优势学科后，对 Y 同学做出了如下建议：选择生物、地理和政治。导师的建议基于：第一，Y 同学是一个心智成熟、努力勤奋的女生，选择生物和地理虽然备考时间短，但是在高二第二学期就可以参加等级考，此外，导师对她的学习能力有信心；第二，Y 同学的数学基础较为薄弱，如果选择生物和地理组合后，在高三就实现"3＋1"学科模式，有多余的精力可以投入数学学习中；第三，该年级文科较强的学生大多选择了历史作为"加三"科目，Y 同学在这些同学中不是很有优势，更不用提在全市学生中的排名了，想要在等级考中跻身前 5％，无论是资质还是能力，都胜算不大，因此建议放弃历史转而选择政治；第四，政治学科为本校的等级考王牌科目，师资配备完善、政治老师尽责尽力、校本教材完备等先决条件充分。因此，在导师的多番劝说，以及 Y 同学和家人的综合考量下，她选择了导师建议的"加三"组合。Y 同学在做好决策后，心无旁骛地潜心学习，每次在政治学科里都独占鳌头。

Y 同学现身说法，讲出了自己当初选科的心路历程，也讲到了导师在她选科路上的帮助和指导，综合考量各因素，理智的决策才能使她在备考时均衡各学科，发挥出色，也从侧面使学生增强对导师的信任，为日后工作的开展打下良好基础。

（执笔人：赵哲胜）

第五节　升学路径选择与准备引领

情景一：

小张同学是闵行中学2019级实验班的一名学生，擅长的科目是政治、历史。他的时间观念和计划性比较强，善于制定学习规划。高一上学期，他树立了考入985大学的目标，希望将来当一名律师。

高一下学期放假前，他无意间听同学们提起有几名高三学长、学姐有望通过综合评价招生进入上海交通大学、复旦大学和华东师范大学等名牌大学，于是对这个升学路径产生了兴趣。由于之前对综合评价招生没有了解，于是向生涯导师王老师寻求帮助。

情景二：

王老师了解了小张的需求后，决定在综合评价招生录取结束后邀请被录取的学长、学姐跟高一学生开展一次线上交流会，让他提前梳理下想要了解的内容。小张很是欣喜，点头赞同。

通过与学长、学姐的交流，小张对综合评价招生的流程和需要做的准备有了清晰的了解，决定利用暑假时间先好好研究沪上开展综合评价招生的高校的招生简章，确定报考目标，然后制订高中阶段的准备计划。

很多中学生努力学习的重要目标之一是为了考上理想的大学和专业，但是对于进入大学的升学途径却了解不多。有的同学可能了解一些升学路径，但不知道如何选择适合自己的途径以及该如何准备，从而错失了一些机会。在升学途径的选择和准备中，如果导师能给予细心的指导，往往能帮助学生在高考中取得更满意的结果。

一、多元的升学路径

（一）升学路径有哪些

大学是一个人学习知识、提升能力、通往职场的重要阶段。为了满足国家对多样化人才的需求，随着高考改革的不断深化，进入大学的路径亦越来越多样化。除了统一高考招生外，还有综合评价招生、强基计划招生等二十几种升学路径，如表6.20所示[①]：

表6.20　开学路径列表

☐ 统一夏季高考	☐ 统一春季高考	☐ 强基计划招生	☐ 综合评价招生
☐ 高职单招	☐ 艺术类专业招生	☐ 高水平艺术团招生	☐ 体育类专业招生
☐ 高水平运动队招生	☐ 三项专项计划	☐ 公费师范生	☐ 定向招生
☐ 军队院校招生	☐ 公安院校招生	☐ 航海类专业招生	☐ 三项招飞
☐ 中外合作办学	☐ 港澳招生	☐ 出国留学	☐ 成人高考

（二）典型升学路径介绍

1. 统一春季高考招生

春季高考招生[②]是个别省份为缓解夏季一次高考对考生的压力，给考生更多的接受高等教育的机会，而在春季组织的一次高考招生。上海市从2000年起增加了普通高校春季招生考试，从而形成部分高校每年有"两次考试、两次招生"的新模式。

上海市春考考试科目、考试时长及满分分值：语文，150分钟，150分；数学，120分钟，150分；英语，120分钟（笔试）+20分钟（听说测试）或140分（笔试）+10分（听说测试）。

春季高考时间节点：1月上旬，文化课考试；1月底，公布考生分数、最低控制分数线和考生成绩复核；2月中下旬或3月初，志愿填报；3月，各招生院校在本校网站公布自主测试资格线、测试时间和地点，考生参加自主测试；3月下旬，基本完成录取与确认工作。根据上海市教委规定，通过春季考试招生预录取的考生（含列入候补录取资格名单并最终被预录取的考生）不得参加《上海市教育委员会关于做好2021年上海市普通高校考试招生报名工作的通知》规定的其他考试。

志愿填报要求：①考生的春考（语文、数学、外语）统一文化考试成绩总分必须达到市教育考试院公布的春季考试招生志愿填报最低控制线；②应届高三考生7门科目（思想政治、历史、地理、物理、化学、生命科学、信息科技）的高中学业水平合格性考试成绩须全部合格。

截至2022年，上海春考招生高校有：上海理工大学、上海海事大学、上海戏剧学院、

---

① 钱静峰，白茹.未来，我们创造的地方——我的生涯意识学习手册[M].上海：上海交通大学出版社，2021：40.
② 上海市教育考试院.关于印发《2022年上海市普通高校春季考试招生实施办法》的通知（沪教考院高招〔2021〕31号）[EB/OL].（2021-11-19）[2022-01-06].http://www.shmeea.edu.cn/page/02300/20211119/15825.html.

华东政法大学、上海海洋大学、上海电力大学、上海大学、上海中医药大学、上海师范大学、上海对外经贸大学、上海工程技术大学等 25 所院校。每名考生最多可以填报 2 个专业志愿,可以是同一所院校的 2 个专业,也可以是不同院校的各 1 个专业。

上海春考试卷难度低于夏考,比较适合平时学习处于中下水平、没有把握通过夏考考上心仪大学的学生,以及小三门成绩一般(或者在高二的等级考中考试成绩不理想)的学生。

2. 强基计划招生

强基计划[①],是自 2020 年起教育部开展的基础学科招生改革试点项目,主要选拔培养有志于服务国家重大战略需求且综合素质优秀或基础学科拔尖的学生。聚焦高端芯片与软件、智能科技、新材料、先进制造和国家安全等关键领域以及国家人才紧缺的人文社会科学领域,重点在数学、物理、化学、生物及历史、哲学、古文字等相关专业招生。

针对通过强基计划录取的学生,招生高校会制定单独的人才培养方案和激励机制,实行导师制、小班化等培养方式,并探索建立本—硕—博衔接的培养模式。

参与强基计划的高校院校层级较高,都是"一流大学"建设高校。截至 2021 年,有清华大学、北京大学、浙江大学、复旦大学、上海交通大学、同济大学、华东师范大学、中国科学技术大学、天津大学等 36 所大学参与强基计划招生。

高三考生(应届生和往届生)或者符合高考报考条件并且参加了高考的高二考生皆可报考强基计划。考生高考成绩达到特殊类型招生控制分数线且符合该校在该省份强基计划招生入围标准,或者获得数学、物理、化学、生物、信息学全国中学生学科奥林匹克竞赛全国决赛二等奖(含)以上成绩且高考成绩达到所在省份本科批录取最低控制分数线,可入围相应省份的强基计划考核。

强基计划招生时间节点:3 月底至 4 月,各高校公布招生简章,符合条件的学生网上报名;6 月,考生参加统一高考,考生确认;6 月 25 日前,各省(区、市)提供高考成绩;6 月 26 日前,高校确定参加考核的考生名单;7 月 4 日前,高校组织考核,通常包括笔试、面试和体质测试;7 月 5 日前,高校折算综合成绩,择优录取。如果考生没有被录取不影响后续其他批次的录取。

强基计划限定高校招生专业范畴,且考生入校后原则上不得转到相关学科之外的专业就读,因此报考强基专业的学生应该确定自己是否对这些专业感兴趣,将来是否愿意从事相关领域研究。

有志于参加强基计划招生的学生,在高一、高二时就可以关注各校招考信息。同时,

---

① 教育部.教育部关于在部分高校开展基础学科招生改革试点工作的意见(教学〔2020〕1 号)[EB/OL]. (2020 - 01 - 14)[2022 - 01 - 06]. http://www. moe. gov. cn/srcsite/A15/moe_776/s3258/202001/t20200115_415589. html.

保持综合成绩优秀，强化学科素养能力。在高考文化课学有余力的前提下可以做好竞赛素养的拓展。特别要提醒在相关学科领域具有突出才能和表现的考生，一定要多加关注拟报高校的强基破格入围条件和破格录取标准。

3. 综合评价招生

综合评价招生是指高校依据高考成绩和高中学业水平考试成绩并参考综合素质评价来进行招生的一种方式。

综评对于报考的限制不是很多，平时成绩优秀、综合素质过硬的学生，或者成绩优秀且在竞赛中有获奖经历的学生，都不可错过综评这个升学途径。需要注意的是，虽然综合评价的限报政策相对宽松，但由于各校校考时间比较密集、高考成绩占比提高，考生也需要对自己的成绩有准确预估，谨慎报考。

截至2021年，采用综合评价招生方式招收上海考生的高校有：复旦大学、上海交通大学、浙江大学、华东师范大学、同济大学、华东理工大学、上海财经大学、上海外国语大学、东华大学、上海大学、上海中医药大学、香港中文大学（深圳）、上海科技大学、上海纽约大学、北京外国语大学、华南理工大学、南方科技大学、昆山杜克大学、深圳北理莫斯科大学[①]。

综合评价招生的重要时间节点：3月下旬—5月中上旬，各校公布招生简章（个别中外合作办学高校会提前到高三上学期期末，比如上海纽约大学、昆山杜克大学），考生报名，需要准备高中阶段各学期的成绩情况、综合素质评价等证明、高中阶段获奖证书或资格证明材料复印件、个人简历和推荐信等，部分高校可能会对提供的材料有别的特殊要求；5月中下旬，学校综合评价招生工作专家委员会对考生申请材料进行书面评审，公布初审入围的结果；6月7—8日，高考；6月下旬，填报志愿、参加校测；7月上旬，学校会根据入围学生的高考成绩、测试综合成绩、高中学业水平考试成绩，按照招生简章公布的公式计算出综合评价成绩并择优录取。综合评价没有被录取并不会影响考生后续批次和志愿的正常录取。

有志于报考综合素质评价的学生，除了准备好高考和高中各个阶段的考试成绩之外，可以在以下几个方面做点材料积累：志愿服务和公益劳动信息、国防民防相关项目、高中学业水平考试成绩、拓展型和研究型课程学习经历、发表论文和获得专利情况、参与文艺体等活动情况、参与调研等。

4. 艺术类专业招生

艺术类招生是高等艺术院校或普通高校艺术类专业为培养艺术领域专业人才而招收有艺术专业基础考生的招生方式。招生时综合考虑学生的艺术专业成绩和高考文化成绩，择优选拔录取。

---

① 上海市教育考试院.2021年上海市普通高等学校招生专业目录[M].上海：上海译文出版社，2021：21-50.

艺术类专业考试包括省级统考和校考两种。统考是各个省（区、市）组织的统一艺术专业考试，所在省份的艺术考生必须参加。考试时间一般在每年的 12 月至春节前，由所在地的教育局组织。各地组织的时间、题型、评定也都各不相同。统考的艺术成绩只适用于所在省份的专业院校和部分承认统考成绩的外省份专业院校。艺考中，公认的艺术类专业主要有表演、音乐、编导、舞蹈、美术、摄影、书法、播音八大类，每一类专业的报考都有相应的报考条件和要求。校考也称单招，由具有校考资格院校自行组织，一般是专业实力强的综合艺术类院校，考试时间一般在每年的 1—3 月，录取的方式每个学校都不一样。取得艺术专业考试合格证的考生还须参加高考，按艺术类院校的录取原则录取。

5. 高水平艺术团招生

高水平艺术团招生指普通高校普通专业招收具有艺术特长的学生，其目的是推进高校美育工作开展，活跃校园文化生活。考生参加艺术测试合格后，可在高考中享受一定程度降分录取的优惠政策。

高校建设的高水平艺术团主要包括音乐团（如合唱团、交响乐团、民乐团等）、舞蹈团（如民族舞团、芭蕾舞团、现代舞团等）和戏剧团（如话剧团、戏曲团、曲艺团等）三类。报考高水平艺术团的考生至少需要具备这些方面的艺术特长之一，并且在高考前参加高校的艺术测试，测试合格后才可享受高考录取优惠政策。各高校的招生项目、艺术测试方式和时间不同，因此需要学生提前了解目标高校的招生章程。

高考成绩一般要求不低于特殊类型招生控制分数线，部分高校还要求高出该分数线一定分值，比如中国人民大学、复旦大学都要求高出 50 分。

通过艺术团招生录取的学生进入大学后要接受所在院系和艺术团的双重管理，既要完成本专业的学习任务，又要认真履行排练演出义务。

6. 体育类专业招生

体育类专业招生，包括体育单招和体育统招两种方式。

体育单招是针对专业运动员或具有专业运动员水平的考生设立的，招生专业仅限运动训练、武术与民族传统体育两个专业。考生需要具备单招项目（运动训练或武术与民族传统体育）的二级运动员（含）以上运动技术等级称号方可报名。参加单招的学生需要参加单独的文化考试和体育专项考试。

体育统招是针对喜欢体育、有一定的体育运动基础但并无体育专业技术等级的考生设立的，招生专业有体育教育、社会体育指导与管理、休闲体育等专业。参加统招的考生需要参加体育类专业考试（省统考）和文化课考试（高考）。

7. 高水平运动队招生

高水平运动队招生，指普通高校普通专业招收具有体育特长的学生，以推动高校体育运动的开展。考生参加高校测试合格后，可在高考中享受一定程度降分录取的优惠政策。

报考高水平运动队的考生需要具备以下条件之一：①高级中等教育学校毕业，获得国家二级运动员（含）以上证书且高中阶段在省级（含）以上比赛中获得集体项目前六名的主力队员或个人项目前三名者；②具有高级中等教育毕业同等学力，获得国家一级运动员（含）以上证书者；③具有高级中等教育毕业同等学力，近三年内在全国（或国际）集体项目比赛中获得前八名的主力队员。

获得报考资格的考生，需要参加目标高校组织的专业测试或国家体育总局组织的统一测试。各高校会根据考生的专业测试成绩确定候选名单。

高考总分一般需达到本科录取控制分数线以上，对于少数体育测试成绩特别突出的考生，高校可适度降低文化成绩录取要求。

考生入校后要接受所在院系和运动队双重管理，既要按本专业培养方案完成专业学习任务，又要认真履行参加训练和比赛的义务。

8. 三项招飞（空军、海军、民航）

有航空飞行梦想且身体条件符合要求的高中生，可以考虑通过空军招飞、海军招飞、民航招飞三种渠道成为一名飞行员。其中，海军招飞只在部分地区招生（不包含上海市）。

在高三第一学期开始，空军、海军和民航招飞就陆续开始招生，选拔流程持续时间比较长，往往需要经过多次考核。

各类型的招飞对考生的性别、年龄、身体素质等都有严格规定。如空军招飞要求考生年龄 17～20 周岁，身高 164～185 cm，体重不低于标准体重的 80%、不高于标准体重的130%，裸眼视力 C 字表 0.8 以上（相当于 E 字表 5.0 及以上），未做过视力矫治手术，未佩戴过角膜塑形镜（OK 镜），无色盲、色弱、斜视等眼疾等等。对于普通中学高中毕业生报名参加招飞，需品学兼优，高考成绩达到本省（市、区）本科批录取控制分数线以上。

9. 公安院校招生

公安院校招生是专门针对有志于从事公安系统事业的学生采取的一种招生方式。

公安院校招生对考生的身体条件有严格的要求，比如年龄 16～22 周岁；男性身高170 cm 以上，女性身高 160 cm 以上；男性体重指数在 17.3 至 27.3 之间，女性在 17.1 至25.7 之间；任何一眼裸眼视力均为 4.8 及以上；无色盲、色弱、斜视等眼疾。

报考公安类院校的考生一般 5 月份要在"上海招考热线"等网上进行报考意向登记。高考结束后，报名的考生参加上海市公安局统一组织的体检、面试、体能测评、政治考察等。体检、面试、体能测评和政治考察均合格的考生方可填报公安类院校志愿。

截至 2021 年，在上海本科提前批次进行招生的公安类学校有：中国人民公安大学、中国人民警察大学、中国刑事警察学院、铁道警察学院、南京森林警察学院、上海公安学院[①]。

---

① 上海市教育考试院.2021 年上海市普通高等学校招生专业目录［M］.上海：上海译文出版社，2021：38 - 45.

10. 港澳招生

港澳招生,是指香港、澳门的院校在内地进行招生。

截至 2021 年,在内地招生的 21 所港澳高校有两种招生方式:一种是香港中文大学和香港城市大学 2 所高校采用的统招方式,需要在提前批填报志愿;另一种是香港大学等 13 所香港高校和澳门大学等 6 所澳门高校采用的独立招生方式,需要考生按照高校的要求提交入学申请,参加高校组织的面试,由高校根据考生高考成绩和面试表现等其他要求来录取。

在内地招生的港澳高校包括:香港大学、香港中文大学、香港科技大学、香港理工大学、香港城市大学、香港浸会大学、香港岭南大学、香港教育大学、香港公开大学、香港演艺学院、香港树仁大学、香港珠海学院、香港恒生大学、香港东华学院、香港高等教育科技学院、澳门大学、澳门科技大学、澳门理工学院、澳门镜湖护理学院、澳门旅游学院、澳门城市大学。

11. 出国留学

出国留学[1],是指去母国以外的其他国家接受各类学历教育。随着教育国际化程度的不断提高,高中毕业后出国留学也成了很多人的选择之一。下面以美国、英国、日本这三个典型的留学国家为例,介绍需要准备的材料。

如果要申请美国的大学,通常需要准备的资料有:高中成绩单(GPA)、英语能力测试(TOEFL)、学术能力评估测试(SAT)、简历表、个人陈述(包括教育背景、特殊成就、兴趣和未来计划等)、推荐信、其他材料(包括实习、实践、荣誉证书等)。

申请英国的大学需要准备的材料跟美国基本相同,只不过英语能力测试是雅思考试,学术能力评估测试考察的是 A-level 课程。

申请日本的大学,需要准备的资料包括:日本留学考试(EJU)、大学自主招生考试、日语能力测试、申请表和其他材料。

出国留学的费用比起在国内读书要高出很多,每年的费用(含学费和生活费)在 15 万～30 万元人民币之间。因此,在决定是否要出国留学之前,学生也要考虑家庭的经济承受能力、自己是否能争取到奖学金等情况。

(三) 升学路径的多元思考[2]

升学路径众多,其目的是为了满足国家对多样化人才的需求,让每个人都能找到适合自己的发展路径。如果学生综合素质优秀或者在某些学科方面有特长,那么可以选择综

---

① 钱静峰.是时候聊聊生涯了[M].上海:上海交通大学出版社,2016:162-170.
② 钱静峰,白茹.未来,我们创造的地方——我的生涯意识学习手册[M].上海:上海交通大学出版社,2021:46-47.

合评价招生、强基计划招生;如果学生有艺体方面的特长,那么可以从艺术类专业招生、高水平艺术团招生、体育类专业招生和高水平运动队招生等几种升学路径中选择适合自己的途径;如果学生身体素质好,那么军队院校招生、公安类院校招生、航海类专业招生以及空军、海军和民航招飞也是可以考虑的升学路径;如果学生外语水平高,想要去国外学习,那么可以考虑中外合作办学或出国留学。因此,除统一高考招生外,每个人都可以选择其他适合自己的路径。

除了横向的多种升学选择外,国家还提供了一些纵向贯通培养的路径供高考失利的学生"曲线救国"。对于没能进入理想大学或理想专业的本科生,可以通过大学换专业或研究生道路来圆梦;对于高考发挥不佳只能选择高职的学生可以通过专升本的途径继续深造;对于高考落榜但又不想复读的学生,可以通过成人高考继续自己的求学之路。

总之,升学只是一个阶段性的选择,作为导师,可以指导学生从当下和长远两个角度做多手准备。

二、升学路径选择指导

(一)升学路径选择中常见的问题

虽然升学路径众多,但很多学生尤其是高一学生对这方面的了解知之甚少,更不用说做选择。有些同学可能听说过一些升学路径,但由于了解得不够深入,很容易根据片面信息做出草率决定,比如认为有艺术方面的特长只能走艺术类招生,将来只能学艺术类专业。还有的同学对一些升学路径有比较详细的了解,但由于缺乏全方面考虑以及做决策的方法,很容易陷入不知道如何抉择升学路径的窘境。这些都是学生在升学路径选择过程中可能会遇到的问题,需要导师根据学生的实际情况选择相应的指导策略。

(二)导师辅导策略

1. 开展有关升学路径的团体活动

高一学生普遍对升学路径的了解不多,因此通过开展团体活动来帮助大家学习、了解升学路径的知识并结合自身的情况来思考未来的发展规划是很好的生涯教育策略。在团体活动中,同学们可以互相分享有关升学路径的知识,从而扩展认知,同时也可以从他人关于升学路径的选择和思考中获得一些启发。

团体活动——升学路径的多元与选择

活动目的:

(1)拓展同学们关于升学路径的认知。

(2)启发同学们的升学规划意识和行动。

活动过程：

（1）邀请同学们头脑风暴，说出自己知道的升学路径。

（2）导师结合同学们的分享进行归纳总结。

（3）请同学们写出自己可能会考虑的升学路径及选择的理由。

（4）邀请同学分享。

（5）导师做点评、总结。

（6）布置家庭作业：搜集感兴趣的升学路径的详细资料。

2. 使用测评工具

"多元升学路径评估"是帮助学生们快速探索适合自己的升学路径的重要工具，它可以结合学生的基本信息、身体条件、个人能力等多方面因素来帮助学生评估自身适合哪些升学路径。做完测评后，如果学生对测评的结果有疑义，导师可以给学生答疑解惑。由于学生各方面的条件还处在不断变化中，因此也可以让学生隔一段时间再重新做这个测试，看看适合他的升学路径有没有变化，或者离之前选择的升学路径的距离是否在不断缩小。

3. 个别谈话

个别谈话是导师经常采用的一种辅导策略，比较适合个性化强的问题。导师通过与学生一对一的谈话，一方面可以了解学生的困惑点，帮助理清影响升学路径选择的因素，同时也可以对学生进行相关知识的普及以及传授解决问题的方法。当学生对一些升学路径适合自己比较迷茫时，可以让学生先做多元升学路径评估，然后结合测评结果再跟学生做进一步的沟通。当学生纠结于要从几个升学路径中选出最适合自己的升学路径时，导师可以教授决策平衡单法，让学生通过这个方法来做出自己的选择。

小希同学的成绩在班里属于中等偏下。高一选科时，由于喜欢机械设计，又从未来选择大学专业范围广的角度考虑，她选择了物理、地理、生物。接下来，她花了很多时间和精力学习物理，但每次等级考试成绩总是不理想，与班里其他同学差距也越拉越大，对物理学习感到力不从心，可是再换科已经来不及了。到了高二，地理、生物等级考试考的都是C档，看看周边很多同学都考得比自己好，她感觉很沮丧。针对她的情况，导师建议她可以了解一下春考，暑假也可以做点准备。

进入高三后，小希的物理学习更是捉襟见肘。加上语数外成绩也在年级靠后的位置，她感觉每天上学都是煎熬，看不到希望。这时，导师又跟她聊了聊，分析了选择春考的理由。首先，小希的主三门相对她的"加三"科目还是强的，春考比拼的是语数外且考查的内容相对简单，比较适合她，夏季高考加上"加三"科目她就没有这个优势了。其次，小希有望被录取的学校有她喜欢的专业。现在升学路径多样，小希完全可以在本科阶段打好专业基础，到了大四通过考研再选择一个更好的学校。听了导师的建议，加上自己也觉得通过春考被录取可以提前从高三的压力中得到解放，于是报名了春考。在春考中，她发挥正常。虽然录取的学校并不是想象中那么理想，但是挑选了感兴趣的专业。

毕业一年后回来看导师，她非常感谢导师当年的指导。她的一些好朋友比自己学习还要好点，煎熬到高考最后考取的学校却没有自己的好。她真的很喜欢现在的专业，准备大四考研继续深造。

4. 家校联合，共同助力学生选择

在学生做升学规划、选择适合自己的升学路径的过程中，家长也是不可或缺的助力。一方面，家长对学生未来的发展可能会有一些设想，从而帮助学生做出升学路径的选择；另一方面，家长参与讨论升学路径选择可以更好地了解学生的想法、对未来的期待，同时也可以从过来人的角度提一些建议或看法，帮助学生对这件事有更全面的认识，从而理智地做出选择。如果学生和家长在沟通的过程中产生了严重的冲突，导师可以邀请家长到学校来一起谈谈，或教授一些正确沟通的方法（比如，哈佛谈判法则，详见本书第六章第九节）。

三、升学路径准备指导

（一）升学路径准备中常见的问题

选择好升学路径后，接下来就是做相关准备了。很多学生因为各升学路径的报名主要是在高三才开始，认为那时准备就行。其实不然，因为有些升学路径在报名时需要准备的资料比较多，比如综合评价招生，需要提交个人的综合素质档案，如果不是从高一或高二就开始做相关准备的话，肯定就来不及了。另外，有些升学路径有专业能力测试，如果报名后再准备的话测试通过的可能性不大，比如艺术类专业招生、高水平艺术团招生、体育类专业招生、高水平运动队招生等。有些学生虽然知道要趁早做相关准备，但又不知道如何着手。还有的学生很早就开始做准备了，但由于缺乏自制力或监督，很容易就放弃了，或者由于准备的方法不得当，效果不佳，离目标差距很大。因此在学生做升学路径的准备过程中，也需要导师帮忙进行指导以及和家长一起监督落实。

（二）导师辅导策略

1. 校友交流会

毕业的校友是学校宝贵的资源，可以定期邀请毕业不久的校友回学校分享自己的升学准备过程。由于年龄相仿、经历相似，所以他们分享的内容更容易使学生产生共鸣、获得启发。在分享的过程中，可以让校友说说自己在准备的过程中遇到的困难、后来是如何

克服的以及对学弟学妹们的建议等等。集体分享结束后，也可以让他们私下再做些交流。导师也可以搜集好校友的联系方式，以便学生后面与他们联系、咨询或做访谈。

　　小珺同学是闵行中学2020届毕业生。高一上学期期末的"生涯讲坛"，学校照例组织了一场与毕业生的交流会，邀请了一些刚刚进入大学的优秀毕业生来分享他们在高中阶段的学习经验。通过此次交流会，她了解了综合评价招生，并且意识到这是进入她的目标大学——上海交通大学很重要的一条路径，因此她决定把握住这个机会。

　　因为综合评价招生对学生的综合能力要求较高，所以她在保证学好文化知识的基础上，也注重各方面能力的锻炼，认真积累综合素质方面的材料。比如，担任班级学习委员、策划主题班会；在校学生会中承担各项校园活动的新闻稿写作。结合自己的特长和未来发展目标，她决定报读上海交通大学的广播电视编导专业。

　　高二上学期，小珺报名参加第四届"青史杯"高中生历史剧本大赛。在跟老师交流后，她选定了写作题目《风雪平安夜》。通过一次次史料考证、情节构想、细节打磨，她以文学创作的形式展现了晦暗的战争年代里弥存的人性光辉，还原了宏观历史下小人物无从掌控自身命运的渺小和悲哀。最终，她创作的剧本获得了此次大赛的全国一等奖。这次经历也更加坚定了她投身影视编导行业的志向。

　　高三下学期，小珺同学报名了上海交通大学的综合评价招生，提交了综合素质评价档案、研究性学习成果等资料，并顺利通过了初审。高考成绩出来后，小珺同学以优秀的成绩顺利进入综评面试环节。高中三年的历练和积累，加上充分的准备和对专业的热爱，让小珺在面试时表现十分优秀。最终，她如愿被上海交通大学广播电视编导专业录取。

　　正是学校组织的这场校友交流会让小珺同学了解了综合评价招生，开启了综评招生的准备之路，从而在高考时得偿所愿。

2. 指导学生深入探索意向升学路径

　　不少学生不知道如何做准备，其实是因为对升学路径的了解不够。针对这部分学生，导师可以指导他们深入探索意向升学路径。比如，上网搜索该升学路径的招生简章、相关介绍，然后梳理报考流程、注意事项、考核方式等，结合梳理的内容再制订自己的准备计划并跟导师讨论计划的可行性。另外，也可以采访通过相同路径进入大学的学长，了解他们是如何准备的，有哪些教训可以吸取，有哪些好的经验可以借鉴。

3. 个别谈话

　　不管是在准备前，还是准备中，导师跟学生一对一的谈话都很重要。通过谈话，可以帮助学生解除心中的困惑，完善准备计划，开启准备之旅，以及探讨如何解决准备过程中遇到的困难，甚至为他们加油鼓劲、提供精神支持等。

Z同学在高三时，通过导师对多元升学路径的介绍，对飞行员职业产生了兴趣。在多途径了解了飞行员的职业要求，并且跟导师详细交流后，Z同学立志要报考飞行员。飞行员对身体素质的要求比较高，有严格的体检标准。Z同学视力、身高、健康状况等多方面身体条件都还不错，唯一"硬伤"是体重超标。为此，住校的他坚持每天早晨5:30起床后去操场锻炼，一天三顿只吃一顿主食，其余时间实在饿了就喝水，他自嘲跑卫生间的频率越来越高。就这样坚持了两三个月，最后顺利通过招飞体检。高考中，他发挥出色，成功通过东航招飞，被上海工程技术大学飞行技术专业录取，定点培养。

4. 家校合力，助力成功

不少升学路径的准备过程都是比较漫长的，比如综评招生，需要从高一或高二就开始积累综合评价材料；艺体类招生需要在高三前利用课余时间提升专业能力；三项招飞的选拔从高三上学期开始，到高考录取结束，中间会经历多次考核，而且学生在报名前就要加强身体锻炼，以保证身体条件过关。在漫长的准备过程中，如果学生能得到家长的支持、帮助，必将增加成功的可能性。因此，导师可以邀请家长利用业余时间参与学生升学路径的准备过程。家长可做的事情包括：搜集资料、打听消息、完善准备计划；监督学生认真落实计划；讨论准备过程中遇到的困难及解决方法；备考过程中重要时间节点的提醒；帮助学生调整心态（比如给学生加油、鼓劲，帮助他们适时放松等）；做好生活上的保障；等等。

小王是闵行中学的学生，从小对唱歌和演奏各种乐器比较感兴趣，学习过笛子、二胡和小提琴，并且是学校民乐队的成员。

高一下学期选科时，他开始思考自己未来的目标大学和专业。经过与父母交流，他决定将上海师范大学音乐表演专业作为自己的高考目标。

父母查询了往年上海师范大学的艺术类招生简章和上海市艺术类统考说明后发现，音乐类统考需要考声乐演唱和乐器演奏。在小王学习过的乐器中，二胡是他最擅长的。于是从高一暑假开始，他便重新拾起二胡的训练。上学期间他要完成二胡老师布置的曲目，每天花一定时间练习，挺苦的。高二暑假以及高三第一学期他还停课一段时间参加了音乐集训。

高三上学期期末，小王取得了音乐专业统考较好的成绩。接着他开始集中精力复习语数外和选考科目。高考后，他在志愿中填报了上海师范大学，并顺利被音乐表演专业录取。

5. 模拟演练

不少升学路径都有面试环节,这对学生来说是一大挑战,因此,提前模拟演练很有必要。通过演练,一方面可以帮助学生提升心理素质,另一方面也可以检验学生的准备是否充分以及训练临场应变能力。导师可以扮演考官(比如,听面试辅导讲座、参加相关培训等),也可以邀请专业人士来担任考官。在模拟演练前,要让学生提前做好相关准备,这样演练的效果才会更好,对学生的作用也会更大。

（执笔人：肖义涛　杨辉）

第六节　社会理解促进

　　学校食堂里，导师李老师正在和团队共进午餐。食堂电视里正在播放美国总统竞选的报道。小 M 随口说道："美国人傻吗？为什么选特朗普这样的人做总统，他太会表演了，整得像个小丑。要我，就绝对不选他。"

　　"或许，你可以换个角度，再来评判。你可以试着了解下特朗普的经历，以及他所代表的利益集团，再站在美国人的立场上去想一想；然后再了解下美国政治制度和它的本质，或许就能明白为什么还会有很多美国人选特朗普了。我看过几个中美关系、国际关系研究的专家评论，挺有启发的，推送给你拓展一下思路吧，下次我们再一起聊一聊这个问题。"

　　后来小 M 在课堂上，做了以"特朗普究竟是不是一个合格的总统"为主题的演讲，观点新颖、分析恰当，同学们普遍反映很受启发。

　　讨论社会热点话题，是家事国事天下事事事关心的青少年互动交流的一大主题，信息时代更为他们的这一偏好提供了便利。在一系列讨论中，他们渐渐形成自己对社会的观察、认知、判断，甚至人生观、世界观、价值观。因此，提升学生的社会理解意识，促进学生社会理解能力的提升，是导师工作的一个重要组成部分，是提升学生抽象逻辑思维、辩证逻辑思维的一大途径，也是培养学生理解社会、适应社会、参与社会的基础渠道。

一、为何要进行社会理解

（一）社会理解的重要性

　　社会理解是个人对自身和所处的社会关系、社会现象，从道理上了解、认识、比较、分析，从而形成一定见解的过程。其中，社会关系包括个体与个体、集体、国家的关系，还包括个体所在的群体与其他群体、群体与国家之间的关系等。社会现象是指普遍存在社会团体中，不仅有它独立于个体的固有存在性，而且具有强制作用于个体，使个体感受的现象。也就是说，社会理解是个体在社会生活中必不可少的常识与见解，也是个体在与社会的接触中逐渐习得的能力。

现代科学技术全面改造人们生存的物质和精神条件,时代发展的速度与全球政治经济文化等交流交互的开展,网络化信息化高速运转带来的便利,使世界日新月异,挑战与机遇并存。权威的论断、专家的分析引导精致的生活;奇葩的言论、批判的论调影响舆论的思潮;励志的标语、心灵的鸡汤渗透学生的日常。多元化给我们带来开阔的视野、迅捷的资讯、精彩的观点,同时也造成学生群体思维简单化和扁平化的趋势。此时,我们的学生需要对自身和社会更多些理解和感知,需要导师结合社会的热点事件和固有现象指导他们认识世界的方法,找到打开世界大门的钥匙。

(二)社会理解力的个体差异

弗兰西斯·培根有一句名言:"人的智慧就像一面凹凸不平的镜子,它把自己的本性掺杂在事物的本性中,所以它反映的事物是歪曲的、畸形的。"因此,个体间的社会理解能力存在偏差,受认知天性、眼界视野、思维水平、价值偏好的限制,青少年对社会的理解往往如同"盲人摸象",存在较大的个体差异。在教育实践中,细心的导师会发现,同样的社会事件,不同的学生会引发不同角度的思考,生成不同的理解与认知,甚至产生一系列不同的言行。如,台风"灿都"来袭,上海市等多地中小学生收到当地教育部门发布停课通知。学生 A 马上转发通知,并且在朋友圈发布信息,庆贺多了一天休息,社会少了安全隐患。学生 B 却在朋友圈抱怨公告发布太晚,自己已出门,还要折回,还不如不放假。两学生在这一事件上看问题的角度明显不同,一方积极另一方消极,而且 B 同学只从自身便利角度看问题,显然忽视了公告背后对公民安全问题的人文关怀,以及对台风天道路拥堵等现实问题的忧虑,体现了学生对社会生活的认知偏向。同时,也有的学生更注重主动参与社会实践,并通过积极探索、有计划地参与和体验,注重在实践中的观察、感知、比较、猜想、验证、循证等,体现出学生对社会理解的深度和广度。此外,个体社会理解力还受到诸多外部因素的影响,如家庭环境、校园文化、城市文化、社会文化等,从而呈现较大的个体差异。

二、学会甄别信息,培养厘清事实的能力

(一)甄别信息,厘清事实

了解事实真相,是社会理解的第一步。在当今信息爆炸的时代,人类有意无意地接收到来自各类渠道的信息,信息的获取、传播、发布都变得轻而易举。同时,在一众标题党、键盘侠、水军的助推下,为迎合受众猎奇、窥私的喜好,达到娱乐、出名、出气、牟利等各种目的的音视频在互联网的世界里广泛流传,甚至不断发酵,制造舆论导向,往往导致一件社会事件出现不同的版本,甚至移花接木、面目全非、本末倒置的局面。而对于在某一个时间点、通过某一个渠道获取某一则信息的青少年而言,极易形成对某一事件的片面认知

和判断，甚至卷入舆论风波。因此，厘清事实，成为学生社会理解的基础。任何不以客观事实为基础的理解和评判，都是偏颇的。

2021年"十一"长假即将结束的前两天，一张拼接合成的"关于2021年闵行中学综合楼（实验楼）关闭的通知"图片在微信朋友圈广泛流传。图片显示，"经勘探分析，确认实验楼地表1000米范围内储藏有大量金矿，因矿藏采集需要，综合楼本月起进行全面封锁"。图片一经发布，就为人们津津乐道，争相转发、询问、调侃，迅速位列当天热搜前十。

学校官网于10月6日晚发布辟谣声明："经学校调查证实，学校官网没有发布相关信息。闵行中学综合实验楼于2020年9月正式启用，综合楼内没有常规物理实验室，不存在多年物理实验的事实。经查，此信息为嫁接图片的虚假信息，学校正上报公安等部门，认真调查之中。学校保留法律诉讼的权利。"

（二）导师辅导策略

1. 引导学生评估信息源，验证真伪

要引导学生关注信息源，判断是否为原始信息，并通过官方、权威、主流媒体平台发布的信息查询真伪。据新华社"舆论引导有效性和影响力研究"课题组认为，中国的主流媒体主要有：以《人民日报》、新华社、中央电视台、中央人民广播电台、《求是》杂志、《光明日报》、《经济日报》为代表的中央级新闻媒体；以各省（自治区、直辖市）党报、电台和电视台的新闻综合频道为代表的区域性媒体；以各大中城市党报、电台和电视台的新闻综合频道为代表的城市媒体；以新华网、人民网等为代表的国家重点扶持的大型新闻网站。

除此之外，还可以通过一些官方的深度报道栏目、平台、警方通报等，深入了解事情始末。如中央电视台《焦点访谈》栏目，是央视综合频道黄金时段播出的一档时事焦点访谈节目，每天报道一个群众、政府关注的焦点问题，坚持用事实说话，用镜头记录每一个真实的焦点，还原真实的生活。其成功的关键主要是坚持"用事实说话"，运用事实的逻辑说服力，充分而含蓄地表现节目主创的价值倾向与观点。为了获得第一手的真相，一线的记者冒着生命危险，揭露矿工遇难的真相、拐卖儿童的产业链、造假的黑工厂等等，坚持"用事实说话"。这类栏目，不仅还原呈现事实真相，还能用来和学生一起分析如何抽丝剥茧，循证探查，寻找事实真相。

2021年5月9日——母亲节，成都49中17岁高二男生高空坠亡。

5月10日，死者母亲陆续发布三则微博信息，表达关于学校做法、死者遗体、出诊时间、现场监视器等诸多方面的质疑，指控学校"将我们家长全部拒之门外无可奉告，想看监

控不给看,想问问同学老师到底发生了什么,学校第一时间遣散了班里所有学生并警告他们三缄其口""没有任何正面的回答""学校那边说他们会走法律程序,除此之外无可奉告",质问学校"想一直耗着我们,最后拿出一坛骨灰将我们应付了事吗"等。

一时间,引发广泛的舆论讨论,各种猜测在网络上散播,甚至描绘得有理有据。有人说,该同学在学校受到了体罚和辱骂,不堪受辱而亡;有人说该同学给一名女同学写了情书被拒,系因情自杀;有人说,该同学是在老师的办公楼跳下去的,各种猜测云云;也有号称"同班同学的父亲"的网友说是一名化学老师使然,因为该同学和这位化学老师的儿子争出国名额;还有人画了漫画,疑似老师的人拿着刀逼该同学跳楼。此外,还有网传"警察拖行死者家属""学校下达封口令"等,一时间,想象和猜想肆意散飞,几经反转,舆论一下子到了空前的热度。

直到 5 月 13 日,《人民日报》刊载《还原成都 49 中学生坠亡事件》,就该事件的三个关键疑点——关键监控有无缺失?坠楼是如何发生的?孩子为何走到这一步?还原了事情的来龙去脉,并且倡导相关部门和媒体"有一份证据说一分话"。在逻辑上形成"闭环",在事实供应上力求无懈可击,才能最大限度消弭质疑。

2. 指导学生养成区分"事实"与"观点"的意识和能力

所谓事实,是客观存在的事物。它是可以被验证的,有真假之分,却没有好坏之论,无可辩驳;所谓观点,常常具有主观性,是某人对某事某物的看法、感觉、判断、情感表达。受主观因素的影响,基于同一客观事实,会产生不同的观点。在学生的生涯探索中,经常会出现误以观点判定事实,进而做出错误判断和决策的情况。有的同学想了解某一大学某一专业的具体情况,于是找到在读的学长,询问"这个专业好不好",在学长的一番论述和回答之后,便会得出"好"或者"不好"的结论,进而形成自己的判断,在回顾这一探索、决策过程时,还会摆出有理有据的模样——"我问过学长了,她说的"。导师可以引导学生进一步思考和质疑:

"你觉得这位学长为什么会这样说?"

"据你了解,这位学长是一个怎样的人?她有怎样的成长经历?她的表达,是否仅代表个人观点?或者代表了具有某些特点的群体观点?"

"你觉得,你和这位学长的情况是否一样?"

因此,要引导学生学会区分事实和观点,多了解事实本身,而非他人的观点和经验。面对一些个人问题,将个人的困惑拆解为一个个尽可能具体的信息,通过查询官网、查阅权威报道、多方访谈了解等综合途径,从而更全面、客观反映事实。面对一些社会热点事件,如果个人不足以短时了解到"事实真相",那便至少做到冷静理性,而非被网络舆论裹挟,而成为谣言的传播者。

5月13日，微信公众号"人民日报评论"发表《人民日报评成都学生坠亡事件：追问真相，不能让情绪代替理性》一文，摘录部分如下：

一个年轻生命的猝然离去令人悲痛，追问事情真相了解来龙去脉，这是家长的权利、公众的关切。只是，一场本该以事实为依据、法律为准绳的案件调查，却被大量网络谣言和各种未经证实的匿名信息裹挟了，让情绪化的表达代替了理性客观的讨论。这让人不得不反思，为何事件会发展到这一步？

即便技术手段再发达，对于一个突发事件，查清事实也有一个过程。关注之时，给真相一点水落石出的时间，也要保持客观冷静理性。为了获取关注度而剑走偏锋，枉顾事实真相造谣生事、煽风点火，对网络信息不加甄别偏听偏信，不仅不利于推动事件的解决，反而会给查清真相增加许多干扰因素。每个人都是网络环境的责任人，应承担起击破谣言、倡导理性、维护清朗网络空间的责任。

三、学会识别立场，培植多元、发展的视角

（一）识别立场，拥抱多元

立场，是人们观察、认识和处理问题的立足点。这个立足点，从根本上讲是由人们的经济政治社会利益和地位决定的。立场是正确认识和处理问题的根本前提和基础。立场决定态度、观点及方法，深刻影响人们的政治倾向、价值取向和发展方向，甚至决定个人、社会和国家的前途命运。[1] 国家发表诸如《关于中美经贸磋商的中方立场》，我国提出"人民立场是中国共产党的根本政治立场"；法庭上，即使在一场认罪认罚的案件审理中，站在犯罪嫌疑人、被告人一边的辩护律师也要坚守立场，尊重并维护被告人的合法权益，甚至不能对当事人及其行为做出负面评价，不论是在法律还是道德方面；辩论场上，抽签选择了正方、反方的辩手坚守立场观点，据理力争，与对方争得面红耳赤，即使戏剧性地增加一个互换立场的环节，他们也会重新站稳立场，展开厮杀；日常生活中，人们会有意无意地"爱屋及乌"，抑或"戴着有色眼镜"看待周围的人、事、物；会倾向于基于自我的视角对情境进行评价，在评估证据、道德评判、评价他人时，形成"我方立场偏差"。正如《底层逻辑》一书提出：事实，是独立于人的判断的客观存在；观点，是我们对于一个事实的看法；立场，是被位置和利益影响的观点。

（二）导师辅导策略

1. 引导识别立场，换位思维

无论在学生自己的人际交往中，还是在讨论社会热点事件时，常常看到学生各执己

---

[1] 骆郁廷：论立场[J].马克思主义研究，2020(9)：5-18+159.

见,争论辩驳。导师要引导学生从中拆解出各自的立场,甚至拆解出多方立场,分析各个立场的利益、诉求、困惑、矛盾,从多方立场的角度思考问题,学着理解对立方的观点、态度、价值观,尝试学习做一名公允无偏的思考者,或者在理性思考后,选择一方,理解另一方,寻求多赢解决之道,甚至看到各方的共同诉求,从本质看待问题。影视剧提供了极好的识别立场的故事情节,导师可以组织学生观影、赏析、讨论,培养学生识别立场、换位思考的意识和能力。

2018 年 7 月 5 日,电影《我不是药神》上映。该片讲述了神油店老板程勇从一个交不起房租的男性保健品商贩,一跃而成白血病患者特效药——印度仿制药"格列宁"独家代理商,救人无数,被封为"药神",却最终因犯"销售假药罪"被判处有期徒刑 5 年的故事。在社会热议中,导师沈老师带着学生一起观看了这部影片,进行了一场关于"识别立场,分析孰是孰非"的讨论。

沈老师首先引导同学们拆解出,影片中究竟存在几方立场。在同学们的讨论中,各方被一一列出:被人尊称为"药神"的程勇、渴求低价药救命的白血病患者及其亲属们、开始唯利是图但最终宁愿自己坐牢也不肯出卖程勇的"张院士"、垄断格列宁药物的瑞士诺瓦公司、正义执法中面对病人们的质问放弃办案的警察曹斌……

继而,沈老师让同学们抽签,代表任意一方,发表"我为_____代言"的讨论。同学们展开了热烈的讨论。

活动结束,同学们纷纷表示,法律是底线,但是在一个个鲜活的社会事件中,可能真的是一个"无关对错,只分立场"的世界。

沈老师进一步提醒同学们:这部电影反映的是当今我国医药领域存在的现实问题——药价高、看病难、医保、进口药关税、进口药定价等,并且分享了《我不是药神》主演徐峥发布的一条微博。配文:让人落泪的不一定是悲剧,时代的进步是真实的,爱的光芒让未来充满希望。配图是国家在药品价格、大病治疗方面的新闻,包括国家医保局推动抗癌药加快降价、中国自主研究白血病药物等,并邀请感兴趣的同学可以就这些背后的相关话题、社会现象做进一步的思考和探究。

2. 指导学生尝试提出解决问题的方案,着力提升学生的公共参与素养

学生生活在真实世界中,任何一个社会事件,也都涉及不同立场的几方。导师可以就一些社会问题,指导学生从不同立场的角度,就各方可以如何积极应对,提出自己的见解和看法,甚至通过各类实践活动,参与公共事务,提升公共参与素养。2020 年,教育部人文社会重点研究基地南京师范大学道德教育研究所课题组开展了"新时代中国青少年公民素养调查"。① 结果显示，我国青少年热爱祖国的主体意识浓厚，勇于担当的责任意识强烈，遵纪守法的法治意识良好，尊崇公序良俗的公德意识充分，知权行权维权的权利意识一般，积极践行的参与意识有待加强。因此，在导师与学生的互动交流中，可以尝试增加相关主题和实践探索。如曾经有导师就2018年拼多多在上海、纽约同时敲钟上市引发的"假货危机"舆论风波一事，带领学生持续关注事发后拼多多如何回应舆论，国家市场监督局出手约谈拼多多，继而通过发布《关于加大打击制售假冒伪劣商品违法行为力度的通知》等举措，分析这件事情的始末——出现了什么情况？具体有什么表现？可能的原因是什么？以及各相关方如国家主管监管部门、法律法规出台部门、拼多多平台、各品牌方、各品牌厂商、消费者的立场，各自可以采取的积极应对措施。在这样的探讨调研中，学生不再以单一、固化的视角看待问题，换之以多元、发展的视角，甚至形成解决问题的思路对策，对学生的公共参与素养培养是一次很好的案例学习和探究。

　　2021年暑期，上海市闵行区推出"青春打卡——寻访家门口的红色印记"活动，引导青少年参观走访家门口的红色场馆。导师陈老师组织学生走访了具有产业特色的上海新虹桥国际医学中心②。

　　陈老师首先组织学生们完成初次行走任务，并设计了初次行走任务单，引导学生们将过程中的所见所闻所感记录下来，并提出相关问题。活动结束后，陈老师组织学生们进行交流讨论，学生们提出了很多疑惑，为了解惑，陈老师指导他们凝练、总结、分析、聚焦问题，并进行了第二次行走。出行前，各小组聚焦问题，并通过自主学习《健康中国行动（2019—2030）》《健康上海行动（2019—2030）》、新虹桥"十条新政"等相关政策文件。在第二次行走活动中，陈老师指导学生们根据各自感兴趣的问题，组建了市民、企业、政府研究小组，并通过进一步的采访、调查研究等，形成了一些有价值的问题——高端医疗如何惠及全民？政府如何更好地支持园区建设？健康中国建设需要哪些力量？分别以市民、企业、政府立场，回到学校组织圆桌会议，探讨问题解决之道。通过圆桌会议讨论，同学们达成了很多共识，也进一步催生他们参与到这个中心的建设中的想法。于是，在身为政治老师的陈老师的推荐和鼓励下，他们决定参加上海市第七届青少年模拟政协活动，希望能

① 该调查项目基于中国七大行政区（东北、华北、西北、华中、华东、华南、西南），从每个行政区各选一个省份，各省份选一个地级市；其次，各市选择一个城市中心区、城乡接合区、县分别作为城市、城镇和农村样本；随后在各区（县）选择优质、普通初中、高中各一所，学校内部以年级为单位进行取样。最终，通过现场送发、邮寄发放等方式收回有效问卷28 000余份。样本总量涵盖全国7个省份，21个区（县）近90所学校。资料来源：乐先莲.中国青少年学生公民素养特征调查［EB/OL］.（2020-01-09）［2021-04-23］.m.ssn.cn/zx/zx_bwyc/202001/t20200109_5073580.htm.

② 上海新虹桥国际医学中心是在原国家卫生和计划生育委员会的支持下，经上海市人民政府批准建设的国际医学中心。该中心（拟）引入大量有品牌、上规模的国内国际医疗机构，重点发展先进专科医疗服务，正努力建设成为具有国际水准的集"医、教、研、康、养、游"于一体的生命健康和生物医药产业集聚区。

助力高端医疗的普及,所以他们又有针对性地采访、调研,并在陈老师的一次次指导下完善提案,最终形成《关于向中高收入人群普及高端医疗的提案》,参加了上海市第七届青少年模拟政协活动,获区杰出提案奖和最佳展示奖。

四、尝试科学探究,培育专业素养

(一)科学探究,专业解读

高中生已经是掌握了一定知识和技能的群体,其逻辑思维能力也在迅速发展,同时,情境创设是新课标对高中学科教学的一大要求,而很多社会热点事件便是自然发生了的真实情境,导师可以因势利导,将其转化为真实性学习的契机。尝试用现有学科知识,用某些专业领域的视角、理论和研究方法,分析解决问题,这些均是很好的以专业视角进行社会理解的方法,也是为高中学生拓展学科学习,连接大学专业知识,培养学科素养、专业素养的途径。

(二)导师辅导策略

1. 尝试用学科及其拓展知识,探究问题

高中阶段是培养学生基础知识、基本技能,结合社会现象创设与生活关联的真实情境,带领学生运用所学自主探究,运用科学的方法、手段与技能分析和理解社会现象,培养学生理想信念、社会责任感、科学文化素养、自主发展能力、沟通合作能力、终身发展能力的黄金阶段。如同前文提及的谣传"闵行中学地下有金矿",导师可以带领学生尝试用地理学科知识和探究方法,验证、推断其真伪,便会发现这是一条没有任何科学依据的谬论——上海绝大部分地区都是由江河亿万年间携带泥沙形成的冲积平原,闵行中学所在地区正是由泥土慢慢堆积而成,泥土里缺乏金属矿藏——别说金矿,就连值得开采的铜矿、铁矿都没有。

2. 尝试运用专业领域知识分析问题

为学生适应高等教育做准备,是高中教育的内涵之一,自主探索和求知中的青少年也慢慢开始萌发对某些学科、专业领域的兴趣,甚至开始自学相关课程,翻阅相关领域的图书,他们开始期待自己能够在某一领域具有专业视角,并且能分析有关问题。因此,导师不妨启发学生选择某一专业视角,就某些社会问题进行探析,甚至以此类真实体验为依据,帮助学生明晰未来发展方向。

2021年,上海松江区一老伯自己花钱买的香樟树,多年前从院内移栽到院外,后因为嫌它遮挡阳光,于是找人修剪,被城管部门认定为砍伐,并罚款14.42万元。这则新闻引

起了小杜同学的关注，他百思不得其解，跟同学抱怨我们国家法律法规不健全、执法粗暴等问题。导师（物理老师）找来小杜同学，启发他如果觉得这是一起和法律法规相关的事情，那么就试着用法律法规的视角和逻辑来思考下这个问题。比如导师坦陈自己并非相关领域专业人员，但是从个人角度分析此事，可能有诸多疑惑，如老伯被罚款，自然是因为他触犯了某些法律法规，那么是什么法律法规呢？相关条文是如何规定的？老伯的行为是否正好处在法律法规的判定范围？如果是执法粗暴，那么整件事情过程中，是否存在不当？就这件事情而言，一般人都会认为有点匪夷所思，那么是不是相关法律法规并未能在大众中普及，进而形成大众的法律盲区？这样的法律法规还有哪些？如何有效普法？……"外行"导师的提问让他释然，但是却激发了他的法律热情，导师向他推荐了 B 站的《罗翔说刑法》。从此，小杜一发不可收拾，开启了探究法律的旅程。

针对松江老伯被罚事件，小杜请求在导师团队中分享，尝试回答了"外行"导师提出的各种问题，还提出了在日新月异的新时期建设法治社会的诸多设想，从此，被导师团队的其他同学尊称为"杜律"。

3. 尝试从博古通今、国际比较中理解社会

以史为鉴，做历史的传承者；国际比较，做知己知彼的理性思考者。高中生普遍关注社会问题，但往往视角单一，特别容易形成成就感与挫折感不断交替的局面，有时自豪自信，却有时也能把自己击打到粉碎。尝试引导学生在博古通今、国际比较中理解自己、社会、国家，帮助他们学会建立横向、纵向的坐标，进而达到理性认同。例如，2021 年国家在教育领域推行了"双减"、职教高考、促进家庭教育等一系列与学生息息相关的政策，家长和学生普遍感到迷惑，便有导师带领学生尝试从国际比较的视角，了解 2002 年日本推行的"宽松教育"，以及 2016 年"补课帝国"韩国推行的"自由学期制"等与我们有些类似背景和预期目标的政策推行以来的状况，甚至平行比较我国在政策推行同期的配套举措，思考分析我国"双减"政策的实施可能会陆续碰到的问题，探究民众的积极应对之策。

阅读经典，也是博古通今、国际比较的一种方式。德国作家赫尔曼·黑塞（Hermann Hesse）曾说，阅读世界经典文学作品是获得教养的重要途径，经典作品的力量就是传达某一时代的辉煌或鄙陋、某一作者的独到且精彩的观察或见解。导师可以带领学生进行沉浸式、系统化阅读，辅以探究性、思辨性探讨，感知经典作品中的时代性因素，对比、反思当前时代，进而提升辨别力和决断力。有语文学科导师曾经带领学生就如下主题与学生进行探讨，透过文学作品触碰时代嬗变，审视、分析、辨别纷繁复杂的社会现象（见表 6.21）。

表 6.21　经典作品一览表

经典作品	创作时代的社会特征	当今社会的时代特征	经典作品的价值体现
费孝通《乡土中国》	熟人社会 乡土中国	法治社会 现代中国	乡土情结的嬗变 责任担当与承继
尼尔·波兹曼《娱乐至死》	电视机统治的时代 社会公共话语肤浅	网络信息化的时代 碎片化快餐式阅读	重拾思考与判断 回归传统与文化
鲁迅《阿Q正传》	封建社会小农意识 愚昧麻木劣根性	城乡一体化 社会主义新农村	人的健全发展 国的繁荣昌盛
巴尔扎克《欧也妮·葛朗台》	金钱至上的社会 亲情淡漠疏离	功利主义盛行 交流日趋简单化 情感交流障碍	呼唤人性回归 体现人文关怀

4. 尝试科学实践，于亲身体验中理解社会

没有调查就没有发言权，没有实践也不会有真觉知。社会实践、志愿者服务都是学生认知社会、理解社会的良机。导师可以指导学生积极实践、理性思考。

导师王老师在医院与正在参加志愿者服务的学生小昊相遇。当时，学生正站立在医院门诊大楼一楼的电梯旁，在医院熙熙攘攘的人潮中无所事事、不知所措。王老师想起小昊曾经在导师团队分享观看《在人间》的感悟，以及立志想要当一名临床医生的希望。于是，王老师开始向担任导医工作的小昊求助——身体不适，但是不知道挂哪个科室的号。一开始，小昊摸着脑袋，腼腆地说："老师，这个，我也不懂，您要么去问问导医台的护士吧。"王老师随即说道："你今天担任导医工作，可不可以帮我去问问，护士台那么多人，我现在有点没力气过去问。"小昊赶紧跑到导医台询问，可是护士问了两个问题，他都没法回答，只好回来继续问老师。一番忙碌，小昊终于帮王老师了解到可以挂号的科室。于是，王老师提醒小昊，《在人间》让你看到了荧幕里的临床医生，今天这样的志愿者活动，能让你从当下所处的门诊一楼看见真实的世界，并给他布置了一个实践任务——记录10个从导医志愿者的视角看到的病患故事片段，可以是观察导医台护士的工作，也可以像服务自己的老师一样，尝试着主动发现有需要的病患，并提供帮助，也可以自己想其他办法。

王老师看好病，途径门诊一楼时，看到小昊正在陪一个小女孩玩耍，原来是小女孩妈妈抱着弟弟去挂号了，他在帮忙照看。

王老师给小昊布置的实践任务让他感触很深。不久后，他开启了一个以"提升门诊患者就医满意度"为主题的访谈项目。利用周末，到医院各科室诊疗室外，与等待诊疗的患者沟通、访谈，并由此撰写了自己的研究性学习报告。高考结束，他参加了医学院的综合评价面试，被提问问题均与这些实践项目中的见闻、感触、认知相关，他与面试考官进行了充分交流，并以面试满分的成绩被该校成功录取。

5. 尝试站在"专家"的肩膀上，思辨分析

今天的高中生身处瞬息万变、错综复杂的世界，他们关心着国际形势、全球治理、法治社会、乡村振兴、后疫情时代的经济发展、未来教育等各个领域的话题。好在，学生有更多便利的学习机会。报刊评论员文章、访谈类节目、一些专家学者办的微信公众号、学术文献、知识平台等，都可以作为学习专家、专业视角分析问题的途径，在思辨中明理、致知。

（执笔人：白茹　沈瑞红）

第七节　社团生活因应指导

小 G 同学爱好徒步旅行，多年之前她热衷于观看《极速前进》城市定向比赛。忽然有一天她找到导师，问道："老师，我能不能申请建立一个新社团？"眉宇间表现出对成立社团的急切渴望。她表示，她已经开始着手设计社团的 logo，她还决定在社团初创之时策划一场城市定向比赛，让更多的同学参与进来，了解这项活动的乐趣，同时还能招募和她有着共同爱好的同学。她将自己的想法与老师进行了交流，希望能获得支持。老师充分肯定了她的想法，并表示全力支持，同时提醒她"在学校成立社团是需要提出申请的，学校对社团的申请、活动开展等有一系列的流程和要求，所以需要做好这方面的准备；此外，热情与创意对于社团的组建和发展十分重要，因为要吸纳志同道合的同学加入社团，那么，你首先要让你周围的人清楚了解你社团的相关信息和具体计划，你可以试着在申请社团的同时做一些宣传资料，增加同学们对它的认知度，这样或许对团队建设和活动实施有更大的帮助"。

以学生为中心的教育理念随着时代发展不断更新，现代教育不仅注重人的全面发展，对于每个个体的个性发展也更为关注。每位学生都是独特的个体，有其不同的认知特征、兴趣爱好。教育需要以尊重每个人不同的天性为出发点，顺应每个人的不同禀赋，有针对性地提升每个人不同的潜能。社团导师便是通过社团、社群让不同志趣的同学们凝聚在一起，共同探索和成长，帮助他们基于自己的兴趣、爱好、特长开展社团活动，成就属于他们自己的未来。

一、学生参与社团的需求旺盛

高中阶段的学生正处于快速成长阶段，往往精力充沛，对世界充满好奇，乐于交流与体验，富于想象，有多元的发展需求，社团活动是能够满足他们探索世界、成就自我的最好途径。

1. 满足空间延伸的需求

每位学生终究要离开校园踏入社会，需要去面对一个更为宽广的世界。高中学校教育的一项职能就是要将学生的活动空间意识逐渐由校园延伸至家庭、社区乃至整个社会，学校唯有打破时空的局限，将学生的课堂由内延伸到外，才能为学生创设更为丰富的教育资源和方法。与传统的课堂教学相比，社团活动让学生走出了固有的教室和交往环境，走向了更加丰富和延展的空间，满足了学生个性和社交的需求，学生还可以根据自己的兴趣特长在课堂之外进行自主探究、体验学习。例如，单片机社团的活动地点在学校单片机实验室；游泳社团的活动空间转入了体育馆泳池之中；在摄影社团活动中，学生带着相机走向校外的大自然和社会。依托社团活动，学生真正实现了生活、教育空间的转换。

2. 满足同伴集体、文化创设的需求

家庭是学生最早融入的生活集体，通过血缘，孩子自然地成为家庭的中心。班级是学生在校园内接触的群体，班级是以教育管理为单位的行政组织，教师在组织有绝对的权威，班级活动还有一定的强制性，学生在其中享有不同程度但有限的自主空间。社团的存在则突破了以上两种集体的局限性，社团的组成是学生从兴趣出发自主选择的过程，它并不强制学生。社团作为一个同伴群体，他们是由志趣相投的学生聚集而成，其中的每位学生都是平等的，学生的自主性更强，组织成员之间的关系更加密切。同时，社团折射出的是中学生一代的亚文化，更符合他们的期待与认知。

3. 个性表达、自主成长的需求

每位学生千差万别，各有特色。寻求独立、归属的高中生，期待个性表达、自主成长的空间。以学生兴趣为纽带的学生社团，能够在较大程度为学生提供个性发展的平台。选择参与不同的社团，体现着对学生的尊重，为社团活动自愿投入、贡献力量，体现着对学生的信任。同时，社团也是便于学生进行自我认知和探索的重要起点，伴随着社团活动的开展，学生对当初的兴趣有更为清晰的了解，会在社团活动中逐渐找到自己新的兴趣点，对自己有更多发现。多样的社团可以更好地支持学生做出新的选择和调整。

二、指导学生社团申报

《关于加强中学共青团工作的意见》明确提出，要加强对学生社团的指导与管理，支持学生社团、学生兴趣小组开展活动，引导其积极健康发展[①]。因此，学校对学生社团有完备的管理条例，以促进其自我服务、自我管理、自我教育目标的达成。以闵行中学为例，与学生创办社团相关管理条例如下：

（1）有创建社团需求的同学可先与社团管理部部长联系，做好相关登记工作，同时领取《社团创建申请书》。

（2）一周内将填写完成的《社团创建申请书》上交团委学生会社团部。

---

① 共青团中央，教育部. 关于加强中学共青团工作的意见［EB/OL］. （2011-11-22）［2022-01-26］. http://www.gqt.org.cn/documents/zqlf/201203/t20120307_552968.htm.

（3）《申请书》中应附带社团管理章程和社团本学期的活动计划。

（4）学生会社团部的部长审核申请书及相关资料，审核的原则是社团内容健康、积极向上、能反应学生的活力和创造性，能促进学生的发展，符合学校的办学思想等。

（5）经过社团部审核通过后提交学校教学管理部备案，准予社团开展活动。

（6）如社团由于特殊原因无法按要求开展活动，经社长提出书面申请，由社团部审核通过后宣布注销。社团三个月内没有开展任何社团活动，视为自动注销。

开篇案例中的小 G 同学，按照导师的建议，首先去社团管理部咨询社团申请事宜，老师给了他一份社团申请指南，其中详细说明了社团申请的一般流程。小 G 同学按照申请要求，火速找到几位平时喜欢城市定向的同学，组建了社团初始团队，并在一周内完成社团章程、本学期活动计划、社团创建申请书等所有申报材料，提交社团管理部，并获批。

社团成立当年小 G 同学带领着社团成员利用假期组织开展了以探寻校园周边街道社区文化为主题的城市定向活动，活动吸引了本校的 20 多支参赛队同场竞技。活动融合了丰富的文化探索和趣味体验元素，区教育电视台给本次社团活动的过程进行了跟踪报道。城市定向社团也因此在校创新孵化基金项目的评比中荣获一等奖。

三、指导学生自主开展社团活动

高中学生社团的自主发展，需要在老师的指导下，由学生根据自己的兴趣、爱好组建社团，自主确定社团的发展目标、自主制订社团的发展方案、自主实施社团发展规划并组织社团活动进而开展自主评价[1]。在高中阶段，社团通常每年进行一次换届，每一届的社团组织都需要制订年度工作计划，并按照计划开展社团活动。

（一）指导学生制订学期工作计划

每学期每个社团都需要制订一个学期工作计划，主要在总结社团过去一学期发展的基础上制定本学期社团的发展方向和目标，以及各项目活动开展的时间和内容。现实中，往往出现社团活动开展遇冷的状况，这都和工作计划的制订和执行不力息息相关。

小 Y 同学是摄影社的社长，在社团的活动组织上投入了极大的热情和精力。他在学期工作计划中罗列出了丰富多彩的各项社团活动，其中既有每次校内社团课的课程内容，又有每月两次户外拍摄的具体安排，同时对校园开放日的社团展示给出自己的预期和设计方案。当他将这份年度工作计划在一次社团会议上向成员介绍时却引发了不少质疑。

---

[1] 张力文.高中学生社团自主发展的实践研究[D].上海：华东师范大学，2010.

其中质疑最大的主要集中在社团户外拍摄。由于很多同学节假日的时间都安排了补习课，所以每月两次的户外拍摄对于多数同学很难达成。其次社团成员对于开放日社团展示有着各自不同的想法和建议，大家希望此项活动能在大家一起探讨之后再生成。

以上事例告诉我们，工作计划需要和社团成员一起经过充分的商量之后再确定，如果工作计划超出了多数成员的接受程度，势必在后期的执行上大打折扣，牵强和无法达成的活动容易引发社团内部矛盾，破坏社团的凝聚力。作为社团指导教师，在工作计划制订前期需要引导社长与社员通过共同商榷，确立合理的社团工作计划，并在工作计划实施之前与社长认真审议计划。活动计划不在于多而在于精，精细化的活动设计才能有效提升和展示社团的能力。在过程中指导教师需要关注各项活动的时间节点，确保让每项活动都能真实有效地实施。

（二）指导学生开展社团展示与招新活动

一年一度的社团招新是展示社团风采、吸纳新社员的重要活动，是校园文化的盛会。对于每个社团来说，这不仅是社团文化表达与成果展现的重要契机，同时也是社团内成员交流合作、社团间相互学习的实践活动。活动中社员在社长的带领下组织策划招新活动，竭尽全力展现社团的特色和文化，用各类方法吸引高一的新生。比如，用大幅宣传海报的方式；用现场表演的方式；用展示社团创意作品的方式；还有不惜印制小纪念品现场派送的方式；等等。社团招新对于每个社团都是一次合作交流、创造实践的机会，而每位高一新生也可以借此契机尽可能多地了解不同社团的情况，结合自己的兴趣做出选择。

城市定向社的小 G 同学刚收到社团审核通过的信息便遇上了社团招新活动，面对校园内各类比较成熟的社团，她心里还是没有什么底，于是再次找到老师，希望在招新活动开始之前多了解一些关于招募社员的方法。老师说道："社团创建成功就代表你成功地迈出了第一步，你接下来可以试着多向其他社团请教。一方面可以通过社团部的部长与其他社团的社长建立联系，向他们学习社团创建初期的注意事项和管理方法；另一方面可以在招新活动之前准备好相关的资料，其中包括社团简介、社团宣传海报、活动当天成员任务分工、多媒体视听设备，以及设计一些小赠品或活动等，使社团招新当天营造出社团的氛围，同时也让同学们充分了解社团，并在互动中增进相互了解。"最终，小 G 同学在社团招新日当天，一共招募了 23 位同学，城市定向社从此开启了自己的新世界。

（三）社团间的协作与互动

学校每周都有一次社团活动的时间。社员可以在社长和指导教师的带领下参与社团活动,社员不仅可以在自己社团进行交流与切磋,还可以结合自己社团的特色与其他社团进行互动。例如,有些社团会突破原有社团的界限进行互动性更强的社团联合活动。

　　小 Y 同学是摄影社的社长,由于每周五下午的社团活动时间安排得比较晚,社员很难利用社团课的时间进行外拍活动,于是他准备了许多理论课程,没想到这让不少社员逐渐失去了兴趣。眼看社员参与活动的积极性一路下滑,社长焦急万分,为此还找指导教师希望调换社团活动的时间。指导老师分析道:"社团活动时间是学校统一的课程安排,无法因为一个社团而改变。你看是否可以把户外的实践活动安排到室内?是否可以把本社团的活动拓展为与其他社团一起联动?摄影对于许多社团来说都是必不可少的记录方式或艺术呈现方式,可以采用不同的方式尝试和探索如何开展社团活动。"

　　几天以后,小 Y 同学和社员们便与动漫社、模联社等社团进行了沟通和互动,没想到摄影社在这两个社团中找到了一片"沃土"。动漫社的 cosplay 活动对摄影有着极高的需求,需要大量的艺术照去记录和呈现,而模联社成员的正装照同样也需要摄影社的大力协助。经过这样一次探索,摄影社的实践活动课程一下子变得更加丰富,让原本情绪低落的社长和社员们找回了自信和兴趣。

　　社团课程需要根据实际情况开发适合自己的课程,注重理论与实践结合,在体验中激活学生的兴趣。除了在本社团内开展活动,还可以尝试横向地与其他社团开展互动,不仅将自己社团的特色为他人所用,还能历练社员们沟通交流和实践运用的能力。让学生感受到不同社团的魅力,拓展学生的思维空间。

四、指导社团自主管理

(一) 社团管理的不同阶段

　　学生社团是一个由学生自行创建的开放型组织,面对开放程度的不同可以分为三个阶段:简单开放、互动开放、深入开放。简单开放,是指社团的所有活动内容都通过简单的信息传递来完成,例如,学校向学生进行社团介绍,让学生了解社团;学生可以通过向学校递交创社申请书来达成社团的组建;学生通过向学校提交入社、退社申请来变更社团。这些都是建立在学校与社团、社团与学生之间信息单向的系统中。互动开放,主要是指不同社团之间发生双向交互的作用,在这一过程中实现信息的积极沟通。社团展示、社团招募就属于社团与外界积极互动的一种形式。社团招新时每个社团都要明确自己社团的特色,了解新生想了解社团哪些信息,需要用什么样的方式去吸引他们。在这种信息交换、转换中，社团不仅得到外界的认可，还在这样的过程中实现自身的发展。最后深入开放阶段，也是一种社团之间的双向互动方式，相对于互动开放，它的开放更加深入，更注重在互动中实现双方的良性发展。例如，社团之间的联合活动、本校社团与他校社团之间的交流活动。

　　小 G 同学作为城市定向社的社长，在她带领下，社团策划举办了几次城市定向活动，都获得了圆满成功，于是她希望社团能走出校园，让更多的学校和高中生一起加入进来。她计划利用暑期策划一场城市定向的四校联赛。但由于之前从未组织过大型的跨校活动，她似乎没有什么信心，于是找到指导老师。指导老师询问了她的困惑之后给出了三点建议：①总结前几次的活动，对成功之处和欠缺的地方有针对性地发扬和弥补；②与四所学校的相关负责同学保持联系和沟通，一起确定接下来的活动计划；③培训本校的社员，让他们熟悉活动流程和工作内容。之后小 G 同学通过社团内的社员对接上了其他学校社团部的部长，分别邀请了外区四所高中的社团部成员与本校社员共同商议策划。在这期间小 G 同学和外校社团部负责同学多次商议活动的具体计划和安排，但由于其他学校并没有城市定向社，他们对城市定向活动还比较陌生，所以宣传的任务比较艰巨。此外，活动对工作人员的数量也有着不小的要求，招募志愿者和培训工作都落在了小 G 同学及其团队身上。小 G 同学的城市定向社不仅要策划活动任务，还要协调各校之间的任务安排和工作人员培训，这对于整个社团成员的工作能力、协作能力都提出了严峻挑战。最后活动如期举行，城市定向活动也赢得了四所学校同学们的认可。活动结束后小 G 同学还受邀协助其中两所学校组建城市定向社团。

　　走出校园的社团活动让小 G 同学和社员们收获颇丰，在充满挑战的宽广天地中体验社团团结融合、相互促进的成就感。通过校际的社团联合互动，不仅让城市定向社走出了校园，同时也让它与其他学校的社团融合在一起，有效拓展了活动空间和互动群体，提升了社团的参与度与影响力。

（二）构建成长型社团

　　高中社团是学生根据自己的兴趣爱好而自发形成的学生组织，社团具有较高的自治权，伴随着学生的成长，社团也呈现一种建立在良好组织关系的基础上能够自我实现、自我突破、自我成长的组织形态。社团内学生的组织形式直接决定了社团的发展模式和社员的生存状态。成长型的社团组织内部依靠情感和制度维系社员之间的关系，使社员能体验成长的自信和快乐，能培养其认知情绪、管理情绪、自我激励和促进人际关系的能力。马斯洛认为"人在内部存在着一种向一定方向成长的趋势或需要，这一种内部压力,指向人格的统一和自我的表现,完全的个别化和同一性,指向探索真理、有创造力、成长美好的人"[1]。自我实现是一个人得到全面发挥和充分发展的标志。成长型社团就是要通过社团让其中的每一位学生都能够达成自我实现。社团诞生之初加入其中的学生就有着一定的发展需求、交往需求、情感体验需求。在学生各项需求的指向下社团也具有了成长的可能。社团活动从很大程度上来看,促进了学生的交往能力,丰富了学生的情感体验,也提升了学生的兴趣爱好,在知识技术方面得到增强与发展。

　　成长型的社团离不开一位优秀社长的组织和管理。社长的选任至关重要,常见的社长的产生方式主要有三种:第一,学生自己招募社员,自己创建社团,其中最初的提议人或创建人顺其自然地成为社团的社长。第二,由社团指导教师或上一任社长通过平时社团活动的观察从社员中挑选出一名具有较高凝聚力和管理能力的社员成为下一任社长。第三,社员通过投票选举的方式选出一位最具代表性的社员作为社长。社长产生方式虽有不同,但学生社团人员之间更多是一种责任制的平等关系,这使得在社长与社员、社员与社员之间的关系较为融洽,为社团组织的发展提供了良好的基础。此外,社团只有分工明确,让每个人分别承担责任人和合作者的双重角色,社团个体和群体的积极性和效率才能发挥到最佳状态。

　　除此之外,一个成长型社团的建设离不开一个反思型的团队,在每隔一段时间或每次活动之余让所有参与活动的社员们坐下来分享一下自己的感受和感想,从共性的观点中汇集出改进的建议和方案。这一系列的过程不仅需要社长的带领和社员的积极参与,更需要用制度将其固化,使其成为社团的文化与基石。

　　多年以来,化学社多是沉迷在自己的实验室中,围绕着各类有趣的小实验开展探究活动。L同学新任化学社社长后,思考是否可以增加社团的服务功能,同时扩大社团的影响力。于是,他找到指导老师请教。老师对他的想法大加赞赏,而且鼓励他可以带领新一届社团骨干集思广益,一起想想可以通过哪些途径实现这个美好的愿望。

　　经过社团骨干的头脑风暴,他们最终确定与志愿者服务相结合,让化学社走出实验室,将更多的化学常识带入社区,在民众中普及化学知识。具体来说,将化学在日常生活中的应用作为志愿服务的主题,通过讲解和演示两种不同的方式向社区民众宣传、普及如何运用家中常见的物品来解决生活中出现的与化学相关的问题。接下来,他们分组,每个小组负责一个主题——常见物品清洁物品表面、清洗水果蔬菜、疏通下水道等等,分头去准备相关资料和设备、器具。活动当天,化学社在居民活动中心摆出了摊位,向居民讲解其中的化学原理和生活小窍门。

---

① 张力文.高中学生社团自主发展的实践研究[D].上海:华东师范大学,2010.

化学社从最初热衷于化学实验，逐渐过渡到尝试运用化学知识去解决生活中的问题，让化学知识不只停留在趣味实验中，更让它在生活中找到更为宽广的用武之地。在社团活动中，活动空间被打破，参与群体扩大，并带有了志愿服务的功能，一项项有挑战性的突破，让社团成员热情高涨。活动过程中，社区居民对他们的积极反馈，提出的有待解决的问题和民间生活小窍门，让他们备受鼓舞，由此对化学产生了更加浓厚的兴趣，学科、活动组织、服务大众等各方面的能力得到全面提升，对化学社团产生了更深的情感。

（三）注重合理分工，设定组织架构

社团中最基本的组成元素就是社员，每位社员在社团中都扮演着各自的角色，不同的角色的产生方式不同、职责也不相同。一般情况下，社团内会有比较固定的角色，比如社长、副社长、社员等。随着社团活动的开展和组织复杂度的提升，社团的各项事务也随之增加，仅靠社长一人来管理社团远远不够，在这个细化分工的过程中同时会派生出新的角色，这就需要更多的同学加入其中，通过更加紧密的协作让社团得到良性发展，生发出诸如社长、副社长、财务、外务、内务等职位。

小 W 同学是城市定向社的新任社长，在他的带领下社团各项活动表现优异，在每次社团评比中都能获得学校的认可，同时还能获得学校奖励的社团经费。

慢慢地，她发现城市定向比赛的设计、组织，其实需要不少经费支出，由学校下拨的社团经费远远不足。于是，小 W 同学便将学校下拨经费作为启动资金，购买道具并设计各类有趣的定向活动，在学校开放日活动中，通过由学生付费参与趣味活动的方式来盈利，但在最后整理账目时发生了问题。以往，社团经费都由社长负责保管，但小 W 同学平时没有记账的习惯，这次活动前具体投入多少钱并不清楚，活动过程中收了多少钱也没有记录，最后无法向社员说明社团经费的使用情况，甚至有些社员感觉社长私吞了公款。

小 W 同学只能一脸沮丧地向老师求助。老师帮小 W 一起分析其中的缘由，小 W 觉得自己一心想着社团的活动，没有把账目理清楚，导致最后自己也糊涂了。老师启发他，过去社团没有通过活动来营收，因此，支出相对固化，且少量。但这次活动中，有了更大的投入，有了营收，那么自然需要有财务管理人员。小 W 问道："我最不喜欢管钱，能不让我管吗？"当然可以。导师建议他可以试着参照公司的运营模式，找一位同学专门负责社团的财务，经费交由负责财务的同学保管，他需要设置一个收支账本，对每笔收进、支出的时间、费用和用途进行记录，每个学期末向社团做一个公示。同时，可以趁着这个契机，进一步复盘这次活动，看看社团是否需要另设新的"职位"。

于是，小 W 同学召集所有社员开会，反思自己的失误，同时和团队一起复盘，考虑随

着社团有了营收功能,如何设定财务制度和设定组织架构等,以确保活动可以顺畅开展。

(四) 注重制度建设

多元的学生组建出多元的社团,无论是社团组建、社长竞选还是每周一次的社团活动都离不开每位学生的共同参与和协作。如何让多元合作、民主管理顺利进行,离不开制度层面的支持与保障。首先,社团制度建设能够有助于确立社团的目标和规划,社团创建阶段需要通过制度化的规范流程和相关约束机制让创建者对社团发展有一个长目标,同时对社团的管理和运行有一个清晰的规划;其次,能够促进社员民主参与意识,学生是未来社会的公民,需要通过学校教育培养他们形成社会责任感和积极参与社会的能力,在社团活动中发展民主意识;最后,有助于学生综合品质的养成,社团组建和日常活动过程中遇到的问题不是单一和简单的,需要社团有良好的组织、协调合作和规划能力,很多问题的解决有赖于在制度层面提供规范、要求和激励,社员可在这一系列活动中得到很好的锻炼。

从制度层面来看,首先要积极鼓励学生勇于创建社团和组织形式多样的社团活动,在社团内部实行社长、社员的民主化管理。通过申请与注销制度规范社团的准入和退出机制,在制度的框架内让学生获得最大的自主权,有利于增强学生的自信心和责任意识。根据社团实际运行中的不同环节,对应不同的制度化管理。大致分为四个环节:①社团成立;②社团日常管理;③社团考核;④社团注销,具体对应的相关管理制度如表 6.22 所示:

表 6.22　社团运行环节中的相关制度

社团运行中的环节	相关的制度
社团成立申请	社团申请制度、社团成立申请制度
社团日常管理	社团公约制度、社团工作总结及计划报告制度、社团活动管理条例、社员考评管理制度
社团考核	社团考核制度、社团评优制度
社团注销	社团注销申请制度

(五) 注重社团文化传承

社团成员不断更迭,社团活动不断丰富。在一届届社团更新中,不仅要关注社团活动本身的延续、拓展、突破,更要关注社团的文化传承。社团精神文化主要是社团在长期的活动中形成的工作风格、规则约定和人际关系等一系列的意识认同,同时在此之上通过社团活动又往往会物化出许多有形的成果,例如,社团照片、宣传画、期刊等等,成为一届届社团成员的精神财富。每一次社团展示应该鼓励学生以保留社团物化成果的方式展示和传承社团文化，虽然社团的成员逐步更替，但是社团的核心文化应该得到保留并逐渐发展，其文化底蕴应该随着社团的发展而传承。

五、辅导学生在社团中自主成长

（一）在社团选择中自主决定

每年高一新生入校后的第二周，社团管理部便会组织各个社团利用某天中午时间开展一次社团招新活动。通过此次活动，一方面可以让各个社团有机会展示宣传自己，同时也让高一的新同学能在众多社团中找到自己心仪的组织。但每次都会有高一新生在确认自己加入某一社团后不久便又提出退社加入另一个新社团的情况。从往年的观察来看，40%左右的同学在面对形式各异的社团时无法做出一个理性的决定，他们自身没有很明确的兴趣爱好，同时在招新现场很容易受到宣传和氛围的影响而做出草率选择，之后在参与社团活动的过程中发现实际情况与自己的想象有出入以至于提出换社的请求。

学生在社团选择中最需要关注的是如何帮助他们更为理性地做出决定，以及在他们需要调整的时候给予合理的途径。在自主选择社团的时候可以让学生根据内心的权重给予 ABC 三个不同的社团选项，同时在最初几周的社团活动中学生可以前往他最感兴趣的社团进行"试社"，让学生在体验之后做出一个客观的决定。帮助学生在自主选择过程中做出最符合自己需要的选择才是选择的真正意义。

（二）在角色体验中自主成长

从高一进入社团开始，每位社团成员就开始探索自己的兴趣爱好，同时也踏上了角色体验之旅。从高一到高三，每位社员都会在社团这个大家庭中经历三个阶段：角色预期、角色感受期和角色认同期。在角色建立开始之前，每位社员都会对自己在社团中的角色有一个期待，由于自己的认知不足或实际情况的差异，往往导致成员的实际角色与之前的角色预期产生一定的偏差，实际出现的偏差逐渐在心理上接受之后，大部分成员会产生角色认同。社团活动体验有助于成员在前期对角色产生一个合理的预期，减少出现偏差的概率，并且能在活动中感受自己当前的角色，从而对自己产生认同感。

（三）在问题解决中自我突破

社团在创建、发展中往往容易出现只关注眼前的活动内容而使目标不清晰，重视完成活动的程序而使得过程机械化，注重汇报活动和描述活动感受而缺乏反思与重建等一系列的问题。其实更重要的是让学生在社团建设中及时反思总结已有的活动成效，并在此基础之上进一步完善和发展。在反思中社团的目标会逐渐清晰，社团及社团成员对自我认识的过程就是一个不断反思的过程。

模联社从最初创社到现在已经走过了 8 年时光,社团常年的活跃人数都在 20 人左右,但在最近一年的社团活动中这一情况发生了转变。一天社长小 Y 同学找到老师说道:"新学期刚开学的时候,每周五下午放学后的社团活动一直有十几位社员参与,然而不到两个月的时间每周参与社团活动的人数降到了 6 位,有些社员隔三岔五请假,还有一些索性再也不出现了。"这让社长焦虑万分。老师说道:"先不要着急,你可以试着用问卷调查或询问的方式从社团管理成员和社员那里了解一下情况。"一周之后社长小 Y 再次找到老师,道:"一开始我询问大家情况的时候有些同学不太愿意回答,于是给社团成员做了一个问卷,从问卷反馈来看,问题主要集中在以下两点:新社员普遍觉得社团课程缺乏活力,课程学习多是 PPT 加社长的一言堂,缺少交流讨论。之后又与社团其他管理成员进行了反思,大家觉得主要是课程内容比较死板枯燥,社团活动太少,社团管理制度没有落实。"老师问道:"你们打算后期如何去调整?"小 Y 答道:"第一,落实社团管理制度,加强社员活动参与的考勤;第二,调整课程内容和活动安排,让社员组成小组,课程资料下发给学生,通过任务引导的方式自学课程,并以小组为单位,扮演联合国大会中的各个国家,对全球热点的议题进行辩论;第三,由各个小组共享自己的活动感想和经验。"经过一系列调整之后,之前流失的社员又逐渐回归了社团。

面对问题社团,通过对活动环节、内容、管理方式进行总结、找出问题,就是一种自我剖析、自我认知的过程,不管对社团还是社员,对过往活动的反思都十分重要。一方面,在反思中逐渐明晰问题,个体自我认识的形成依赖于反思,社团的发展同样也需要反思。另一方面,在反思中实现成长,无论是个体的反思还是群体的反思,都已经开启了重建的大门。当学生再次面对新的问题时,会在原有的行为、自我的基础之上调整,策划新的事、新的组织、新的自我。

每位高中生都面临诸多的机遇和可能,并能够在丰富的生活中实现各自的发展。社团作为一种开放情境下的民主型组织,以其独特的参与方式、组织方式和行为方式为不同的学生群体提供了更多实现自我的途径。通过社团活动,学生在多元体验中成长,在多元主体合作中发展,在积极反思中提升。

（四）在创新实践中自我实现

兴趣是学生个体行为的主要动因之一,而个性是一个人在解决问题的行为中所表现出来的各种行为特征。一个人的兴趣直接影响行为的效果,而个性会影响人的思维方式及解决问题的方式。中学阶段是学生个性形成的重要时期。在高强度的学业压力之下,许多学生的兴趣爱好得不到满足,也得不到充分实践的机会,学校通过社团的课程化能为学生们的兴趣发展提供良好的时间与空间。如同以下案例中的 Y 同学,他在高中阶段培养的兴趣陪伴他走入了大学，甚至会成为他未来生活的重要组成部分。教育的过程是让受教育者在实践中自我练习、自我学习和成长，而实践是一个不断尝试与探索的过程。Y同学在摄影社参与组织、管理和运行，主动策划各类活动，在一次次的活动中不断自我实践和成长，并以此来带动社团成员共同发展，社团的意义与价值就是在于学生通过自主参与实践达成教育的目标。

Y同学是闵行中学摄影社的社长，在他的带领下，摄影社开展了丰富多彩的活动。在校期间他多次参加各类摄影比赛，斩获了多项市、区级高中生摄影比赛的一、二等奖。他还利用节假日组织社员前往上海各类景点开展外拍活动，在校园内经常举办摄影展，社团发展蒸蒸日上。Y同学离开学校后进入了华东理工大学医药化工专业，升入大学后，他将自己在高中时期对摄影的热情与经验也带到了大学，为大学的摄影社带去了新的发展动力和方向。他回想起曾经的高中生活，他说："高中的社团指导老师在社团创建之时给予了许多鼓励和帮助，让每位社员对社团充满着期待和信心。在高一时自己的情绪很不稳定，与人相处时不太顾及他人的想法。通过社团活动在与人的不断交往中逐渐发现自己存在的问题，在克服缺点的过程中品性得到磨炼。摄影一直是我的兴趣所在，在繁忙的学业压力下它成为一个非常重要的调和剂，也让自己在社团中找到了价值所在。"

（五）在自我评价中反思精进

为了让社团能良性地发展，对每位参与其中的同学进行考察，往往需要通过一些问卷调查的方式来获得相关的信息。例如，通过问卷调查来了解学生社团参与度及质量，可以将调查内容分为社团参与度和学习投入测量两大项（见表6.23）。

表6.23 社团参与度及质量调查内容

项目名称	问卷内容	选项
社团参与度	1. 所选的社团与高中学课学习是否有关	是、否
	2. 所在年级	具体
	3. 在选择社团时有明确目标	每个选项分为五个级别：非常不符合、比较符合、一般、比较符合、完全符合
	4. 如果觉得不合适，我会主动选择退出相关社团	
	5. 我在社团中的影响力比较大	
	6. 我主导过社团活动的实施进程	
	7. 我独立策划过社团活动	

（续表）

项目名称	问 卷 内 容	选项
	8. 通过社团活动的锻炼,我自身的能力水平得到很大的提升	
	9. 通过参与社团活动,我开阔了眼界与视野	
	10. 我在社团活动中大多数时候是任务的管理者	
	11. 通过参与社团活动,我变得更加擅长与他人进行交流沟通	
	12. 我所参与的社团在学生中声誉较好	
	13. 通过参与社团活动,我比以往更加富有社会责任感	
	14. 我所参与的社团所举办的社团活动质量较好	
	15. 通过社团活动的历练,我对自己更加了解	
	16. 社团活动帮助我很好地适应了高中生活	
	17. 我在社团活动中承担较大的责任	
	18. 通过社团活动,我接触到校内的很多同学	
	19. 社团成员对社团的认同度很高	
	20. 我会经常思考我在社团中的发展方向	
	21. 社团活动对我未来专业和职业选择有较大的作用	
学习投入测量	你进行以下活动的频率如何 （活动频率分为：很经常、经常、一般、有时、从未五个不同强度）	
	1. 社团活动开展	
	2. 社团课上主动提问或参与讨论	
	3. 社团课上就某一研究主题做有预先准备的报告	
	4. 与同学合作完成某一项社团任务	
	5. 课后没有完成规定的阅读或作业	
	6. 课后和同学讨论社团的工作	
	7. 与非本班的社团同学讨论学习的心得和问题	
	8. 非常努力完成社团中的任务	
	9. 在社团活动中帮助其他同学	
	你所在的社团是否强调以下方面 （强调分为：非常强调、强调、一般、有点强调、不强调）	
	10. 在社团学习中分析某个观点、经验或理论并了解其构成	
	11. 社团综合不同同学的观点、信息或经验,形成新的观点或行动	
	12. 考察评价社团成员在社团中的表现	
	13. 运用理论或概念解决实际问题,或将其运用于新的情境	
	14. 在社团方面投入大量时间	

（续表）

项目名称	问 卷 内 容	选项
	15. 你认为在完成社团工作的过程中，以下方面的进步如何（无进步、很少、不确定、有进步、很大进步）	
	16. 更好地理解、认识自己的能力	
	17. 发现与解决问题的能力	
	18. 独立处理事务的能力	
	19. 信息处理能力	
	20. 建立清晰的职业发展目标的能力	
	21. 与同学交流沟通的能力	
	22. 组织领导能力	
	23. 与他人合作交往的能力	

社团活动的开展建立了新型的师生关系，师生以共同的兴趣和爱好建立联系的纽带。师生之间是平等民主、合作伙伴关系。诚然，在运行和操作时还会遇到很多实际困难，相信导师们能迎难而上与学生共享智慧，社团能获得突破与发展。

（执笔人：章含楚）

第八节　戏剧教育探索

读初中时，小蓉的父母带她看过一场音乐剧《歌剧魅影》，从那时候起，她就对歌剧产生了浓厚的兴趣。进入高中后，她在社团课中选择了戏剧社。

一年的戏剧课程学习后，她发现了自己善于表演的特长，也从内心爱上了戏剧，并与父母沟通，希望未来选择表演专业并到国外留学。可是父母并不支持，希望她能选择一所上海本地的高校攻读文学类专业。短暂的失落和沮丧后，她选择了坚持。

就这样，高中三年，她一边努力学习文化课，一边不断丰富自己在戏剧领域的经验。她参加了戏剧《雷雨》的排练和演出，也正是她在该剧中的优异表现，改变了父母的想法，最终同意她选择表演类专业出国深造。高三毕业后，她顺利拿到了悉尼大学戏剧表演专业的录取通知书。她说，高中期间的戏剧表演经历是其能被录取的关键因素之一，她很感谢这段美妙的经历，既让她明确自己内心深处的喜好和未来的职业方向，又在她人生的关键时刻（选择大学和专业）提供了重要帮助。同时，她相信，在自己人生的这出戏里，只要朝着喜欢的方向去努力，未来一定会变成人生中的主角。

中学戏剧教育是以戏剧为媒介开展教育，在潜移默化中向学生传递知识、思想和情感，让学生体会和感悟学习与戏剧、戏剧与人生以及学习和人生之间的关系。在戏剧中通过情景演绎、角色体验等释放学生的天性，培养他们自信乐观的态度，寻找到自己的特长与方向，成为人生舞台上的主角。

一、戏剧教育及其价值

戏剧教育，顾名思义是"戏剧"与"教育"的结合，是将戏剧方法与戏剧元素运用在教学活动中，让学生在戏剧实践中达到学习的目标和目的。戏剧教育的重点在于学生参与，从感受中领略知识的意蕴，从相互交流中发现可能性、创造新意义。

（一）扮演角色、体验百态人生

戏剧教育主要是通过角色扮演让扮演者产生自我满足感和成就感，进而激发其积极、主动和乐观地去学习和探索，从而提升自我价值。戏剧源于生活，而又高于生活，舞台上上演的戏剧本质上是人类现实社会的缩影，戏剧舞台和社会之间是存在内在联系的。在戏剧教育中，学生能更早、更好地学习适应各种"社会角色"。

著名生涯学者舒伯提出，一个人一生中会扮演各种角色，如公民、子女、学生、父母等。每个人都是社会中的一员，都期待扮演好自己的人生角色，实现自身价值。同时，一个人能够处理好各种社会关系，主要依凭扮演角色的能力。戏剧的展演过程便会构造各种各样的场景，让人以戏剧角色的身份去听和说，在潜移默化中学习。为了将戏剧中的角色呈现好，学生们必须不断去琢磨剧本与人物，理解角色的内心世界，才能将角色淋漓尽致的演绎出来。同时，学生在不同的角色中，学会善良、学会宽容、学会做事、学会做人、学会体谅，从开始了解自己到更多地了解他人、了解社会。正如教育戏剧天使投资人冯小刚所说："教育戏剧能让儿童更好地面对未来！每个人一生中都在扮演不同的角色……小朋友不知道自己未来会成为什么样的角色，我觉得表演可以让他们更深刻地理解人生，演好生活中的角色。"因此，学生可在学习的过程中感受戏剧的魅力，在角色扮演中体会与感悟角色，体验百态人生。

（二）带入角色，认知自我

戏剧教育的重点并非训练学生戏剧技巧，而是营造合宜的戏剧情境和气氛，提供一个安全与充分信任的合作环境，让学生学习相关的知识与方法，并进行自我认识。[1] 这与高中阶段的学生很关注"我是谁"，不断地发现和寻找自我，希望做真实的自己这一需求高度契合。

在戏剧演绎的过程中，表演者将扮演的角色与自身融合，将自己代入角色中，在戏剧和展演过程中，体会、感受和理解不一样的角色，在角色寻找与定位中，便也能更清晰、更理性地认识自我，走出迷茫与徘徊。在创造性的戏剧演绎中，学生思考如何演好自己的角色，更加深刻地体会每一个角色的内涵、理解戏剧中不同角色的关系。这样的经历可以帮助学生在现实生活中更好地理解自己在生活中的角色，从而更好地认识自我。

在对剧本的讨论中，表演者带入自己的思考，进而对自己形成更加清晰的认知。例如，在戏剧课堂中进行《如果我是你，我会怎样做》的创作表演时，设定人生关键时刻的抉择等假设情境，由学生扮演父母、学生、祖辈等各类角色，演绎出日常生活中祖辈、父母在教育孩子时内心的冲突与矛盾，在每一轮表演中，表演者可以结合自己的生活经验，发挥其想象力，在创作和表演过程中不断赋予每个角色丰富的内涵，还可以进一步组织学生讨论，思考如果自己就是这个角色，又会有怎样的抉择，呈现怎样的演绎。在不断演绎和探讨的过程中，学生能深入了解人物的内心和行动所蕴含的动机、价值观等，通过戏剧角色扮演达到反思的效果。

---

① 梁巧华，罗志敏，沈文莉.有戏的教育[M].广州：华南理工大学出版社，2020：15.

（三）团队合作、提升综合素质

戏剧教育可以助力个人七项重要能力的发展，包括专注力、五官知觉力、想象力、外在自我、语言表达、情感、智能与创造力。同时，戏剧展演可以让学生体悟团队精神，养成合作能力。戏剧演出是一项团体活动，一部戏的演出需要所有演职人员的默契合作，而且每个人必须对自己的职责清楚明白、认真完成。学生在排练与演出的过程中能够学会与他人沟通，在合作时互相尊重及聆听对方。演剧活动不只是训练演技，更是培养个人与他人、与社会、与环境之间的沟通和适应能力，从而有助于参演者更好地融入社会。当今社会，人们越来越重视团队合作能力，高中是学生人生观、价值观和世界观形成的重要阶段，中学阶段积极参加戏剧社团活动，一次次的展演和排练能很好地培养他们与人沟通、协调的处事能力，以及团队精神和合作意识。

二、游戏课程，释放天性

（一）游戏与解放天性

戏剧游戏是戏剧教育中的一个重要的教学手段。游戏是创造力的一种表现形式，对于戏剧表演而言，好的演员能够解放天性，调整自己的身心状态，将同理心作用到表演中，感知表演、表达角色、表现自我，做到收放自如，而非靠单纯的模仿，以某种固定腔调、拿捏一个姿态，强加到学生身上。因此，重要的在于让学生学会释放自我，找回最原始的自己，激发其创造力。对于戏剧教育而言更是如此，在戏剧游戏中达成身心放松、解放天性，本身就是最大的价值。

对于小 G 来说，高中阶段的学习是很紧张的，每天他都觉得压力很大，有时候甚至觉得被压得喘不过气来。但在戏剧课堂上，他很放松。他说："每次来戏剧课，就像回到了童年，回到了幼儿阶段。我们尽情地做游戏，做各种浮夸的表情和肢体展现，不知不觉就忘却了烦扰。"高中三年，戏剧社成了他解压的场所，通过这些"玩乐"，他明白了很多人生道理，他深深地感知到：行为能改变心情，心情同样也会影响行为。

俄国著名戏剧家斯坦尼斯拉夫斯基提出要追求更加真实的艺术文化，即通过解放天性，避免虚假的表演，充分发挥演员自身的天性，让演出浑然天成。戏剧社团的第一课通常就是将生活中有趣的游戏搬到课堂，以增加学生兴趣，为释放学生天性打下基础。在日常生活中，我们常见到儿童热衷于玩"过家家"的游戏，在相似的情景中，他们会发挥想象，兴致勃勃地玩起这种喜剧游戏，他们也正是在游戏中学习和应用他们平时学到的东西。导师给学生们"讲道理""讲技巧"不如让学生去"体验"、去"表达"，这种体验所带来的成长与讲道理是完全不同的。

（二）导师辅导策略

1. 模拟动植物练习

通过记忆、观察、想象和模仿等，还原动植物的原本状态。要求学生发挥想象去感悟和体验动植物人性化的心理以及模拟动植物的形态，通过扮演一些可爱的、狡猾的动植物，增强学生的表现力与想象力，同时肢体也能得到锻炼，为生活中对人物、生活的观察奠定基础。在模仿时需要充分展现所模拟对象的主要特征，引导学生慢慢克服心理上的障碍，充分挖掘自己的表现潜能。

2. 奇思妙想练习

俄罗斯戏剧大师康斯坦丁·斯坦尼斯拉夫斯基（Konstantin Stanislavski）对演员想象力的开发极为重视，认为"只有靠想象或演员幻想的引诱力，才能够激起活生生的创作意向，激起那些来自心灵深处的活生生的演员激情"。导师在指导学生进行奇思妙想练习时，要求学生依托生活，依托自我的生活经验，在对生活深入地观察后，进行创作，将生活中的故事进行与众不同的表达，比如排练《十商相争》，对一个人存在的智商、情商、逆商、德商、心商、健商、财商、志商、悟商和胆商进行奇思妙想和创意表达。导师也可以让学生构思生活中发生的事，引导学生放下包袱，在完全自由的状态下表现自己，内容可以离奇，只要能表达事物的内在意义和自然规律即可，以充分激发学生的想象力。

3. 小丑练习

小丑是有趣、幽默感和表现力非常强的角色。小丑练习中，导师可以引导学生回忆在游乐场或者生活中遇到的小丑，在规定的情境中，用夸张的手法去表现，学生会觉得轻松、有趣，也会愿意加入课堂中来表现，这样的戏剧课堂也就充满了活力和趣味性。还可以融合音乐、造型、形体等，让学生的想象力得到充分的开发。小丑是能给人提供快乐的一种角色，通过浮夸的表演形式可以让学生解压，将压抑的心情得到释放。同时，小丑练习也可以让戏剧参与者了解到化妆和造型对表演创作的重要性。

三、互动演绎，走出迷茫

（一）互动演绎

戏剧教育除了表演练习外，还给师生提供了多样的互动模式，可以构建人与人的学习共同体，引导相互对话，互动演绎，完善个人情感与品格。李婴宁教授提出 21 世纪校园戏剧新形态，即论坛剧场、环境剧场、创作剧场等，师生协同创造，导师可以打破常规的舞台界限，将教室变成剧场。在教育戏剧的互动演绎中，反思讨论、情境创设、角色体验和故事创造每一样都不可或缺。戏剧论坛是力量非常强烈的互动形式。导师以戏剧的演出形式对存在的问题进行探讨,可以将辩论或者叙述的方式变成舞台行动,通过角色互换、角色演绎等方式达到育人的目的,引导学生走出迷茫。

（二）导师辅导策略

1. 在戏剧情境中聚焦问题、解决问题

一定程度上,戏剧教育是通过提供丰富的情境让学生用行动来理解生活的教学模式。戏剧教育的课堂可以模拟学生在人生中可能遇到的不同情境,可能是学业,可能是个人生活,也可能是社会生活,在剧本撰写、角色表演、舞台呈现中,探索问题解决之道。

闵行中学在 2021 年举办了"今天,我们怎么做导师"的教育教学论坛。在这次论坛中,导师们选取了"思想引导""心理疏导""学业辅导""生活指导""生涯向导"五个方面的师生互动案例,携手戏剧社的学生,以戏剧表演的形式,共同探讨"今天我们怎么做导师"这个话题。

导师用启发式提问和榜样示范的力量帮助沉迷于网络游戏的小王同学认识到自己的问题所在,重立目标,小步前进,树立自我责任感。

疫情居家学习期间学生的过度焦虑已经严重了正常的学习。导师时不时地发短信和语音问候从一定程度上缓解了学生焦虑的情绪,也让学生感受到来自导师的关心和爱护。

导师发现,小张同学成绩不断下降的真正原因是原生家庭中出现了亲子矛盾。在进行学业指导前,导师首先表达了对学生的理解,实事求是帮助学生意识到自己的问题,用学术水平和人格魅力来吸引学生,为之后的学业指导赢得先机。

Y 同学由于长期受到家长管控式教育模式的影响显得有些自卑,即使成绩优异但也常常自我否定。陈老师不仅给予了家庭教育的指导,还给 Y 同学创设了"Y 老师时间",发挥他的学科优势,一下子激发了 Y 同学的信心。

导师为热爱主持的小徐同学量身定制了一套职业兴趣养成活动,从学校金牌主持到学生会主席再到考入自己理想的新闻传播专业,作为导师见证了她一路的发展,也陪伴着她一路的成长。

这场活动是戏剧导师带领同学们与其他导师共同完成的。在筹备之初,导师们带领同学们围绕教育教学中存在的典型案例,集中进行了分析探讨。每个小剧要呈现什么问题,导师如何指导,学生有着怎样的改变,学生和导师们都将自己的经验融入,一起交流探讨,并将真实的案例写成剧本,共同合作,完成表演。结束后,一位学生感叹:这次戏剧表演让他真正明白了"一个人的力量是有限的,但团队的力量是无限的",面对任何问题他都应该多与他人探讨,这样就能更快、更好地找到解决的方法。同时在创作剧情时,她发现那些发生在她自己和同学们日常生活的问题,在不同的角度下可以有不同的解读,不同的

老师有不同的处理方式，体现不同的智慧。一位导师感叹：通过这次戏剧表演形式的教育论坛，他更加意识到，教育者需要对学生进行穿针引线的指导，鼓励他们更加积极地表现自己。将戏剧作为一种教育手段，教师可以引领学生多角度、多形式进行表达。

2. 在角色互换中自我反思

角色互换是指戏剧教育中的师生需要扮演不同的角色，或者在一个规定的情境中实现人与人的角色互换，进行"自我他人"的想象，形成新的师生关系。可以设定一些情境，如亲子冲突、师生矛盾，将自己想象成他人，尝试从他人身上寻找自我，在自我身上理解他人，帮助师生打开更多的沟通渠道，培养学生的同理心和共情能力，构建学生与社会人物的关系。在演绎的过程中还可以采用思维追踪的方法，让学生的表演暂停，引导其说出内心的真实想法，学生既是参与者，又是自我观看者，在互动中看见自己、表达自己、调整自己。

四、角色定位，百花盛开

（一）主角、配角各自有精彩

没有小角色，只有小演员。戏剧其实就是将角色在舞台上呈现出来，将每一个细节或者人物特征展示出来。戏剧将人置于各种角色中，在舞台上还原与升华生活中的故事。作为戏剧生涯导师，需要为学生尽可能地提供自我展示的舞台，让每一个学生有出彩的机会，从而锻炼他们的能力，绽放属于他们的光芒。

在戏剧排练的过程中，每个剧本与节目都会涉及主角和配角的问题。角色选取至关重要，需要综合考虑学生的意愿、个人对剧本研读的体会和个人形象、个性、语言等因素。导师需要与学生进行沟通，适当地进行引导，帮助学生找到适合满意的角色，并且认识到不同角色的价值。

一个不能确定是否做主角的学生曾经向导师倾诉：

开始，导演选择了两个主角。在排练中，老师特别地器重我，一直主要针对我进行排练。有一天，导演突然跟我说，下次排练时要让两个人都进行彩排，确定最终的主角人选。我觉很生气，我只想做主角，如果不是主角，那我就不参加这次演出了……

很多人都想做主角，渴望自己身处C位，万众瞩目，这其实是一种很正常的心理状态，但每个剧本或节目中的主角是有限的，不可能每个人都做主角。每个人都有各自的特征，每个剧本都对主角有特定的设定，因此有其特定的标准和要求。配角没有主角耀眼，或许只是一个陪衬,但配角也有自己的精彩,甚至由于配角的特殊定位,配角有时候甚至会比主角有更多的发挥空间。

（二）导师辅导策略

1. 搭建实现主角与配角转换的舞台

学生们争做主角在戏剧社团中是很常见的现象,谁都想做主角,但一场戏剧表演不可能同时满足所有学生做主角的需求。在进行戏剧排练或者演出的时候可对角色进行互换与调整,在考虑学生情绪的同时,根据学生内向、外向等性格特征,结合学生意愿以及现场表现,分配不同的角色。在这个过程中,导师要让每位学生都能感受到他们有机会演绎自己想要的角色,同时通过选取不同类型的剧本,增加不同类型的学生做主角的机会。当然,导师要让学生明白,戏剧排练与演出属于团队合作的集体性创作,需要人人参与其中,并在团队中贡献自己的一分力量,无论主角或是配角,都不可或缺。事实上,想要成长为一个好演员,各种角色都需要尝试。现实中的多数明星,其演艺生涯也是从配角开始做起的。引导学生明白,今天演好了配角,明天才有机会演好主角。要坚信:没有小角色,只有小演员。

2. 创设培养自信的氛围

自信是对自己的肯定,是一种自我鼓励与强化,自信的情绪素养。戏剧课堂给学生提供了广阔的空间,在这里大家可以尽情地表达与展示自己。面对胆怯的自己,需要克服畏惧与犹豫,勇敢地迈出步伐。

小佳在进入戏剧社团后,一直闷闷不乐,导师和她沟通时,她坦言:

"我不太喜欢学习,成绩也不好,也没有特长,听到其他同学有的拿过跳舞奖项,有的会绘画,有的还会乐器后,我有点自卑,希望自己能像同伴一样闪闪发光,多才多艺,可我现在只有羡慕的份,我不知道该怎么办?"

导师深知小佳的问题是一类比较典型的问题。每个学生不管是否上过兴趣班,总会在某些方面存在闪光点。小佳有着动听的声音,参与戏剧表演具有得天独厚的优势,于是,导师鼓励小佳尝试进行朗诵表演。果然,每一次她的朗诵都得到了同伴的掌声和认可,慢慢地,她开始尝试站到舞台上进行诗歌朗诵、台词诵读,她克服了胆怯与自卑,开始露出自信的笑容。

自信就是对自己鼓掌加油;自信,是面对畏惧勇敢跨出;自信是相信自己,对自身的潜能不断地挖掘。因为拥有了自信,对待学业、生活会更加充满热爱与力量,也会更加坚忍不拔与敢于挑战。戏剧中有诸多角色可以演绎,有诸多表现形式可以呈现。戏剧表演没有所谓的"对"与"错",学生可以多多尝试,最后总能找到适合自己的角色和表演形式,从而"闪耀登场"。

戏剧中的任何尝试本质上也是一个学习的过程。在尝试失败时,作为戏剧导师应该给予学生更多的鼓励,从而增加学生的自信心,并与学生共同探讨和挖掘学生自身的闪光点,更快找到适合学生的角色。一旦学生将自身的闪光点展现出来并慢慢得到周围同学、老师以及父母等的认可,他们就能发现其实自己也是可以的,自信也就逐渐建立起来了。

3. 鼓励学生在角色中做自己

中学是青少年从不成熟到成熟的重要过渡期,在这一时期,青少年生理和心理快速发育,开始渴望独立,向往自由,在不断的自我思考中,有了独立的自我意识。在这个阶段,他们比较容易关注别人如何看待自己,自己在别人心中扮演着怎样的角色,尤其期望自己是父母眼中的好孩子,同学眼中的好同学、好朋友,老师眼中的好学生,期待他人的肯定等。在这种矛盾与迷茫的时期,导师的引导与认可在他们成长过程中显得尤为重要。戏剧是一个特殊的舞台,在这个舞台上,孩子们可以变成自己想象中的人,尽情地展示与表达自我。在中学这么一个特殊的时期,在课堂和平时生活中没得到心理满足的他们,也许能在戏剧舞台上发现自我,获得快乐、满足,树立自信,形成积极乐观的学习和生活态度。

小涛认为他在妈妈的心目中是一个不听话的孩子。因为妈妈总是不征求他意见就帮他安排各种课外学习,最终导致他喜欢的科目没有学好,对不喜欢的科目越来越厌烦。因为成绩不理想,他不是同学眼中的好同学,不是老师眼中的好学生。刚进入戏剧社时候,他不敢大声说话,表演时也很拘谨,显得很不自信。在戏剧解放天性课程训练中,他慢慢放开了自我,也越来越投入,在导师的鼓励下,她参加了区话剧节的展演,并获得了最佳演员奖。他说,在舞台上享受着鲜花与掌声的时候,发现原来他还是那个可爱的自己。他向导师倾诉,他曾经深深地怀疑自己一无是处,可是当导师不断跟他说"我们在生活中充当了不同的角色,尽努力做好自己的角色,不留下遗憾就可以",所有的怀疑就都散去了。他喜欢戏剧,在戏剧排练与表演中,通过扮演不同的角色,他能够找到自我,尽情地表达自我。在戏剧中,他不需要做别人眼中的什么人,仅仅做好他自己就可以……

五、为学生搭建舞台

(一) 舞台与展示自主成长

戏剧教育是落实以美育人、立德树人的一种独特的教育形式。学校成立的戏剧社团是学生的第二课堂,更是学生塑造能力、锤炼意志的平台[①]。在戏剧教育过程中,需要组织开展丰富多彩的戏剧活动,为学生搭建展示自己的舞台,如学校的 Openday 中加入戏剧社的展示、定期进行戏剧展演、参加戏剧类比赛等。在各种戏剧活动与展演过程中,学生的合作能力、表达能力、团队协作能力均能得到锻炼和提升[②]。

(二) 导师辅导策略

1. 学生自主管理社团,在实践中成长

戏剧教育可以以戏剧社为依托开展,培养学生的自主管理和主人翁意识,按照基础层、中间层、领导层的简单结构模式建设学生社团组织[③]。普通社团成员是基础层,也是社团活动的基础;社团干事是中间层,负责活动具体实施;社长和指导教师是领导层,负责活动的规划设计。戏剧社由社长领衔,指导教师管理而不束缚,参谋而不代谋。从最开始组织的完善和社员的招募,到社团活动的设计以及对外的展示,到最后社团成员的评价等,都坚持以学生作为主导[④],充分发挥学生的主观能动性,激发和培养学生的自主学习能力,促使学生在实践中摸索、成长。社团成员在全部的活动中需要学会与人交流,学会表达自己,逐渐增强学生的管理意识和自主管理水平。

社团可以设立多个分工明确的部门,比如导演部、创作部、宣传部、舞美部、演员部、排练部等。不同部门的工作能锻炼和培养不同的能力,也使具有不同特长的学生都有展示其能力的机会,比如喜欢写作的学生可以加入创作部,通过编剧大展身手;热爱美术的学生可以加入宣传部或者舞美部,通过设计道具、海报等为戏剧社团出力等。

在实践中,逐渐完善社团成员晋升、评比表彰和绩效考核制度,例如,通过民主的形式从表现突出的社团干事中选举产生社长,对优秀社团成员予以表彰等,形成示范效应以及良性的竞争机制。

2. 团队活动:共同排练一部戏

一个完整的戏剧演出,离不开参加者的坚持。通过一次次实践我们发现,越来越多的学生敢于表现自己,参与的师生也都在不断积累相关经验,团队协作与组织能力也在不断增强。一次次的日常训练,一场场的展演实践,学生发挥了自己的个性与特长,展示了才艺,焕发出了美丽与自信,收获了知识,也掌握了许多技能。戏剧演出以集体的力量共同完成展示,这是一个有趣又有意义的学习过程。

---

① 张娜娜.试析校园戏剧类社团的作用[J].教育教学论坛,2013(8):168-169.
② 李晓凤.在"戏剧创作与表演"课程中培养学生团队学习能力[J].课程教育研究:学法教法研究,2018(35):117.
③ 刘文菁.加强学生社团建设的思路与方法[J].青少年研究(山东省团校学报),2003(2):33-34.
④ 顾炜.高中社团课程体系建设的思考与实践[J].上海课程教学研究,2018(9):6.

2020年开学之初，学校请戏剧社排练首部新冠肺炎疫情题材的话剧。围绕具体演什么，大家提出了很多想法，最终讨论确定为《特殊的年夜饭》。

确定了主题后，大家一起构思剧本的框架，完善剧本的细节，融入了所有剧组成员的智慧和思考。

该剧在暑假进入排练期，然而这一过程并不是很顺利，许多成员因为种种原因无法参加。虽然每次排练都缺少成员，但同学们做好了分工协作，最终成功演出。舞台上，他们是演员，演绎着剧目中不同的人生命运、责任与担当，舞台下，他们充当起舞台监督、道具搬运等职责，做好后勤辅助工作。

一台戏的完成如同一台机器上的众多零件，缺一不可，只有大家团结一致，互相配合，才能奏出和谐的乐章。

3. 团体活动：感悟成长

戏剧的重点在于沟通，和单方面的知识传授相比，教育戏剧给学生充分的参与机会，让他们可以发表自己的看法，提出自己的问题，教与学关系的改变是孩子发挥自身能力的第一步[①]。每一次戏剧演出的结束，作为导师希望听到学生的心声，相聚在一起，一起畅谈感悟与收获，努力＋反思＝成长。

在排练《特殊的年夜饭》的过程中，出现了一些小插曲。小嘉虽然很喜欢排练，但是由于父母担心影响他学业，导致他几次想放弃排练。导师对他说，戏剧排练和学业其实并不完全冲突，若真的喜欢戏剧，你可以试着分配下自己的时间，并在实践过程中逐渐优化自己的时间安排，提高时间的使用效率，也许就能同时兼顾学业和戏剧排练。

他坚持参加了每一场排练以及最后的展演。为了消除父母的顾虑，他更加充分利用了课余时间复习功课，愉快的心情加上积极主动地学习，提高了他的学习效率。事实证明，他的学习成绩没有因此而落后，反而有了些许进步。同时，他觉得这段经历的收获不仅在于戏剧本身，以及由戏剧带来的快乐，还在于让他明白，人生路上很多选择并不都是单选题，看似冲突的两件事也并不是没有调和的可能。

小嘉说："每一幕都是真实的，在回看的过程中，仿佛能看到所有演员和工作人员跳动着的炽热真诚的心。每一个鲜艳夺目的瞬间，都凝聚了小伙伴们对戏剧的热爱。正如导师所说，'你若热爱，一切可爱。虽然天空没有翅膀的痕迹，但鸟儿已经飞过'。这段满是艰辛而又分外温暖的回忆，我将珍而重之地将它放在心底。时光那么浅，岁月那么长，热爱的事情还有这么多，不必妄自菲薄，不必踌躇不定。勇敢地冲着远方去吧，回过头，绚烂

---

① 易蕾，陈新煌，王昆杞，曹春慧.上海李婴宁戏剧教育工作室教育戏剧10问[J].当代教育家，2015，12：75.

天空皆是绯红的云,那是青春最好的记忆。"

戏剧的温度是可以被触碰的,富于美感的戏剧中所呈现以及表达出来的思想情感就是创作者所想要向他人传递的"温度"。感受这个"温度",并探讨分享,戏剧体验者对人生的感悟也能逐渐得到升华。学生不仅可对戏剧本身所传达的思想进行感悟总结,也可对自身参与戏剧排练与展演过程中的一切进行感悟总结。在团体探讨分享的过程中,每个人可能又能有新的收获。通过感悟总结,除了可以让学生对自己的过去进行总结,发现自己的不足并做出改正,同时也可让导师及时了解学生的状态并做出应对。在演绎的过程中,学生难免会迷茫、徘徊、想放弃,导师在这种关键时刻需对学生进行心理开导,相互激励,师生共成长。通过戏剧教育,学生们对身边的人和事物能更有感。

六、戏外的天空

(一)戏剧教育与学业生涯

高中生普遍关注未来大学、专业选择,期待能够做到目标坚定。作为戏剧导师,也可以在戏剧教育中指导学生进行相关领域的探索,协助学生自主探索和解惑。

(二)导师辅导策略

1. 在排演《如果人生可以重来》中看见未来,看见自己

经常会听到人们诉说着如果人生如果可以重来会怎样,以"如果人生可以重来"为主题可以设计多种未来情景,通过学生亲自扮演角色,演绎各种选择,触碰当前隐约的内心想法。

2. 在排演《职场求生记》中,连接现在与未来

导师可以组织学生排练《职场求生记》。学生可以选择想体验的职业,并去相关企业进行调查、研究、采访等,了解企业对从业者的要求,需要具备的能力,并结合戏剧表演的形式,从职业角色出发,进行角色演绎。比如基于前期的企业调查,学生通过 AB 角色演绎"面试"片段,探究面对自身的职业能力短板,如何"扬长补短"。经过不同学生的演绎,运用批判性思维,学生会自行找到或形成最佳的演绎。导师也可以引导学生演绎"职场的一天"片段,设定工作任务和情境,请学生演绎如何出色地完成工作任务。如果是为了提升专业技能,该怎么做等。

在这一过程中,通过学生从对企业的调研,到剧本的撰写和反复的磨炼,他们不仅会掌握与之相关的基础知识,其价值观、职业观和未来的职业能力发展与规划也会受到影响。

3. 探索戏剧专业,确定目标

有不少学生有演员梦,有些甚至是怀着这样的梦想选择戏剧教育导师,来到戏剧社。

然而,这条路普遍不被家长接纳,甚至遭到家长的强烈反对。对于这样的学生,导师可以以开放的态度,以戏剧社活动作为体验契机,进一步协助确认其演员梦,也可以和学生一起探索相关大学、专业情况,做出理性评估。

近年来,教育部采取一系列有力措施,积极推动高校加强戏曲戏剧相关专业建设和人才培养,不断提升相关专业人才培养质量,强化相关实践教育教学,培养更多高素质相关人才,为更好传承和发展中华优秀传统文化提供人才支撑,支持高校依据《普通高等学校本科专业设置管理规定》自主开设表演、戏剧学、戏剧影视美术设计、戏剧教育等相关专业。目前,全国高校共设置相关本科专业点 283 个。① 实施一流本科专业建设"双万计划",认定中国戏曲学院等一批高校的表演专业、中央戏剧学院等一批高校的戏剧学专业、四川美术学院等一批高校的戏剧影视美术设计专业等专业为国家级一流专业建设点。发布《职业教育专业目录(2021 年)》,中职专业目录设置戏曲表演、戏剧表演、曲艺表演等12 个专业,高职专科专业目录设置戏曲表演、戏剧影视表演、曲艺表演、戏曲音乐等 20 个专业,高职本科专业目录设置戏曲表演、舞蹈表演与编导、音乐表演、舞台艺术设计等 4 个专业。以上海戏剧学院 2022 年春招为例,招生计划专业有:戏剧影视文学、表演(戏剧影视)、艺术管理、绘画、动画、数字媒体艺术、视觉传达专业,在 2021 年 17 个名额基础上扩招到了 60 个名额。

中学戏剧社的经历可以帮助学生提前体验戏剧、表演等,从而帮助其做出未来学习相关专业和从事相关工作的决定。逐梦的路上总会有各种困难和阻力,但这一条道路只能自己亲自去开拓,只有手持利剑,不畏艰难,披荆斩棘,才能最终达到梦想的彼岸。

每个人都是独特的,会有不同的爱好和梦想。父母将学习为重作为理由,希望子女放弃其他的爱好,将重心放在学习文化上,子女应该理解父母的良苦用心。但戏剧与学业并不是绝对冲突的,如果能进行合理的时间与精力的管理,兴趣爱好并不会妨碍学习,甚至可以促进学习。一个人如果真心喜欢戏剧、喜欢表演,他在体验戏剧的过程中会逐渐意识到好的表演需有扎实的知识作为基础,从而积极主动地去学习。此外,戏剧表演的过程本身也是一个学习的过程。适当的身心放松有助于提高学习效率,相比枯燥的学习,偶尔参与戏剧表演可以很好地释放压力,放飞心情。当学生有坚定的目标,也许不是别人认为的正确的方向,但未必就不是适合他的。在戏剧演绎以及探索学习过程中,他或许就能发现该目标是否适合自己。

4. 爱我所爱,尽情绽放

在与戏剧相关的活动和体验中,导师可引领学生进行自我探索,探索热爱,发现自己

① 教育部.对十三届全国人大四次会议第 8361 号建议的答复(教高建议【2021】121 号)[Z].北京:教育部,2021.

的亮点。丰富的校园戏剧活动,可为学生搭建一个展示自己、实现梦想的舞台。借助戏剧类课程,例如,戏剧观摩、剧本赏析、戏剧鉴赏、诗词朗诵、剧本创作、台词训练、形体训练、校园情景剧创作与拍摄、基础表演、戏剧表演、舞台美术设计、影视摄影与制作等不同课程,让学生充分认识自我,挖掘自身的兴趣与优点,明确自己未来努力的方向,一步步迈出自信的步伐,一步步地实现梦想。在实践的过程中引导学生充分了解自己的潜能、兴趣、爱好和特长。每一个人都是独一无二的,都有各自的优势和特色,在成长的路上,要正确认识自己,合理规划自己,把握机遇与挑战,最终超越自己。梦想有多大,舞台就有多大。在人生的舞台上,选择自己喜欢的方向,勇敢追逐,绚丽绽放,实现自己的人生价值。

小珺从闵行中学和剧本创作启航。平时她喜欢看文学作品,喜欢看电影,在导师的指导下撰写了剧本《风雪平安夜》,参加了第四届"青史杯"高中生历史剧本大赛并荣获一等奖。如果没有剧本创作的尝试,她可能不会发现自己在剧本创作上有所专长,更不会真切感受到剧本创作带给她的快乐。在一次次的剧本创作和比赛中,她确认了自己的爱好,并坚定了日后投身影视行业的志向。在高考填报志愿时,她毅然选择了上海交通大学的广播电视编导专业并被录取。在大一期间,她与同学们将《风雪平安夜》排成戏剧节目并在交大戏剧节中进行了展演。如今的她,正自信而坚定地奔向她憧憬已久的未来。

（执笔人：周靓华）

第九节　志愿选择指导

📜 情景一：

C同学擅长文史哲学科，尤其喜欢历史，高一开学不久就向导师表达了将来要选择考古学专业的意愿。然而经过一年的学习，她发现自己学习数学异常吃力，英语也有些力不从心，不理想的成绩让她心灰意冷。

偶然间她听说报考编导专业参加艺术类考试对文化课的要求很低，心里想着走这条路或许可以考个好的学校，于是很快在校外参加了编导培训班……然而一个月不到，她灰头土脸地告诉导师她其实根本不喜欢编导，一想到高考志愿只能报编导就发慌，甚至想过等考上编导后再换到考古学专业。

📜 情景二：

高二下学期，C同学看上去从容自信多了，她坚定了学习考古学专业的决心，英语已经处在了班级的前列，数学也从不及格到及格，原来惧怕这两门课的她在导师的协助下，主动约任课老师制订自己的学习计划。此时，她坚信，攻克了学科难题，她的考古学专业将不再是梦。

📜 情景三：

在高二地理等级考取得了好等第的基础上，进入高三后，C同学重新制订了学科学习计划，并在英语一考中发挥理想。到第二学期，她将主要精力放在了政治、历史两门学科上，力争最好的等第，以弥补数学的分数劣势。

最终C同学以高考553的总分如愿以偿进入山东大学的考古学专业学习。

高考志愿选择非一朝一夕之事，像C同学一样，很多同学在进入高中后就开始了各种思考和探索。从慌乱纠结到从容坚定，C同学的成长除了自身的调整外，导师的指引也不容忽视。如何从认识自我，探索专业、院校、职业、社会，到综合考量后做出适合的志愿选择，导师在其中可以起到很好的协助和支持作用。

志愿填报可以说是人生的第二次高考，是影响未来的重要抉择。对于上海的学生而言，既有春季高考，也有夏季高考。少部分同学面临春考志愿的选择，而绝大部分同学面临的是夏考的志愿选择和填报。志愿填报是一件较为复杂的事，其中涉及很多专业术语和概念原则。导师要在志愿填报前指导学生通过多种途径了解志愿填报中的相关招考信息。

（一）了解志愿填报相关术语

1. 院校专业组

在上海招生的高校按照院校专业组方式开展本科招生，当考生的等级考选考科目符合某一院校专业组的选考科目要求时，才能填报该院校专业组志愿。

院校专业组是由招生院校根据不同专业（含专业或大类）的选考科目要求和人才培养需要设置的，是本科志愿填报与投档录取的基本单位。[1] 一所高校可以设置一个或多个院校专业组，每个院校专业组可包含数量不等的专业。同一院校专业组内的各个专业对考生的选考科目要求相同。

2. 批次录取控制分数线

批次录取控制分数线是根据当年各批次招生计划数和考生成绩从高分到低分排序后确定的。待统一高考成绩公布时，上海市教育考试院会同时公布各批次录取控制分数线，包括本科录取控制分数线、特殊类型招生控制分数线、艺术类本科文化控制分数线、体育类本科文化控制分数线。学生高考成绩须达到批次控制分数线，才能进行该批次的志愿填报。如2021年上海市普通高等学校秋季招生本科各批次录取控制分数线经审定公布如表6.24所示：[2]

表 6.24　2021 年上海市普通高等学校秋季招生本科各批次录取控制分数线

批次	分数（3 + 3 科目）
本科录取控制分数线	400
特殊类型招生控制分数线	503
艺术类本科文化控制分数线	300
体育类本科文化控制分数线	280

注：上海市高考本科成绩满分为 660 分。

3. 投档线和录取线

在上海本科批次中投档线以院校专业组投档线的方式呈现。以普通本科批次为例，

---

① 上海市教育考试院. 2021 年上海高考指南［M］. 上海：上海译文出版社，2021：43.
② 数据来源：上海市教育考试院官网，http://www.shmeea.edu.cn/page/index.html.

对本科录取控制分数线以上的考生按高考成绩由高到低进行排序，按院校专业组公布的招生计划数和确定的投档比例，计算出投档数（四舍五入到个位数）。被投档进入该院校专业组的最后一名考生的成绩即该院校专业组投档线。[1]

录取线是各高校按计划录取完成后各专业实际录取考生的最低分数。[2] 它是在高校录取完成后自然产生的，高校每个招生专业都会有专业录取线。

这里要注意的是，达到投档线不意味着一定会被录取。举个例子，假设某院校专业组招生计划是 100 人，它的投档比例是 1∶1.1，那么招生办就会按照比例，给院校 110 份档案，第 110 名考生的分数就是投档分数线。但是，在实际录取的时候，院校会在这 110 个人中录取最合适的 100 个，所以进入了投档线未必会被录取。一般录取分数线会高于或者等于投档线。因此考生在志愿填报时，一定要仔细研究院校的招生简章，看清投档比例。

4. 平行志愿和顺序志愿

平行志愿是指考生在填报高考志愿时，可在指定的批次同时填报若干个平行院校专业组志愿。录取时，按照"分数优先，遵循志愿，一轮投档"的原则进行。所有考生由高分到低分排一个队列，由投档系统逐一检索考生志愿，即高分者优先投档。每个考生投档时，根据考生所填报的志愿顺序，投档到排序在前且有计划余额的志愿，一旦投档成功系统不再检索其后志愿。对于某一批次考生群体而言，平行志愿只有一次投档机会。如果考生被投档到某一院校专业组后又被退档，那只能进入征求志愿环节或下一批次录取。

顺序志愿是和平行志愿不同的另外一种投档录取方式，分第一志愿、第二志愿等多次投档。投档时，首先按照投档比例向该批次所有院校专业组投档第一志愿可投考生，然后各院校根据录取原则完成录取或退档。如果院校专业组在第一志愿考生中完成计划，则该批次招生工作结束；如院校专业组在第一志愿录取后未完成计划，则再向其投档第二志愿可投考生，然后完成录取或退档；以此类推。这就意味着考生若被上一个志愿退档，只要下一个志愿院校专业组尚未录满，依然有被投档和录取的机会。[3]

平行志愿和顺序志愿存在于不同的批次中，和大部分同学相关的综合评价批次和普通本科批次采用的是平行志愿，而本科提前批次、本科艺体类批次部分院校、地方农村专项计划批次实行顺序志愿。

5. 征求志愿

征求志愿是指本科普通批次录取结束后，仍未完成招生计划的高校向普通批次中尚未被录取的考生征求志愿。本科普通批次设置两次征求志愿，第一次安排在本科普通批

---

① 上海市教育考试院.2021 年上海高考指南［M］.上海：上海译文出版社,2021：46.
② 上海市教育考试院.2021 年上海高考指南［M］.上海：上海译文出版社,2021：46.
③ 上海市教育考试院.2021 年上海高考指南［M］.上海：上海译文出版社,2021：54.

次正常投档录取结束后填报，第二次安排在第一次征求志愿录取结束后填报。征求志愿投档录取仍按院校专业组方式进行，上海的考生可关注由上海市教育考试院向社会公布的征求志愿专业目录及可填报考生成绩分布情况。

（二）知悉志愿填报具体细节

1. 填报时间

志愿填报安排在统一高考成绩公布后进行，具体时间以上海招考热线网站公告为准。本科志愿填报一般在 6 月底 7 月初，专科志愿填报一般在 8 月初。

2. 填报批次

1）本科志愿

（1）强基计划。基础学科招生改革试点（也称强基计划），是教育部开展的招生改革工作，主要是为了选拔培养有志于服务国家重大战略需求且综合素质优秀或基础学科拔尖的学生。教育部决定自 2020 年起，在 36 所高校开展基础学科招生改革试点。符合高校报考条件的考生可在高考前申请参加强基计划招生，高校依据考生的高考成绩，按照各省（区、市）强基计划招生名额的一定倍数确定参加高校考核的考生名单，考生参加统一高考和高校考核后，高校将考生高考成绩、高校综合考核结果及综合素质评价情况等按比例合成考生综合成绩（其中高考成绩所占比例不得低于 85%），根据考生填报志愿，按综合成绩由高到低顺序录取。强基计划在提前批次之前进行，被录取的考生不再参与其他批次录取，未被录取的考生可正常参加后续各批次高考志愿录取。强基计划无须专门填报志愿，在教育部阳光高考网站报名即视为自愿填报。

（2）本科提前部分：

综合评价批次：设置 4 个院校专业组志愿，按平行志愿规则填报、录取；

零志愿批次：设置 3 个院校专业组志愿，按平行志愿规则填报、录取；

本科提前批次：设置 4 个院校专业组志愿，按顺序志愿规则填报、录取；

本科艺体类批次：分为甲、乙 2 个批次，各设置 1 个顺序段志愿和 10 个平行段志愿；

地方农村专项批次：设置 4 个院校专业组志愿，按顺序志愿规则填报、录取；

特殊类型招生：针对零志愿批次设置 1 个院校专业组志愿，针对本科普通批次设置 3 个院校专业组志愿，按平行志愿规则填报、录取。

（3）本科普通部分。本科普通批次：设置 24 个院校专业组志愿，按平行志愿规则填报、录取。

（4）征求志愿。

本科艺体类甲批次设置一次征求志愿；

本科普通批次设 2 次征求志愿。

2）专科志愿

专科提前批次：设置 2 个顺序志愿；

专科艺体类批次：设置 8 个平行志愿；

专科普通批次：设置 8 个平行志愿。

（三）关注志愿填报注意事项

1. 查询各类别成绩分布表

每年高考成绩公布的同时，上海招考热线官网会一并公布考生高考各类别成绩分布表，便于考生考后填报志愿，包括全市考生考试成绩分布表，选考各等级考科目考生高考成绩分布表，艺术类、体育类考生成绩分布情况，综合评价批次入围考生成绩分布情况。考生需要根据自己的实际情况仔细查看相应成绩分布表。通过成绩分布表，可查询到每一个考分对应的全市取得该分数的考生人数以及累计人数，这意味着考生可以清楚地知道自己的成绩在全市同类考生中的位次。考生可通过对比当年的位次和预填报学校往年的投档线和录取线所对应的位次来评估自己被录取的可能性。如果两者一致或相当，则填报后被录取的可能性相对较大；如果两者差距过大，则填报后落选或高分低就的可能性更大。简单来说，如果考生的位次与院校专业组以往连续几年录取考生的位次大致相当，或者就在录取考生位次范围内，则报考该院校专业组的把握较大，且不至于浪费较多分数。

2. 填报平行志愿有梯度

与大多数同学相关的综合评价批次和本科普通批次采用平行志愿的方式，而平行志愿采取"分数优先、一轮投档"的原则，即分数高的同学优先被投档。具体到每位同学时，该批次所填的志愿都是"平行"的，排在前面的志愿先投档，因此考生在填报平行志愿时一定要注意拉开梯度，保持不同志愿间有从高到低的分数差，做到"冲""稳""保""垫"，避免因起点太高或没有梯度而无法投档。以上海本科普通批次 24 个院校专业组志愿为例，如果填满所有志愿，理想状态是 24 个志愿的投档分数线按从高到低排列，且前后相邻的志愿间尽量保持 3～5 分的分差，如第一志愿院校专业组预测分数线 580 分，第二志愿 575 分，第三志愿 571 分……以此类推。当然所谓的梯度主要是参考近 3 年高考分数线的变化，每年实际上都可能存在一定的变数，上海的高校相对比较稳定，外地高校不同年份变化可能较大。

因此，建议在填平行志愿的安排上可以包含"冲""稳""保""垫"四个层次，在注意志愿梯度的同时，要保证志愿的有效性，避免出现无效志愿，把高分志愿填在前，低分志愿填在后。另外要尽量选择服从调剂，防止被退档，但如果所要填报的院校专业组里有完全无法接受的专业，那么就要慎重选择是否服从调剂。

3. 合理排布专业志愿

一般来说,高校的专业录取有三种规则,即分数清、专业清和专业级差,高校同批次考生只能遵循一种规则。填报志愿前,导师要叮嘱家长和考生认真研读高校的招生章程,读懂该校专业录取规则,合理排布自己的专业志愿,从而选到心仪的专业,减少被调剂或退档的风险。

分数清即分数优先,高校招生人员首先把本校所有进档考生从高分到低分的顺序排成一列纵队,然后按照排队顺序对考生逐个安排专业。先安排分数最高的考生,从该考生的第一专业志愿开始录取。分数清原则下,如果分数排在前面的考生没有处理完,则后面的考生不予考虑。这种情况下,考生填报某院校专业组的专业志愿时第一个专业可以直接填报最理想的专业,将专业按心仪度排序,增加被心仪专业录取的概率。比如同一个院校专业组内,学生最想去的是哲学专业,就不建议把分数线更高的英语专业填在最前面,因为这样可能出现被英语专业录取而与哲学专业失之交臂的情况。

专业清又叫志愿清,是指高校在安排考生专业时,先按"专业顺序"、再按"分数高低"进行专业录取,实质是专业志愿优先。所有进档考生先按自己填报的第一专业志愿站成一路纵队,高分在前,低分在后,有多少个录取专业就有多少路纵队。从第一次录取开始,各专业按照招生计划,从高分到低分依次录取,例如,专业 A 计划招生 10 人,第一志愿报考该专业的共 12 人,则前 10 名直接被录取,剩余 2 人参加下一批录取,该专业录取结束;专业 B 计划录取 5 人,第一志愿实际报考 5 人,此 5 人全部被录取,该专业录取结束;专业 C 计划招生 10 人,第一志愿报考该专业 6 人,此 6 人全部被录取,不足部分留待第 2 批录取,以此类推。第一批录取结束以后,尚未被录取的学生全部按照自己填报的第二专业志愿,从高分到低分重新排队,按规则录取。在这种原则下,分数不太高的考生也可能被自己喜欢的专业录取。因此,第一专业志愿特别重要,一定要选择比较有把握且喜欢的专业,一般建议相对保守些,不能一味追求热门专业,而要确保录取概率高一点。

专业级差就是高校分配专业时,不同的志愿之间设置一定的级差分,在前一个专业没有被录取的情况下,该考生的高考成绩要减去相应的级差分,然后参与专业分配。假设某高校规定专业极差为 3—2—1,每个院校专业组可填报 4 个专业志愿,本年度该院校专业组入档考生 30 人。先分别计算每位考生的专业级差分,如某考生实考 580 分,某专业组分别填报了人工智能、电子信息、机械、经济管理四个专业,级差计算后,该生参与专业分配的分数分别是人工智能 580 分、电子信息 577 分,机械 575 分,经济管理 574 分。然后所有考生按照级差计算后的专业得分排成一路纵队,每位考生在队列中占四个位置,该院校专业组入档考生 30 人,则队伍长度为 120 人。最后从高分到低分开始录取。专业级差原则明显综合了分数清和专业清两种录取原则的优势,既考虑高分考生的利益,又兼顾考生对专业的热爱。在这种方式下,一般不主张冒险,建议考生根据自己的实力填报比较稳妥的专业，否则第一志愿录取不了，就要减去级差分再与其他考生竞争，会严重降低自己的分数优势。

二、志愿选择中的冲突与困惑

（一）志愿选择中的决策冲突

填报志愿对于学生来说是一件很重要的事，无论是学生自己、家长还是老师都非常重视志愿的选择和填报。然而现实中，因为各种原因，志愿选择中往往会出现各种决策冲突，导师要引导学生和家长在此过程中平等沟通、理性权衡、学会取舍，尽量做出适合学生的选择。常见的有以下几种情形。

1. 专业和学校的冲突

高考填报志愿时，除了高分同学因成绩拔尖而学校和专业的选择余地大、纠结少以外，大部分的学生和家长可能会面临当心仪大学和心仪专业不能兼得时，是选择心仪学校，还是选择心仪专业的矛盾困惑。名气较大的大学，有精良的办学条件、学科齐全、师资力量雄厚，有储藏量庞大的图书馆、先进的办学理念和育人模式，很多高校正在实施"大类招生、分流培养"的人才培养模式，加强基础、淡化专业，更注重知识结构、综合素质，有利于培养理论基础扎实、综合能力强的复合型人才。而专业将伴随人的一生，专业选择恰当，能够充分发挥自己的兴趣、特长，能更主动地、高效率地学习专业知识，做出更大的成绩，促进今后的长远发展。首选学校，则可能因分数不够，上不了喜欢的专业，退而求其次进入不感兴趣的专业，可能影响以后的学习动力和就业方向。首选专业，则可能进入比目标学校层次低一些的学校，如从"985""211"高校到普通高校的落差，毕业院校直接决定将来的第一学历。这些现实的冲突和困惑不可避免。

T同学自高一始就成绩优异，名列前茅，他给自己定下的目标院校是上海交通大学和复旦大学。由于家人有从事医学工作的，从小耳濡目染的T同学对医生职业很是向往。

最终高考时，他取得了601分的好成绩。在填志愿时却犯难了，以他的高分，家人朋友都觉得无论是提前批次还是普通批次，去上海交通大学或者复旦大学的高分专业都很容易，也和他的考分相匹配。T同学自己也开始纠结，他想学的是医学，但自己的考分比交大医学院和复旦医学院的分数高了很多，内心也觉得亏，有些犹豫。后来T同学在和自己导师倾心交谈的过程中，导师帮他梳理了从高一到高三他为自己所喜欢的医生行业所做的每一次努力和尝试，使他重新审视了一次自己的初心，最终在学校和专业的冲突中，他决定选择上海交通大学医学院临床医学八年制法语班，希望将来在医学行业有所建树。

2. 地域和学校的冲突

在高考志愿的填报中,地域是学生和家长考虑的重要因素之一。地域对于一个人的眼界和就业机会有非常大的影响。经济发达地区因企业众多,对人才的需求量大,对考生形成较强的吸引力,比如北京、上海、广东、江浙地区等,但这些地区的大学和同等实力的其他地方大学相比,录取分数普遍偏高。同样的分数,是选择经济发达地区实力明显偏弱的大学还是选择其他地区实力更强的大学,是很多学生和家长会遇到的难题。对于上海的学生来说,上海本身的地域优势使得很多学生和家长在填报志愿时首选上海本地高校,外地高校甚至都不在考虑范围内,但也会遇到自身考分够不上实力不错的上海高校分数线的问题,面临是否去外地高校的两难选择。

小S同学是一位性格较为内向腼腆的女生,高考分数464分,超过上海当年本科线60多分,但在填高考志愿时,小S和父母却陷入两难境地。一方面小S是女生,从来没有单独离开过上海,父母心里始终希望的是她在上海读个大学,方便家人照顾,毕业后父母也方便提供一些资源支撑,小S自己也从来没有想过离开上海读大学。高考分数出来后,小S心里清楚自己考得不太理想,肯定上不了上海的好学校。在和家长共同查阅资料、准备填志愿的过程中,她发现自己的考分能够填的上海高校和自己预估的还是有很大差距,父母也不能接受。

之后的一两天中,小S在与导师的交流中意识到自己自始至终只关注过上海高校,对外地高校一无所知,也从未主动了解过。听从了导师将目光放得更长远、更宽广的建议后,小S开始查阅更多高校的资料,抛开纠结,主动和父母家人分析利弊,商量对策。最后他们决定选择中国计量大学,这所院校虽不是"985""211",但它是我国质量监督检验检疫领域唯一的本科院校,是一所计量、标准、质量和检验检疫特色鲜明的高校,社会评价不错,小S的分数正好也能选择该校不错的专业,且中国计量大学位于杭州,离上海很近,同处苏浙沪地区,父母照顾起来也不难。同时小S转换了思考问题的角度,反而觉得离开熟悉的上海去往杭州,正是她离开父母怀抱,提高独立自理能力,自己闯出一片天地的好机遇。最终选择了中国计量大学,并被成功录取。

从案例中可以看出,志愿填报中的地域与学校选择冲突是普遍存在的,需要导师引导学生和家长通过良好沟通、分析、权衡、取舍,做出相对适合学生的选择。

3. 兴趣爱好与就业前景的冲突

专业的就业前景是许多学生,特别是家长在志愿填报时着重考虑的重要因素。就业前景广阔、社会需求量大的专业往往成为志愿填报的热门专业,是很多人的专业首选。根据艾媒咨询发布的《2020中国高考志愿填报行业用户需求及就业前景大数据分析》调查显示，十大文科热门专业有金融学、工商管理、财务管理、国际经济与贸易、新闻与传播学、经济学、中国语言文学、英语、教育学、法学。理科高考志愿填报热门专业则是人工智能、金融学、计算机类、医学类、自动化类、理学类、航空航天类、土木类。人工智能、数据科学与大数据技术、智能制造工程、机器人工程、大数据管理与应用是近年来报考比较火热的领域。①

"兴趣是最好的老师"，兴趣会使工作专注度更高，动力更足，更有可能取得职业成功。2019 年北京师范大学联合其他教育机构发布了一份《00 后高考志愿兴趣报告》，报告显示历史学、文物与博物馆学、汉语言文学、心理学、法医学等传统上被认为"冷门"的学科成为00 后考生最喜爱的专业，而会计学、财务管理、金融学、投资学等被各界看好的经济、金融类却被归入最不感兴趣的专业。② 很多学生感兴趣的专业并不是当下就业前景好、薪资高的专业。学生的兴趣倾向与大众的认知"常理"、家长的喜好、社会通俗的"标准"不尽相同。

当兴趣爱好和就业前景出现不统一时该如何选择呢？不同人的选择也不尽相同。比如湖南留守女孩钟芳蓉以高分报考北京大学考古专业，跟着内心的想法走。她非常清楚自己的兴趣，也很明确自己要面对什么，并做好为此付出的准备。这也从另一个层面为考生提供启示：对于自己喜欢的专业，要确认自己是不是真的喜欢，并做好充分了解。未来是变化着的，人的兴趣可能会转移，当下的兴趣也未必长久。同时社会在发展，产业结构在不断优化调整，社会需求在变化，没有什么专业、职业能绝对地处于热门，即使是当下需求量大的热门职业，也可能因报考人数过多，供大于求而陷入就业难的境地。因而对于这一选择要因人而异、综合考量。

4. 家长干预与自我选择的冲突

高考志愿选择是大事，学生在填报志愿时不可能完全独立地进行决策，父母往往会深入介入，甚至干预。上文所提到的高校和专业间的选择，本地与外地间的选择，兴趣爱好与就业前景间的选择等，孩子和父母都有可能会发生分歧，亲子间的冲突就不可避免地发生了。如果双方不能有效沟通、化解分歧，冲突可能会愈演愈烈，既不利于亲子关系，又会对问题的解决、决策的做出产生不利影响。

（二）志愿选择决策冲突产生的原因

志愿选择中产生决策冲突的原因归结起来主要有以下两个方面。

1. 决策本身的复杂性

志愿选择是关乎个人未来发展的大事，影响志愿填报的因素非常多，如高考成绩、个

---

① 数据来源：艾媒报告中心网站，report. iimedia. cn。
② 北京师范大学考试与评价中心. 00 后高考志愿兴趣报告[R]. 北京：北京师范大学考试与评价中心，2019.

人兴趣、性格特点、未来规划、家庭因素等,都需要综合考虑。而从学生个人因素来说,清楚地确认自己喜欢什么,未来想做什么等是核心因素,但是对多数学生来说,并不易做到。同时,做出这项决策需要以对大学、专业等信息的充分了解为支撑,这对很多家长和学生来说,也不易做到。加之,社会发展日新月异,以及志愿选择本身的不确定性和风险也较高,使志愿选择的每一个环节都有其复杂性、不确定性,学生和家长在此过程中不可避免会感到压力,甚至产生焦虑情绪,纠结和冲突就会在这样的背景下产生。

2. 亲子间的代际冲突

当下,高中生的独立性和自主意识越来越强,希望自主选择人生道路,自己决定未来发展方向,不愿意父母过多介入或干预。但是很多时候父母还是会认为孩子的思想不够成熟,感性用事,面对重大决策无法做出准确的判断和选择,因此会不自觉地用自己的经验和阅历来帮孩子做选择。孩子和父母两代人在价值观念、社会阅历和行为方式上的代际差异,使得他们在志愿选择中发生种种分歧,如孩子更倾向于基于兴趣爱好选择大学、专业,而父母则更倾向于从社会需求、就业前景、未来待遇、社会地位、家庭资源等角度出发,有些父母或许还存在一些名校、热门专业情结,甚至可能将自己未完成的愿望强加于孩子来完成。亲子间的代际冲突能否合理协调,对志愿选择的做出非常重要。

三、志愿选择的导师辅导策略

高考志愿填报在考分公布后的几天开始,但志愿的选择绝不始于此。在志愿填报前,要做大量前期准备。作为导师,除了平时组织学生学习相关招考信息,了解志愿填报的政策性要求、流程规则、注意事项外,更重要的是要从生涯规划的视角为学生提供发展指导,提前为志愿选择做铺垫,采取一定的策略引导学生获得充分体验并有所感悟,有技巧地化解冲突、解决问题,最后做出最适合自己的志愿选择。

(一) 运用 CIP 理论,指导学生在志愿选择中合理决策

CIP 理论关注个人在职业生涯过程中如何使用信息进行生涯决策,解决生涯问题。该理论可概括为信息加工金字塔模型(见图 6.2)。它包含了进行生涯选择所涉及的各种成分,从塔底到塔顶依次是知识领域、决策领域、执行领域。知识领域既要求认识自我,也要求获取职业知识,然后对收集的知识信息进行加工,形成决策方案。顶端的元认知是对整个决策过程的反思,指导第二级水平上的各种程序以何种顺序运作,在该领域,人们需要辨别消极思维、进行积极的自我对话、提高自我控制和调节水平。[1] 这一理论用于指导学生在进行志愿选择时,首要的前提是获取自我认知和职业知识。

---

[1] 里尔登,伦兹. 职业生涯发展与规划:第 3 版[M]. 侯志瑾,等译. 北京:中国人民大学出版社,2010:4.

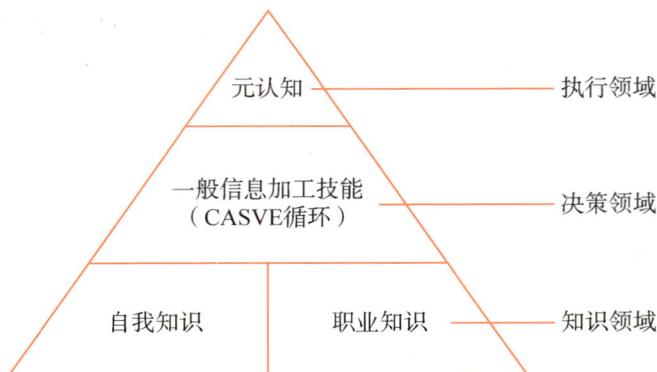

图 6.2 信息加工金字塔模型

1. 借助多维评估工具，帮助学生加强自我认知

志愿选择需要学生有清晰的自我认知，如个人性格、兴趣爱好、个人技能、价值观等，要知晓、学会分析自己的优劣势，从而为志愿选择决策提供依据。导师可以指导学生在志愿选择前运用多种维度的评估工具，对自我形成较为全面的认知。例如，借助霍兰德职业性格测试这一专业工具来评估自己的职业兴趣，通过 MIDAS 多元智能发展测评系统了解自己在八个方面的能力，通过卡特尔 16 项人格因素测试了解自己的人格特质和行为风格等。除了以上专业测评工具，还可以通过同学互评、老师和家人评价等方式，全面考量和认识自己。

2. 通过多途径职业体验，引领学生关注社会需求

学生在对自我知识有一定了解之后，往往还需要积累大学、专业、行业、职业的相关知识，关注新业态，了解社会需求，特别是加深对自己感兴趣的职业、将来倾向从事的职业的认识。

实践中，导师可以指导学生积极参加有关大学、专业、职业探索的各项实践或体验活动，如走进大学感受、体验不同学校的文化氛围；聆听学校生涯讲堂上各行业专家的前沿分享；开展相关行业的职业访谈；重视社团活动中的每一次职业角色扮演，如模联社扮演各国外交官的角色体验；珍惜公益劳动的机会，走进职业岗位，在亲身体验中增强职业认知；主动参加学校或导师组织的外出实践和参观，如跟随学校参观航天城，了解行业特性，增强职业理解等。这些都能够帮助学生在体验中积累对行业职业的真实认知，为其多方面了解社会打下基础。

3. 借力 CASVE 循环，引导学生提高决策技能

在学生获得自我知识和职业知识的基础上，导师可运用 CIP 理论图中的第二层，指导学生学会 CASVE 循环技巧，做出适合自己的志愿选择决策。该循环包括沟通、分析、综合、评估和执行五个阶段，具体操作如图 6.3 所示。

在沟通阶段，学生会收到来自内部或外部关于理想大学、专业与自身现状之间存在差距的信息。导师应引导学生充分分析问题，正视存在的差距，从而在分析阶段帮助其不断

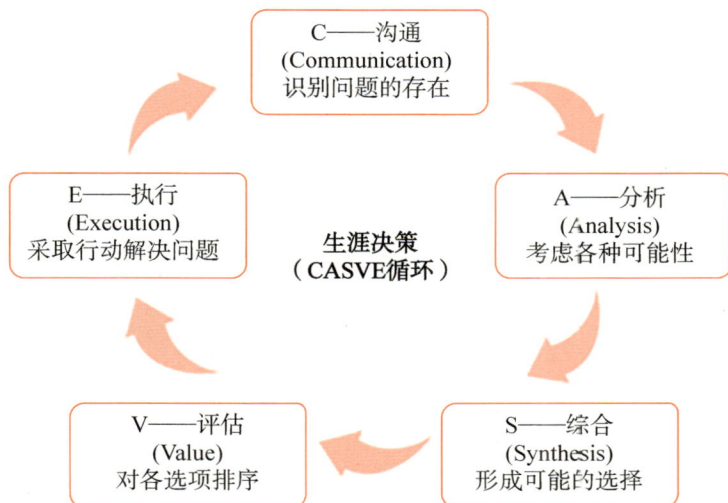

图 6.3　CASVE 循环

认识自我，了解大学、专业信息及要求，找到存在差距的原因。然后综合和加工上一阶段提供的信息，制订消除差距的行动方案，形成相对符合实际的几个或多个可能性选择。在评估阶段则可以指导学生采用决策平衡单的方法评估每一种选择对其本人和他人的影响，对多个可能性选择进行排序，将能够最好地消除差距的选项排在第一位，从而找到最佳选项。如在专业的选择中，可参考表 6.25 决策平衡单。

表 6.25　决策平衡单

考虑的因素		选　择　项　目					
因素名称	权重 （1～5 倍）	专业选择一		专业选择二		专业选择三	
		得（＋）	失（－）	得（＋）	失（－）	得（＋）	失（－）
适合自己的能力							
适合自己的兴趣							
符合自己的价值观							
满足自己的自尊心							
较高的社会地位							
较高的报酬							
带给家人声望							
未来的发展性							
……							
加权分							
得失差数							

注：每个选项在每个因素上的计分范围为正负 1～5 分。另外根据每个因素的重要性和迫切性，给每个因素赋予一定的权重（1～5 倍）。计算加权分时，用每个选项的计分乘以权重。

最后则是为实现这一最佳选择做出行动。在执行阶段之后，又回到沟通阶段，以确定已经做的选择是不是最好的，是否能最有效地消除理想与现实间的差距。

J同学是位性格大大咧咧的女生，喜欢画画，从小学到高中一直坚持画画，班里每一期黑板报都出自她之手，但她的文化课成绩一般。在一次与导师的聊天中，导师问道：这么喜欢画画，是不是打算高三参加艺考？J同学坦言自己虽然喜欢美术，但并没想过要走艺考道路。对于未来，她有着自己比较坚定的设想——想当一名老师。因为她很喜欢小孩，寒暑假常常带邻居家的小孩一起玩，觉得非常快乐。但她对于自己是否适合当老师，也不是非常确定。在导师的推荐下，J同学完成了霍兰德职业性格测试，测出自己的职业兴趣前两码便是艺术型（A）和社会型（S）。适合的职业之一便是老师。J同学进一步将自己的想法和测试结果与父母交流后，大致明确了志愿选择目标：师范院校的学前教育专业。之后，她慢慢减少了花在绘画上的时间，将有限的时间投入到文化课的学习中，努力缩小分数差距。同时，她深知自己对教师行业的实际工作还知之甚少。在导师的帮助下，在选择高中生需要完成的60学时公益劳动时，她选择到儿童城工作。此外，寒暑假一有空她就去早教机构义务帮忙。在与孩子们的日常互动以及课业的辅导中，J同学学会运用与小朋友对话的语系，做事比以前仔细，增强了职业理解，也越发热爱教师职业。

慢慢的，J同学坚定目标，努力弥补短板，最终在提前批次被上海师范大学学前教育专业录取。

（二）借鉴哈佛谈判法则，学会化解志愿选择中的亲子冲突

志愿选择中的亲子冲突普遍存在，对抗或一方对另一方的妥协都不是解决问题的良方。虽然志愿选择的决策主导权在学生，但导师还是需要指导学生，当父母与自己的意愿不一致时，还是要善用一些沟通技巧，借鉴哈佛谈判法则去化解冲突，获得父母的理解与支持，努力达成共识。

哈佛谈判法则，也叫事实谈判法，它将谈判的关键概括为四个基本点：

区别——区别人与事，对事实强硬，对人要温和；

利益——谈判的重点是利益，而不应是立场；

选择——在谈判之前，应该制订可供选择的方案；

标准——坚持谈判的结果必须依据某些客观标准。

提醒学生在运用哈佛谈判法则时，要一家人坐在一起真诚地进行沟通与交流。交流前，要明确对事不对人的基本原则，将讨论的话题集中于志愿选择而不涉及其他问题，谈判过程中双方要提出建设性意见而不是只否决、不给建议。双方应将谈论中涉及的方案

事先列出。交流时,将列出的方案按照一定的步骤展开讨论,分别为自己的观点进行理性的分析和判断,争取达成共识。假若一次谈判未达成共识也不强求,良好的交谈氛围有助于保持亲子合作的状态,从而有利于决策冲突的解决。

H同学高考成绩出来后,在与父母交流填志愿想法时,产生了分歧。H同学要填位于天津的中国民航大学,父母不同意,觉得一个女孩子离家太远不安全,一定要填上海本地高校留在父母身边。双方都态度坚决,互不支持。H同学在向导师倾诉后,听取建议,决定尝试用哈佛谈判法则来平心静气地与父母谈谈,争取获得父母的支持。

在与父母交换意见,明确谈判原则后,双方在同一张纸上以表格的形式将共同利益、各自利益以及各自的志愿填报方案一一列出(见表6.26)。

表6.26　H同学与父母的共同利益、各自利益与志愿填报方案

	H同学		父母
共同利益		选择理工科专业	
各自利益	遵从兴趣,去航天航空相关学校、专业		上海本地大学,女孩子要求不要太高
志愿方案1	中国民航大学	机械电子工程	上海理工大学
志愿方案2	中国民航大学	通信工程	上海应用技术大学

首先,因H同学"加三"科目选择了物理,双方就选择理工科专业达成一致。其次,双方依据客观事实,从H同学的个人性格特点、能力、兴趣、社会需求等方面逐条交流,为各自的志愿方案提供理性的分析依据。最后,根据分析,H的考分上不了上海本地较好的理工科学校,去其他的本地以理工科见长的院校,考分又亏了,父母不甘心,也理解了女儿受父亲在机场工作的影响,努力学习物理,一心想去航天航空类学校的苦心,加之女儿答应毕业后回上海工作,综合考量,父母同意了女儿去中国民航大学的决定。最终H同学被中国民航大学通信工程专业成功录取。

(三) 用好高考模拟志愿填报软件,确保正式填报准确无误

每年上海高考志愿正式填报前都会安排模拟填报,组织模拟填报是为了让考生熟悉填报志愿的流程,提前选择和确定好学校代码和专业代码,减少正式填报志愿时的失误。通过高考模拟志愿填报还可以及时发现填报志愿时的问题,向班主任或导师咨询、请教、及时解决疑问,保证正式填报志愿的顺利进行。导师应督促学生重视模拟志愿填报。

首先,在模拟志愿填报之前,导师要指导学生填好纸质的模拟志愿意向表,便于在系统上模拟填报时核对。其次,在模拟志愿填报时,指导学生关注填报程序和细节,叮嘱其

牢记修改后的系统密码，登录系统后根据自己实际情况选择三门学业等级考科目，然后根据系统中"批次""院校所在地""院校名称""专业名称"等条件查询意向院校和专业，并将心仪专业加入"已关注院校专业列表"。在主界面中点击"查看已关注院校专业"按钮，查看所有已关注的院校专业，按录取分数及个人心仪度对关注的院校专业组进行排序，点击"调整次序"按钮对专业组或专业的顺序进行调整。特别要提醒学生在填报时为每个专业组设置"是否调剂"。最后，提醒学生可将志愿意向导出并生成志愿意向表，下载或打印出来，便于在正式填报志愿前对自己的意向院校、专业再调整和完善，保证正式填报时不出差错。

（四）鼓励多样化的探索，做出综合考量基础上的个性化选择

当前，高中生的升学路径是多样化的，除了普通统招外，艺术类专业、体育类专业招生、公安院校招生、航海类专业招生、三项招飞、公费师范生、公费医学生、港澳招生、出国留学等为学生提供了多元选择。志愿选择的主体是各有特点的学生，导师在指导学生进行志愿选择时，要鼓励他们开展多样化的探索，帮助其做出综合考量基础上符合个性发展特点的合适选择，而非千篇一律。

志愿选择决策具有复杂性。每一位学生都充满了不同的可能性，其个性的养成、能力的挖掘、兴趣的培养、知识的储备、家庭的环境、实践的水平等都存在差异，要走的人生道路也不尽相同。其中，还可以借助科学的测评工具、综合考虑父母等各方意见。因此在辅导的过程中，导师需要从个性化出发，把学生的个性特点、兴趣能力、社会需求、职业认知等影响因素综合起来加以考量，还要注重调动学生的决策意识，从生涯规划的角度指导学生，同时不可过度依赖测评工具，不给学生"贴标签"，要看到他们更强的可塑性和更多的可能性，从而让志愿选择更具合理性、规划性和前瞻性；同时，志愿选择不是高考结束之后的命题，需要鼓励他们勇于实践探索，结合实际，挖掘潜能，做出适合自己的个性化选择，绽放不一样的精彩。

（执笔人：张文文）

第七章

今天，我们需要怎样的高中生涯导师

第一节　今天，高中生涯导师的画像描绘

在做了一年半的生涯导师后，韩老师在导师成长案例中写下这样几段话：

生涯导师制，强调以教育回归生活、关注学生生命成长为理念，使学校教育工作更加贴近学生学习和生活，学生的知识建构与道德成长同步发展，真正提高教育的实效性。作为老师，并不只是在学业上帮助学生进步，更要在人生的方向上予以指引。生涯导师制就是从学生个体的生涯发展特点和需求出发，引导学生更好地认识自我，探索外部，促进学生做好选择并为之不断努力的个别化生涯辅导方式。

导师应该是德、才、识、能的综合体，作为导师，要不断地提高思想认识，强化师德修养，严于律己，言传身教，精心耕耘，无私奉献，以高尚的道德情操、高度的育人责任感、高超的教学艺术，把爱岗敬业和实现人生价值和谐统一起来，实现一个教师教书育人、为人师表的神圣职责。

作为导师，不仅要夯实学科基础，还要不断地开阔专业视野。要了解新的高考政策，了解高中的课程设置，了解相关学科、专业和职业的关联，为学生科学合理地选择高考科目提供帮助；为了更好地协助学生做好自我认知，导师还要熟悉并了解自我认知的方法，学习运用心理测验等方式了解自己所指导的学生；此外，导师还要熟悉学生的多元升学路径，各类招生的具体要求，协助学生明晰升学路径，为学生选择不同升学方向提供具体指导；导师还应该多关注学生的日常生活，能及时发现学生存在的心理问题，协助其处理一般的心理困惑，引导学生养成良好的思想品德，形成积极的生活态度，为此导师还要学习心理辅导的一些方法。

的确，生涯导师，不仅要好好教书，还要好好育人。一个孩子的成长是多方面的，导师也需要多领域涉猎，而非仅仅关注学科教学；一个孩子的发展与其成长环境息息相关，导师也需要尽可能为其提供资源，以及相应的辅导；一群抑或志同道合，抑或个性鲜明的孩子身上蕴藏着巨大的能量与潜力，导师也需要在交流互动中充分激发一个个生命、一支支团队的能量，助力他们成为更好的自己。同时，每一位导师都有其优势与个性，成就一位位各具特色，同时能够协同辅导的导师乃至团队，都需要明晰今天我们需要怎样的生涯导师，描绘生涯导师的清晰画像。闵行中

学课题组在实践探索中由探讨生涯导师专业能力到胜任力，通过国际经验借鉴、问卷调查、访谈等多种途径，逐步明晰。

一、高中生涯导师专业能力的国际经验

（一）英国经验

英国当前中学阶段生涯教育教师队伍由生涯领袖、生涯顾问、学科教师组成，生涯领袖承担学校生涯教育的主要责任，对学校生涯教育进行领导、管理、协调；学校聘请的生涯顾问主要运用生涯发展理论与模型，为学生提供个性化和专业性的生涯指导与建议；学科教师为学生提供生涯信息，开展学科教学与生涯教育融合，与学生进行非正式的生涯对话。英国生涯发展学会将生涯教育师资的能力要求划分四个领域：职业伦理与反思性实践、使他人掌握生涯管理能力、使个体获得更加广泛的生涯发展服务、促进和改善生涯发展服务。具体标准有如理解和应用生涯发展理论，帮助学生设定生涯发展目标、探索生涯发展需求、评估个人能力，规划和实施生涯教育活动，转介资源和团队合作，监督和改进生涯指导服务等[①]。

（二）美国经验

美国生涯导师团队由专门的生涯技术教师和学校咨询师组成，生涯技术教师是在某一生涯集群有专业实践经验的专门教师，传授给学生进入某一行业所必需的知识和技能；学校咨询师为学生提供广泛的学术、生涯、社交、情绪等多方面的指导[②]。美国学校咨询协会制定学校咨询师专业标准，将其划分为专业精神、基本技能、提供直接和间接学生服务的能力、管理项目和争取学校支持的能力四个领域，例如，在专业精神上，相信每个学生都能学习、都能成功等；在基本技能上，学习和应用理论，建立学校咨询项目的愿景，制定学校咨询项目的目标并推动实施等；在学生服务上，设计并实施学校咨询核心课程，提供咨询服务以支持学生获得相应的成就感，转介专业人士，与家庭、教师、管理者及相关者合作等；在项目管理与学校支持方面，理解教育法律、教育政策、教育趋势，设计、实施和评估学校咨询项目，合理评价学校辅导员绩效等[③]。

（三）芬兰经验

芬兰导师制成为芬兰普通高中学生发展指导体系中的重要组成部分，既有专职导师

---

① 张蔚然.英美两国中学阶段生涯教育的比较研究［D］.上海：华东师范大学，2019.

② 万明明.美国高中生涯教育的研究及启示［D］.上海：华东师范大学，2018.

③ 张蔚然.英美两国中学阶段生涯教育的比较研究［D］.上海：华东师范大学，2019.

又有兼职导师，导师由"学生顾问""辅导员""特需导师""导生"四个群体组成，这四类导师从不同方面指导学生从高一到高三有序发展，完成高中学业、确定未来发展方向和积累成长阅历[1]。

此外加拿大要求就业指导的咨询师必须具有教育学、心理学、咨询学或相应的人文社会科学的博士学位，并且具备一定的工作经验[2]。

从国际经验看，生涯教育的师资队伍构成多元化，以专职学校咨询师、生涯顾问、生涯技术教师为主导，学科教师共同参与。生涯专业导师和兼职导师在生涯辅导上分工负责，从不同方面指导学生有序发展。对生涯导师的专业能力强调理解和应用生涯发展理论、设计和实施学校生涯教育项目、提供咨询服务指导学生发展、寻求多方合作和转介资源、评价生涯辅导工作等能力。

二、基于学生调研的生涯导师专业能力

课题组实施面向上海市闵行区 5 所中学 450 份有效教师问卷显示，关于生涯导师应具备哪些专业能力，80% 以上的教师认为导师应具备生涯教育相关知识和经验、心理学知识与心理辅导能力、交往沟通能力，70% 以上的教师认为导师应具备本学科素养、教学能力和师德素养。调查结果与国际经验相似，教师们觉得生涯导师的专业能力包含作为生涯导师专业方面的生涯教育相关知识和经验、心理学知识与心理辅导能力、交往沟通能力，同时应具备本学科素养与教学能力和师德素养。

学生调查结果显示，"善于与学生沟通"成为学生心目中生涯导师的最重要特质，在高中三个年级中均占 80% 左右的比重。此外教师本身的"乐观幽默""爱心耐心""生涯指导能力"也获得了较高比重的选择。显然，高中繁重的学业压力需要师生间良好的互动，这是生涯辅导最核心的特质。"学科学习""大学报考"是较多学生面临的需求。另外，高三年级因为特殊的状况，在心理辅导和人际交往方面的指导需求比高一、高二有较大的提高。

三、基于德尔菲法调查的生涯导师专业能力

（一）德尔菲法及调查实施

德尔菲法（Delphi Method）也称专家调查法，指通过专家的知识、经验和综合分析能力，让他们对研究的问题做出判断、评估和预测的一种方法。首先，调查者制定调查表。其次，调查者以函件的方式征询专家组成员的意见，对意见进行统计和反馈，如此进行三

---

① 陈才锜.芬兰普通高中导师制的特色及启示[J].全球教育展望，2014（1）：87-93.
② 孙宏艳.国外中小学职业生涯规划教育：经验与启示[J].中小学管理，2013（8）：43-46.

轮。最后，专家的意见将会逐步趋于收敛，得到准确的结果。

课题组选取在生涯教育研究领域具有较高权威的 6 名专家，用问卷探索生涯导师应具备的专业能力。6 名专家均具正高职称或博士学历，从事相关专业 5 年以上，包含了高校教授、高中德育干部、区局教育学院专家、专业机构生涯教育专家。

（二）调查结果分析

课题组将专家提到的生涯导师专业能力进行编码、分类，结果如下：

所有专家都强调生涯辅导专业知识、相关技巧和辅导能力在导师胜任力中的重要性，尤其对生涯辅导能力进行了详细列举。大部分专家根据辅导内容来划分，例如，在生涯规划上，协助学生选课、志愿填报，指导学生选择大学专业和职业探索，协助学生认识环境、适应环境。在自我认知上，评估和了解学生兴趣，指导学生了解自己的兴趣和理想。

大部分专家均提及生涯导师要具备生涯辅导基本理论知识，有专家列举了多元智能理论知识、生涯测试量表解释及相关工具应用评估方法。大部分专家提及了解生涯相关信息，导师应熟悉考试招生政策和大学专业设置，了解适合本校学生的高校升学情况、大学专业和职业情况。

所有专家都强调生涯导师要具备良好的沟通交流能力，善于与学生沟通对话，擅长倾听、共情，沟通能力是生涯导师应具备的基础能力。这一点与学生需求调查结果一致，80% 的学生要求导师要善于与学生沟通。大部分专家认为导师要关爱学生，"以学生为中心""积极主动地关怀学生成长"。

（三）构建合理的生涯导师团队及其专业能力

基于上述研究和目前学校开展生涯指导的实际，可以将中学生涯导师的专业能力勾画出一个具体的理想模型，应该具备以下三个基本方面：从事生涯辅导的热情、意愿和亲和力；具备与生涯辅导相对应的生涯指导专业能力；具有学科教师的相关能力。基于在现实工作中，很难找到这样具备各种生涯指导能力的完美个体导师，课题组认为，可在个性热情、温暖有助人品质的基础上，从专业生涯导师、学科生涯导师和兼职生涯导师视角，分类构建教师生涯辅导胜任力（见表 7.1）。

表 7.1　生涯导师专业能力

	专业生涯导师	学科生涯导师	校外生涯导师
知识素养	生涯发展理论知识 生涯辅导基本技巧 生涯相关信息了解	生涯教育基本概念 学科基本思想和方法 了解学科相关专业职业	了解高中生心理特征 精通专业领域知识与技能

（续表）

	专业生涯导师	学科生涯导师	校外生涯导师
专业能力	生涯课程教学能力 生涯辅导能力 心理辅导能力 评估分析能力 咨询能力 沟通交流能力	学科融合生涯教育能力 学业规划辅导能力 学习方法指导能力 学科生涯信息搜集与处理能力 学科生涯咨询能力 激励能力 资源统筹能力	专业知识指导能力 职业规划咨询能力 职业兴趣激发能力 思考总结能力 表达讲解能力
工作态度	关爱学生、责任心、积极心态、倾听共情		
人格特质	温暖热情、敏锐洞察、耐心爱心		

专业生涯导师，通常由过去担任心理、生涯教育等方面工作的教师担任。他们身上最核心的能力是生涯规划辅导能力，根据生涯辅导内容可将该能力进一步分为自我认知指导能力、社会探索指导能力、生涯选择和规划指导能力，其中包含了利用工具分析和评估学生兴趣潜能的能力、个体咨询与团体咨询的能力；专职生涯导师还承担设计和实施生涯课程的任务，因此需要具备生涯课程教学的能力。专业生涯导师的关键能力还包括心理辅导能力、沟通交流能力，理解和感受学生的情绪，缓解学生心理压力，协助学生处理人际关系，引导学生放松身心状态。

学科生涯导师，则由学科教师发展而来。主要职责是指导学生获得学科基本思想、方法、技能，关注学科相关职业前景和学科发展，促进学生优质学习经验、学习效能感的获得。学科生涯导师需要掌握生涯教育的基本概念，对生涯教育有基本的理解，能从学科教学的角度开展生涯教育，能围绕学科知识与专业、职业、终身发展之间的联系进行教学和辅导，了解学科发展前沿、学科职业发展前景、高校招生政策以及可以用于学科融合生涯教学的相关信息。学科导师通常需要借助外力资源，针对学生需求，寻求其他教师、校友、行业专家的合作和帮助，因此，资源统筹和协同合作能力是导师胜任力的重要组成部分。

校外生涯导师涉及在某一生涯集群有专业实践经验的校外专业人员，其职责在于引导学生具备进入某一行业所必需的知识和技能、发挥榜样示范生涯发展的作用。他们需要具备一定的思考总结能力和表达讲解能力，将自己的职业经历分享给学生，通过榜样示范帮助学生了解职业的特点、能力要求和职业态度，激发学生的职业兴趣，指引学生进行职业规划。

三类导师在工作态度和人格特质上应具备共同特征。在生涯指导的工作态度方面，关爱学生、具备责任心和积极心态。在人格特质方面，温暖热情、敏锐细心、具备爱心和耐心。导师用积极的力量影响学生，能敏锐观察到学生的变化，觉知他们的需要，能细心观察学生，用一颗爱心和耐心辅导学生。学生能感受到被尊重、被接受、被认可。

四、基于教师、学生访谈的生涯导师胜任力模型

基于现状，课题组倡导三类导师从起步阶段各自发挥优势，通过协同辅导，完成对学生的指导，后逐步习得综合能力，逐步实现导师的全面、个性发展。通过先行教师的探索、学生的反馈，期待建构导师的胜任力进阶模型。

胜任力（Competence）这个概念最早出现在美国著名心理学家大卫·麦克利兰（David C. McClelland）的文章《测量胜任力而非智力》中[①]。胜任力是指能将某一工作（或组织、文化）中表现优异者与表现平平者区分开来的个人的潜在的、深层次特征，它可以是动机、特质、自我形象、态度或价值观、某领域的知识、认知或行为技能——任何可以被可靠测量或计数的，并且能显著区分优秀绩效和普通绩效的个体特征[②]。胜任力及相关人才评鉴理论、方法风靡企业界，并慢慢拓展至各个领域，如教育领域。2000年，美国知名管理咨询公司合益集团下属麦克莱兰研究与创新中心（Hay/McBer）向美国教育与就业部提交了一份题为"高绩效教师模型"的报告，提出了高效教师的5种胜任特征群：专业化（挑战与支持、信心、创造信任感、尊敬他人）、领导（灵活性、拥有负责任的朋友、管理学生、学习热情）、思维（分析性、概念性）、计划/设定期望（向上动力、信息搜寻、主动性）、与他人关系（影响力、团队建设、理解他人），并提出高绩效教师经常使用的7种技术：有较高的期望、能很好地计划课程、使用多种多样鼓励学生的技术、对学生管理有清晰的策略、明智地安排时间和资源、能够使用一系列评估方法、经常布置家庭作业[③]。国内，徐建平构建了教师胜任力模型，并将其分为优秀教师胜任力特征和教师共有的胜任力特征。其中，优秀教师的胜任力包括进取心、责任感、理解他人、自我控制、专业知识与技能、情绪觉察能力、挑战与支持、自信心、概念性思考、自我评估、效率感共11项特征；教师共有的胜任力包括组织管理能力、正直诚实、创造性、宽容性、团队协作、反思能力、职业偏好、沟通技能、尊敬他人、分析性思维、稳定的情绪共11项特征[④]。

后续，有学者就班主任等教师群体的胜任力进行了研究，但是对"导师"相关群体则较少研究。因此，本课题组在实施生涯导师制的过程中，通过对教师、学生的访谈及专家讨论等方式，建构了生涯导师进阶胜任力模型，如表7.2所示。

---

① 田效勋，柯学民，张登印. 过去预测未来　行为面试法［M］. 北京：中国轻工业出版社，2018：14.
② 时堪，王继承，李超平. 企业高层管理者胜任特征模型评价的研究［J］. 心理学报，2002，34（3）：306-311.
③ 徐建平. 教师胜任力模型与测评研究［D］. 北京：北京师范大学，2004.
④ 徐建平. 教师胜任力模型与测评研究［D］. 北京：北京师范大学，2004.

表 7.2　生涯导师进阶胜任力模型

分阶	态度价值观	知识	技能	特质
准入	关爱学生 主动性	学科专业知识 教育学知识	换位思考 支持鼓励 分析与归纳 目标激励 问题解决 信息搜集与处理	民主开放 情绪稳定
进阶	教育情怀 育人敏感 学科核心素养 成果导向 宽容	心理学、生涯发展 相关知识、信息实 践性知识	倾听 创新 课题研究方法 计划和组织	亲和力
首席	教育理想 学科热忱 社会参与 学习发展	教育专题知识	共情 概念性思维 协同合作 资源开发与整合 反思复盘 成果表达 自我关爱	知行合一

(一) 准入生涯导师胜任力模型

1. 关爱学生

关爱学生,指以促进学生的全面、个性发展为中心,关心爱护学生的需求、成长诉求、发展愿望与自尊、自信等。

钟老师:与孩子们见面前,我首先向各位班主任了解了他们的情况。其中,我了解到小张生活在一个重组家庭,两年前,家里新添了妹妹,导致亲子关系有些紧张。于是,在日常教学和答疑之余,我经常和她交流。疫情期间,通过微信关注她在家的学习和生活情况,其中数次帮助她疏解亲子冲突引发的焦躁、愤怒等情绪。其实,刚开始,她对我很是保留,对自己迟到、默写不通过等找各种借口敷衍,慢慢地,真实的理由、真诚的想法越来越多。

侯同学:我参加了一个活动,上台举了火炬,老师就帮我拍照,把照片发到群里;还有一个同学,唱歌非常好听,去参加了一个比赛,老师就把视频发到群里。同学们都觉得非常暖心,她说看到我们出现在各种舞台上就很开心。她就像一个朋友一样,很了解我们,也很鼓励我们。

罗同学:因为家庭变故,需要搬家,老师立刻开车到我家里,帮我运送行李。我是走读生,家长长期外出,我经常一个人生活,有时候放学晚,老师会带我一起吃饭,还经常带我一起到教室里参加晚自习，给了我生活上方方面面的关心和帮助。

2. 主动性

主动性指在没有被要求或指派的情况下，在与学生的互动中，预知准备，主动承担，自发采取行动。

张老师：看到茅同学选择我做导师，我有点惊诧，因为他并不是我任课班级的学生。当他来到我办公室的时候，我见到了一个阳光、开朗、爱笑，说话略显腼腆的小男生。我把手头上的事做完，专门找了一个小会议室开始了我们的第一次见面谈话和相互了解。记得当时我问了他一个问题："我不是你的老师，不上你们班级的课，你怎么会选我做你的生涯导师呢？"他说他自小就喜欢自然科学，到了初中学习了化学学科以后就更加喜欢化学。除了化学课上认真学习化学知识，课外还看了不少化学课外书籍，还参加了学校的化学竞赛辅导班，曾经参加上海市"白猫杯"化学竞赛，获得过上海市三等奖。进入高中以后，得知高考"加三"科目是自己根据兴趣选择，因此他很希望"加三"科目中一门选化学。他从我的个人介绍中知道我是化学高级教师，闵行区化学学科带头人，很希望选择我做他的生涯导师，一方面能及时了解化学学科的前沿动态，另一方面能够在自己遇到化学方面的相关问题时获得帮助。第二天我找茅同学的班主任了解他的基本情况，班主任介绍他时还比较激动，说这个学生性格有点内向，但勤学好问，与同学关系融洽，特别喜欢化学，甚至有点着迷，选择你做他的生涯导师还真是选对了。我再找到他的化学老师了解情况，化学老师说，这个学生化学成绩很好，对化学兴趣非常浓厚，平时经常问一些课外的问题，有时候还真的被他给难住了。接着，我又找了他们班的同学了解他的情况，叙述与班主任及化学老师差不多，只是有一点，学生很夸张地告诉我，茅同学经常会介绍一些大家都不知道的化学知识，有些很深奥，有些就是日常生活中的化学知识，但是大家现在还没学过。经过了解，我知道，生涯导师指导的不一定是有问题的学生，更多的是优秀的学生，是指导学生由优秀走向更加优秀。我感觉自己被信任，同时也感觉到肩上的责任重大。

3. 学科专业知识

学科专业知识，掌握所教授学科高中学段的学科核心素养、知识体系、学习内容，并积极、主动对相关知识进行拓展和应用。

杨老师：由于中学生对大学专业及课程都比较陌生，了解太少，于是在与学生沟通中，我非常注重结合同学们关心的科技发展问题，向他们介绍物理学科在各个领域的应用。例如，我国航天事业飞速发展，月球和火星探测相继进行，在导师团队活动中，我便发起各种相关主题的讨论，如航空航天与中学物理的力学、运动学、热学、电磁学、光学、能量动量守恒等知识的联系，如飞机、返回舱外形设计与动力学知识有关，宇航服的设计与热学电磁学有关，航天器的发射与万有引力、作用力反作用力、能量转化和守恒、动量守恒有关等。同时，向他们介绍与航空航天有关的学校专业，为他们旳专业选择提供储备信息。

4. 教育学知识

教育学知识，指与教育过程、现象等相关的原理、方法、技术等知识。

5. 换位思考

换位思考，能够设身处地地站在学生的立场思考问题，以促进沟通和教育活动的有效开展。

刘同学：老师不会告诉我们必须或应该怎么做，而是先听我们的想法，站在我们的角度，一起探讨怎么做才对我们更有效。

6. 鼓励支持

鼓励支持，指通过言语、非言语行为对学生表达重视、肯定和赞赏，调动学生的积极性，提供必要帮助，促进学生积极努力。

高老师：疫情期间，小金同学在英语学习上非常努力，但是和父母说很不习惯这样的学习方式，感到很焦虑，担心自己刚刚有起色的英语成绩又要往下掉。父母反馈后，我就主动出击，和他微信聊天，语音电话安慰他并鼓励他继续按照正常的节奏在家复习，有问题直接就私信我。

王同学：我对自己的学习要求比较高，但是我动作比较慢，经常出现答卷做不完、考试成绩翻车的情况，这样的情况屡次发生，让我对自己很是失望。但每次，导师都是给我鼓励和不变的信任，让我的心态越来越稳定，发挥也越来越好。

7. 分析与归纳能力

分析与归纳能力，即既能将事物、问题进行分解，分析其中的逻辑关系，逐步探究、厘清问题，又能从隐藏的事物关系中发现、总结、凝练出规律或关系的能力。

高老师：通过一段时间的接触，我也明显感觉到小金同学学习态度端正，学习主动性强，只是在文本的理解方面和词汇量的累积方面有所欠缺；在口语表达上，有些音发得不准确，喜欢用高大上的词汇，但却丧失了口语表达的连贯性。当我把这些问题一一和他分析、沟通后，他感到非常惊讶，表示自己从来没有发现有这些方面的问题。

8. 目标激励

目标激励，即能够协助学生分析、确定目标，并激发、引导学生的学习热情，以实现预定目标。

林老师：我感动于小朱同学对飞行器设计专业的执着和向往。于是引导她查阅国内高校中以飞行器设计专业为优势学科的高校，最终她锁定了北航、哈工大、西工大和南航。结合各高校的优势，她决定将北航作为第一目标。于是，我引导她进一步拉近自己和目标的距离。比如她了解到，北航的工科试验班（航空航天）在上海有招生，选科要求必选物理，2020年在上海招收了4名学生，最高575分，最低568分，平均570分。然后和小朱一起探讨，匹配当前成绩水平，各科的提升目标，并且分解为远期目标和近期目标。后续推荐她参加了一些更相关的实践活动，如参加了上海交通大学机械工程实践站的课题研究，去中国商飞参观C919总装生产线，等等。

秦同学：导师组织我们画自己的成绩曲线，把自己渴望的学校分数线也画在表格上，激励我们朝着梦想去努力。这让我更直观地把握住自己成绩的变化，每一次的进步都让我充满斗志，每次小退步，导师也总是安慰说成绩的波动是正常的，让我们不要失去信心。

9. 问题解决

问题解决，即能够准确清晰地定义问题，收集相关信息，并提出、执行有效解决方案的能力。

马老师：第一次小组会，她坐在离我最远的地方，低着头，偶尔抬头看一下我，我说话时眼睛看向她，她就瞬间低下头去，对我的话没有什么表情，也没有回应。我看到了她性格里内向甚至有点封闭的倾向。后来我有意识地接近她，除了上课向她提问，课下还多找她谈心，通过接触我知道她从小就是个乖孩子，但这样的孩子又往往是最容易被老师忽略的：从不惹事，学习自觉主动。这样的孩子也常常走不远，因为她不认为自己有突破自我的潜质，甚至根本就没这个愿望。她究竟能否突破自我，走出原来的框框，我不知道、她没想法，但我愿意尝试一下。一次语文课要做一个关于《我与地坛》的阅读分享，我把这个任务交给了她。她读过原著，有知识积累，我叫她做一个PPT，分别从情节梗概、意旨探究、作家其人、深远影响四个方面来给大家介绍分享一下这部著名的诺贝尔文学奖获奖作品……班级分享后，我找她进一步交流反馈，手把手地修正各处的瑕疵，又鼓励他单独给我演示了一遍。我又问她愿不愿意到我教的另外一个班做个分享,她看着我期待的眼光,肯定地点了点头。后来的情况很让人欣慰的,她的表现明显自信从容了,做到了流畅表达、均匀语速等。一旦自信建立起来,后面我提的要求和任务她接受得就很愉快,完成得也越来越好,在班级里面渐渐能听到她的声音,也有了"出镜率",再后来,又陆续支持她参加校级活动主持人、辩论赛……整个高中阶段,她完成了从寡言少语、腼腆内向的小女生,到全校知名度很高的"网红"优秀学生的转变。

10. 信息搜集与处理

信息搜集与处理,指能够根据工作需要,不局限于现有素材,通过有效的渠道或方法获得相关数据、知识、信息、事实,并能够分类整理、妥善处理等的能力。

章老师:小刘来向我请教关于法国工程师学院的信息。于是,我和他先沟通确认清楚他主要想了解哪些方面的问题,然后决定分别找到靠谱的资源进行了解。我通过向其他老师请教,了解到学校有一些学生在法国读书,于是通过他们的班主任联系到这些同学,把问题发给他们,请他们帮忙解答。他则找爸爸妈妈帮忙,爸爸同事的孩子在法国读书,请着帮忙了解信息。最终,我们将所了解的信息进行了汇总和分析,让他有了全面、充分的了解。

侯同学:我们有个微信群,侯老师平时看到什么信息,比如说强基计划这类的,就会把这些信息转发到微信群里让我们了解一下,有什么和我们学业有关的信息她都会第一时间分享给我们。

11. 民主开放

民主开放,指理解和尊重学生,能够对学生的态度、想法和行为等保持接纳,赋予学生独立、自主、自由的权利。

董老师:在随笔中,学生的任何思维想法、情绪变化,都会体现,所以我尝试透过随笔了解学生,与学生交流。我保持开放的态度,有时候学生800字的随笔,我的回复也是800字。慢慢地,我能体会到学生在随笔中越来越开放,越来越真实表达、真情流露。

董老师:学生选了我做导师,其实我也是很忐忑的,因为我还很年轻,自己也在成长,让我带一群孩子成长,我担心不小心把他们带歪了。所以我最开始便和学生交流:"一定程度上,老师不是导师,我也是在和你们一起成长。"

12. 情绪稳定

情绪稳定，即在压力或变化的工作情境中能够保持平稳的情绪、平和的心态，从容镇定。

曹同学：谢老师总是笑眯眯的，她的笑不止于礼节，而是从骨子里透露出来的自信、优雅与亲和，我每每与她交谈都能感受到一种温柔而坚定的力量。还记得等级考之前的最后一节课，我到办公室小声问老师："老师，我能抱抱你吗？"她还是眯眼笑着，立即站起身来抱住我，好像对我说了一些鼓励的话，又好像没有，但这都不重要了，那一刻我的下巴轻轻靠在她瘦小而坚硬的肩头，所有的焦虑也随之放下了。很有幸遇到谢老师，也希望自己有朝一日能成为和她一样拥有兰质蕙心的人。

（二）进阶生涯导师胜任力模型

1. 教育情怀

教育情怀，即对教师职业的认同、归属，对学生成长与发展关切、支持，对教育事业坚定、热爱的积极情感。

马老师：作为一名语文教师，我时刻牢记先育人，再育才。思想教育、生涯教育的过程是长期的、复杂的、多方位的，学生既是教育的对象，又是教育的主体。作为教师，要由浅入深，由感性到理性的，润物细无声地把思想教育、生涯渗透到教学的各个环节，面对成长期的中学生，我们既要传授他们知识，又要教会他们做人。实践证明，在语文教学中只要勇于探索，重视文道结合，有机地渗透思想教育、生涯教育，把思想教育、生涯教育的意识和作为渗透贯穿在教学全过程，熔知识传授、能力培养、智力开发和思想情操为一炉，就能真正达到教书育人的目的。

2. 育人敏感

育人敏感，指教师对育人活动的洞察和领悟能力，教师能够敏锐觉察育人的时机，实施恰当的育人行为，客观评估育人活动的有效性，并及时调整和完善。

韩老师：这一轮，选择我作为导师的学生都是对生物学科感兴趣，而且期待未来从事临床医生工作的。疫情期间，我给同学们布置的作业是："我们都是这次疫情的亲历者，对这次由新型冠状病毒引起的疫情，喜欢医学、生物学的你，写一点感触，表达出同学们的真情实感。"陈鹏宇利用所学知识，通过查找资料，概括了检测新冠病毒的3种思路。一是检测病毒抗原；二是检测患者体液中的抗体；三是检测核酸，提取病毒 RNA，逆转录合成 DNA，扩增 DNA，这种方法的原理为 DNA 分子杂交，很灵敏。他在查找资料的过程中，发现相关的研究奇缺，也更深地体会到学习知识的重要性，学习的动力也更足了。

3. 学科核心素养

学科核心素养，即掌握和运用学科核心观念、知识、技能，通过学科实践，解决复杂问题的必备品格和关键能力。

林老师：再次跟学生们交流就是在腾讯会议室，而且第一次聊天还是把我吓了一跳。那是 2020 年 2 月底的一天，国内的疫情还很严重，我从学生们的言谈中感受到了一些恐慌，因为他们每天从网络媒体中了解了大量关于疫情的信息，无法辨别真假，加上成天待在家里，无法看到其他同学在干吗，于是学习效率很低，焦虑情绪爆满。针对这个情况，我决定给他们上一堂历史课，从薄伽丘的《十日谈》说起。"1348 年，欧洲中世纪，一场可怕的瘟疫暴发了。繁华的佛罗伦萨丧钟乱鸣，尸体纵横，十室九空，人心惶惶，到处呈现着触目惊心的恐怖景象，仿佛世界末日已经到这个伟大的城市中暴发了……教堂的坟地再也容纳不下了，等坟地全葬满了，只好在周围掘一些又长又阔的深坑，把后来的尸体几百个几百个葬下去。就像堆积在船舱里的货物一样，这些尸体，给层层叠叠地放在坑里，只盖了一层薄薄的泥土，直到整个坑都装满了，方才用土封起来。"学生都知道这本书，有些人看过，但记得不确切了，只是今天再看这段文字，他们的心灵备受震撼。我引导他们首先读懂文字直接透露的信息：瘟疫导致佛罗伦萨人口大量减少、瘟疫对佛罗伦萨的城市发展是重大的摧毁、佛罗伦萨只是欧洲众多城市中的一个、人们对瘟疫恐惧万分等等。随后再看文字背后的间接信息，尤其是要站在世界历史发展的长河回看那场灾难，当时的中世纪西欧社会正经历着王权与教权相互依存又相互争斗的过程，瘟疫、经济危机和教会的衰落并不是中世纪晚期面临的全部问题，战争和政治动荡也是主要灾难之一。这就是 14—15 世纪的西欧社会，一方面，从各种灾难，诸如瘟疫、政治动荡、教会权力等危机中解放出来；另一方面，与之相随的是人们重新出现的对古典文化的浓厚兴趣。所以，这一时期大学的出现、大学开设的课程、大学的教学形式等，都有助于摆脱教会控制、逐步实现师生的自由探索，为日后的文艺复兴、宗教改革的出现准备了条件。这就是我希望学生理解的，虽然历史事件的发生有一定的偶然性，但也是由多方面因素形成的，这些历史的多方面因素不仅影响历史事件的发生，还影响历史事件的发展走向和结局。所以，不能盲目地悲观，需要形成相对完整的理解。

为了让学生加深对这一方法的应用，我们团队每周安排一次主题式的线上聊天，大家从疫情聊到大自然对人类的惩罚、人类社会发展中付出的代价等，学生们慢慢地开始习惯用发展的眼光看待眼前碰到的困难了，后来我们还聊过"肖战事件""瑞幸咖啡事件"等一些当时的热门话题，每位同学都有精彩发言，每次聊天都会在两个小时以上，让这段因为疫情被困在家的日子有了不一样的色彩。

这就是我作为一名历史思维方式传递者，给学生们提供一个理解历史事件的方法，并且帮助他们运用到现实中，保持正确的态度和积极的状态。

高同学：老师的举措不是僵硬地布置更多题目给大家做，而是试图从根源上提升同学们的阅读理解能力、培养兴趣、联系实际。我认为这对语文这门学科乃至中学生的综合能力和素质来说，都是很有益的。

4. 成果导向

成果导向，即以形成学习、工作成果为导向，辅导学生时注重促进学习成果的形成与表达，个人专业发展中注重教师工作模式、特色等成果的凝练与呈现，并以此为目标开展育人活动。

钟老师：我决定指导学生开展"且读且行"的人文考察与研究活动，并把这一形式探索作为导师工作的特色项目。

5. 宽容

宽容，即在育人伦理、道德正当性范围内，允许学生持有不同观点，尊重学生的自由行动、独立思想。

张同学：高三的时候，我几近崩溃。可是韩老师始终用一双温柔的手安抚我的情绪。她就像我坚实的后盾，给予我母爱般的关心和爱护，从未因为我是差生而区别对待，从来没有因为我的努力没有成效而放弃。

汤同学：导师知道打排球几乎是我唯一的解压方式。每天中午，只要老师没有给我安排事项，我都会去体育馆，那短短的二十几分钟是我一天中最轻松的时候。偶尔玩疯了，会晚几分钟进教室。大多数时候，老师也不说什么，只是我自己心里清楚下次不能再这样了。

6. 心理学以及与生涯发展相关的知识、信息

心理学以及与生涯发展相关的知识、信息，即与教育育人活动相关的心理学、生涯发展理论、原理、信息等。

高老师：我发现小金同学成绩很好，但是对于各科竞赛没有做过任何准备。于是，我便在一次沟通中，向他介绍高考的政策，以及竞赛得奖对高分段学生升学的积极作用，以及高中阶段可以参加的竞赛种类。最终，她决定参加生物竞赛，并获得全国生物联赛三等奖。

王同学：我是一个容易焦虑的人，幸亏高中有导师，不然我感觉自己都支撑不下去。我经常主动约导师，向她倾诉我的焦虑和苦恼。每次，她都耐心听我说，每次都能帮我缓解情绪。有一次，因为和同学之间有矛盾，导师跟我反馈这是超我抑制本我的一个表现，而且她说我的道德观念很好，但是似乎给自己的道德设限很高，很多苦恼都是因为这一点导致的。我当时就觉得简直醍醐灌顶，我第一次听到这样的理念，一下子豁然开朗。

张同学：高二的时候，我们做了一次心理测试。做完之后，导师找我们一个个聊，我记得我大概聊了一个小时，谈到我的性格，未来可以从事哪些方面的职业等，让我印象深刻，一下子开阔了我的视野。

7. 实践性知识

实践性知识，指能够具体指导某一类育人活动开展实施的认识、理解、解释、看法、观点等，多由前期相关经验进行凝练总结、迁移运用、创新发展得来，形成教师的育人价值取向、惯例性育人模式等。

钟老师：组织人文考察活动，首先在于选点，以及选取合适的考察对象。首先，考察对象要有重要的意义或价值，值得探访与研究；其次，考察活动具备可操作性，特别适合高中学生开展实践活动。从这两个角度来说，上海可供开展考察活动的场所为数不少。同时，在师生共同讨论选点的过程中，我提出还可以考虑"时效性"。于是，我们在武康大楼完成十年一度的大修之际，走访了武康大楼，在电影《八佰》热播之际，选择了四行仓库……行前准备阶段，我指导学生们通过阅读对场所的历史沿革、文化内涵进行初步的了解，这一点在以往的学生考察中是相当欠缺的，也常常是这类活动难以达成目的的掣肘因素。如走访四行仓库前，我请学生提前查阅淞沪抗战的相关资料，并观看《八佰》电影……实地探访阶段，则激发学生在阅读基础上进一步探究，比如在四行仓库的走访中，学生发现纪念馆中的介绍和电影中的情节不完全一致，于是思考历史的真相到底是怎样的……

8. 倾听

倾听，即在与学生的沟通过程中，能够通过言语、非言语信息，觉察学生的欲望需求、情绪情感、困惑困扰等。

侯同学：导师非常尊重我们，每次沟通，都能细心聆听我们的想法。

李同学：我吧，一直有比较严重的情绪问题，情绪波动比较大，我的家长也不理解我。导师算是唯一愿意听我讲话的人，每次都耐心听我讲，而且还跟我说"如果你情绪不好，想哭什么的，都可以来找我，我可以陪着你"之类的话，她是这么说的，也是这么做的。

罗同学：高一的春天，和喜欢的女生不欢而散，消极与自卑情绪缠绕着我。导师主动找到我，把我带到了哆啦A梦的时光隧道——曾经高一办公室后门的楼梯间，在这样一个安静的环境里，像一个朋友一样，听我吐露自己的烦恼。我现在还记得那天的夕阳以及操场上三三两两的同学踢球的场景，我听她分享什么叫作"一期一会"，我忽然明白原来世界上的许多事情，是没有"对与错"的，她还引导我体会人生中的宝贵经验，也让我知道从前我是什么样的，未来我应该怎么做。

9. 创新

创新，即不受陈规和以往经验的束缚，能够提出新思路、新方法、新创意。

高老师：金同学初中英语学习基础很不好，进入高中，面临的挑战很大。高一的时候，几乎每天都需要重默，英语学习让他非常头疼，父母也觉得非常苦恼。于是，我提出可以先给他降低要求，不需要全部默写对，认得就可以或者大体能跟上节奏就好，然后慢慢给他鼓励和信心。慢慢地，英语学习让他不再头疼，事实上，他也很努力，到高二就跟上了。

张同学：陈老师在教学中运用的方法都体现了她的良苦用心和殷殷期望。很多她独创的方法效果都很不错，引来很多老师效仿。

10. 课题研究方法

课题研究方法，即能够指导学生选题、设计课题研究、开展研究过程、成果表达等各项活动的能力及其措施。

韩老师：这一轮，选择我作为导师的都是对生物学科感兴趣，而且期待未来从事临床医生工作的学生。选题阶段，我建议他们：①最好选择与生物、医学相关的课题，既能发挥我的优势，又能为他们的未来发展奠定基础；②自己感兴趣；③力所能及：小且操作性强的课题。最终陈同学的课题是：同型半胱氨酸在2型糖尿病微血管病变中的影响分析；杨同学的课题是：藻类多样性的研究，研究上海黄兴公园的东走马塘中淡水藻类的种类与所生存的淡水水质之间的关系。课题确立后，我们利用微信和平时在学校的课间进行相互沟通。作为导师，我给予同学们整体思路、方法、经验的指导，具体的操作让同学们自己去完成。在研究开始阶段,由于知识面、经验都相对有限,很多方面还不是很明白,学生可能有很多问题,比如在他们的研究当中,需要制定调查问卷,需要野外观察,需要实验,需要进行数据分析等,学生多是没有接触过,这时便也需要我给他们指导,并及时、耐心地解答各类问题。最后,是撰写课题报告,报告的体例也很重要,需要体现课题研究内容的全面性,体现研究思路的清晰性等,我向信息科技顾老师要了最近几年在科创大赛中获奖同学的论文给他们学习和借鉴。

11. 计划和组织

计划和组织,即面临某一情境,或为了实现某一目的,恰当地安排工作,合力分工,协调各方采取有效行动。

钟老师:我决定指导学生开展"且读且行"的人文考察与研究活动。然后我与学生们一起探索,最终形成由"考察选点—行前准备—实地探访—以行促读"四个环节组成的考察模式,并且制订了每个环节的准备与实施计划。

12. 亲和力

亲和、友善,尊重学生,给学生一种易于接近、愿意主动沟通的感觉。

王同学:导师很平易近人,有时候感觉不太像老师,更像是知心姐姐。

(三)首席生涯导师胜任力模型

1. 育人理想

育人理想,即综合育人活动一般规律,时代与国家发展对人才的要求,教师个人理想信念生成的对于培育怎样的人、如何培育人的使命、信念和认知。

马老师:生涯教育主张每个孩子应找到自己的成长时区,找到属于自己的生长空间,至于他们最后能否担当大任、优秀卓越,我们则不必用世俗的标准去衡量。对于 Y 同学的成长我是欣慰的,虽然我对她有更大更美好的期望,但我也一直告诫自己不要因为贪功心切而打乱了一个孩子的成长节奏,不过我也暗示自己:理想是要有的,万一实现了呢!这个理想,就是追求孩子更多元多方位的提升!

2. 学科热忱

学科热忱,指即使遇到挫折与失败,也对学科相关知识学习、技能掌握、探索、研究与实践活动保持热爱、好奇、激情。

谭老师：与学科融合的生涯导师首先要在学科上吸引学生，"亲其师而信其道"，这样导师才能在学科指导过程中发挥育人的优势。

对于初中毕业生来说，基于实验的物理学习已相当熟悉了。高中第一课，如何攥住学生的求知欲也是一门学问。我想，精彩的物理学发展史也是引领学生进入物理殿堂的，我要让学生对物理感兴趣，要喜爱物理、体会物理的美。于是，就舍弃教材中的以生活中的兴趣实验为内容的序言内容，足足花了两课时，以"物理是如何从天空中飘着两朵乌云发展到现在的？——物理牛人串起整个高中物理"为主题，演讲了简易版的物理学发展史。

从古希腊"地心说"起到 16 世纪哥白尼的"日心说"，然后到 17 世纪"物理学之父""现代科学之父"伽利略开创的研究自然规律的方法。——让学生知道人类是在对天空、对宇宙的探索中开创了物理学。

接着，从开普勒关于行星运动的三大定律，引出"站在巨人肩膀上"的艾萨克·牛顿。从牛顿三大定律，到牛顿在苹果的"指引"下把地上的物理学与天上的物理学进行了完美的统一从而创立了万有引力定律。——让学生知道这是物理学史上第一次"统一"。

然后，从奥斯特、法拉第等人的研究，到发现电场、磁场是不可分割的统一体，并最终建立经典电磁学理论的麦克斯韦。——让学生了解物理学史上第二次完美的"统一"。

到 19 世纪末 20 世纪初，当物理大咖们都认为物理学"大厦"已建造得相当完满时，大厦上的两朵乌云（光的波动理论——迈克尔逊-莫雷实验结果与以太漂移说相矛盾；能量均分定则——黑体辐射与"紫外灾难"相矛盾）使天空阴沉了下来。此时，一个横贯古今、全地球人都知道的物理学家——阿尔伯特·爱因斯坦出现了。爱因斯坦几乎以一己之力盖了一座名为狭义相对论的"大厦"，又和同时代的马科斯·普朗克等人一起盖了一座叫量子力学的"大厦"；并提出大名鼎鼎的 $E = mc^2$、量子统计理论，开创了宇宙学理论、统一场论……"到此为止，物理学已经有三座'大厦'了，虽然看着都高大上，能横扫一切难题，但随着大咖们研究的深入，天上的乌云也越来越密集了……在座的各位，将来有没有兴趣继续来建造这幢雄伟的'物理大厦'？"——这是我在序言课上最后留给学生的话。

"好雨知时节""润物细无声"，在学生充满期待的高中第一课上，这样演讲式的序言课激发了学生学习物理的兴趣。在后续导师双向选择时，喜爱物理的几位学生都来到了我的"麾下"，开启了他们对物理学科的探秘旅程。

3. 社会参与

社会参与，即有理想，敢承担，具备致力于实现个人价值、推动社会进步的社会责任感、创新精神和实践能力。

侯同学：疫情期间，老师在线组织我们讨论一些时事。在那之前，我真的是一个对时事非常不关注的人。从那之后，我本来常在微博上刷一些娱乐新闻，但是经常就转变成去关注时事，会点进去看一下，多了很多思考。这几乎改变了我的习惯。

徐同学：我和导师谈到未来我想做记者，但是因为没有真正接触过，所以也多少有点不是很确定。谢老师就帮我联系了去上海生态环保节担任学生记者。通过那次活动，真的是坚定了我的信心和志向。

4. 学习发展

学习发展，即适时进行自我评价和反思，评估自己的优势与不足，并能够设定目标，主动学习新知识、技能，或完善和发展自己。

宋同学：我的导师是一位物理老师。有一次我参加学校辩论队表演赛，邀请导师去做评委。本来担心导师会拒绝，结果他满口答应，而且还开玩笑说，他是门外汉，但是可以去学习。后来我才知道，导师为了去参加这个活动，专门找了我们辩论队的老师请教了各种问题，还自己查了很多资料。这件事对我触动很大很大。

5. 教育专题知识

教育专题知识，即教学、育人中某一主题的原理、规律、实践方法等知识。

徐老师：很多学生很好奇大学阶段的学习和高中阶段的学习之间有着怎么样的联系。于是，在导师团队的活动中，我便经常有意向他们介绍大学化学与中学化学的关系：中学化学一节课的知识可能就是将来大学化学的一个发展分支，所以中学化学是大学化学的启蒙。大学的《无机化学》知识主要在高一学的比较多，大学《有机化学》是在高二有机化学学习基础上的提升，物质结构与性质是为大学的《结构化学》做准备，化学反应原理是为大学的《物理化学》做准备。理学化学需要系统地学习化学的基础知识、基本理论和基本技能，侧重于理论的学习，主要在实验室里根据实验得出结论，再提出预测而指导进一步的实验，从而解释物质的性质、组成并以此来完善理论。而应用化学是为了适应新世纪高新技术而设的理工结合型专业，它以实际生产为导向，让理论与生产直接联系，专业指向比较精细。理学化学专业主要培养化学及化学相关的技术领域从事科研、教学及相关管理工作的专门人才，本科学习化学的知识面比较广，但是专业方向不够精细，可以选择硕士学习和博士学习来确定自己的发展方向；而工学中的化学技术性比较强，涉及生活中的方方面面，包罗万象，将化学工业的合成利用发挥到极致，在大学除了学习无机化学和有机化学、分析化学与物理化学四大基础化学外，其余的化学知识都是朝向专业发展的，以实际应用为目标，到工作中能够使理论迅速进入实践，所以就业前景很好。此外，化学与其他学科结合的领域有很大发展空间，譬如化学与生物结合就有很多专业：生物技术、生物工程、食品质量与安全、农学园艺、植物保护、生态学、农业资源与环境、动物科学、水产养殖学、基础医学、护理学、口腔医学、中医学、针灸推拿学……与地质类的结合就有地球化学专业，与公安技术类结合就有消防工程专业，与海洋科学类结合就有化学海洋学专业……这些都将化学拓展至更多领域。

6. 共情

共情，即能够充分了解学生，倾听、体会到学生没有表达出来或表达不完整的想法和感受。

秦同学：成绩出来了，导师邀我到办公室，果然非常不理想，我的眼泪都要出来了。当时办公室里还有其他同学，导师注意到了我的变化，就轻轻地用漫不经心的语气安慰我"你又不比别人笨，肯定是学习方法没有用对啦"来保护我的自尊心。当我提出不想做学习委员的要求时，也没有否定我，而是鼓励我，也表达尊重我，给我自主选择的机会，让我觉得自己是被感同身受地理解着、尊重着。

7. 概念性思维

概念性思维，即通过分析、综合、体验、实践等，理解情境，找出情境背后的联系、关键或潜在问题，提出或不断修正认知的能力。

钟老师：我从古人"读万卷书，行万里路"中获得灵感，决定指导学生开展"且读且行"的人文考察活动。于是进一步思考"且读且行"，将"读"与"行"结合起来。"行"是活动的核心内容，但将"读"贯穿于"行"的前后，以"读"导"行"，以"行"促"读"，最终以"读""行"促"研"。于是，我们通过实践活动一起探索建构了"考察选点—行前准备—实地探访—以行促读"四个环节组成的考察模式，设计了各个环节中"读"与"行"的方式……经过探索，我们进一步总结，实地探访之后的"读"，和行前的"读"并不相同。行前的"读"是基础性的，而行后的"读"是探究性的。行前的"读"主要读的是百度百科、新闻报道或艺术作品，而行后的"读"更多可以是整本书的阅读，甚至可以聚焦实地走访中的发现，导向"研"，并开展基于研究性学习的"读"，如读文献、专业著作。

8. 协同合作

协同合作，指根据需要，协同各方资源，有效分工、合作，以完成任务或达成目标。

张同学：因为成绩不好，所以上课总是畏惧和导师对视，但是她总是保持亲切可爱的笑容。有很长一段时间，我的成绩一直往下掉，她没有批评我，而是和我一起想办法，和我回顾每一道错题，指出我的问题和调整建议。我一一照做，但还是不见起色，以至于产生了严重的焦虑和抵触心理。老师就找来心理老师，帮我一起疏导，并且重新制定了"抓稳基础题，适当放弃难题"的考试策略。我特别感动，导师一直没有放弃拉我上岸。

9. 资源开发与整合

资源开发与整合，即根据育人需求，积极引入与创造人力资源、信息化平台资源、校内外场馆资源等，并将其合理、有效纳入育人活动的设计与组织实施中。

林老师：由于工作的原因，我接触了一些行业的领军人才，他们都是一些有理想、有作为的人，于是我把他们请进学校的生涯讲堂，讲述他们自己的成长故事和行业前沿。每次讲座结束，总能看到有几个学生围着主讲人问这问那，久久不肯离去；有的学生就此跟主讲人建立了联系，之后跟着主讲老师进行课题研究；还有学生就因为这样的交流而选择了同样的行业。据不完全统计，2015年至今我已经安排了100多位各行业的领军人才进入校园和学生交流。这就是教育资源建设者的角色让我作为导师的力量在无限扩大，尤其是在这样的氛围中成长起来的闵中学生重返母校的生涯讲堂，讲述他在闵中生涯教育引导下的经历时，我感受到了这种力量的传承。

10. 成果表达

成果表达，即能够通过教育反思、教育叙事、教育日志、教育案例等形式将育人实践相关经验进行总结凝练、表达呈现、传播发展。

11. 自我关爱

自我关爱，即能够觉察、照顾自己的身心健康、情绪情感、职责使命等，并通过积极、友善、有效的方式促进自由、自信、自主、自在的生命体验。

12. 知行合一

知行合一，即坚持以知促行，以行促知；言行一致；言必行，行必果，以不断自我完善、自我实现。

（执笔人：林唯　白茹）

第二节　今天，高中生涯导师的自我成长

从担任生涯导师起，导师们就感受到了不同程度的压力，同时他们也在不断探索中日臻完善，自主成长为更好的生涯导师。摘录两段生涯导师的成长日志与反思。

杨老师：30多年的物理教学生涯，自我评估拥有物理教学领域的专业知识，具备了物理教育教学的基本能力，包括教育理论、心理学理论、教学理论、教学技能、教育法律法规政策等等。通过多年的教学实践，熟悉了不同时期和不同年龄段的学生的思想状态和心理状态，能够妥善处理课堂教学各种常规情况和偶发事件，积累了比较丰富的教学经验；凭借比较扎实的教学功底和较为丰富的教学经验，在教学中发挥骨干带头作用，在指导、培养青年教师方面发挥着传、帮、带的作用；善于学习新知识、新理念、新技能，愿意涉足新的教学领域，不断改进教学方法、教学手段。成为生涯导师之后才突然发觉，对专业教学外的现代学生心理、生理方面知识缺乏更多认识和了解，年龄造成的代沟严重影响师生的密切交流，与学生在世界观、价值观、生活理念、职业选择等方面都有比较大的差异，使得生涯导师工作困难重重。

高老师：从做导师开始，我们每一位老师都在自己的实践中不断学习，在观摩他人中不断更新调整自己的做法。通过导师的沙龙活动和经验交流分享活动，我更是学到了很多。有些老师擅长组织学生的社会实践活动，看到他们组织的活动，我发现，活动既要激发学生兴趣，又要帮助学生开阔视野，通过学生的反馈，我也发现学生的确需要这样走进社会的机会，作为英语老师，我可以组织学生参与一些富有西方文化色彩的活动或参观一些有西方特色的场所，扩充学生的文化背景知识。从导师自身的成长来看，借助这样的平台，把自己打造成某一方面或领域的专家：英语教学大师，沪上大学通，课题研究大咖……我想，任何一个领域都值得探索，都是不错的尝试。只有对某一个领域进行深入钻研，才能有所成就。

　　发展成为一名优秀的生涯导师，是新时代教师专业发展的一大内涵，关乎教育质量的提升，以及教师对职业幸福感的追求，是我国教育高质量发展的重中之重。如同开篇案例中的两位老师，任何一位老师都有着丰富的教育经验，或擅长学科教学，或精于班级管理，或善于指导学生开展科创、社会实践、戏剧教育等项目，期待

各位教师可以逐步自主发展为充分发挥自身优势，不断成长，既有着个性化育人优势，又具备全面辅导能力，还可以与校内外导师协同合作，甚至引领团队发展的优秀导师。

一、中学生涯导师专业发展的现状与困境

本书从当前现状出发，提出学校生涯导师队伍可由专业生涯导师、学科生涯导师、校外生涯导师组成。以往，学校的生涯教育相关工作，主要由专职心理老师担任，部分学校吸纳对生涯教育、心理健康教育感兴趣的学科老师，组建生涯教育工作小组（或教研室），经培训，他们具有较强的生涯辅导能力，但覆盖面有限，且未能充分发挥学科教师的学科优势；将学科教师发展成为学科生涯导师，存在路径和支持系统缺乏的问题；校外生涯导师则应主要着力于如何与校内导师合力，将其专业领域的知识、技能、经验、资源等作为学生成长资源的有利和有效补充。

综上，生涯导师及其工作开展普遍存在以下两大方面的问题。

（一）教师群体的生涯教育意识不足，对生涯导师的工作内涵有困惑

从某种意义来说，教育是为了学生的未来生活更美好，所以学校的全部教育教学活动都是生涯教育。教师群体的生涯教育意识不足，一是把学校生涯教育的内涵窄化，局限于学习辅导、学科选择和大学志愿填报指导方面，忽视对学生内在潜力的激发、兴趣的培养和生涯发展的长远规划。二是受升学压力的影响，学科教师以学科知识教学为主要任务，部分教师对生涯导师制的参与缺乏积极性。

今天，许多学校的生涯教育和学科教学作为两个独立的任务，分别由专门的生涯教师和学科教师承担。但是在学校里，学科课程是学生学习的主要阵地，高中学科知识是学生未来发展的基础，与学生未来的职业、生活有紧密的关系。这就需要教师从生涯发展的视角理解学科知识，在教学过程中着意将生涯指导融入学科教学中，从学生终身发展的角度认识学科知识的意义。教师需要从学科育人视野正确审视普通高中教育的育人价值，摒弃分数至上的教育观念。

一位学科教师在其导师工作反思中写道：随着00后学生的到来，教师与学生之间除学业之外的沟通变得越来越难。导师制活动的开展有效转变了我的教育观念，让我思考如何在学业之外真正地走近学生，同时学生所面对的学业上的问题也促进我学习换位思考，认可学生的差异，倾听学生的心声，在与学生的沟通交流中不断发现他们身上的闪光

点，逐渐将教书与育人相结合，将自己的角色定位从学生的学业教师转变为人生成长导师。

（二）教师个体的生涯指导能力不足，对生涯导师的实务工作有畏难情绪

学校专职生涯教师一般由心理教师兼任，具有较强的专业辅导能力，但是在学科学习上普遍存在劣势；学科生涯导师擅长学科教学，但普遍缺乏生涯指导的相关理论知识和实践方法，对生涯指导的内涵、目标和方法缺乏系统的认知。少数教师参加过生涯指导培训，但是由于实践和反思不足，对生涯指导理论的理解并不到位。调查显示，70%的教师表示生涯辅导知识储备较为欠缺，对具体的学生指导缺乏科学合理的方法。例如，如何帮助学生认识自我、如何指导学生生涯规划、如何指导学生时间管理、如何指导生涯实践活动、生涯咨询有哪些方法等。超半数教师认为学科教师对于学科与生涯如何融合尚未厘清（51%），缺少生涯指导方面的专门知识。提高教师个体的生涯指导能力，增加生涯指导专业培训，是教师的自觉要求。

一位学校专职心理生涯辅导的老师在导师工作反思中写道：一定程度上，当导师容易，但是要当好导师，却很难。经过一段时间的工作实践，我发现选择我做导师的几位同学都是偏文的，数学成绩都很弱，所以高一时，从对他们指导的有效性出发，我特地向数学老师讨教如何能够更好地学好数学，也找到几位同学的数学老师，了解他们的数学学习现状，并请数学老师对他们的弱项给予特别关注；到了高二，我开始担心自己的薄弱项如学业指导、课题指导会不会达不到他们的期待。如何结合学生的兴趣点、薄弱点，做好多学科联动，充分发挥我的优势，积极借力，成为我努力的方向。

一位学科教师在导师工作反思中写道：以前我一直认为作为老师只要讲好专业知识，帮助学生考出好成绩就好，做了导师之后，看到主动选择我做导师的几位同学以及他们频繁来找我探讨学科内外的各种问题之后，我意识到教师最主要的任务应该是帮助学生找到目标和动力，帮助学生更好地成长，助力他们成才。因此，我一方面在专业上努力钻研，因为他们都是因为喜欢我教授的学科、喜欢我的课堂而选择了我，在课堂授课、作业辅导中更加关注他们的学习状况，希望能够给他们提供更有针对性的辅导，事实上，学生也常常向我提出这方面的需求；另外，他们希望在我教授的学科上有更多的拓展学习，希望开展学科相关的研究性学习，希望我能够更多地带他们出去走走，用专业的眼光看待周围的事物，我鼓励他们思考、提问、交流、分享，但同时，这也给我自己带来一些"麻烦"。为了回答他们的问题，我经常需要查阅各种资料，请教各方人士，为了帮他们找到校园内外可以充分发挥能力的空间，我也经常需要请教同事、朋友。虽然需要付出更多，但我很

享受这个过程,因为我在他们身上,看到了他们自主成长的力量,看到了自身成长的空间和方向。

此外,在实际工作中,也存在其他方面的问题,诸如师生交流匮乏,学业压力重;学校支持系统建构尚不完善,教师可便利使用的学生发展指导资源有限;学生对导师制的期待各有差异——有的期待每周有固定的导师与学生见面的时间,有的则期待导师"像图书馆一样",不用刻意组织活动,而是由学生根据自身需要主动寻求帮助,等等。

(三)学校缺乏完善的生涯教育工作机制,生涯导师工作开展难以顺畅

当前我国并未出台有关学生生涯指导的目标框架,缺少统一而清晰的目标标准,造成学校及教师对导师工作的目标和任务认识不清晰。一些学校将生涯导师制作为方向性工作开展,在制度建设时较为笼统。导致教师对生涯导师工作的具体要求理解不清,对生涯指导目标的认知较为片面。学校对于开展哪些具体的活动,培养学生哪些关键能力等没有统一规定,从而影响导师工作的主动性和生涯指导的实施效果。生涯指导制度的实施将改变学校现有的制度运行模式,调整教师角色和教师工作任务,因此需要一系列的配套制度保障其运行。普遍的情况是学校学生生涯指导工作的保障措施和评价激励机制有待进一步完善。

一位导师对学校开展生涯导师制工作提出期待:我希望我做导师过程中的"借力"可以更充分,更有底气。比如:我对某些部门的功能还不尽了解,在引导学生的过程中,一直在到处询问,我希望有更多了解;还有,我有时也会碰到困难,有些同学有困难来求助,我挺想了解以前有没有学生碰到过此类问题,对这类问题的解决有怎样的经验等。所以,我想能不能有一个资源库,可供老师师来学习知识、查阅案例,了解资源,甚至求助、探讨。

二、生涯导师自主专业发展——以追求职业幸福为核心

(一)以追求职业幸福为目标的生涯导师自主专业发展

职业幸福感是员工对其所从事职业及目前工作状态在满意程度上的主观感受,可具体解释为在其职业生涯中需要得到满足、潜能得到发挥,从而自我价值得以实现,并且得到外在和自我双重的良好评价,由此产生的一种持续快乐的心理感受和精神状态[①]。对职业幸福感的追求,是很多人在职业生涯发展中的美好愿望,教师也不例外。

---

① 葛喜平.职业幸福感的属性、价值与提升[J].学术交流,2010(2):30-34.

　　生涯导师专业发展是教师追求职业幸福的应有之义，生涯导师的职业幸福感状况影响着其专业发展和学生的成长。教师幸福感包括情感幸福感、专业幸福感、认知幸福感、身心幸福感、社会支持感等五个维度[①]。其中，情感幸福感是教师对其职业的总的情感体验，是最能反映教师职业幸福感程度的维度；身心幸福感是指教师的工作给其身体和心理状况带来的体验感；社会支持感是指教师从工作中感受到的来自学校、领导、同事的关心与帮助，以及与学生和家长的关系处理；而专业幸福感和认知幸福感均与其专业发展高度相关，专业幸福感反映着教师在工作中的自我效能感，体验到的成就感；认知幸福感反映教师吸收新信息、专注于工作、处理复杂任务和做决定的能力。生涯导师专业发展即助力教师实现从胜任教学到胜任育人的转变，从学科育人、全面育人的角度，从思维、育人实践提升的角度，助力教师成长为新时代让党和人民、自己满意的好老师，对教师职业更有成就感、归属感、认同感和使命感。所谓"没有教师的发展，永远不会有学生的成长；没有教师的幸福，永远不会有学生的快乐"[②]。

　　生涯导师自主专业发展是教师主动地追求作为教师职业人的人生意义与价值的自我超越方式[③]，是教师发挥自主性，运用自主策略，在元认知的调控下获得发展的过程，表现为教师充分发挥主观能动性，激发责任感，积极开发自身潜能，建构性地确定职业发展目标，选择职业发展内容、途径和策略，通过自我监控、评价和反思等方式，自觉主动地调节和引导自己的教育教学方面的动机、认知和行为方式，从而获得发展[④]。发展是教师的本性，教师是发展的主体[⑤]，自主意识是教师专业发展的核心源动力，教师自主专业发展与外部驱动式专业发展相结合，充分利用外部驱动式专业发展提供的机会和资源，同时独立于外在压力，订立适合自己的专业发展目标、计划，选择自己需要的学习内容，而且有意愿和能力将目标和计划付诸实施，成为积极发展的创造者[⑥]，方可最大限度地实现生涯导师的专业化，追求到真正意义的职业幸福感。

（二）生涯导师自主专业发展觉醒，制订个人成长计划

　　生涯导师自主专业发展是其自主发展的意识与动机、观念、规划和行动全面提升的过程[⑦]，并起步于自主发展的意识与动机的觉醒。幸福感是快乐与意义的叠加，快乐由内在的需求得到满足而来，意义由满足了他人需求，助力他人成长，为组织、社会做出贡献而来。因此获得工作的幸福感，需要将两者统整，不断地根据环境和角色的要求，结合自己

① 汪文娟.中小学教师职业幸福感[D].金华：浙江师范大学，2016.
② 朱永新.论新教育实验的教师专业发展[J].大连教育学院学报，2010，26（2）：6.
③ 金美福.教师自主发展论——教学研同期互动的教师生涯研究[M].北京：教育科学出版社，2005：51.
④ 申继亮，姚继海.心理学视野中的教师专业化发展[J].北京师范大学学报（社会科学版），2004（1）：33－39.
⑤ 高光.教师专业发展：外部驱动与自主发展之间的关系[D].上海：上海师范大学，2015.
⑥ 叶澜，白益民，王枬，陶志琼.教师角色与教师发展新探[M].北京：教育科学出版社，2001：273.
⑦ 姜勇，阎水金.教师发展阶段研究：从"教师关注"到"教师自主"[J].上海教育科研，2006（7）：9－11.

本身的期望和特点，追求能力的持续成长，达成预期目标与自我实现，为团队、组织做出贡献。由此，满足外在角色和内在特点的共同需求。

1. 基于生涯导师进阶胜任力模型的自我觉察

生涯导师进阶胜任力模型明确提出了胜任生涯导师的态度价值观、知识、技能和素养等各个方面，且建构了准入—进阶—首席的渐进式发展模型。生涯导师可以以此为依据，对自己的各个方面进行评估，从而形成对自己的清晰认知，以准入胜任力模型为例，如表7.3所示；也可以进一步结合周边专业化发展的环境资源，或借鉴企业管理中的360度评估[①]，进行综合评估。自主的觉察、清晰的认知，一方面，要发现优势、识别短板，找到努力的方向和发展重点，另一方面，要探寻个人的育人理想、教育使命，找到属于自己的职业幸福、理想自我之所在，这样方可在快速发展的社会、优劣并存的周遭环境中，在与周边人、事、物的互动中，渐渐获得自主与自由。

表7.3　生涯导师胜任力自评——准入

	非常胜任	比较胜任	比较不胜任	非常胜任
关爱学生				
主动性				
学科专业知识				
教育学知识				
换位思考				
支持鼓励				
分析与归纳能力				
目标激励				
问题解决				
信息搜集与处理				
民主开放				
情绪稳定				

2. 基于生涯导师专业发展的环境探索

生涯导师的育人实践与专业发展，离不开强有力的环境资源支持；个人理想的实现、职业幸福的追求也与环境条件息息相关。因此生涯导师有必要对环境进行探索与了解，上至生涯导师的国家、区域政策方向指引，中至学校的建设主旨与蓝图，下至学情——学

[①] 360度评估是企业管理中的一种考核手段，又称全方位考核，是指由员工自己、上司、直接部属、同仁同事甚至顾客等从全方位、各个角度来评估人员的方法。

生成长需求，以及个人周边、学校内及周边、社会，以及线上线下可供使用的学习、实践资源等等。值得提醒的是，导师的周边环境中有优劣资源，甚至存在限制性条件，导师也需要在探索中明晰。在探索实践中，既可以基于生涯导师工作时间、自主发展的各方情况进行探索，又可以根据个人重点发展领域或某一胜任特征进行聚焦探索。环境探索重点在于明晰周边可利用资源、限制性条件，以便于教师采取利用、规避、接纳、妥协、创造等主动策略。

黄老师在分析内外因素后，感知到学生最期待了解当下学科学习与未来选择、发展相关的信息，自身对这些信息的了解也最为匮乏，于是希望自己能够"充分了解大学专业"，尤其是与本校学生发展更相关的大学、专业信息。于是，请教生涯发展领域专家、同事，探索出如下学习、实践资源：

（1）国家发布相关政策、通知。如教育部、财政部、国家发改委于 2022 年 2 月 11 日发布的《关于公布第二轮"双一流"建设高校及建设学科名单的通知》。

（2）各类评估、排行榜信息。如由教育部学位与研究生教育发展中心实施的学科评估；由英国国际教育市场咨询公司国际教育市场咨询公司 QS（Quacquarelli Symonds）发布的 QS 世界大学排名；由软科发布的软科世界大学学术排名等。

（3）上海市教育考试院编写的历年《上海市普通高等学校招生专业目录》。

（4）近年来，学校学生主要升学去向——高校与热门专业。

（5）各高校官网、公众号（尤其是招生工作公众号）。

（6）历届毕业生。

（7）大学教授、同事、生涯发展领域专家。

3. SWOT 策略分析与自主发展规划

SWOT 是基于个人内外部态势条件的综合分析，应用于生涯导师自主成长，即先行分析得出优势（Strengths）、劣势（Weaknesses）、机遇（Opportunities）与威胁（Threats），并系统分析、各因素匹配、综合考虑，得出个人发展综合策略及决策，并在此基础上，形成个人自主发展规划。可以按照如下步骤，参照图 7.1 进行分析：

（1）由基于生涯导师进阶胜任力模型的自我觉察，分析出个人优势（Strengths）与劣势（Weaknesses），逐条目列出。

（2）由基于生涯导师专业发展的环境探索，分析出环境机遇（Opportunities）与威胁（Threats），逐条目列出。

（3）匹配优势、机会各条目，综合分析，得出优势—机会发展策略。

（4）匹配优势、威胁各条目，综合分析，得出优势—威胁发展策略。

	优势 1. 2. 3. 4.	劣势 1. 2. 3. 4.
机会 1. 2. 3. 4.	优势—机会发展策略 1. 2.	劣势—机会发展策略 1. 2.
威胁 1. 2. 3. 4.	优势—威胁发展策略 1. 2.	劣势—威胁发展策略 1. 2.

图 7.1　SWOT 分析图

（5）匹配劣势、机会各条目,综合分析,得出劣势—机会发展策略。

（6）匹配劣势、威胁各条目,综合分析,得出劣势—威胁发展策略。

在上述基础上,综合各策略,进而得出个人发展综合策略与决策,并制定自主发展规划。如同生涯导师自主发展进阶模型,也可以制定个人长期、中期、短期发展规划。值得一提的是,能够运用 SWOT 进行综合分析固然重要,但是对于有些老师来说,由个人反思或工作需要形成个人 1～2 个重点发展方向与目标,并由此制定中长短期发展规划,也是良策,可由教师根据各方条件自行选择。

三、生涯导师自主专业发展的路径——以知行合一为宗旨

（一）以知行合一为宗旨的生涯导师自主专业发展

理论性知识和实践性知识是教师自主专业发展的两大基础知识。因此,教师的专业成长既要注重理论知识的掌握,又要注重实践知识和能力的养成。

理论是概念、原理的体系,是系统化了的理性认识,具有全面性、逻辑性和系统性的特征[1]。生涯导师的理论性知识包括学科专业知识,教育学知识,心理学、生涯发展相关知识,信息和育人专题知识,这些是外显的知识,能够通过阅读、听讲座等方式获得。这一类知识是导师开展工作的必备知识,在师范生培训中部分涉及,贯穿其生涯发展的始终。

实践性知识是教师真正信奉的并在其教育教学实践中实际使用和（或）表现出来的对教育教学的认识[2],在生涯导师身上主要表现为[3]①育人信念,具体表现为"教育情怀""教

---

[1] 辞海编辑委员会.辞海(中)[M].上海:上海辞书出版社,1999:4920.

[2] 陈向明.实践性知识:教师专业发展的知识基础[J].北京大学教育评论,2003,1(1):104-112.

[3] 该部分借鉴《实践性知识:教师专业发展的知识基础》一文中对实践性知识内涵的论述,并结合生涯导师情境展开。

育理想"；②自我知识，包括导师对其从事导师相关工作的胜任力、效能感评估，以及元认知等；③人际知识，包括对学生的感知和了解（是否关爱学生）、热情（是否乐于帮助学生）、必备技能（是否能够换位思考、支持鼓励、倾听、共情等）；④情境知识，包括教师在围绕学生成长各类主题的个别沟通、团队辅导、实践活动等不同情境中的直觉、灵感、顿悟和想象力的即兴发挥，诸如"育人敏感""成果导向""课题研究方法"等；⑤策略性知识，包括教师在学科教学与拓展活动、育人活动中基于教师的个人经验，表现出来的对理论性知识的理解和把握；⑥批判反思知识，及对于个人育人行为的深思熟虑的思考。

教师专业发展的机制简单来说就是将"显性"的理论知识在其已有经验、信念和价值观等基础上内化、整合而形成自己所"使用的理论"或"个人理论"（教师实践知识），同时又将自己的实践知识在批判与反思基础上通过不断总结与概括而使其"显性化"，形成抽象的理论知识①，并在不同的育人情境中迁移、创生，不断发展；因相较于教学，育人相关理论、知识发展滞后，教师需要在育人情境中充分发挥个人知识、经验等先行实践，并逐步实现知识化。这一过程便是导向于知行合一，即坚持以知促行，以行促知，实现教师言行一致，言必行，行必果，达成自我实现。

（二）生涯导师自主专业发展路径

1. 理论性知识学习及其发展路径

教师基于个人发展需求与规划进行理论知识学习的学习与提升，能够快速提升教师认知水平。具体可以包括如下路径：图书、文献资料阅读；政策文件阅读；互联网在线学习；在职学历进修；传统的通识培训；专家报告、专题论坛等。

2. 实践探索及其发展路径

理论知识通过实践探索方可转化为教师的实践性知识，现实中存在诸如"自上而下的改革并没有提高教师专业发展的自主性与积极性，而外来的培训不仅耗时耗力，对教师解决问题能力的提升也有限"②等问题，需要通过教师自主的各类实践探索进行应用，并辅以反思，达成教师对育人知识的理解和实践应用的对话，是将导师的理论性知识转化为实践性知识，以及将实践性知识凝练为理论性知识的充分必要条件。围绕思想引导、心理疏导、学业辅导、生活指导和生涯向导领域各主题的个别沟通、团队辅导、实践活动，均是良好的实践探索路径，以及以实践活动为基础的反思、元反思③活动。

3. 课题研究及其发展路径

生涯导师是育人实践的主体，围绕其育人实践开展研究，能够最大限度地调动教师

---

① 王鉴，徐立波.教师专业发展的内涵与途径——以实践性知识为核心[J].华中师范大学学报（人文社会科学版），2008，47（3）：125-129.
② 陈向明，张丽平.求内涵 寻路径 慎思辨——第十一届上海国际课程论坛综述[J].教育发展研究，2014（2）：81-84.
③ 元反思，即对反思的反思。

的主观能动性和洞察力，发现育人过程中的问题，并以提出假设、探索实践、验证成效等研究的方式进行探索、分析和解决。具体可以开展案例研究、行动研究、叙事研究，甚至实验研究。案例研究，即通过剖析育人案例，分解、领悟、领会教师行为背后的教育信念、策略，进而升华教师的实践性知识①；行动研究，则将导师角色定位为批判性、系统地考察教育教学实践的研究者，研究和理解课堂及改善教育实践，在"追问和反观"实践的过程中，完成对教育实践性知识的解构和再建构②；叙事研究，即导师以叙事的方式来研究教育的问题，表达对教育的理解和解释，即通过对有意义的教育实践的描述和分析，揭示内隐于日常事件、生活和行为背后的意义和观念，使人们从故事中体验、思考和理解教育的本质与价值③。此外，课题研究可以是个人研究，也可以是团队研究。

4. 协作交流及其发展路径

协同辅导是生涯导师开展育人工作的一个途径，能够突破导师个人、校内导师的局限，引入更有效的资源，开展面向学生的辅导。同时，交往是教师专业发展的重要路径④。创建学习共同体使导师能够在共同的参与行动中取得进步，感受参与的快乐，同时通过诸如主题式研讨、案例分享、案例督导等形式多样的交流分享活动，形成脑力激荡、相互学习的氛围，促进教师的共同发展。

以上四大类路径，也可两两结合，多方协同，以发挥更大效能。

（执笔人：林唯　白茹）

---

① 徐立波.教师实践性知识生成与发展研究[D].兰州：西北师范大学，2009.
② 蒋茵.基于教育行动研究的教师实践性知识[J].教育探索，2005(2)：118-121.
③ 周国韬.关于教师的叙事研究[J].全球教育展望，2003,32(4)：11-15.
④ 徐今雅.交往：教师专业发展的重要路径——哈贝马斯批判理论对教师专业发展的启示[J].教师教育研究，2008,20(1)：13-17.